ケインズの哲学と
『一般理論』

牧野 裕

日本経済評論社

目次

はじめに：本書の構成と論点 …………………………………………… 1

 第1編 『若き日の信条』と『蓋然性論』——ケインズの哲学の考察 1
 第2編 連続説，断絶説のケインズ論 2
 第3編 ケインズ経済学と期待，不確実性 5

第1編 『若き日の信条』と『蓋然性論』——ケインズの哲学の考察

第1章 『若き日の信条』論 ………………………………………… 9

 はじめに 9
 1. 『若き日の信条』でケインズは何を論じようとしたのか 11
 2. 『若き日の信条』をどう読み解くか 15
 3. D. ガーネットによる D.H. ロレンス書簡の改竄 21
  (1) ロレンスの書簡はどう削除されたか 21
  (2) ガーネットによる削除の狙い——「ソドミーの隠蔽」か 23
 4. 『若き日の信条』での「私」と「われわれ」 24
  (1) 『若き日の信条』での 'we' についての早坂の問題提起 24
  (2) 「私 (I)」と「われわれ (We)」 25
 5. ケインズ研究でのセクシュアリティ論 26
 6. 英語文献での『若き日の信条』論 32
  (1) 当事者たちの論評——B. ラッセルと L. ウルフの場合 32
  (2) ケインズの「伝記」研究者たち 35
  (3) ケインズの哲学思想の研究者たち 44

第2章　『蓋然性論』について ………………………………………… 48

　　はじめに　48
　　1.　『蓋然性論』とは　48
　　2.　最終章の一文と「索引」に添えられた詩文の謎　55
　　3.　異例の扱いをうけた『蓋然性論』　56
　　　(1)　「付論」としての「覚書」——ハロッドのケインズ『蓋然性論』　56
　　　(2)　『蓋然性論』の「奇妙な運命」　60
　　4.　『蓋然性論』の特徴　61
　　［補論］『蓋然性論』の研究史概説　79
　　　(1)　草創期の研究　79
　　　(2)　ケインズ生誕100年をきっかけとした研究　81

第3章　ユニークな西部，間宮のケインズ論 ……………………………… 91

　　1.　西部邁による自在なケインズ論　91
　　　(1)　「学問論」——哲学，解釈，文章，歴史　92
　　　(2)　ケインズと「政治」　97
　　　(3)　『一般理論』の「経済哲学」　104
　　　(4)　「不確実性」，「確信」そして「慣行」　106
　　　(5)　ケインズ経済学の解釈学的再建　112
　　　(6)　西部の研究をどう評価すべきか　113
　　2.　間宮陽介のケインズ「モラル・サイエンス論」　117
　　　(1)　ケインズと「モラル・サイエンス」，「神話」　117
　　　(2)　ケインズの知性主義と知識論，論理学　119
　　　(3)　ケインズの「二項的世界」・「貨幣的経済論」　120
　　　(4)　「三つの市場」と「三つの期待」　121
　　　(5)　安定化と不安定化——「二項対比」による貨幣経済の把握　122
　　　(6)　間宮の「二項対比」論，「カレイドスコープ」論　124

第2編　連続説，断絶説のケインズ論

第4章　連続説のケインズ論——カラベリとオダネル……………… 131

はじめに　131

1. カラベリの所説　132
   (1) 『蓋然性論』の意義　132
   (2) 『蓋然性論』の特徴　134
   (3) 誤読，誤解されてきた『蓋然性論』　135
   (4) 連続説の提唱　136
   (5) ラムジーとの関係について　138
   (6) ウィトゲンシュタインとの関係について　138
2. オダネルによるケインズの哲学論　139
   (1) オダネルの論理の矛盾　140
   (2) 『ケインズの哲学，経済学，政治学』(1989年)の概要　141
   (3) オダネルの分析視角——「二つの領域」と「二つの次元」　141
   (4) 不確実性のもとでの期待形成，合理的行為　144
   (5) オダネルのカラベリ批判　146
   (6) ケインズとラムジー，ウィトゲンシュタインとの関係について　147

第5章　英語圏での断絶説の展開………………………………………… 152

1. デーヴィスの所説　152
   (1) 断絶説に立つデーヴィスのアプローチ　152
   (2) ケインズは「直観」を放棄したか　155
   (3) ラムジー，ウィトゲンシュタインとケインズ　158
2. ミニの所説——ケインズへのフロイトの影響　160
3. ベイトマンの所説　168
   (1) ベイトマンによる「三つの神話」批判　168
   (2) オダネルのベイトマン批判　170
   (3) ラムジーを過大評価，ウィトゲンシュタインを黙殺　172
   (4) 「転換」は1933年ミカエルマス学期か，1934年前半か　174

4. コーツの「曖昧さ」にこだわるケインズ　177
　　　(1) 曖昧さを重視するケインズ　177
　　　(2) ウィトゲンシュタインとケインズ　180
　　　(3) コーツの結論への疑問　185
　　5. ケインズとウィトゲンシュタインの関係——ドスタレールの説明　186
　　6. 連続説と断絶説のシンセシス？　188
　　　(1) フィッツギボンズ「蓋然性の薄明かりの闇夜への転変」　188
　　　(2) スキデルスキーによる論争の概観　196

第6章　日本での連続説，断絶説の展開 …………………………………… 202
　　1. 宮崎義一の「前期ケインズ」・「後期ケインズ」論　202
　　2. 伊藤邦武のケインズ論　206
　　　(1) 伊藤の問題意識と課題設定　206
　　　(2) 伊藤による『若き日の信条』論　207
　　　(3) ケインズの言語観転換とウィトゲンシュタイン　209
　　　(4) 「『一般理論』の哲学」の問題点　212
　　　(5) 美人コンクールと「平均的期待形成のフィクシャスな本性」　214
　　　(6) ウィトゲンシュタインの「生活の形式」か伊藤の「生の形式」か　216
　　　(7) ケインズとウィトゲンシュタインとの関係をどう評価するのか　225
　　3. 浅野栄一の断絶説　227
　　　(1) ケインズの人間観の転換　227
　　　(2) 「大衆社会への開眼と人間観の変化」　229
　　　(3) ネオ・プラトン主義からの離脱　232
　　　(4) 浅野の研究についてのさらなる疑問　235
　　　(5) 評価しうる「不確実性」概念と「期待」概念の重視　239
　　4. 平井俊顕の「哲学者ケインズ」論　240
　　　(1) 平井のケインズ『確率論』への疑問　240
　　　(2) ケインズはラムジーの批判を受け入れたのか　242
　　　(3) ケインズの哲学の転換とウィトゲンシュタイン　245
　　　(4) ケインズは『確率論』の哲学を放棄したか？　246

(5)　「2つの対照的可能性」という『一般理論』解釈　249
　5.　小畑二郎の「不確実性の倫理」による「甦る，ケインズ」論　250
　　(1)　「ケインズの思想」についての批判的コメント　251
　　(2)　ケインズによるラムジーの批判をどう解釈するか　254
　　(3)　『蓋然性論』へのウィトゲンシュタインの影響　255
　　(4)　連続説と断絶説についての小畑の立場　257
　　(5)　不確実性への関心から貨幣と金融問題に取り組んだのか　259

第3編　ケインズ経済学と期待，不確実性

第7章　初期研究から「『一般理論』草稿」までの「期待」論 ……… 265

　はじめに　265
　1.　『貨幣改革論』から『貨幣論』前までの「期待」　269
　　(1)　『貨幣改革論』と「期待」　269
　　(2)　「通貨政策と失業」での「確信」，「期待」，「不確実性」　271
　2.　『貨幣論』での「期待」　273
　3.　『一般理論』の執筆過程と「期待」　275
　　(1)　1932年イースター学期における「期待」　275
　　(2)　1932年ミカエルマス学期における「期待」　276
　　(3)　1933年ミカエルマス講義での「期待」概念　279
　　(4)　『一般理論』の成立過程についての諸説　288

第8章　『一般理論』での「期待」論 …………………………………… 291

　はじめに　291
　1.　『一般理論』第3章から第11章以前までの「期待」　292
　2.　『一般理論』の核心としての第11, 12章　297
　　(1)　第11章「資本の限界効率」について　297
　　(2)　第12章「長期期待の状態」　304
　3.　第13章以降の「期待」論　314
　　(1)　第15章「流動性への心理的および営業的誘因」での「期待」　314

(2)　第 18 章「雇用の一般理論再説」での「期待」　316
　　　(3)　第 6 編第 22 章「景気循環に関する覚書」での「期待」　318
　　4.　『一般理論』刊行後の「期待」についてのケインズの言及　320
　　5.　ヒックスと「期待」概念　322

補章　西部, 間宮の「期待」論 …………………………………………… 327

　　1.　西部邁の期待論　327
　　　(1)　西部の時間論と期待論　327
　　　(2)　西部の経済学と期待論　330
　　2.　間宮陽介の期待論　333
　　　(1)　ケインズ経済社会論の基礎論としての期待　333
　　　(2)　間宮の類型論──ケインズの「三つの期待」「三つの階級」論　335

第 9 章　ケインズの「不確実性」論について ……………………………… 342

　　はじめに　342
　　1.　『一般理論』以前の文献に見る「不確実性」論　344
　　2.　『一般理論』の中心概念としての「不確実性」　345
　　3.　モグリッジの『一般理論』と「不確実性」　349
　　4.　「雇用の一般理論」とその後のケインズ　352
　　5.　シャックル「ケインズの万華鏡的理論」　355
　　6.　「不確実性」を強調する晩年のカーン　357
　　7.　オダネルのケインズ「不確実性」論　358
　　［補論］不確実性をめぐる論点　361

参考文献　365
あとがき　373
索引　379

はじめに：本書の構成と論点

第1編 『若き日の信条』と『蓋然性論』——ケインズの哲学の考察

　第1章では『若き日の信条』(1938年) で J.M. ケインズは何を回想しようとしたのか，また D.H. ロレンスとの会合 (1915年3月) はどのようなものであったのか——この問題を手始めに，G.E. ムーアの宗教を受け入れ，道徳を退けたとするケインズの主張や，彼が若き日の合理主義を捨て，この時期には伝統と慣習へと回帰したとの通説に対して独自の解釈を提示している．この際，『若き日の信条』のなかでケインズが「われわれ」と「私」とを巧妙に使い分けているとみて，彼によるアンビバレントな回想と反省の深層の読解を試みている．さらには，そこでケインズが「性的な冒険」についての論述を避け，ムーアが説いた「宗教」の核心を彼独自に言い換えていたこと，友人の D. ガーネットが「まえがき」でロレンスの書簡を改竄していたことなどについて，若き日のケインズのセクシュアリティの問題として考察を加えている．

　このあと，ケインズの同時代人 (B. ラッセル，L. ウルフ)，伝記を著した研究者 (R.J.A. スキデルスキー，D.E. モグリッジ)，ケインズの哲学研究者 (A.M. カラベリ，R.M. オダネル) によって『若き日の信条』がどう解釈され評価されてきたのかが論じられている．

　第2章では，『蓋然性論』(1921年) について，主要な論点とその基本的特徴が考察されている．ケインズは，理にかなってはいるが確かではない結論を諸前提から導く論証の一般理論を主題としていると明確に述べていること，だが，『蓋然性論』は，公理的，演繹的な特徴をもつ確率論とか論理実証主義の流れを受けた研究とかと解釈され，誤解を与えてきたことなどが論じられている．加えて，『蓋然性論』の編成は必ずしも整序的であるとは言えず，最終章の一文と索引に添えられた詩文は謎めいている点が指摘されている．

　このあとに難解な研究の一応の読解が試みられ，項目ごとに，全体的に概観

されている．確からしさの論理学，日常言語の世界の論理学，人間の論理学，決定的ではない人間の論理学，蓋然性の度合，客観的な蓋然性‐関係論，直観主義に立脚した蓋然性論の構築，論証の重み，蓋然性の測定可能性の限定，および数値的方法の利用への批判，頻度論的アプローチ批判，ベンサム主義批判，帰納と類比，全称的帰納と帰納の相関などである．

　さらに，補論として邦語文献での『蓋然性論』の研究史が概説されている．誤解，不正確な解釈が目立った『蓋然性論』研究は，ようやく西部邁，間宮陽介による一歩踏み込んだ解釈によって，本格的な研究は緒についたものの，その後は長らく空白期間が続いていたことが明らかにされる．

　第3章では，のちに論じられる連続説と断絶説に先立ち，ケインズの経済学と哲学とについて光を当てたわが国でのユニークなケインズ論として西部，間宮の研究をとりあげる．西部の場合，ケインズの経済学の解釈学的再建を唱える彼の論評に注目し，貨幣経済の不安定性を強調した異質のケインズ論として批判的に検討されている．間宮については，「モラル・サイエンス」論，「神話」論からのアプローチ，その二項的分析による貨幣的経済論とその特質を「複式簿記」のレトリックで捉える問題性，「三つの期待」「三つの階級」「三つの市場」論，「二項対立」による貨幣的経済の不安定性論，G.S.L. シャックルとレヴィ＝ストロースの「カレイドスコープ」論などについても批判的に概観されている．

第2編　連続説，断絶説のケインズ論

　第4章では，連続説のケインズ論として，カラベリとオダネルの所説をとりあげる．

　カラベリの『ケインズの方法』(1988年) では，ケインズの哲学研究を正面からとりあげ，『蓋然性論』から『一般理論』までの発展過程を考察している．オダネルも，『蓋然性論』から『一般理論』の発展過程を哲学側面に注目して，その流れを多面的に説明している．彼の場合，とくに「強い合理性」と「弱い合理性」のアプローチに立っての連続説を説くのが独自的である．

　第5章では，英語圏での断絶説について概観する．J.B. デーヴィスの相互依存性アプローチ，P.V. ミニの精神分析学によるケインズ解釈，B.W. ベイトマ

ンの「期待」への再転換論，J. コーツの「曖昧さ」にこだわるケインズ論，それに G. ドスタレールのケインズ解釈が検討されている．

連続説に立つカラベリもオダネルも，F.P. ラムジー，L. ウィトゲンシュタインに触れてはいるが，ケインズの哲学的な一貫性を主張する立場から，当然ながらその影響を重視しない点が明らかにされている．

断絶説を唱えるデーヴィスは，ケインズの哲学の発展過程をプラトン的原子論と直観主義が放棄され，相互依存的な判断への認識論的転換と慣行への回帰としてとらえる．この転換を促した重要な契機としてはラムジーによる批判があったとする．さらにウィトゲンシュタインの影響も重視する．彼の後期思想を特徴づける言語哲学，意味論などがケインズの転換を促したというのである．だが，直観主義の放棄，ラムジー，ウィトゲンシュタインの果たした役割の過大評価や適切な論証の欠如が問題として残されている．

ミニは，第一次世界大戦を契機とするフロイトの影響を主因とする思想の転換を重視している．スキデルスキー，ドスタレールもフロイトの影響を考察している．とくにミニは，フロイト・精神分析学派の非合理主義的アプローチが，ケインズの経済理論，人生哲学までにも影響を及ぼしていると論じている．

ベイトマンは，ケインズの経済理論体系での「期待」の評価と位置づけが再三転換されたと主張し，最終的には 1933 年のミカエルマス学期に「期待」を中心概念とする『一般理論』の理論体系が確立したと説いている．彼は，その背景にラムジーによる批判を受けてみずからの『蓋然性論』の基本的立場を放棄し，認識論的な転換を図ったと考えるのである．ラムジーの役割を過大評価する反面ウィトゲンシュタインは黙殺している．

コーツは「ファジー理論」を意識してか，「スコラ主義」を批判し，「曖昧さ」にこだわるケインズに焦点を当てている．彼によれば，ケインズはウィトゲンシュタインとラムジーの影響を受けて，「曖昧さ」の哲学へと転換したと考えるのである．だが，この転換の時期設定に疑問が残り，また，とりわけウィトゲンシュタインの役割を過大評価している．

ドスタレールの所説もウィトゲンシュタインとの関係での論証に難が見られる．

断絶説を概観した第 5 章の最後では，かかる論戦に拘泥することなくケイン

ズの思想を論じる A. フィツギボンズ，スキデルスキーの所説が検討される．前者は，ケインズを前近代的なヴィジョン，モラル・サイエンスから位置づけ評価する．後者は連続説と断絶説の論戦を総括する位置から論争点を評価し，複合的にケインズの思想の発展を跡づけようとする．ここでは，また両者によって，第一次世界大戦を契機とするケインズの人間観，世界観の転換が論じられ，これとともに初期の『蓋然性論』から後期の『一般理論』での不確実性論へと問題把握とアプローチの転換が図られた点が強調されている．

第6章では，日本での連続説と断絶説の展開をたどる．

伊藤邦武は『一般理論』をもって不確実性をめぐる「人間本性の研究」，「人間精神の学」であると言い切る．ここでは彼の『確率論』から『一般理論』へのドラスティックな転換があったとの断絶説が批判的検討の対象になっている．彼は後期ウィトゲンシュタインの影響をひときわ重視し，それによってケインズは言語理論の転換を図ったと言うのである．そうして，ウィトゲンシュタインの「生活の形式」ならぬ独自の「生の形式」なる概念をもって論陣を張る．また，ケインズのたどり着いた思想を「共同体プラグマティズム」と特徴づけるのである．

浅野栄一の「経済思想革命」論では，ケインズが，第一次世界大戦，その後の社会経済の変動，精神の動揺を経て青年期の社会観，人間観を転換したと説く．そうして，1933年ミカエルマス学期で「ケインズ革命」が遂行されたと考える．彼は，シャックルのケインズ論やベイトマンの転換説を継承しつつ，ラムジーの影響を受けとめたケインズが，不確実性の人間論，社会観へ転換を図ったとみている．浅野の場合，この転換に当たってのウィトゲンシュタインを全く無視している．また，浅野の説明ではなぜか「期待」についての言及は見られない．

「哲学者ケインズ」を問題にする平井俊顕は，ケインズが，前期から後期へと転換を図ったウィトゲンシュタインの研究活動に深く関わった事実があるとしたうえで，彼の影響を受けたケインズは，『確率論』を放棄したのだと説く．加えて平井は，これによってケインズは後年，哲学研究から手を引いたと考える．さらに，平井は『一般理論』の核心を，不確実性に求める立場に疑問を呈する．彼はこれにかえて二分法に基づく「市場経済のヴィジョン」なる概念を

提示し,『一般理論』を特徴づけている．ここでは，こうした平井の所説の是非が批判的に吟味されている．

小畑二郎は自著を「ケインズ思想と不確実性の倫理学」と名づけている．彼がS.トゥールミンの所説をえて，ケインズ経済学の「倫理学的解釈」にこだわっていること，『蓋然性論』を蓋然性ではなく，不確実性の論理学として理解し，この不確実性を『一般理論』の核心と評価していること，ケインズの理論体系における期待を重視していないこと，などが批判的に概観されている．小畑は，ラムジー，ウィトゲンシュタインの影響を重視する．彼は，だからといって断絶説に与しない．ケインズの方法や哲学ではなく，研究上の主題が一貫していれば連続説とも解釈するのである．さらに小畑は「信用」概念を敷衍してのケインズ解釈にもこだわっている．これらについてもその妥当性が批判的に検討されている．

第3編　ケインズ経済学と期待，不確実性

ここでは，ケインズの経済学での期待概念，不確実性に焦点をあてている．

第7章では，ケインズの経済学の初期研究から『一般理論』草稿までの時期，期待概念がどのように扱われてきたのかを概観する．とりわけ『一般理論』草稿段階での扱いを詳細に追い，1933年ミカエルマス学期に『一般理論』の理論体系の基礎として位置づけられるに至る経緯を明らかにする．

第8章では，『一般理論』での期待の扱いを詳細にたどり，その理論体系での必須の基礎概念として用いられる過程を跡づけ，あらためて期待概念の重要性が確認される．とりわけ第11章「資本の限界効率」と第12章「長期期待の状態」での期待に関わる論述内容の検討に紙幅が割かれ，投資論，貨幣的経済の安定性と不安定性，資本主義経済の変容，投資行為論などの重要テーマが扱われている．さらに，ケインズが『一般理論』後に期待についてどのように言及していたかも「ショーヴへの書簡」(1936年)，「フィッシャー記念論文」(同)，「ハロッド宛書簡」(1938年)で確認し，あらためて期待概念の重要性が強調されている．さらにはJ.R.ヒックス『価値と資本』(1939年)での期待の扱いについても批判的な論評が加えられている．

ここでは，補章として，期待概念の先駆的研究である西部邁，間宮陽介の期

待論についても取り上げている．

　第9章では，『一般理論』におけるいま一つの中心概念である「不確実性」について論じている．この概念がケインズの初期研究からどのように用いられてきたのか，この後，不確実性は『一般理論』，それに「雇用の一般理論」（1937年）でどのような役割を果たしているか，などについて検討されている．この問題と関連して，ヒックスの *IS-LM* アプローチ，シャックルの「万華鏡」論，R. カーンの『一般理論』解釈，オダネルの不確実性論が紹介，あるいは論評されている．

　最後に，あらかじめ第1編，第2編での検討によって最終的に明確にしたい論点について明らかにしておこう．
　第3編においては，『一般理論』体系にける期待論を中心にすえつつ，この概念と不確実性とをもって，その理論体系を特徴づけようとしている．その際，大きな論点の一つとなっているのが連続説，断然説に関連する『蓋然性論』と『一般理論』との連続性，一貫性とかの問題である．
　われわれは，これらの論争での個々の論点を明確にし，論争を評価しているが，これに加えて，さらに次の点を強調したい．
　第一に，フィツギボンズ，スキデルスキーが説くように，彼の行為論における関心が『蓋然性論』での蓋然性概念から『一般理論』の不確実性概念に重点を移している点を重視している．
　第二に，『一般理論』での「期待」概念は，『蓋然性論』の蓋然性概念を，また，『一般理論』での確信概念は『蓋然性論』での論証の重みという考えを，それぞれ発展させたものであるという点である．これは，「強い合理性」から「弱い合理性」への変化としてオダネルが強調していた論点であった．だが，彼の言う合理性の強弱についての議論は分かりにくく，また，これによって，連続説に立つ彼の主張との整合性がたもたれるのかの問題も残されている．

第1編　『若き日の信条』と『蓋然性論』
──ケインズの哲学の考察

『蓋然性論』は，1921年に刊行された蓋然性についての研究書であり，『若き日の信条』は，軍靴鳴り響く大戦前夜の1938年に，長年の友人たちの前で発表した彼の若き日の哲学，思想について回想録である．

　ケインズの哲学と思想については彼の経済学の発展過程と関連した連続説と断絶説との論争が知られている．この問題で『若き日の信条』は，ケインズの若き日と1938年ごろまでの哲学，思想について，その連続とか断絶とを考察するうえでの格好な資料として残されている．他方，『蓋然性論』は，ケインズのケンブリッジの学生時代から第一次世界大戦を経た1920年初めに至る時期の哲学，論理学，倫理学などに関する考察が凝縮された書物であり，そうした分野での彼の考えをたどるには最もふさわしい研究書である．

　さらに第3章では，わが国に目を向け，彼の経済学のみに注目するのではなく，彼の思索活動，あるいは彼の道徳科学のアプローチに焦点をあてた西部，間宮の研究をとりあげる．それらが当時の経済学界でどう受け止められたかは必ずしも詳らかではないが，研究史的には評価すべき優れたものであった．

第1章
『若き日の信条』論

はじめに

　第一に，ケインズは『若き日の信条』でなにを回想したかったのか．
　ケインズは『若き日の信条』を書いた目的について次のように書いていた．
「<u>私は，バニーの回想録のせいで，戦前のおよそ 10 年間におけるわれわれの精神史について反省（reflections）を迫られたのである</u>．そして，クラブの諸君にあまりひどいショックを与えないようなら，私は，クラブの会報へのこの寄稿文において，一度，知的ないし精神的冒険——性的な冒険ではなく（mental or spiritual, instead of sexual, adventures）——を紹介し，一人の人間の純潔な精神に及ぼした主要な影響を努めて思い起こすとともに，その結果がどうなったのか，また，今もなおそうした青春時代の信条を持ち続けているかどうか，考えてみたいと思う」(CW X 1972: 435; 邦訳 1980: 567，下線は筆者)．
　『若き日の信条』に寄せた「まえがき」で，デイヴィッド・ガーネットは，ケインズが回想記を執筆するにいたったのは，メモワール・クラブ*で朗読した私の回顧談がきっかけであることを認めていた．そのなかでガーネットは，戦時中，D.H. ロレンスが，ケンブリッジ大学で B. ラッセルやケインズと会ったあと，彼らに激しい嫌悪や反感を示したことに触れていた．
　ガーネットは，この自身の回想記を，心臓を病み療養中のケインズに送っていた．彼は，ケインズがこの文書をいつ読んだか不明としている．だが，ガーネットは，その文書が 1938 年 8 月末に彼のところから返却されたことから，

---

　* 1920 年にブルームズベリー・グループのメンバーを中心に設立された集まりで，会員が若き日の思い出を朗読する場となっていた．

『若き日の信条』は，ケインズの読後の記憶がはっきりしていた1938年9月初めに執筆されたと推定している（ibid., 430; 同562）．

デイヴィッド（バニー）・ガーネットは，彼の父親——ロレンスを見出し彼の小説の刊行を世話した編集者であった——のなかだちで，ロレンスと1912年に留学中のドイツで知り合い，ロレンス，彼の妻となるフリーダと一緒にチロル地方を徒歩旅行し，イタリアまで同行した仲であった．また，彼の母は，ロシア文学の優れた翻訳家として知られ，初めてドストエフスキーの英語訳を手がけた人物であった．ガーネットとロレンスとの親交は，この後しばらく続いていた．

ケインズは，『若き日の信条』では「知的，精神的冒険」を紹介し，一人の人間の精神に及ぼした主要な影響を思いおこし，その結果がどうなったのか，また，今もなおそうした青春時代の信条を持ち続けているのか，考えてみたと述べていた．われわれは，これらの問題についてケインズがどう回想しているのか，読み解いてみたい．

第二に，1915年3月にケンブリッジ大学でのロレンスとケインズの会合が不調に終わったのはなぜかについて検討を加えてみたい．会合後にガーネットは，ロレンスがケインズを嫌悪し，敵意や憎悪を抱くようになったと回想する．二人の間に何があったのか．ガーネットは「まえがき」で次のように説明していた．

「彼らに対するロレンスの感情は，要するに，宗教上の不寛容（religious intolerance）からであった．ロレンスは預言者であって，教義（creeds）の違いから彼の使徒とはならなかったすべての人を嫌悪したのである．私はこうしたことを私の回想記で明らかにしたが，その結果ケインズは，以下に見られる通り，自分の若き日の信条（early beliefs）を改めて考える（re-examination）に至ったのであった」（ibid., 430; 同562. 一部改訳）．

ガーネットは，ここで「宗教上の不寛容」さを，ケインズへの嫌悪にあげている．そうであろうか．

興味深いことに，ガーネットによる「『若き日の信条』へのまえがき」には，ロレンスが書いた二つの書簡（オットライン・モレル夫人宛とデイヴィッド・ガーネット宛）の抜粋が引用されていた．それらには，ロレンスによる「精神

的な苦痛」「敵意と憤怒」「どす黒い憤怒」「我慢ができない」「気が狂いそうになる」「ぞっとするほど不潔」，そして「ゴキブリども」といった表現が踊っていた（ibid., 431; 同 563-4）．ここには，宗教上の不寛容さへの言及は見られない．

当のケインズは，ガーネットが記述した若き日の出来事について，私は若干の推察を試みたとして，ロレンスがケインズらに敵意や苦痛を抱いた事情について回想している．ケインズの見立てによるとこうである．ロレンスは，オットライン夫人の取り巻きとして彼らとライバル関係にあるケインズらを嫉妬していた．また，ロレンスは，当時絶頂にあったケンブリッジの合理主義とシニシズムを嫌悪していた．彼は，初めて訪れて垣間見たケンブリッジに，圧倒され，魅了され，嫌悪を感じもした．彼が見たものは，洗練された教養，彼には不愉快で届かぬものでもあった．そのケンブリッジに，ガーネットが魅了されそうになっていたと知ったロレンスは，これにも強く嫉妬した．

ケインズはこう回顧して，ロレンスが感じたものの中に「何か真実のもの，正しいものがあっただろうか」と問い，「大体においてあったといえる．彼の反応は完璧でも公平でもなかったが，しかしあながち根拠のないものではなかった」，われわれとの会話で「彼がひどく虜れていたのは，なにかが欠けていることだった」と記している（ibid., 434-5; 同 567）．

本章ではこれら二つの論点について，あらためて考察を加えたい．

1. 『若き日の信条』でケインズは何を論じようとしたのか

ケインズは「宗教」を受け入れ「道徳」を退けた　R. スキデルスキーによれば，すべての叙述を支える重要な文章は次の部分であるとしている（スキデルスキー 1987: 230）．

「ところで，われわれがムーアから得たものは，彼がわれわれに提供したもののすべてであったわけでは決してなかった．彼は片足を新しい天国の敷居にかけていたが，もう一方の足は，シジウィックとベンサム主義的な功利計算と，適切な行為に関する一般規則の中に残されていた．『倫理学原理』の中には，われわれがいささかも関心を抱かなかった一章があった．われわれはいわば，**ムーアの宗教を受け容れて，彼の道徳を捨てたのである**．実は，われわれの考

えによれば，彼の宗教の最大の利点のひとつは，その道徳を不要としたことであった．——この場合，『宗教』とは，自分自身と絶対者への人間の対応を，『道徳』とは，外部の世界と媒介者とへの人間の対応のことである」(*CW* X 1972: 436; 邦訳 1980: 569, 一部改訳, 太字は筆者).

熱烈な観照と交わり　「熱烈な観照と交わりとにふさわしい主題は，最愛の人，美，および真理であり，人生における主たる目的は，愛であり，美的体験の創造と享受であり，そして知識の追求であった．これらのうち，愛が断然第一位を占めていた．しかし，ムーアの影響下にあった初めの頃は，愛と愛に関連した諸行為とのおおっぴらな取扱いは，概して峻厳でプラトニックなものであった．われわれの中にはたぶん，肉体的快楽は全体としての心の状態をすっかり駄目にし，下劣にするものだ，と主張するものがいたことであろう」(*ibid.*, 437; 同 570).

この見地は，ケインズが引用した G.E. ムーア『原理』の「理想」に関する有名な章の核心的精神を受け継いだものであった．

「……われわれの知る，あるいは想像しうる，ずば抜けて最も価値のあるものは，ある意識の状態であり，それはおおよそ，<u>人間の交際の楽しみ</u>*と，美しい対象の享受にあるといえよう．この問題をわが心に問うたことのある人なら，おそらく誰しも，個人的な愛情と，芸術や自然における美しいものの鑑賞とが，それ自体善いものであることを疑わないだろう」(*ibid.*, 440-1; 同 575, 下線は筆者).

「われわれ」は「道徳」を拒絶した　「われわれは，一般的規則に従うという，われわれに課された個人的責任を完全に拒絶した．われわれはすべての個別の

＊　「人間の交際の楽しみ」は，英文では，'the pleasures of human intercourse' となっている．ここで 'human intercourse' が意味深長な語である点に注意を促したい．この語句を，宮崎は「人間同士の交わり」(宮崎 1971: 118)，ムーアの『倫理学原理』の翻訳者深谷は「人間の交わり」(深谷 1973：245) と訳している．注意すべきは 'intercourse' である．例えば小学館プログレッシブ英和中辞典では，「1 (やや古) (……との/……間の) 交流，親交，交際，取引」「1a (神・霊との) 交わり，霊交」「2 性交 (sexual intercourse)」の意味であるとされ，さらにこの後の注記で，「1 と 1a の意味で用いても『性交』を暗示させるので注意」とある．いくつかの英英辞典では，性交の意味を第一とするものもある．この語を「人間の交際」とか「人間の交わり」とか訳するにしても，その語が包含する語義に注意する必要があろう．

場合について，その功罪を判断する権利を主張し，それを立派にやり遂げる知恵と経験と自制心を備えていると主張した．これはわれわれの信条の中でも非常に重要な部分であり，強引に喧嘩腰で主張した．――そして外の世界から見ると，それはわれわれの最も顕著な，危険な特徴であった．われわれは慣習的な道徳や，因習や，伝統的な知恵を一切拒否した．換言すれば，われわれは厳密な意味で不道徳主義者(インモラリスト)であった．結果が明らかになれば，もちろん，その価値どおりに結果を考慮に入れなければならなかった．けれども，われわれは，順応や服従を求める道徳的義務や内面的拘束を一切認めなかった」(ibid., 446; 同581-2，一部改訳)．

スキデルスキーは，これをマイナス面として評価している．

第一に「道徳」を拒否することで，「人間の本性に関する『どうにもならないほどひどく誤った』見解をもたらした．彼と彼の友人たちは，原罪を否定し，人間は『融通のきかぬ行動規範……から解放され，これから先は，彼ら自身が作り上げた十分信頼できる善の直観に……彼らをゆだね』てもよいほど十分に合理的であると信じていた．こうした見解は，『文明が，少数の人々の人格と意思によって築かれており，巧みに社会に組み入れられ，狡猾に保持された規則やしきたりによってのみ維持することのできるもの』であるという事実を無視していた．

第二に，彼と彼の友人たちは，『ある種の強力で価値ある感情の源泉』，すなわち人間の心の盲目の情熱と『われわれの知見の外に存在している価値ある観照と精神的交流の多くの対象――つまり，共同体間に存在する生活の秩序と範型，そしてそれらのものが引き起こす感情などにかかわりを持つ対象』とを無視した」(Skidelsky 1992: 143; スキデルスキー 1987: 233-4，一部改訳)．

ベンサム主義の伝統からの脱却　ケインズは反ベンサム主義を明確に主張した．「われわれは尤もらしい現在の中に生きていて，行為の結果に関するゲームには手を染めていなかった」(*CW* X 1972: 445; 邦訳1980: 580)．「これはわれわれに一つの大きな利点をもたらした．われわれは，快楽主義をきっぱりと投げ捨て，また，大いに疑わしいムーアの計算を放棄して，もっぱら現在の経験の中に生きていた」(*ibid.*, 445; 同580)．「またわれわれの哲学においては，経済的動機や経済的基準が……アッシジの聖フランチェスコにとってほどの意味

もなかった」(*ibid.*, 445; 同 580).

「これらの理由によって、われわれは、われわれの世代の中で真っ先に、おそらくその間だけでもわれわれだけが、ベンサム主義の伝統から抜け出すことができた者に属していたのである」(*ibid.*, 445; 同 580).

「ベンサム主義の伝統から抜け出したことが、われわれにとってなぜそのように大きな利点であったのか、……今日私は、ベンサム主義の伝統こそ、近代文明の内部をむしばみ、その現在の道徳的荒廃に対して責めを負うべき蛆虫であると考えるものである。われわれはいつもキリスト教徒を敵とみなしていた。彼らは伝統と因習とペテンとを代表する者のように見えたからである。ところが、その実、世界一般の理想の本質を破壊しつつあったのは、経済的基準の過大評価に基づくベンサム主義の功利計算であった」(*ibid.*, 445-6; 同 581).

「そのうえ、マルクス主義として知られる、ベンサム主義の極端な帰結(*reductio ad absurdum*)の決定版から、われわれの仲間全体を守るうえで役だったのは、われわれの哲学の至高の個人主義に加えるに、上に述べた、ベンサムからの脱却であった」(*ibid.*, 446; 同 581).

「人間の本性」を「誤解」　ケインズはこの問題で次のように書いている.

「要するに、われわれは、原罪の教義、つまり、ほとんどの人間に、狂気じみた非合理的な邪悪さの根源があるというあらゆる原罪説を拒否したのである」(*ibid.*, 447-8; 同 538, 拙訳に変えた).

ケインズは、文明というものが規則や慣習によって支えられていることに気づかず、またそれらを尊重せず、事物や人間に対し尊敬の念を欠いていた、というのである.

「われわれは、文明というものが、ごく少数の人々の人格と意思とによって築かれた、そして巧みに納得させられ、狡猾に保たれた規則(ルール)や因習によってのみ維持される、薄っぺらで、あてにならない外皮であるということに気付いていなかった。われわれは伝統的な知恵だの、慣習の掣肘だのを、まったく尊重しなかった。ロレンスが認め、ウィトゲンシュタインもまた、正当にも、そう言っていたように、われわれには、事物に対しても人間に対しても、尊敬の念がまったく欠けていた」(*ibid.*, 447-8; 同 583, 一部改訳).

なぜか．ケインズはその理由に、人間の本性、人間に帰していた合理性を、

完全に誤解していたからであると述べる．

「われわれの一般的な心の状態の原因であり結果としての人間の本性というものを，われわれは，われわれ自身を含めて，完全に誤解していた．人間性に帰していた合理性なるものは，判断の浅薄さばかりか感情の浅薄さをもわれわれにもたらすことになった」(*ibid.*, 448; 同 584，一部改訳)．

この点では，次のようにも論じている．

「今にして思えば，かくの如く人間の本性を合理性にのみ帰せしめたことは，それを豊かにするのではなく，むしろ不毛にしてきたように思われる．それは強力で価値のある感情の源泉を無視していた．人間の本性の自生的な，非合理的な噴出のあるものは，われわれの図式主義が切り捨てたある種の価値が見出されるのである」(*ibid.*, 448-9; 同 584-5，拙訳に変えた)．

ケインズはここで，人間本性の合理主義的アプローチの誤りを認め，「感情の源泉」「自生的な，非合理的な噴出」を認めることで，人間本性論への非合理主義的アプローチを説いているとも解釈できるのである．

2．『若き日の信条』をどう読み解くか

スキデルスキーの留意点　彼は『若き日の信条』の特徴として以下を指摘していた．

①それが老若男女の特定の関係者を相手に朗読された点．
②論文の効果と面白さを高めるため厳格な真実を勝手にかえるという自由さがあったこと．
③参加していた何人かが，マルクスやフロイトの思想に傾倒していたと考えての配慮からか，ケインズはみずからの「若き日」の非世俗性，反社会性を強調，ないし誇張したのは間違いないこと（スキデルスキー 1987: 234）．

スキデルスキーの理解では，『若き日の信条』は，ケインズの仲間からも，後代の作家からも，全面的な支持を受けることはできなかった．なるほど，回顧録をめぐっては，ムーアの教義についてのケインズの解釈への異議，ケインズの信条についての解釈の不一致が生じ，彼のこの回想録をどう評価するのか，また，その背景とする時代やケンブリッジの文化をどう解釈したらよいのか，

さまざまな議論が繰り広げられ，論争の種は尽きなかった．

ケインズの該博さ，見事な文彩，肝心な問題での彼自身の記憶違い，思い込み，それに執筆上の彼の思惑などが，安易な読解を許さぬ晦渋な文章となって『若き日の信条』を創り出していた．

1914年とするケインズの間違い　ケインズは，『若き日の信条』の冒頭で次のように書いている．「私は1914年にD.H.ロレンスに会ったときの情景を，ありありと心に描くことができる（バニー〔ガーネット〕は1915年と言っているようだが，私の記憶ではそれよりも早かったのではないかと思う）．その時のことをロレンスは，前回のクラブの会合でバニーの引用した手紙の中で語っている．けれども，あいにく話の内容については，そのかけらすら思い出すことができない．そのとき感じたことはかすかに頭に残っているけれども．

あれはバーティー〔バートランド〕・ラッセルが，ネヴィルズ・コートにある彼の部屋で催した朝食会でのことであった．そこにいたのはわれわれ3人だけだった．ロレンスはバーティーの所に泊まっていて，前の晩に会合かパーティかがあり，その席でロレンスはケンブリッジの人々と直接会ったのだと思う」（*CW* X 1972: 433; 邦訳 1980: 565）．

ケインズは，自身の記憶に基づき，ロレンスと会った日を1914年のこととし，また，2日目にラッセルの部屋でロレンスと朝食会を持った，と書いている．だが，1914年と朝食会というのは誤りである．まず日時についていうと，実際に会った日は1915年3月6，7日である．1914年3月ではないのである．だが，ケインズは，この論文の冒頭で，「会った時の情景をありありと心に描くことができる（バニーは1915年と言っているようだが，私の記憶ではそれよりも早かったのではないかと思う）」と記し，あくまで1914年にこだわっている．戦争勃発前の3月になぜか強く印象づけられているのは，不可思議である．

また，7日（日曜日）に，「朝食会」をもったとするのも不確かである．1915年の出来事についてわざわざ付属文書の形で描いているモグリッジによると，その日の様子は次のようである．

「翌朝，オットライン・モレル夫人からケインズがケンブリッジにいるようだと知らされていたのでラッセル――彼はモレル夫人と関係を持っていた――

は，11時頃にケインズに会うためにロレンスを，キングズ・カレッジに連れて行った．ケインズが，部屋にいるのかどうか分からなかったので，ラッセルが置き手紙を書いているときに，ケインズはパジャマを着たまま姿を現した．彼は熟睡していたのである．ケインズとラッセルとロレンスは，その日の夜夕食を共にした」(Moggridge 1992: 136)．

モグリッジは，ここで「朝食会」ではなく「夕食」としている．

モグリッジも引用している，この日の恐らく昼過ぎに書いたラッセルのモレル夫人宛書簡がこれを裏付けている．

「ケインズがケンブリッジにいると伝えてくれてありがとう．ケインズと今晩，夕食を共にするつもりである．ロレンスは，今までケインズが好きであった．だが，ロレンスは，今朝11時に，パジャマを着た，寝起きのケインズをみて，腐敗し不潔していると，私が理解できない素早い感覚的な印象をケインズに抱いた……彼は，活力と力を欠如したケンブリッジの教師たちに耐えられなかった」(ibid., 138: Gathorne-Hardy 1974: 56)．

この書簡でラッセルは，'I am having him dinner tonight.' と記して，現在進行形で，彼と夕刻に晩餐会をもつとしている．この前の文では，11時にケインズと会った，と過去形で書いている．したがって，ケインズが言うように，朝食会を共にしたというのは，ありえない話になる．モグリッジも，ケンブリッジのキングズ・カレッジのケインズ文書に当たった結果から，ケインズの記憶を裏付ける文書は残されていないと，ケインズの記述に疑いをかけているかのようである (Moggridge 1992: 142 note55)．

「若き日」とはいつのことか　ケインズが論考のタイトルとし，また回想で時期を限定している「若き日」とは，一体いつのことであろうか．ケインズは，「戦前のおよそ10年間におけるわれわれの精神史について反省を迫られた」と書いている．この記述をもとに回想の期間を限定すれば，およそ1903年頃～1914年夏頃までということになる．

実際には，ケインズがロレンスに会った時——1915年3月のこと——を論じていることから，第一次世界大戦の勃発後の1年余までをも含めるとすると，ケインズはとうに「若き日」を過ぎていることになる．あるいは，これを第一次世界大戦以前としても，ケインズにとっては，1910年代は20歳台半ばをす

でに超えており，彼がどう考えようと，やはり「若き日」は過ぎ去った過去のものであったろう．この点を突いて，ケインズが「若き日」として，ロレンスとの関わりを中心論点にして，「若き日」の思想，哲学，そして行動を回顧したことに疑問を投げかける論者もあろう．常識的に考えれば，ケインズにとっては，キングズ・カレッジを卒業し，インド省に入省した1906年頃が「若き日」との決別の時期となるのではないだろうか．

　「性的冒険」の除外　ケインズは，すでに指摘したように『若き日の信条』では「性的冒険（sexual adventures）」については言及しないと断っている．ケインズは，さすがに自己のセクシュアリティを曝け出すつもりはなかったのであろう．あくまでも回想の対象を「人間の純潔な精神に及ぼした主要な影響」に限定するつもりであると断っている．だが，彼はこの問題を徹底して封印することはできなかったようだ．『若き日の信条』の文中では，これに関係する微妙な記述が散見する．例えば，次のような例がある．

　「熱烈な観照と交わりとにふさわしい主題は，最愛の人，美，および真理であり，人生における主たる目的は，愛であり，美的体験の創造と享受であり，そして知識の追求であった．これらのうち，愛が断然一位を占めていた．しかし，ムーアの影響下にあった初めの頃は，愛と愛に関連した諸行為とのおおっぴらな取扱いは，概して峻厳でプラトニックなものであった」(ibid., 437; 同570，下線は筆者)．

　「……歳月が次第に過ぎて1914年が近付くにつれて，今から思うと，人間の心についてのわれわれの考えが，誤りというだけでなく，その軽薄さ，皮相さ加減がいっそう明らかになったようである．それにまた，もとの教義の純粋さからもいくぶんかけ離れていった．恋人同士の交わりの刹那における精神の集中は，かつては拒否された快楽と完全に混同されるに至った」(ibid., 449; 同585，下線は筆者)．

　これら二つの文章からいくつか読み取れる注目すべき点がある．

　第一に，ケインズは「熱烈な観照と交わりの主題」の一つが「最愛の人」であり，それは「断然第一位を占め」ていたこと．

　第二に，「ムーアの影響下にあった初めの頃」は「愛と愛に関連した諸行為」は「概して峻厳でプラトニックなものであった」こと．

第三に,「1914年が近付くにつれて」「人間の心についての……考えが」「誤り」であり,「その軽薄さ,皮相さ加減がいっそう明らかにな」り「恋人同士の交わり〔コミュニオン〕……における精神の集中は,かつては拒否された快楽と完全に混同されるに至った」こと.

だが,「概して峻厳でプラトニックなものであった」というのは,本当だろうか.ロレンスと会った日を間違えたケインズのことである.「1914年が近付くにつれて」というのは確かな記憶なのであろうか.ケインズにとって「愛」,「最愛の人」が至上の価値をもっていた.それは「ムーアの影響下にあった頃」は「峻厳でプラトニックなものであった」.だが,「1914年が近付くにつれて」「快楽と混同されるに至った」.はじめの頃のプラトニックな愛は,それまで拒否していた快楽とないまぜになっていったということなのであろうか.

それではケインズがいう「ムーアの影響下にあった」「峻厳なプラトニック」な愛であった時期は,いつのことであろうか.ケンブリッジ大学の道徳科学のフェローを7年勤めたムーア*は,1904年にエディンバラ大学に移動している.その後,リッチモンド,サリーと移動し,1911年ケンブリッジに,道徳科学のレクチャーとして戻っている.したがって,ケインズのいうムーアの影響下にあったと考えられる時期は,ムーアがケンブリッジを去った1904年を境にして,急激にか,あるいは時を経て徐々にであろうか,彼の影響力が弱まっていたことが考えられる(スキデルスキー 1987: 221; Moggridge 1992: 68).また,ここでケインズが「1914年が近付くにつれ」として,彼の愛の変質を述べているが,すでに指摘したように1915年のロレンスとの出会いの年を1914年と誤認してのことであったのだろうか.

ムーアの「宗教」を受け容れたケインズ　「ムーアの宗教を受け容れて,彼の道徳を捨てた」とするケインズは,その「宗教」がどんなものであったのか次のように述べている.

「大切なのはただ心の状態だけであり,勿論それはわれわれ自身と他の人々

---

*　スキデルスキーは,「ムーアの純真無垢さを強調した」とするレヴィ(Paul Levy, *G.E. Moore and the Cambridge Apostles*, 1979)から以下を引用している.「彼はザ・ソサエティで,自分はケンブリッジにやってきた時,そこに性交の体験のある独身男性が一人でもいると思っていなかったし,近代においてもなお男色が行われていることも知らなかったと告白した」(スキデルスキー 1987: 225,太字は原書).

との心の状態であるが，主としてわれわれ自身のそれであった．こうした心の状態は，行動なり成果なり，あるいは結果とは全く関係がなかった．それは時間を超越した，<u>熱烈な，観照（contemplation）と交わり（communion）との状態</u>にあり，事の『あと』『さき』とは多分に無関係であった」（<i>CW</i> X 1972: 436; 邦訳 1980: 569，下線は筆者）．

ここで，ケインズが「熱烈な，観照と交わりとの状態」と表現しているムーアから受け継いだ「宗教」は，ケインズ自身が『若き日の信条』でわざわざ引用しているムーア『倫理学原理』「理想」の章での「最も価値あるもの」を言い換えてのものであった点に注意しなければならないであろう．そこでムーアは次のように論じている．

「われわれの知る，あるいは想像しうる，ずば抜けて最も価値あるものは，ある意識の状態であり，それはおおよそ，<u>人間の交際の楽しみ（pleasures of human intercourse）と，美しい対象の享受（enjoyment of beautiful objects）</u>にあるといえよう」（<i>ibid</i>., 440; 同 575，下線は筆者）．

ケインズは，『若い日の信条』でムーアから「宗教」を受け継ぎ，それを「観照」と「交わり」としたが，ムーア自身は「人間の交際の楽しみ」と「美しい対象の享受」としたことがわかる．この言い換えが，ケインズ自身による意図的なものであったのか，そうではなかったのかは，不明である．しかし，すでに言及したように，ムーアの「人間の交際の楽しみ」には，性交やこれを暗示させる交わりとかの意味があった．これをケインズが「交わり（communion）」と言い換えたことで，ケインズの言うムーアの宗教は，甚だしく異なるものになったといえよう．なぜならば，ケインズが用い，邦訳では「交わり」と訳されている communion の語義は，霊的交わり，信仰，宗教などを共にすること，同じ信仰，宗教の仲間，宗教団体，などの多様な意味作用をもつものであることが明らかである．ケインズの言い換えによってムーアの言葉との差異が生じ，微妙な意味変換がもたらされたのである．

ケインズは，『若き日の信条』の執筆にあたっては「性的な冒険」を除外すると断り，「人間の純潔な精神に及ぼした主要な影響を努めて思い起こすとともに，その結果がどうなったのか，また，今もなおそうした青年時代の信条を持ち続けているかどうか，考えてみたいと思う」と記していた（<i>ibid</i>., 435; 同

567)．ケインズによる言い換えが，こうした執筆の意図と関係があるのであろうか．興味深いところである．

3. D. ガーネットによる D.H. ロレンス書簡の改竄

(1) ロレンスの書簡はどう削除されたか

ケインズの『若き日の信条』の「まえがき」でガーネットが引用しているロレンスの書簡*（ガーネット宛 1915 年 4 月 19 日付）をケンブリッジ大学版『ロレンス書簡集』(Zytaruck, D.L. and Boulton, J.T. (eds) 1981. *The Letters of D.H. Lawrence*, Vol. II) に掲載されているロレンスの書簡と照らし合わせてみると，ガーネットによって，文章が著しく削除されていたことが分かる．

本文から削除された箇所　ガーネットがどのように削除したかをみよう．原文と邦訳との対応関係を正確に分離するのは難しいが，ほぼ対応させてみた．《 》の部分が削除された箇所，太字の部分が書簡に掲載された箇所である．

「**親愛なるデイヴィッド君**

《デイヴィッド君，君がそんなにみじめな状態でいると思うと耐えられません．手が震え，あらゆることがうまくいかない状態だなんてね．男が男を愛することについて——男を愛そうと女を愛そうとどちらでも構わない，と君が言うのは馬鹿げているよ．もちろん，世間的にはどちらでもいいだろうけど，デイヴィッド，その男性個人にとっては——とにかくわれわれ北方の人間にとっては非常に重要なことなのです．ですから，ビレルやその他の連中に出会うと，彼らは本当のところ，腐敗しているのに勝ち誇ったかのような一撃を加えてきます．僕はそのことにただただ耐えられないのです．道徳的に間違っているの

---

*　ロレンスの書簡の代表的な邦訳としては，① Huxley, A. (ed) 1932. *The Letters of D. H. Lawrwvce.* Heinman.（伊藤整・永松定訳『D.H. ロレンスの手紙』彌生書房，1971 年），②ケンブリッジ版の邦訳『D.H. ロレンス書簡集』（松柏社）がある．
　　ここで取り上げるロレンスのデイヴィッド・ガーネット宛書簡の邦訳は，①には掲載されていない．ガーネット自身は，晩年になって，どういうわけか，1979 年に刊行した Garnett, D. *Great Friends: Portrait of Seventeen Writers*, London: Macmillan. にこの書簡の全文を掲載した．また，モグリッジも Moggridge, D.E. 1992. *Maynard Keynes: An Economist's biography*, London: Routledge. でこの書簡の全文を紹介している．

で耐えられません．内部から腐敗を生じさせ，そのために僕は本当にほとんど生きていけなくなります．なぜこうした，かび臭いぞっとする感覚が生まれてくるのでしょうね．あたかも内部の汚物から，一種の下水溝から生じてくるむかつくような臭気が，K［ケインズ］やB［ビレル］やD・G［ダンカン・グラント］といった男たちの奥のほうからこの僕に向かって漂ってきます．僕にはほとんど耐えられない臭いです．道徳的に賛成できないからという理由ではありません．僕自身，プラトンやオスカー・ワイルドが全く道徳的に間違っていたとは思いません．Kを見て，Kをケンブリッジ大学で見て初めてそのことが分かったのです．正午に，それも快晴だった日に，僕はKの研究室に足を踏み入れました．Kがいなかったので，ラッセルは書置きを残そうとしていました．その時，突然ドアが開いて，Kが現われ，今起きたばかりのように瞬きしながらパジャマ姿で立っていました．Kがそこに立ったとたん，ある知識がじわじわと僕の心に染み入ってきたのです．その後ずっと，僕の心は狂ったような状態になっています．僕の心を狂わせたその知識は，むかつくようなぞっとする感覚を伴ってこの僕の心に運び込まれ，この腐敗のような感覚は，まさしくハゲタカが与えるような感覚といっていいかもしれません．この感覚を思い出すといつも僕は狂人と化してしまいます．気が狂ってしまうのです．》

　二度とBを僕のところに連れてこないでください．彼にはぞっとする何かが潜んでいます．黒い甲虫に似た何かがね．恐ろしく不潔なのです．君の仲間のD.GとKとBのことを思うと気が狂ってきます．甲虫の夢を見てしまいます．ケンブリッジ大学を訪れる以前，ストレイチー兄弟にあった時にも，彼らの中にわずかながらそうした感覚を感じていました．しかし，KとD.Gの場合にはその感覚を100パーセント感じ取り，昨日，それと同じものをBに発見したのです．

《デイヴィッド君，私は，君のお父さんを愛しているし，君のお母さんを愛しています．私は，君のお父さんが，人生に翻弄されて，不名誉な扱いを受けてきたと思います．お父さんとは会っていませんが，実際僕はお父さんを心の底から愛しているし君のお母さんも同じように愛しています．僕は君のお父さんを愛しているので，》君はあの『友人たち』，あの甲虫の連中と手を切るべきだと感じています．《君は連中から離れ，新たな人生をスタートさせなくては

いけません.》B と D.G とは《もう終わりにすべきです.》永遠に終わりにすべきだと思います. K についてはよくわかりません.《しかし,君は,本当にまともになれます.抜け出すことができるし,まっとうな人間になれます.女性を愛せるし,女性と結婚できます.人生をすばらしいものにできるし,幸せになれるのです.お願いだから僕のためにあの連中とは手を切り,愛を冒涜するのは止めてください.僕は道徳的規範から話をしているのではありません.実は,それが道徳的に間違っているということに気づいたのは,》あの朝ケンブリッジ大学で K に会ってからのことでした.僕にとって人生における一大危機の一つでした.そのせいでみじめさと反感と怒りで,気が狂ってしまいました.《デイヴィッド,逃げ出して,何としても女性を愛してください.ああ,大きな声では言えませんが,僕ならエリナー・ファージョン*に心の底からキスできます.もちろん,ほかの女性と比較して彼女がいいと思えばの話ですが.でも,オリヴィエ(四)姉妹**だとかそうした連中は,道徳的に駄目ですけどね.

　子供だったら僕は隅っこに座って泣きじゃくっていることでしょう.そのくらい今気分が悪いのです.》(Zytaruck and Boulton 1981: 320-1; 邦訳 2011: 203-5, 一部改訳)

(2)　ガーネットによる削除の狙い――「ソドミーの隠蔽」か

同性愛へのロレンスの嫌悪感　ガーネットによって削除されていた文章から,ロレンスの同性愛に対する嫌悪感が強く書かれていたことが明らかである.ガーネットとケインズたちとの同性愛についてロレンスは,「男が男を愛する」ことを「(ビレルやその他の連中は)腐敗している」「内部から腐敗を生じさせ……」「かび臭いぞっとする感覚が生まれてくる」「一種の下水溝から生じてくるむかつくような臭気が,K [ケインズ] や B [ビレル] や D・G [ダンカン・グラント] といった男たちの奥のほうからこの僕に向かって漂ってきます」と

---

　*　エリナー・ファージョンは,児童文学者として有名になる.ロレンスは彼女に好意的な感情を持ち続けた.
　**　初期フェビアン協会の有力メンバーであったオリヴィエ男爵の四姉妹(ブラインヒルド,ダフネ,ノエル,マージョリー)のことである.デイヴィッド・ガーネットの幼なじみであった.

書き記している．

　また，ロレンスは，パジャマ姿のケインズに面会した時のことを次のように，おどろおどろしく，思い出している．「僕の心は狂ったような状態」になり，「むかつくようなぞっとする感覚」「この腐敗のような感覚」に陥り，「この感覚を思い出すといつも僕は狂人と化してしまいます．気が狂ってしまうのです」．「あの連中とは手を切り，愛を冒涜するのを止めてください」「逃げ出して，何としても女性を愛してください」．

　ガーネットは，ロレンスの書簡の問題と考えた箇所が公表された場合，ケインズらのホモセクシュアリティが明るみになるのをおそれ，削除によって性的スキャンダル化を回避しようとしたのである．

4.『若き日の信条』での「私」と「われわれ」

(1)『若き日の信条』での 'we' についての早坂の問題提起

　早坂忠は，『若き日の信条』の原文の 'We' をどう理解すべきかについて興味深い指摘を行っている．彼によると，まず，第一に，次のような読解上の困難性があるという．

　「『信条』におけるケインズのかつての自分たちの考えについての説明やそれへの反省が，①ある場合には主として若い世代を対象にし，②ある場合には主として彼以外の古い世代を対象にし，また③ある場合には主として彼自身を対象にして為されており，しかもそれらがすべて多かれ少なかれロレンスの嫌悪感と関連して述べられているために，マルクス主義に傾斜した若い世代批判や自己の融和政策支持への弁護がどこからどこまでなのか……を確定することは，容易ではない」．

　早坂によれば，このうえで，ケインズの『若き日の信条』の文中で多用されている 'we' をどう読み解いたらよいのかという問題があるという．「ケインズは大部分の主語を 'we' にして話しているから，この 'we' についても，同様の（決して一義化されてはいないが，'we' という集合のうちのどの要素に主たる重点がかかっているか，という点での）かなり微妙ではあるが，ケインズの論旨を大過なく解するために必要な区分を導入する——ないし部分集合を判別す

る——ことが必要である」(早坂編 1986: 85-6).

(2) 「私 (I)」と「われわれ (We)」

　早坂は，ケインズの「われわれ (We)」の用法において「部分集合」を「判別」する必要を説いていた．だが，われわれは，むしろ一歩踏み込んで，ケインズが「われわれ」と「私」とを使い分けて論述していると読み解くことができるのではないかと考える．

　「直観主義」「宗教」に関する彼自身の立場の説明において「われわれ」と「私」を区別して使用していると見立てて読解を試みるとしよう．

　「直観主義」について　「私は，『倫理学原理』の基本的な直観から立場を変える理由はまったくない (I see no reason to shift from the fundamental intuitions of *Principia Ethica*)．もっとも彼の直観は，もっと豊かで，多様な内容をもつ経験に適合するにはあまりにも僅かで，範囲も狭すぎるのであるが」(*CW* X 1972: 444; 邦訳 1980: 579, 太字は筆者) と述べ，ケインズがこの立場を固持していることが明白である．

　「宗教」について　「今から考えると (It seems to me looking back)，われわれの (ours) この宗教は，その下で成長していくのに非常にふさわしいものであったように私には思われる．それは，相変わらず，私の知るほかのどの宗教よりも真理に近いものである．その宗教には無意味な，外面的な問題が少なくて，恥ずべきものはなにもない．もっとも今日，心にやましい所なしに，価値の計算や測定法を捨て，人の意味し感じるものを正確に知る義務を捨て去ることができるのは，ほっとした気持なのであるが．また，その宗教には，フロイト兼マルクスよりもはるかに純粋な，甘美なところがあった．それは今でも，内面的には私の宗教である (It is still my religion under the surface)」(*ibid*., 442-3; 同 577, 一部改訳, 太字, 下線は筆者).

　ケインズは，1937年の時点でも，若き日の信条であるムーアの「宗教」を「今でも」「内面的には私の宗教である」と断定的に述べているのである．彼は，一方で，われわれが，慣習や伝統を軽んじたことを反省しているが，これと同時に，内面的には，依然として「宗教」を信じているということになる．

5. ケインズ研究でのセクシュアリティ論

タブーであったケインズのセクシュアリティ　ケインズのセクシュアリティの問題は，死後もしばらくタブーであった．そうして，ケインズの最初の本格的な伝記である R.F. ハロッドの『ケインズ伝』(1951年)でそれは周到に隠蔽されていたのである．

当時はまだ，同性愛者に悪名高い1885年の男性間の甚だしい淫行に関する第11条が生きていたのである．それは，1956年の性犯罪法の第13条として一旦は引き継がれた．だが，私的で，21歳に達した男性間の同性愛は，1967年に成立した性犯罪法 (Sexual Offence Act of 1967) によって，イングランドとウェールズに限って合法化された．(この後，1980年にスコットランド，1982年に北アイルランドへそれぞれ拡大されてゆく．)

若き日のケインズらのセクシュアリティが，あからさまに取り上げられたのは，ホルロイド (M. Holroyd) によるリットン・ストレイチーの伝記の刊行 (初版1967年) によってであった．まさに同性愛が制限つきながらも合法化された1967年性犯罪法の施行の年のことであった．

この後，ケインズのセクシュアリティの問題は，クウェンティン・ベル (Q. Bell)『ブルームズベリー・グループ』，ミロ・ケインズ (M. Keynes) 編の P. レヴィ (Levy)「ブルームズベリー・グループ」で言及された．この後，スキデルスキー (1983)，モグリッジ (1992) の優れたケインズの伝記によって論述されるようになった．

R. スキデルスキー「セクシュアルなメリーゴランド」　彼は，ケインズの同性愛について第1巻第5章で正面切って論じている．

「イートン時代の体験を除けば，ホブハウスはケインズの人生における最初の重要な恋人だった．この後17年間にわたって彼は男性を相手にして何回かの恋愛を体験するが，その中には行きずりの性愛もあったが，中核的な重要性を帯びたものもあった．彼の人生のこうした面は，ロイ・ハロッドの伝記では完全に隠蔽された．当時はそうすることに，正当な理由が存在した……」(スキデルスキー1987: 209)．

ハロッドは，私的な発言では，同性愛はケインズの人生の「一段階」に過ぎず，彼はその段階を経て成熟したのだから，それ自身は注目に値しないという考え方であった．しかしながら，スキデルスキーはこうしたハロッドの見方に同意せず，ケインズの伝記で，触れなかったことを隠蔽であるとして批判したのだった．

　ケインズの同性愛の傾向の要因が家庭内にあったとするのは難しい．むしろ，青春期と青年期に女性を排除した環境で過ごしたという事実に求めることが自然であろうか．「俗世間から隔離されたパブリック・スクール出身の知的な青年たちは，同性愛を通じて，正常で単純な世界との接触を求めた」．「ケインズとストレイチーは，女は精神的にも肉体的にも劣っていると信じるように育てられた．彼らは，若い男たちの愛情は女の愛情よりも論理的に優れていると信じていた．彼らは性的優位の上に，ある倫理的地位——彼らはそれを『崇高な男色』(Higher Sodomy) と呼んだ——を構築した」（同 209-10）．

　ケインズとリットンは，使徒会での同性愛に寛容であった．二人は，「胎児」ホブハウスをめぐり，恋のさや当てを繰り広げた．この色恋沙汰はケインズが勝利を収め，リットンは，ダンカン・グラントになぐさめを求めようとした．だが，間もなくケインズが驚き，ひどく落胆する事態が出来する．1906年に，そのホブハウスが，ダンカン・グラントと恋人同士になったのである（同 313）．これを知ったケインズは，リットン宛の 4 月 13 日の書信で，次のように書いていた．

　「それは，これまでに世界で起きたどんな事よりも，野蛮で狂気じみている．ああ，そしてそれは我々がつくり出したのだ．それは，われわれのペニスの先から湧き出してきたのだ．そう，君のものと僕のものから」（ドスタレール 2008: 121, 注 28）．

　ところが 1908 年 6 月，リットンがケンブリッジに出かけてロンドンを離れた後，今度は，ケインズとダンカンの「情事」が始まった（同 316）．しばらくして，二人は，新婚旅行を楽しむかのようにオークニー諸島へ旅立った．

　ケインズがダンカンに伝えた，1909 年 2 月にルパート・ブルックが開催した晩餐会の様子は，彼らの放埓なホモセクシュアリティぶりを見事に示していた．

「『一番飲んだのはシュロス氏で，ビレル若だんなはディナー・テーブルにつっぷしているし，ジェラルドは歩くこともできず，ダディーはうまそうに酒をあおっていた』．浮気の方も収まっていなかった．『ジェームス［・ストレイチー］とジョージ［・マロニー］は今みなの前で互いの顔を撫であっている』．ジェラルド・ショーヴとビレル若だんなは相思相愛のように見えた——ショーヴは，『ダディー』・ドールトンのくどきをはねのけようと努力していた——一方，器量のよいルパート・ブルックは，依然としてジェームスの抑えようのない賛美の対象となっていた．キングズにおける人々の品行は，次第次第にタガのはずれたものになりつつあった」（スキデルスキー1992: 385）．

ケインズは，また，1909年12月5日の創立記念日祝典の翌日のダンカン宛書簡でも，次のように書いていた．

「私の考えでは，昨日の夜は，キングズの品行の歴史において今後常に明記されるようになる記念すべき日になると思われる．これまでは放蕩が存在したとしても，それは秘密にされていた．行儀作法——道徳ではない——は捨て去られていなかった．人前ではキスをしないというわれわれの厳しい規則は，あまりにも突然に，全面的に放棄されてしまった——そしてわれわれは全員がキスをした！その光景を描写することはとてもできない．アルフレッド［・ブルック］(Alfred Brooke)，フランキー［・ビレル］(Frankie (Francis) Birrell)，ジェラルド，ハードマン（フレディ）氏，シェパード——そしてその他大勢の人々……すべての人間がそこにいた．われわれが放蕩者［だとの評判］が立つかどうか，だれも知らない……われわれはこれまで一度も，このような行動に出たことはない——私は，今後もこのようなことがありうるのか疑っている……」（同385-6）．

スキデルスキーは，マイケル・ホルロイドによるリットン・ストレイチーの伝記によってケインズの属したブルームズベリー・グループのセクシュアリティについて，興味深い新たな側面が明らかになったとして次のように書いている．

「単に同性愛や両性愛が当然のことになっていたというだけではなく，それは性的な意味でのメリーゴーラウンドであり，友人たちが恋人同士になり，再びまた友人関係に戻ったりした．こうした新事実は，ブルームズベリーに対す

る愛憎半ばする感情を生み出した……」(同 401-2).

　ケインズ－リットン，ケインズ－ホブハウス，リットン－ダンカン・グラント，ケインズ－ダンカン・グラント，ホブハウス－ダンカン・グラント，ヴァネッサ・ベル－ダンカン・グラント－ロジャー・フライ，エイドリアン・スティーヴン－ダンカン・グラント－デイヴィッド・ガーネット……．かくのごとく，ブルームズベリー・グループの人間模様は，自由恋愛の様相を呈していた．

　D.E. モグリッジ：ケインズが記録した性遍歴の暴露　副題を「経済学者の伝記」とした彼の『ケインズ伝 (*Maynard Keynes: An economist biography*, 1992)』第 3 章「ムーアとケインズの若き日の信条」で，まず，ケインズの「若き日」について論じている．だが，その本論にあたる部分では，ケインズの若き日の性愛に関わる問題については触れず，補論の「1915 年のケインズと D.H. ロレンスとの出会い」で，モレル夫人宛バートランド・ラッセルの書簡，およびロレンスのデイヴィッド・ガードナー宛の書簡の記述をもとにケインズの「ソドミー」「ホモセクシュアル」について書いている．このほかの章ではケインズのホモセクシュアリティについて独自に章立てて論じてはいないが，2 カ所で言及がある．

　まず前者である．そこでは，まずラッセル，ロレンスとケインズが会った経緯について触れた後，ラッセルのモレル夫人宛書簡からの引用文を提示して，ロレンスがソドミーを嫌っていた，と伝えている．さらに，ケインズの『若き日の信条』の序文でガーネットが引用した書簡にはかなりの削除箇所があるとして，その全文を掲載している．そこには，ロレンスがケインズとその友人たちのソドミーをひどく嫌悪したことが書かれてあった（Moggridge 1992: 136-40).

　モグリッジは，このほかに第 7 章「インド省文官から若き教師へ」と第 9 章「ブルームズベリー」で，それぞれケインズの同性愛について言及している (*ibid.*, 169-71, 214-6)．しかしながら，これらは，その問題を主題にしたものではなく，議論の流れのうえで言及したと見るべきものであった．

　だが，モグリッジの問題の扱いで，いささかの驚きを禁じ得なかったのは，ケインズが性的遍歴をメモとして残した文章の実物の写真を本文中に挿入し，さらにはこれを印字した一覧表を巻末に収録していた点であった．それは「付

録1　淫乱さの鍵：ケインズの愛　1901–15（ANNEX1—A KEY FOR THE PRURIENT: KEYNES'S LOVES, 1901-15)」(*ibid.*, 838-9) とされた表題の資料の一部であった．本文での性愛問題の控えめな扱いと巻末の付録での同性愛についてのショッキングな実態のあからさまな公開というバランスを欠いた対照的な扱いが目立つのであった．

　G. ドスタレール——アポスルズとブルームズベリーの性　ドスタレールは，「ブルームズベリー・グループとアポスルズ」についての箇所で，1922年頃にブルームズベリー・メモワールクラブのために執筆された論文でヴァージニア・ウルフが，どのようにして性について語り始めたのかについて回想している，と指摘している．それは，ヴァージニアが姉のヴァネッサ，およびその他の友人たちと一緒に客間にいた時の有名な逸話であった．

　「『突然ドアが開いたかと思うと，長身で意地悪そうな姿のリットン・ストレイチー氏が入口に立っていた．彼は，ヴァージニアの白いドレスについたシミを指した．そして彼は，『ザーメンか』と言った．

　何てことを言うのだろう，と私は思った．そして私たちはどっと笑った．その一言で，寡黙と遠慮という壁が崩れた．聖なる液体の洪水が私たちを圧倒したかのように思われた．性が私たちの会話に浸透した．男色者という声さえも，私たちは口にするようになった．善の性質について議論した時と同じような興奮と率直さをもって，私たちは性交について議論した』(V. Woolf 1922: 54)」（ドスタレール 2008: 72-3）．

　ドスタレールは，ケインズらの奔放な性的活動について，このほかにも，いくつかの実例をあげている．まずは，1905年12月10日，ケインズがリットン・ストレイチーに宛てた書信である．

　「ラムは，ヘンリーとスティーヴン一家に関する（僕には）かなり退屈な噂話でいっぱいだった——どうやってヘンリー・ラムとヴァネッサが恋仲になり，ヴァネッサとナインが恋仲になり，そしてエイドリアンとナインとが恋仲になったのか，といった具合だった．それから，僕が思うに，その他のすべての，ありうる，またありえないようなレズ的，ホモ的，近親相姦的な関係といった話でいっぱいだった」（同 118, 注 6）．

　さらにドスタレールは，ブルームズベリーのメンバーの間の書簡は，「しば

しば露骨な表現で満ちている」として，たとえば，1911年10月12日，ケインズが，自由党下院議員の代表団とともに，アイルランドを訪れていた際のリットン・ストレイチー宛書簡をあげている．

「(アイルランドの) コークで，次のような注意書きが僕の目に留まった．『全てのイングランド人は，大人も青年も少年も，自分の尻の穴が侵されることを望んでいる．ペニスが大きければ大きいほど，彼らはそれを好む』．だが，それがアイルランド自治のための主張を意図しているのかどうかは分からない……」(同)．

1914年4月19日，ヴァネッサ・ベルがケインズに宛てた書信もそうである．それはヴァネッサと夫のクライヴが，イースターの間，サセックスでもてなされたことへの礼状だが，次のような露骨な内容が盛り込まれていた．

「『私たちがあなたのために残していった何人かの青年たちと男色して快い午後を過ごしましたか．……けれども，裸の四肢で相手と絡み合い，そして未熟な男色（Sucking Sodomy）——まるで駅の名前みたい——の恍惚に満ちた前戯をしているあなたを想像しています』」(同)．

そうして，ドスタレールは，ブルームズベリー・グループがヴィクトリア朝の諸制度を嘲笑し，道徳を拒絶し，同性愛を許容し実践した，というのである．

「ヴィクトリア朝の道徳に対する抵抗の主導者として，彼らは，その道徳が尊重している諸制度（軍隊・教会・国家）を嘲笑し，さまざまな社会的因襲を，とりわけその因襲が暗示している性道徳を拒絶した．ブルームズベリーの同盟は，国教徒とはかけ離れていた．同性愛が許容されていただけでなく，それはグループのなかで実践されていたのである．同時代の人々を憤慨させたような環境(ミリュー)のなかで，最も奇妙なカップルやトリオが，成立したり解消したりしていた．ブルームズベリーは，一種の家族であり，前時代の生活共同体(コミューン)であった．それは，ときには批判者たちによって売春宿にたとえられた．親密な関係が終わり，たとえそのことが重大な影響を伴わずにはいなかったとしても，その後も友情は続いた．……」(同73-4)．

6. 英語文献での『若き日の信条』論

(1) 当事者たちの論評——B. ラッセルとL. ウルフの場合
①ラッセル

　ザ・ソサエティではR. フライ，J.E. マクタガード，G.L. ディーキンソン，A.N. ホワイトヘッドを先輩として，G.E. ムーア，D. マッカーシーらと1890年代を代表した．ケインズが入った頃は，E.M. フォースター，R. ホートレーなどが学部を卒業したばかりであった．

　ラッセルは，卒業後もザ・ソサエティの会合にムーアとしばしば参加していた．彼は，1902年2月にマッカーシーとともにL. ストレイチーを「発掘」したとされている（ドスタレール2008:79）．

　このラッセルが，1915年3月6，7日に，ケンブリッジにD.H. ロレンスを招き，翌日ケインズの部屋に案内し，夕刻，ケインズらと晩餐したその人であった．彼は，当時，モレル夫人と愛人関係にあった．夫人は，ロンドンのサロンやオクスフォードに近いガーシントンのオットライン別邸に，作家，芸術家，「良心的兵役拒否者」，「名誉園芸家たち」を招き，世話をし，パーティーを開催した．ここにH.H. アスキスらの戦時内閣の要人やケインズ，フォースター，ストレイチー，ヴァネッサとヴァージニアの姉妹，ダンカン・グラントらブルームズベリー・グループの主要人物が顔を出していた．ロレンス夫妻，デイヴィッド・ガーネットも参加していた．

　のちに詳しく論じるが，ラッセルはモレル夫人の仲介で，ロレンスと知り合っていたのである．急進的な反戦主義者として活動を強めていたラッセルは，同様に反戦的な姿勢を明確にし，理想郷「ラーナニア」を夢想しはじめたロレンスと反戦活動を昂揚させることで意見の一致を見ていた．そうして，その活動でどのような協力関係を構築できるかを話し合うために，ラッセルがロレンスをケンブリッジに招いたのだった．そうして，ラッセルが，ケインズ『若き日の信条』の狂言回しを演じる事態が起こったのである．

　スキデルスキーは，『若き日の信条』のなかで「ケインズによって示されたムーアの哲学像から，ムーアを守ろうとしてきた」のがラッセルであるとして，

彼の自伝から以下を引用している．

　「ケインズとリットン［・スチレイチー］の世代は，教養のない俗物に対して全く親近関係を保とうとはしなかった．彼らはむしろ微妙なニュアンスや鋭敏な感覚の中に引きこもる生活を目指し，善きことはエリートの集団内で互いを熱烈に賞賛しあうことであると考えた．彼らはきわめて不当にも，この教義をG.E. ムーアの創作ということにしてしまい，自分たちはムーアの弟子であると自称した．ケインズは自分の回想録『若き日の信条』の中で，ムーアの教義に対する彼らの賞賛について語った．ムーアは道徳にも当然与えられるべき重点を置き，さらに彼の有機的統一の教義により，善きことがそれぞれに孤立した情熱的瞬間の総和を意味するという見解を回避したが，自分たちのことをムーアの弟子だと考えていた連中は，彼の教えのこの側面を無視し，彼の倫理学を女学校の退屈な感傷の擁護のレベルにおとしめた」(Russell 1978: 67-8; スキデルスキー 1987: 235)．

② L. ウルフ

　ケインズは，ケンブリッジに入学した数カ月後に，二人の背の高い青年の訪問を受けた．一人は痩せて青白く，口ひげを生やし鼻メガネをかけていた．背が高く痩せており，もう一人は色が浅黒く，長くて陰気な顔をしていた．彼らは，ケインズがアポスルズへの加入にふさわしい人物であるかを，品定めに来たのであった．ケインズがレナード・ウルフに出会ったのがこの時であった (スキデルスキー1987: 188)．

　レナードは，1880 年にユダヤ人の家庭で生まれ，1899 年にトリニティ・カレッジに入学した．彼とリットン・ストレイチー，サクソン・シドニー–ターナー，トービー・スティーヴン，クライヴ・ベルらと間もなく親友となった．彼らは，1900 年 2 月，読書と討論のためのグループを創設した．これが核となり，やがてブルームズベリー・グループが形成されるのである．

　やがて，そのグループの有力な一員となるトービー・スティーヴンの姉妹が，ケンブリッジを初めて訪れたのは翌年 6 月の最初の 2 週間に開催された「メイ・ウィークス」であった．そこで，彼女らは，トービーの友人たちや未来の夫たち（クライヴ・ベル，レナード・ウルフ）と出会ったのである（ドスタレ

ール 2008: 78-9)．

　レナードが，サクソン・シドニー - ターナーと共に，アポスルズに入会したのは，1902 年の 10 月のことであった．クライヴ・ベルとトービー・スティーヴンは認められなかった．レナードのアポスルズの会員であった期間は意外に短い．それゆえ，ケインズとレナードの実際の交流も短期間であった．二人は，1904 年 8 月，ウェールズを歩く 1 週間の旅行を楽しんでいる．彼らはスノードン山に登り，各地を訪れたという．

　レナードは，この年の秋に卒業し，その後は 1911 年まで 7 年にわたりセイロンで植民地官吏として働いた．彼は，この間，頻繁に，気のおけないリットンと書簡のやり取りをし，私事にわたり情報交換を行っていたことが明らかになっている（スキデルスキー 1987: 202-3）．

　1908 年 10 月に，レナードは，勤務先のセイロンから，リットンに宛てて次のように書いてよこした．

　「『僕はケインズが大嫌いだ．そう思わないか．4 年前からの彼のことを振り返ってみると，これまで悪人がいたとしても，彼ほどの根っからの悪人はいないことが分かる．神よ！ゴート人でなく彼を選んだことは気の迷いでした』．……ウルフの嫌悪は，……自分の友人をメナードが奪ったとストレイチーがこぼした手紙を読んで，ウルフはケインズに恨みを抱いたのだった．二人は最終的に和解した」（ドスタレール 2008: 120, 注 21）．

　レナードは，1911 年 6 月に帰国後，ケインズが賃貸借契約の責任を引き受けたブラウンズウィック・スクウェア 38 番地の家に潜り込んだ．大きな家で，ケインズが 1 階，エイドリアンが 2 階，ヴァージニアが 3 階を使っていた．レナードはこの最上階に引っ越してきたのである．そうして，彼は，かつてのアポスルズ，ブルームズベリー・グループのメンバーと旧交を温めたのであった．そうして，1912 年 8 月，レナードは，ヴァージニア・スティーヴンと結婚した．

　彼は，一時は，作家を目指した．戯曲『ホテル』や小説『ジャングルの村』（1913 年），『賢い乙女たち』（1914 年）を執筆したことが知られている．「しかし彼は，このような事柄は妻に任せるのが最善であることをすぐに理解した．その代わり彼は，ヴァージニアもまた生業（なりわい）としていた文芸評論や，そしてとくに政治的著述に取り掛かった．彼は 1916 年から国際的な政治機構の創設を提

案していた」(同96; スキデルスキー 1992: 411, 443-4).

それではこのレナードは『若き日の信条』をどう評価しているのか. 彼が1960年に刊行した自伝『種まき』では, ケインズの回想に厳しい評価を加えている. 彼はなんと, 「ケインズは『ムーアの信条と教義……そして彼の哲学と彼の性格が我々に与えた影響について歪んだ像を提供した……』と書いた」のである (スキデルスキー1987: 235).

彼はさらにケインズが「道徳」を棄てた, 背徳者であった, とするケインズの見方を強く批判した.

「われわれは『背徳者』ではなかった——われわれが『順応や屈従を求める道徳的義務や内面的拘束を一切認めなかった』というのは正しくないし, われわれが, 『道徳』や行動規範に関するムーアの言葉を無視したというのも正しくない. ……ムーア自身は, 道徳性の媒介手段ないし行動規範——つまり, 観照の生活の対立物である行動の生活の規範——として善と悪の問題に引き続き悩んでいた. 彼と私たちは, 人は何をしなければならないか……という疑問に悩まされていた. ……」(同235).

(2) ケインズの「伝記」研究者たち
① R. スキデルスキー

支持を得られなかった回想　包括的で詳細な大著の『ケインズ伝』を執筆したスキデルスキーによれば, 『若き日の信条』は, 彼の仲間からも, 後代の作家からも, 全面的な支持を受けることはできなかった. なるほど, 回顧録をめぐっては, ムーアの教義についてのケインズの解釈への異議, ケインズの信条についての解釈の不一致が生じ, 彼のこの回想録をどう評価するのか, また, その背景とする時代やケンブリッジの文化をどう解釈したらよいのか, さまざまな議論が繰り広げられ, 論争の種は尽きなかった.

彼は『若き日の信条』を次のように特徴づけている. (i) それが老若男女の関係者を相手に朗読された点. (ii) 論文の効果と面白さを高めるため厳格な真実を勝手にかえるという自由さがあったこと. (iii) 参加していた何人かが, マルクスやフロイトの思想に傾倒していたと考えての配慮からか, ケインズはみずからの「若き日」の非世俗性, 反社会性を強調, ないし誇張したのは間違

いないこと（スキデルスキー1987: 234）．

スキデルスキーによる三つのグループ分け　スキデルスキーは『若き日の信条』への対応を三つのグループに分けている．

第一のグループは，ケインズのムーアの哲学像からムーアを擁護しようとするグループである．バートランド・ラッセル，レナード・ウルフらアポスルズの先輩たちに代表される．ラッセルが『自伝』の中で酷評している点についてはすでに指摘した．ウルフも回顧録で「ケインズは『ムーアの信条と教義……そして彼の哲学と彼の性格がわれわれに与えた影響について歪んだ像を提供した……』」，「われわれは『背徳者』ではなかった」，「われわれが，『道徳』や行動規範に関するムーアの言葉を無視したというのも正しくない」と回想していた．

スキデルスキーによれば，ムーアの伝記作家ポール・レヴィは「もっと過激な議論を展開した」．「アポスルズが『倫理学原理』から『彼らの興味を引く部分だけ――それは決してその本が提供すべきすべてではなかった』を受け入れたという事実は，彼の見解によれば，『ムーアの彼らに及ぼした影響は，学説的なものでは全くなく，個人的なものであった』ことを示している．彼らは，彼の思想に対する忠誠を宣言することにより，人間としての彼に対する忠誠を示したが，その思想は決して厳密に研究されることはなかった．ムーア主義は哲学における『個人崇拝』の例だった．ムーアについてのケインズの説明は，『倫理学原理』の主要な哲学的内容とはほとんどかかわりをもっていない」(Skidelsky 1983: 144-5; スキデルスキー 1987: 236, 一部改訳)．

第二のグループは，ケインズの『若き日の信条』での告白から，ケインズを擁護する，あるいは守ろうとする人たちである．ケインズの謦咳に接することのできた『ケインズ伝』のR.F.ハロッド，ケンブリッジの道徳哲学者R.B.ブレイスウェイトをあげている．ハロッド場合は，ケインズがその一生で達成した輝かしい偉業からすれば，ムーア主義は，ケインズにとって，通り抜けてゆく一つの青春のひとコマにすぎなかったと印象づけることに腐心している．

また，ブレイスウェイトは，ケインズの死後公表された『若き日の信条』での，思いもかけぬケインズの厳しいベンサム主義批判に，一旦は当惑し戸惑いを見せたものの，思い直して，それを額面通りに受け取るべきではない，と論

じた．それというのも彼には，ケインズが逝去した1946年，『マインド』誌で弔辞を寄せ，「ケインズの倫理学が本質的に『倫理学原理』のそれであり，彼をもっとも『人情味のある功利主義者』と呼んだ」経緯があった．それゆえ，『若き日の信条』が，1949年に遺稿として出版されたとき，ブレイスウェイトは，「大きな驚きをもってそれを読んだ」．ケインズが『原理』の教えは，行動や結果とはほとんど関係がない，道徳とは無関係であると主張していたからである．

それは，大方，ブレイスウェイトの弔辞での評価を，真っ向から否定する内容であったとも受け止められた．この新たな事態に彼は，問題を再考せざるを得なかった．そして，「満足のいくまで熟考してみた」彼は，後年，おおよそ次のように回想している．

『倫理学原理』で説かれている帰結主義的教説は，ケインズが幼年時代を通じて吸収していた古典的功利主義の一部であったから，彼の心を奪うような目新しいものではなかった．したがって彼は，回想録では，それに注意を向けず，あまり心を用いなかった．ともかく，帰結主義的倫理哲学の中で育てられたケインズは，それを捨ててはいない．それは，ちょうど，キリスト教を棄教してもその行動原理が染み付いていて変わらず保持しているのと同じである（ブレイスウェイト 1978: 314-6）．

彼は，こう解釈することで，自らの解釈の一貫性を保とうとしたのである．彼には，経済学者のケインズが，功利主義を否定するわけはないとの思いがあったのであろうが，彼の解釈は人々を納得させるものではなかった．

だが，彼は，こう主張する一方で，ケインズが『若き日の信条』を，後年，修正している点も認めていた．「『若き日の信条』を読んだかぎりでは，……本当の方向転換は，『人間の本性は理性的である (human nature is reasonable)』という信念の放棄である．時間の推移の中で変化したのは，ケインズの心理学的信念であって，彼の根本的な倫理的信念ではない．自分や自分の仲間たちが世紀の初め頃に抱いていた『人間性についての擬似合理的な考え方』が，判断力だけではなく感情の浅薄さ，皮相さをもたらしたと，ケインズは語っている」（同 318）．

このような彼の解釈は，自らのケインズ解釈に終止符を打とうとしたものの，

やはりケインズの「修辞の衣をはぎとりながら」読んだ結果から，かかる修正点を認めざるを得なかったと言うのであろう．だが，彼の解釈のように，ケインズが「人間の本性」についての基本的な考え方——「理性的である」，「擬似合理的である」という——を放棄したのであれば，そのような人間観の転換が彼の倫理，道徳観にたいして，なんら影響を及ぼさなかったというのは，はなはだ考え難いとの批判も出てこよう．

　第三のグループは，文芸評論家のリーヴィス（F.R. Leavis）によって代表される*．

　その立場は，成熟したケインズが「若き日」の思想と行動を「きっぱり拒絶していない」という理解である．

　「ムーア主義は，ケインズが解釈したように，新しい文化人を気取っていた学部学生仲間の未熟な教養の発露であった．リーヴィスの眼にとって重大なポイントは，成熟したケインズがそれをきっぱり拒絶していないことであった」（スキデルスキー 1987: 237）．

　スキデルスキーは，さらにリーヴィスから次の文章を引用している．

　「ケインズは過去を振り返って，仲間たちの知性と宗教についてある種の面白半分の皮肉（a certain amused irony）をこめながら描写しているが，しかしそれは成熟した価値観による超然とした皮肉ではない．1938年の時点においても，彼はそうした知性や宗教を真剣に受け止めていた——彼は，結局はできるだけ早く忘れ去られ，最も知的な人物ならそれから抜け出さずにはいられないようなよくある学部時代の一段階を描くようにはせず，むしろ真剣かつ敬意を込めて，それらを見ている——学部学生時代の後，大いに教養を洗練させたにもかかわらず，そうした見方をしているように思われる」（Skidelsky 1983: 145; スキデルスキー1987: 237-8; リーヴィス 1981: 121-2, 一部改訳）．

　われわれはさらに，このリーヴィスの書評「ケインズとロレンスとケンブリ

＊　ここでスキデルスキーが取り上げているリーヴィスの批評「ケインズとロレンスとケンブリッジ」は，岩崎宗治による翻訳がある．それは岩崎『D.H. ロレンス論』（八潮出版，1981年）に収録されている．岩崎によると，原文は「ケインズの『二つの回想』 Two Memoirs, introduced by David Garnett（Rupert Hart-Davis, 1949）の書評として『スクルーティニー』第16巻3号（1949年9月）に書かれたものである」．本章ではこの邦訳を参照した．

ッジ」で，スキデルスキーが用いなかったケインズ批判と思われる文章も引用しておこう．

リーヴィスは，ロレンスが，生まれ育ったイーストウッドとノッティンガムでの成長期に，いかに彼が知的関心を持ち続け，教養を身につけていたかを知るべきであろうとしたうえでケインズのロレンス観を批判している．

「ラッセルの部屋で目もくらむばかりのケンブリッジの文明の前に引き出されたロレンスが，劣等感を抱き自分の無教育を恥じたなどと考えるとは，まことにこれ以上笑止千万な的外れもまたとあるまい」(リーヴィス 1981: 124-5)．

なるほどケインズは『若き日の信条』でロレンスをケンブリッジに「圧倒され，魅了され，嫌悪を感じた」と描写していたのであった．

要するにリーヴィスはこの書評で，「ロレンスの批評がもつ大きな力をケインズがいかにわずかしか理解しえないか」(同 126) という点に集中させて，ケインズを批判しているのであった．

ケインズの世界観の転換点　スキデルスキーは，『ケインズ』(1996 年) で，第一次世界大戦がケインズの思想，哲学，世界観の転換点であったと示唆している．彼はこれを『蓋然性論』の評価に関連した問題での，「『蓋然性論』と『一般理論』との間の認識論上の連続性」の問題として取り上げるなかで，次のように論じる．

「アソル・フィッツギボンズが問題を提起しているように，『蓋然性の薄明かり』は，1936 年にはなぜ不確実性の『暗闇』に変わっていったのであろうか．第一次世界大戦という分水嶺がこれに答えを与えている」(Skidelsky 1996: 39; 邦訳 2001: 75)．

第一次世界大戦を転換の画期と捉える点では，その際のフロイトの精神分析学の役割を重視する P.V. ミニ，E.G. ウィンスローらと同様の考えに立っているといえる．だが，スキデルスキーは，第一次世界大戦がどうケインズの世界観の転換を促したのかについては必ずしも明確に論じていない．彼は，フィッツギボンズの説明を評価するのであるが，フィッツギボンズがその転換を次のような文章で表現しているのを具体的に引用せず，ケインズの考えが暗転したとただ指摘するに止めているのである．"The twilight of probability turns to dark night" (Fitzgibbons 1988: 77)．

スキデルスキーが，この暗転をどう捉えていたのであろうか．その答えは，彼の *John Maynard Keynes* Vol.1 の副題「裏切られた期待（*Hopes Betrayed 1883-1920*）」に示されているとも考えられる．彼は，このケインズ評伝第1部の末尾を次のような文章で終えているのである．

「彼らの親の世代は，社会の結合力を維持するため，結局は神に頼った．神に対する信頼にかげりがみえた時，彼らは，経済的資本の蓄積を支えた倫理的な資本が，はなはだしく枯渇させられてしまったと，感じざるをえなかった．ケインズと彼の友人たちは，大戦以前にはこのことを心配しはしなかった．彼らにとって神の死は，誤った信仰とめんどうな義務からの解放を，意味していた．1919年になると，別の角度から光が当てられた．失われた19世紀の確信が，奇妙にもなつかしく思い出された――シジウィック*の不安の方が，ブルームズベリーの新しい夜明けよりも，鮮烈であった．結局のところ，資本主義の将来に対する戦後のケインズの不安は，神のない社会に対するヴィクトリア朝時代人の不安に，強く影響されていたのだ．<u>ムーアの『倫理学原理』によってわずかの時間だけ解き放たれた文明への期待は，すぐ地平線の向こうに沈んでしまった．</u>以後のケインズの生涯は，この期待を，眼に見えるところまで引き戻す努力に費やされた（Skidelsky 1983: 402；邦訳1992: 655，下線は筆者）．

スキデルスキーは，かくのごときケインズの思想，哲学的なゆらぎとともにケインズの『蓋然性論』の蓋然性，確からしさの論理学，あるいはそれに基づく行為論から『一般理論』での「不確実性」を基礎とする新たな経済理論の構築への転換を読み解こうとするのである．

② D.E. モグリッジ

モグリッジによる「ケインズ文書」の整理　モグリッジは自著（『ケインズ――経済学者の伝記』（1992年））の第5章「ムーアとケインズの若き日」で，ケインズが，若き日――ほぼキングズ・カレッジの学部生から大学院生であっ

---

*　シジウィックは，普遍的な快楽主義と利己的快楽主義を理論的に調和させることができず，次第に秘儀的な思索へと傾倒していったとされる．彼は心霊現象に興味をもつ一方で，穏健な社会主義を確信するようになっていった（ドスタレール 2008: 45-6；スキデルスキー 1987: 55-6）．

た時期——ムーアの圧倒的な影響下のもとでの思索活動を通じて，結局は，蓋然性論の研究による彼自身の行為論の理論構築に向かっていったことをあとづけている．

多くの研究が「若き日」のケインズ論を試みる際に，まず『若き日の信条』をもとに，あれこれ論じることが普通であった．だが，モグリッジはこうした方法をとらず，ムーアの影響下にあって，その「宗教」を受け入れる一方で「道徳」には反発したケインズが，どのような思索活動をたどったのかを，当時未刊行の「ケインズ文書」を基本文献として，論じようとしたのであった．

モグリッジは，初期の「ケインズ文書」を整理して三つのグループに分けている．それらは，①学部生時代の文書（～1905年），バーク関連文書（「E・バークの政治的教義」「真理」「寛容」），それに「美」「徳」「幸福」，②学部卒業後の文書（1905-06年），「現代文明」「エゴイズム」「義務」，③インド省入省後の文書（1908年後），である．この整理を踏まえて，なかでも重要と考える「E・バークの政治的教義」をやや詳しく検討し，さらに②の文書についても，概観している*．

『倫理学原理』とケインズの回想　モグリッジは，ムーアの『倫理学原理』からいくつかの文章を引用して，ムーアが問題にしたのは善とは何かという問題であったとする．「善」は「黄色」と同じように単純な概念であるが，何か一つの概念によって規定できないものである．それを何か別のもので表すというのは「自然主義的誤謬」に落ちいってしまう．倫理学を何か形而上学的なものを用いて規定することも同様の誤謬をおかすことになる．このようなことを述べた後，ムーアは，最後の2章で倫理学の中心的問題について論じる．それは，「われわれは何をなすべきか」「何が善であり目的であるのか」である．そうして，前者についての答えは，要するに「行為の価値は結果にある」と言う

---

　*　なお，ここで注意すべきは，彼が，日付のあるこれら文書とは別に，それが不明の文書の存在も指摘し，なかでも，「行為との関連での倫理学（*Ethics in Relation to Conduct*）」については，独自の評価を試みている点である．彼は，この文書もって，ケインズが行為論と蓋然性論とを関連づけた思索活動の始まりと位置づけるオダネル，スキデルスキーの解釈に疑問を呈し，付論において詳細な検討を加えている（Moggridge 1992: 115）．オダネルの場合は，それが1904年1月23日であったとするのに対し，モグリッジはその2年後に執筆されたと推定している．

のである.

　この後, モグリッジは,『若き日の信条』でケインズがムーアの『倫理学原理』について次のように回想している, として『ケインズ全集』第10巻の435-7頁から四つの文章を抜粋している. それらは, おおよそ, 以下のくだりであった (Moggridge 1992: 116-7).

　「われわれに対してこの書物が与えた影響と, 出版に前後して行われた議論とは, もちろん, 他の何ものにもまして圧倒的な重要性を有していた. そしておそらく今もなおそうであろう. われわれは信条によって行動が左右される年頃であった. ……当時形成された物の感じ方の習性は, 今なお顕著な形で生き残っている」.「その影響は単に圧倒的であったばかりでない. ……それは胸をわくわくさせ, 人を陽気にするものであり, ルネッサンスの幕あき, 新しい地上における新しい天国の出現であった. われわれは新しい摂理の先触であり, 恐いもの知らずであった」(*CW* X 1972: 435-6; 邦訳 1980: 568).

　ムーアの宗教とケインズの解釈　このようにケインズが論じるのはムーアの「宗教」のことである. 彼は,「われわれはいわばムーアの宗教を受け容れて, 彼の道徳を捨てたのである」と主張するのである. そうして, ケインズは, その「宗教」がどんなものであったのかとして,「時間を超越した, 熱烈な, 観照と交わりとの状態」を重要視し,「事の『あと』『さき』とは多分に無関係」であると考えたことを指摘する (*ibid*., 436; 同 569).

　さらに, ケインズにとって, これに「ふさわしい主題は, 最愛の人, 美, および真理であり, 人生における主たる目的は, 愛であり, 美的体験の創造と享受であり, そして知識の追求であった」とする (*ibid*., 436-7; 同 569-7). そうして, ケインズは,「われわれの宗教はまったく非世俗的」であって,「富, 権勢, 人望, あるいは成功となんの係わりもなく, これらのものを徹底して軽蔑した」と主張している (*ibid*., 437; 同 570).

　モグリッジは, このあと, ケインズのいう「道徳」についての論述に移り, 彼がムーアの第5章「行動に関する倫理学」のうち, 顧みようとはしなかった箇所を引用する. それらは, 次のような箇所を含んでいた.「将来の全行程を通じて, 因果関係の吟味により, 最も確実な, 終局的な善の極大を生み出すように行動すべき責務を扱った部分」を「無視したばかりでなく, また, 一般的

ルールに従う個人の義務を論じた部分も無視したのである」．「一般的ルールに従うという，われわれに課せられた個人的責任を全く拒否した」．「われわれは慣習的な道徳や，因習や，伝統的な知恵を全く拒否した」．「われわれは，厳密な意味における不道徳主義者(インモラリスト)であった」(*ibid*., 446; 同 581-2)．モグリッジの引用箇所は，まだ続くが，ここで終えよう (Moggridge 1992: 118)．

　次にモグリッジは，ケインズが回想した『若き日の信条』についてのレナード・ウルフ，バートランド・ラッセル，P. レヴィ，R. ハロッド，R. ブレイスウェイト，それに R. スキデルスキーらの論評を紹介している．さらには，ケインズの思想，哲学に焦点を当てた論争として，断続説，連続説を取り上げ，オダネル，カラベリ，ベイトマン，フィツギボンズの所説をも紹介し，目配り振りを見せている．

　モグリッジはケインズに何を見出したのか　第 5 章「ムーアとケインズの若き日の信条」での検討によって，モグリッジが見出したものは何であろうか．それは，彼の第 6 章「蓋然性」の終わりで論じている内容からうかがうことができる．モグリッジは，そこでケインズが「初期ケインズ文書」の「倫理学雑考」から『蓋然性論』第 1 草稿の目次を経て 1908 年提出の改訂版『蓋然性論』にいたるまで，道徳科学と蓋然性論との関係に関心を抱き続けた点に注目している．彼の考察によれば，ケインズは，蓋然性の議論に計算を持ち込むことに慎重であったし，道徳科学を数学的論証の影響下においてはどうかという考えにも結局のところ与しなかった．ケインズは，道徳科学というものは，知識の形式，評価と有用性の基準が自然科学とは異なると考えたのであった．

　このうえで，モグリッジは，再び，「ケインズの『若き日の信条』の問題」について論点を戻す．彼が考えるに，はじめのうち，ムーアのケインズへの影響は圧倒的であった．だが，次第に独自の思考を強めてゆく．この際に，ケインズは，バーク関連の考察では世俗的関心を示したが，彼自身は，それとは逆の，超俗的でより私的な関心へと向かっても不思議ではなかった．だが，ケインズはそうしなかった．モグリッジによれば，ケインズは，蓋然性についての考察を深めることによって，彼自身を内向的で超合理主義ではなく，科学と技術 (art) との統合，友人に対する義務，より広い現象的世界での積極的役割と結びついた世界観へと目をむけていったのであった．

モグリッジは，これを次のようにも言うことができると結論づけている．この過程では，ケインズにとってムーアは哲学的に重要であったが，彼自身は非ムーア的（un-Moorian）な役割を見出していった．それは「ハーヴェイ・ロードの前提」に合致する方向性であり，ハロッドに言わせれば，合理的説得による秩序づけられた進歩，道徳的合目的性，それに偏見のない現世的，世俗的改良であった（同 165）．

(3) ケインズの哲学思想の研究者たち
① A.M. カラベリの『若き日の信条』論

『ケインズの方法』(1988 年)でケインズの蓋然性論を，「真理というよりは意見の論理学」というべきであると主張するカラベリは，1907 年の『蓋然性論』草稿の検討を踏まえて，ケインズは，この時にすでに合理主義から距離をとったと結論づける．この時期にケインズは，思想的立場を確立したと解釈するのである (Carabelli 1988: 91-3, 99-100, 145-8)．

このような独自の主張を説くカラベリにすれば，ケインズの『若き日の信条』での回想をそのまま受け入れることはできない．『若き日の信条』を，絵画に喩え，ケインズを含めたブルームズベリー・グループを描いたもののようであると解釈する彼女にすれば，ケインズの「若き日」とは，時期的には彼が 20 歳であった 1903 年前後のことになる (ibid., 100)．

カラベリは，1903 年頃の「若き日」の「信条」と 1938 年の『若き日の信条』で説かれた「信条」とを比較検討してはいないが，その主張を整合的に考えると，少なくとも前者の「信条」は，1907 年頃から後の時期のケインズの立場には当てはまらないことになる．ケインズの「若き日」の世界は，これよりも前のことと考えるのが妥当である．カラベリにすれば，ケインズは，より限定した表現を用いて，『若き日の信条』のタイトルを 1903–06 年頃の「My Very Early (around 1903-6) Beliefs」とすべきであった，ということになる (ibid., 100)．

② R.M. オダネルの『若き日の信条』論
事実に忠実ではないケインズの回想　彼は，『哲学，経済学，政治学』(1989

年）の第1部「ケインズの哲学」第7章「1921年以降のケインズの哲学」での『若き日の信条』の分析で，次のような傾注すべき重要な指摘を行っている．

「ケインズの回想録は，ケインズの思索の歴史において疑いもなく重要なものである．だが，彼のラムジーに関する論評と同様に，事実に忠実に真実を論じたものであると無批判的に読んではならないものである．それはおそらくケインズの業績の中で最も人の目を欺く文書である．錯誤，曖昧さ，首尾一貫性の欠如，そして誇張による欠陥が見られる．それをケインズの初期文書と比べてみると，いくつかの重要問題の扱いで不正確であり，はなはだ人を惑わし，あるいは誇張されている．とはいえ，そこでの中心的な'宗教－道徳'という比喩は十分に明確にされていないし，また'帰結'に関する内的一貫性の欠如がみられ，さらには，ケインズとムーア，ベンサム，それにベンサムとマルクスについての疑わしき言及が含まれている．そうであっても，その重要性と不用心な者を欺く力からして，注意深く解釈にあたらなければならない」(O'Donnell 1989: 148)．

このようにオダネルは，『若き日の信条』について，「錯誤」「曖昧さ」「首尾一貫性の欠如」「誇張」「不正確」「不用心な者を欺く」と酷評している．だが，ケインズの思想について考察するうえでは重要な文書であるとも認めている．したがって，具体的な考察を試みる場合，こうした点を了解し，その読解にあたっては注意深さが必要であると言うのである．

ケインズは『若き日の信条』で何を説いたか　オダネルはケインズの『若き日の信条』での考察すべき主題は，次の三つであると考える．

第一に，「一人の人間の純潔な精神に及ぼした主要な影響」とはなんであったのか．

第二に，その結果がどうなったのか．

第三に，そうした若き日の信条を持ち続けているのか．

そうして彼は，次のように論じている．第一の主題は，ケインズの過去の信念を扱うことになり，『若き日の信条』の不正確さに直面することになる．これに対して，第三の主題は，『若き日の信条』執筆時のケインズの信念を対象とすることになり，ケインズの哲学的核心の継続性の有無について有益な考察が得られることになる．

そこで，オダネルは，第三の主題に焦点を当て論じることにする．彼は，『若き日の信条』での読解によってケインズが初期哲学の信念を限定的ながら再確認している点を，回想録じみた文書の極めて重要な特徴となっていると考えるのである（O'Donnell 1989: 149）．

それでは，再確認されたものがどのようなものであるのか．オダネルは，次の三つの引用文を提示し，問題の考察を試みるのである．

①「今から考えると，われわれのこの宗教は，その下で成長していくのに非常にふさわしいものであったように思われる．それは相変わらず，私の知るほかのどの宗教よりも真理に近いものである．……もっとも今日，心にやましい所なしに，価値の計算や測定法を捨て，人間の意味し感じるものを正確に知る義務を捨て去ることができるのは，ほっとした気持なのであるが．またその宗教には，フロイト兼マルクスよりもはるかに純粋な，甘美なところがあった．それは今でも，内面的には私の宗教である」（*CW* X 1972: 442; 邦訳 1980: 577）．

②「私には『倫理学原理』の基本的な直観から立場を変える理由はまったくない．もっとも彼の直観は，もっと豊かで，多様な内容をもつ経験に適合するには，あまりにも僅かで，範囲も狭すぎるのではあるが」（*ibid.*, 444; 同 579）．

③「確かに，大切なのは心の状態だけである．しかし，心の状態が価値あるものでありうるあり方と，その対象とは，われわれが認めていた以上に，もっと多様で，またはるかに豊かなものなのである」（*ibid.*, 449-50; 同 586）．

オダネルの解釈によれば，ケインズは，これら①から③で，内在的な批判をみせてはいるものの，もともとの考えを否定しているわけではない．ケインズは，若き日の古い枠組みは基本的には健全であったが，問題は，その範囲が狭かったと考えたのである．そこでケインズがとった適切なる戦略は，彼に典型的である直接的な破壊ではなく，拡張と補足とによる修復であった．そうして，ケインズは，ロレンスの敵愾心に刺激されて，「何か大切なものが欠けていた」（*ibid.*, 434; 同 567）ことを認め，関係を修復しようとしていたと言うのである（O'Donnell 1989: 149）．

オダネルは，ケインズの『若き日の信条』の検討を終えた「結論」として，次のように締めくくっている．

「結論として，『若き日の信条』が『一般理論』の後に執筆された点に注目す

る必要がある．つまり，革命的な経済的著作の著者は，依然として本質的な点で，若き日の哲学に固執していたのである」*（*ibid*., 154）．

---

* 塩野谷祐一（塩野谷 1983）によれば，ケインズは，若き日にムーアの『倫理学原理』に対して次のような立場であった．①「メタ倫理学としての直覚主義」，②「反快楽主義」，③「反帰結主義」，④「反規則主義（規範倫理学としての『知覚的直覚主義』）」．ところが塩野谷によれば，ケインズは『若き日の信条』で，④と，その考えの基礎となっている①を誤りとし，他方で②と③については，基本的な誤りを見出していない（同 90-1）．だが，塩野谷は，直観主義の継続を説くオダネルや帰結主義の継続を説くブレイスウェイトのような解釈をどう受け止めるのであろうか．

第2章
『蓋然性論』について

はじめに

　ケインズは,『蓋然性論』を 1921 年に刊行した. F. ナイトの『危険, 不確実性, および利潤 (*Risk, Uncertainty, and Profit*)』が刊行されたのもこの年であった. いまや経済学の中心概念となった感のある「リスク」,「不確実性」にかかわる記念碑的業績が, 同じ年に刊行されたのは, 奇遇と言うべきであろうか. ナイトの研究は, まず広義に不確実性をとらえたうえで, これを計測可能な (measurable) リスクと計測不可能な (unmeasurable) 真なる「不確実性」とに区分したと評価されている. 他方, ケインズの『蓋然性論』では,「不確実性」を中心的論点にしてはいないが, 認識論, 行為論的な問題意識に立って「蓋然性」の論理学的究明を課題とした. 彼は, その後, 研究課題と論点の転換を図り,『一般理論』では, ナイトとほぼ同じ意味で「不確実性」を用い, これを基軸概念のひとつとして経済理論の革命的転換を成し遂げた.

1.『蓋然性論』とは

　「私の蓋然性論*は, 理にかなっているが確かではない結論を諸前提から導く

　＊　ケインズの用いた Probability を「確率」と訳すことに対して,「直観的」に違和感をもっていた.「確率」の場合,「何％の確率」,「何割の確率」といった風に, その使用に際して, なんらかの数値的表現がなされてる場合が多いように思える. ところが「何％の蓋然性」, とか「何割の蓋然性」という表現はあまり見たり, 聞いたりしたことがない. また,「確率」という用語は, 数値的把握, 数理的処理が可能で, また, それが求められる自然現象を対象とする場合に, 頻繁に用いられている. ケインズは, 広く蓋然性を考

第 2 章 『蓋然性論』について

論証＊の一般理論を主題にしている」（*CW* VIII 1973: 106; 邦訳 2010: 113-4）．

　誤解された『蓋然性論』　本書の邦訳者佐藤隆三は，「訳者あとがき」で，本書を「カルナップの試みの原型として読み飛ばし」「小論を書いたという苦い経験がある」と極めて率直に述懐している（同 536）．佐藤がここで言及している「小論」とは「『確率論』とケインズ経済学の方法」（小泉明・宮沢健一編『ケインズ一般理論研究 3』筑摩書房，1970 年，所収）のことである．

　また，第 II 部の分厚さからか，この書物について，平井のように「確率を命題間の『合理的信条の度合』と規定したうえで，それを公理的・論理的に探求したもの」とか特徴づける向きもある．平井は，ラッセル『数学原理』，ホワイトヘッドとラッセル『プリンキピア・マテマティカ』の「大きな影響」を受けたことは「『確率論』の第 II 部『基本定理』に明らかである」（平井 2011: 270）と述べている．ホワイトヘッド＊＊とラッセルの名前をあげ，「公理的・論

　えた場合，それらが可能であるのは限りがあり，多くはそれが適用されないと考えていたのであり，また物理，化学的な原子的世界観とは距離を置いていたのである．

　それゆえに，ここでは Probability を「確率」とはせず，あえて「蓋然性」と訳している．本書では，原著者の表現と論旨をなるべく尊重しているが，邦訳書に「確率」と訳されていたものの多くを勝手に「蓋然性」と変えてしまっている場合がある．論述の都合上のこととはいえ，ご容赦願いたい．この問題では，藤原新（1992 年），酒井泰弘（2013 年）も「蓋然性」と訳している．藤原は，「『確率』という日本語には，可能性の数値的表現という語感があるため，この著作が数学的な確率ではなく命題間の論理的な関係を扱っていることを明らかにする意図から」「あえて通常の名称をとらず，より内容に忠実な『蓋然性』と訳すことにする」と注記している（藤原 1992: 125）．また，酒井も，probability の「両義性」を考慮して「日常用語や哲学用語としては広く漠然と『ありそうなこと』ないし『蓋然性』を表す一方で，数学や統計用語に限定すれば狭く『確率』と訳すということだ」と書いている（酒井 2013: 4）．

＊　argument を邦訳では「推論」と訳しているが，本書では，「推論（inference）」，「証明（reasoning）」と区別するために「論証」と訳している．

　ケインズの『蓋然性論』を理解するうえでは，理にかなっている確実な結論ではなく「理にかなってはいるが確かではない結論」を諸前提から導き出す論証の問題が扱われていると理解することが重要である．

＊＊　守永直幹は，ケインズが『蓋然性論』の序文で，W.E. ジョンソン，G.E. ムーア，B. ラッセルの名をあげ謝意を表明しているのに対し，講義を熱心に聴講した直接の教師であったホワイトヘッドを無視している点を問題とする．そうして，「その固有名のみならず想像力の問題がいきなり冒頭で抹殺されているのははなはだ意味深長と言わざるを得ない」としている（守永 2021: 125）．

　彼によれば，「想像力の意義をつねづね力説した思想家」であるホワイトヘッドに対し

理的」な特徴づけを与えることは，この書がなにやら数学に影響された，演繹的な方法に基づく研究であるかの印象を与えかねないであろう．

行き詰まった『蓋然性論』 ケインズは，1920 年 5 月 1 日付の『蓋然性論』序文で，次のように釈明とも弁明とも受け取れる文章を書き記している．

「蓋然性論はしばしば論理学というよりも数学とみなされてきた．それゆえに，本書では，斬新な，そして斬新であるゆえに，精査されていない，不正確な，あるいは不十分なところが多々ある」．

さらに，これに付け加えて，次のような刊行に至る事情を明らかにしている．

「フェローシップ論文としてこの書物の執筆を始めたが，第一次世界大戦で中断され，すでに長い年月が経過している．さらに時間を費やしても私自身，これを進展させることが可能かどうか疑わしいので，この主題に関する私の体系的な理解を提出して，他の人々の手による批判と助力を仰ぐことにした」
(*CW* VIII 1973: xxv；邦訳 2010: xxvii，一部改訳，下線は筆者)．

これらの文書から，第一次世界大戦による中断を挟む長い年月が経過するなかで，ケインズがある種の行き詰まりを感じ，とりまとめに苦慮していたことを読み取るのは，見当違いであろうか．

同書の刊行に至る過程を簡略にたどってみよう．1921 年に刊行された同書は，1905 年に特別研究員応募論文として着手された．これと前後して，ケインズはインド省に入り，1908 年には退官している．さきの論文は 1907 年 12 月に提出されが，不合格であった．論文は改定を経ておよそ 1 年後に再提出されている．これに先立ちケインズは，マーシャルの配慮もあって，キングズ・カレッジの講師に採用され，貨幣経済論の講義を行うようになっていた．彼は，インド省勤務の経験と知見を生かし，『インドの通貨と金融』を著し，気鋭の経済学者として歩み始めた．この一方で，ケインズは，なぜか「蓋然性論」の論文を著作として刊行することにこだわっていた．彼は暇を見つけては熱心に推敲を重ねた．だが，第一次世界大戦の勃発によって，その作業は中断を余儀な

て「この若者の企てはその出発点からして根本的な矛盾を抱えていたのである」．
　この背景には，最初のフェロー申請論文が，ホワイトヘッドによって評価されず，不合格となった経緯が大きく影響していたことは明らかであった．守永は，とりわけ問題であったのは，次の 2 点であったと指摘する．「①ヴェンの頻度論への扱いがあまりにも雑である．②ラッセルの理論に対する態度が曖昧である」(同 126)．

くされたのであった．

　開戦とともに彼は，大蔵省で戦時の戦略物資調達や連合国間の国際金融業務に従事した．非常時の英国戦時体制の中枢での要職に就き，戦時内閣や各界の重要人物らの知己を得た．

　かくのごとくケインズは，世界大戦争と動乱を実体験し，価値観，社会的規範，道徳が激しく動揺するなかを生きぬいたのである．

　戦争直後には，ヴェルサイユ国際会議に随行し，戦後処理問題にもかかわる．しかし，戦後世界政治，経済体制の安定化を構想するケインズは，寛大な対独賠償政策を主張し，政府を去る．そして，戦後賠償問題を中心とする戦後処理問題での批判的見解を急遽取りまとめる．その著作『平和の経済的帰結』（1919年）は，大ベストセラーとなり，国際的な名声を得たのであった．

　この後，ケインズは，再び『蓋然性論』の刊行に着手する．しかしながら，平時に戻ったとはいえ，ケインズは，若き日の問題意識にもとづく戦前からの積み残した課題に，それまでと同様の精神，心理的状態，そして問題意識で立ち向かってゆくことができたのか．それらが，『蓋然性論』の最終的な仕上げにどのような影響を与えたのか考えてみる必要があろう．

　整序的でない『蓋然性論』の構成　浩瀚な著作で晦渋な全 5 部構成の著作である．「混沌とした著作である」（守永 2021: 125）との評価もある．

　第 I 部「基礎的諸概念」，第 II 部「基本定理」，第 III 部「帰納と類比」，第 IV 部「蓋然性の若干の哲学的適用」，第 V 部「統計的推論の基礎」となっている．ケインズはこの構成をどう考え校了としたのであろうか．

　第 I 部に「基礎的諸概念」を置くのはよいとして，これに続く部門構成が整序的には見えない．なかでも第 II 部の「基本定理」が異質な論述題名との印象をあたえている．

　まず第 I 部である．第 1 章「蓋然性の意味」はよいとしても，その後の章別編成に系統性が見られない．第 2 章「知識論との関係における蓋然性（Probability in relation to the theory of knowledge）」（邦訳では何故か「確率に関する認識論」となっている）が論じられた後，第 3 章で「蓋然性の測定」の問題が説かれ，蓋然性の数理的処理が多くの場合困難であるとの説明の後，なぜかもっぱら数理的アプローチに関わる第 4 章「無差別原理」が論じられている．こ

れに続く第5章で「蓋然性を決定するその他の方法」が論じられ，第6章ではケインズ蓋然性論に特有な「蓋然性の重み」が説かれている．このあとに続くのが第7章「歴史的回顧」である．だが，この後の第8章では唐突にも蓋然性の頻度論が説かれている．最終章は，「第Ⅰ部の建設的理論の要約」となっている．これは，邦訳書でも見開き相当の，極めて短い不釣り合いな分量と余分とも思える，いかにもとってつけたような論述内容で終えている．

次に第Ⅱ部である．この第10章から第17章までの全8章の内容は，かなり異質である．ケインズは，最終的には，『蓋然性論』における数理的アプローチをかなり限定的なものであると評価している．ところが，この第Ⅱ部は，原書で本文全体の24%ほどを占め，第Ⅰ部に次ぐ頁数となっている．

ケインズは，第Ⅱ部について，第Ⅰ部第9章「第Ⅰ部の建設的理論の要約」で次のように書いていた．

「第Ⅱ部では，私はこの主題の記号的扱いに進み，そうして，ある公理に基づく記号法を用いて，蓋然的論証（probable argument）の諸規則のいっそうの体系化に進もうと思う」（*CW* Ⅷ 1973: 122; 邦訳 2010: 129, 一部改訳）．

こうも論じている．

「第Ⅱ部における課題は，本書の主題に関する形式論理学である」．そうして，その目的について次のように述べている．「第Ⅱ部の目的は，第Ⅰ部の哲学的諸概念から出発して，単純でしかも正確な諸定義から，厳密な方法を用いて，確率の加法および乗法の定理ならびに逆確率の定理のような一般に受け入れられている諸結果を演繹することができるということを示すことにある」（*ibid.*, 125; 同 133）．

しかしながら，この第Ⅱ部は，ケインズ自身，形式論理学，数理的蓋然性についての確たる評価を持ち得ないままに，止むを得ず校了とした可能性がある．それは，彼が冒頭部分で率直に次のように述懐していることからの推察である．

「第Ⅱ部が読者にどの程度の積極な価値を提供しうるかについて確信がもてない（I am not certain of how much positive value this Part will prove to the reader）」（*ibid.*, 125; 同 133, 一部改訳）．

どうもケインズは，この第Ⅱ部を，形式論理学風に，ラッセルの影響をう

第 2 章 『蓋然性論』について

けて，ともかく，書きあげたようにも見て取れる．彼は次のように認めている．

「読者は容易に気づかれるであろうが，第 II 部はラッセル氏の『数学原理』の影響下でのみ書くことができた」(*ibid.*, 125; 同 133，一部改訳)．

さらに興味深いことに，ケインズは次のような文章を付け加えている．

「しかし，壮大な規模をもつこの偉業に対して正当な評価がなければ，この第 II 部の方法が，あまりに入念で，作為的であることに悩まされるであろうと思われる．(But I am sensible that it may suffer from the overelaboration and artificiality of this method without justification which its grandeur of scale affords that great work.)」(*ibid.*, 125; 同 133，一部改訳)．

さらにケインズは，第 II 部での試みを「消極的利点がある」として，積極的には評価していない．

「しかしながら，他の形式的方法の例にも通ずることであるが，この試みには，著者に自分の考えを正確なものにし，誤謬や思い違いを見つけ出すことを強制するという消極的な利点がある」(*ibid.*, 125; 同 133)．

ケインズは，こうした点をつらつら書きつつ，第 II 部については，なお「いささか気おくれを感じ，釈明したいもう一つの理由がある」と執筆経緯について語り始める．どういうことか．なんとケインズは告白めいて，この第 II 部の内容の「数多くのことを W.E. ジョンソン氏に負っている」というのである．ケインズは，執筆中にこのことを知って，結局，彼に批評と建設的な助言まで頂いたと，自著のオリジナリティを疑わせるかのような裏事情を自ら明らかにする．そうして，挙げ句の果てに，ケインズは次のように書かざるを得なかったのである．

「その結果，本論の最終的な形において，私が彼に対してどの程度まで恩恵をこうむっているのかを精確に示すことはとても困難である」(*ibid.*, 126; 同 134，一部改訳)．

かかる第 II 部に続く第 III 部から第 V 部はどのような内容か．ケインズは次のように説明している．「第 III 部，第 IV 部，および第 V 部では，複雑な種類の蓋然的論証の非常に重要なタイプの性質を詳細に扱うつもりである．第 III 部では帰納および類比の方法，第 IV 部ではいくつかの半ば哲学的な問題，第 V 部では，今日一般に統計的として知られている推論の方法 (methods of inference）の論理的基礎を述べたいと思っている」（*ibid.*, 122; 同 129, 一部改訳）．

さらに，別の箇所でのケインズによる第 III 部と第 V 部についての説明によると，次のようである．

「本書の第 III 部では，ほぼ全面的に前者（「全称的帰納（universal induction）」のこと＝筆者）に限定して論じたい」．また，「統計的推論（statistical inference）の基礎に関する第 V 部では，帰納的相関の論理的基礎（logical basis of inductive correlation）について可能なかぎり論じたい」（*ibid.*, 245; 同 255, 一部改訳）．

なお第 IV 部では，「蓋然性の若干の哲学的適用」と題して，「客観的偶然」とそれに関連した「若干の問題」「蓋然性の行為への適用」が論じられている．

最後に，統計的推論（statistical inference）に当てられている第 V 部を概観しておこう．まず「統計的推論の本性（The nature of statistical inference）」と題する第 27 章である．ここでは，統計学の理論は，二つに分けられるとしたうえで，①「統計学の理論の第 1 の機能」として「純粋に記述的である」，②第 2 の機能は「帰納的である」，と述べている．そうして，単一の科学において先のような二つの機能が一体化しているのは，当然であるが，この一体化は混乱のもとにもなる．二つが異なるものであることを明記すべきである．記述から一般化への移行は，気楽でたやすいものではない，などと苦言を呈している（*ibid.*, 359-60; 377-8, 一部改訳）．

そのうえで，そこで目的とすべきは，「可能な限り論証の統計的方法の論理的基礎を分析すること」であり，われわれが取り扱わなければならない論証は，三つの主な種類に分類される（①事前確率から未知の統計的頻度を論証すること，②逆の操作を行い，観測された統計的頻度に基づき，確率計算を行う，③観測された統計的頻度から，ここの生起の確率のみならず，他の統計的頻度の確かさらしい値に進むことである）（*ibid.*, 362-3; 同 380, 一部改訳）．

以上に述べた後，ケインズは第 28 章からの課題について概略次のように説明している．第 28 章は，「大数の法則」，第 29 章は，先の三つの分類での第一のタイプの論証の分析，その妥当性にとって必要とされる条件についての論述．そうして，「本書の最終の諸章」すなわち第 30 章から第 33 章は，「第 2，第 3 のタイプの論証を攻撃する際に出会う決定的な問題」が「主題」である（*ibid.*,

363; 同 380).これら各章は簡単に言えば，ラプラスの方法，ベルヌイの定理の逆定理，レキシスの方法，についての批判的検討である．

2. 最終章の一文と「索引」に添えられた詩文の謎

最終章の意味ありげな一文 ミニも指摘しているが，ケインズは，『蓋然性論』の最終章である第 33 章「一つの建設的理論の概略」の末尾で，『蓋然性論』の内的に一貫した解釈を突き放すような，なにやら意味ありげな文章を残している．

「いまや論理学の基本的問題から始めた研究について結論づけるに至った．私はこれまで知識の進展および経験科学の実践において合理的であると印象づける実際の議論のいくつかに関する分析を前進させようと努めてきた．この種の書物を著すに際して，自ら主張したい論点を明瞭にするためには，ときには，著者は，<u>実際に感じている以上に主張点について確信しているように見せかけなければならない</u>．彼は自分自身の主張を論じる機会を得なければならず，また<u>疑念の暗雲</u>によってその活力を低下させることもすべきではないであろう．これらの問題について論述することは骨の折れる仕事である．だが読者は，そして諸困難が克服される前に，私が常に感じているよりも強い確信をもって推し進めたとしても，読者はたぶん私を許してくださるであろう」(*CW* VIII 1973: 467; 邦訳 2010: 486, 一部改訳，下線部は筆者)．

この文章の中で，筆者が下線部で示したところのケインズが，「実際に感じている以上に主張点について確信しているように見せかけなければならない」とする論点とは一体なんであろうか．また，「疑念の暗雲」とは何のメタファーと解釈すべきであろうか．

謎めいた詩文 さらに『蓋然性論』の「索引」の末尾には，次のような謎めいた詩文*が，人目を避けるように添えられている (*ibid.*, 514; 同 548, 一部改訳)．

O False and treacherous Probability

---

* この詩文の出所についてミニは言及していないが，カラベリによると，Fulke Grevill, 1st Baron Brooke (1554–1628) が編んだ *Caelica* (1633 年初版) からとられたものである (Carabelli 1995: 156, note 2)．

> Enemy of truth, and friend to wickednesse.
> With whose bleare eyes Opinion learnes to see,
> Truth's feeble party here, and barrennesse.
> おお，偽りのそして当てにならない蓋然性よ，
> 真理の敵であり，邪悪さの味方よ．
> お前のかすんだ目で，世論は知ることを学ぶ，
> 真理の弱々しい一群がここにある，不毛さとともに．

　この詩文は，一体何を暗喩しているのか．また記載された場所が，普通は気づくことのない「索引」の末尾で，本文と比べてかなり活字のポイントを落として印字されてあったのも，何やら意味ありげである．

3. 異例の扱いをうけた『蓋然性論』

(1) 「付論」としての「覚書」——ハロッドのケインズ『蓋然性論』

　ハロッドによる評価　ハロッドによれば，『蓋然性論』でケインズは「ヒュームの抹殺的な力を持った懐疑論 (obliterating scepticism) からわれわれを救い出すことに着手した」のであった（Harrod 1951: 655; 邦訳 1967: 717）．

　ハロッドは，別の箇所で『蓋然性論』について次のような評価を下している．「『蓋然性論』においては，彼は行動における人間知識の基礎を探求し，それは**決定的ではない**けれどもその深遠な諸問題に関する思想を刺激し続けて来た」(*ibid.*, 339; 同 381, 太字，下線は筆者)．

　ハロッドの主張では，ケインズはヒュームの「懐疑論」から帰納法を救い出すことを目指した．このうえ，彼の論理学では，「決定的ではない*けれどもその深遠な諸問題に関する思想」が主たる研究対象となっているのは明らかである．

　だが，ハロッドは，ここにおいて，これらの問題を真正面にすえて論じているわけではない．大体にしてハロッドは，この「付論」においては，ケインズ『蓋然性論』についての全体的な外観を与えてはいない．それは，彼自らが遠

　＊　原語では not definitive である (Harrod 1951: 339)．*A Treatise on Probability* では inconclusive の語が用いられている (*CW* VIII 1973: 3)．

慮深げに一，二の顕著な問題を取り上げていると断っていることから明らかである．それらも，はたして『蓋然性論』の的を射た特徴づけであったかは疑問である．この点でハロッドは，ケインズの『蓋然性論』を決定的ではなく，非決定的な論理学，蓋然性の論理学，を目指していた研究であったと強調すべきであったであろう．

また，ハロッドの「覚書」では，『蓋然性論』の個々の論点について立ち入った言及は見られない．「論証の重み」，確率の数学的処理への批判的立場と確率の限定的な数値的扱い，「ベンサム主義」批判，「類比」の重要視，統計的推論と確率の問題などを，ハロッドはどう考えたのであろうか．

ラッセルの影響を過大に評価 「覚書」という形をとった，必ずしも本格的な論考とは言えないハロッドの「付論」をどう扱うべきであるか，戸惑うわれわれとしては，当のハロッドが，ケンブリッジの哲学者たちがケインズ『蓋然性論』に与えた影響をどう論評しているのか興味がわく．

ハロッドは，まずラッセルの影響を過大とも思えるほど重視し次のように評価している．

「『確率論』に対するラッセルの影響はいたるところにゆきわたっている」(*ibid*., 653; 同 715)．

「第一に，ケインズが確率の属性を担うものは事象ではなくて，命題であると考えたことに，その影響がみられる．このことは中心的な重要性を持つ」(同)．

ハロッドが，「ラッセルの影響はいたるところにゆきわたっている」というのははなはだ疑問であるが，「確率の属性を担うものは事象ではなくて，命題である」と主張するのは，ケインズ解釈として間違ってはいない．

ハロッドは続けて次のように論じている．

「彼は精緻な数学的展開において，数学的確率論で用いられる通常の諸定理 (ordinary theorems) を，究極的な論理学の諸原理 (ultimate logical principles) から演繹したのであるが，その展開を通じて常に，『確からしい』命題 (a "probable" proposition) のよって立つ前提を示すひとつの用語を用いている」．「これは新しいことがらであって，問題に関するあらゆる専門家 (all connoisseurs) によってきわめて価値のある革新として賞賛をもって迎えられた」

(*ibid*., 654; 同 715, 一部改訳).

　ハロッドはさらに「ラッセルのいまひとつの影響」として，「周知の数学的命題（mathematical propositions）を少数の論理的公理（logical axioms）から導くという，ケインズがみずから選んだ課題のうちに見られる」としている (*ibid*., 654; 同 716).

　これらの引用文でハロッドは，数学的確率論の諸定理を究極的な論理学の諸原理から演繹したとか，数学的命題を少数の論理的公理から導くとか論じ，『蓋然性論』を特徴づけようとしているが，これが『蓋然性論』の全体としての評価であったとしたら妥当かどうか疑問が残るところであった．

　ハロッドはまた，ケインズの『蓋然性論』が依拠する重要な仮説に「制限的独立多様性仮説（the hypothesis of Limited Independent Variety）」があると見る．この仮説について――ハロッド自身の理解によれば――ラッセルはケインズ『蓋然性論』の書評で，ケインズが頻度説と確率の正確な量的評価に対する敵対心を放棄するならば，それは必要ないという立場をとったと論じていた．これに対してハロッドは，ラッセルとは反対にケインズの制限的独立多様性の仮説のような何らかの基礎なしには，確率というものは全く存在しないであろう，と考えていたようだ (*ibid*., 655-6; 同 718).

　ホワイトヘッド，ラムジーらの影響　その他のケンブリッジの研究者との関係ではどうであろうか．ハロッドは，ジョンソンの影響についてあまり評価していない．彼は，ケインズによるジョンソンへの感謝は，基本理論に関する彼からの恩恵に対してのものではなく，「一連のこまかい付属的な命題」に関するものであったとみている（同 712）．

　ついでホワイトヘッドとの関係についてハロッドは次のように述べている．ホワイトヘッドは，頻度説を激しく攻撃したケインズに対して，彼がフェロー審査論文を再提出する前に，一層の洗練された説明を施した．だが，ケインズは，このコメントを尊重したものの，結局のところ頻度説批判を止めようとはしなかった（同 714）．

　そうしてラムジーである．彼についてハロッドは次のように書いている．
　「ケインズはすぐに彼がすぐれた天賦の才に恵まれた若者であることに目をつけた．彼は『確率論』が現れたときにはまだ大学生であったが，彼の批判は

ケインズにとって他のどれよりも重みをもっていた．そしてケインズがそれに対して満足な「答をあたえたと感じたかどうか明らかでない」(同165)．

ハロッドによれば，「ラムゼイは洗練された形*の頻度説に立ち帰った．彼は，ケインズと違って，ひとつの命題の確からしさはその命題への確信の強さによって定義することができると主張した」(同714)．「ラムゼイはいかなる問題に対してもその精髄に，彼の知力の鋭い洞察の閃きを投じた」(同715)．

ハロッドは，「ラムゼイの見解を，彼の偉大な卓越さのためばかりでなく彼の見解だけがケインズを不安 (uneasy) にした」と認めている (ibid., 656; 同718)．とはいえ，ケインズがラムジーの批判を受けて『蓋然性論』の核心的部分を放棄したのか否かについては，明確に論じていない．

ハロッド『ケインズ伝』の限界　当時の『蓋然性論』にかかわる研究の到達水準から見て，ハロッドにとってその内容を理解し評価を下すには，いささか荷の重い課題であったようだ．それは，彼によるケインズ『蓋然性論』の扱いからも明らかなようだ．彼は『蓋然性論』を本論で扱わず，付論として「『蓋然性論』に関する覚書」を添えるというかたちで対処し，その文章の冒頭で，次のように断りを述べているのである．

「わずかな紙幅でこの書物の研究範囲について十分な考えを与えることはできない．私は一，二の顕著な問題点について触れるだけにする」(ibid., 651; 同712)．

実際のところハロッドの『ケインズ伝』の原文は，本文658頁，索引を含めると674頁の大著であるが，「付論」はわずか6頁を占めるにすぎないのであった．

ハロッドの『ケインズ伝』の本論では，若き日の諸活動を紹介するなかで，『蓋然性論』の研究に着手し，これをフェロー候補論文として仕上げる経緯などについて触れているのみであった．そうして，その内容については，先に述べた本論の巻末に付論の形で処理していたのである．つまり，かの研究は，年代別に配列された代表的なケインズの知的活動としては位置づけられず，ハロッドの『ケインズ伝』においては付属的な扱いをうけていたのであった．その

---

*　邦訳は sophisticated を「詭弁的な」と訳している．

結果，ハロッドにあっても『蓋然性論』と『一般理論』の関係を等閑視する結果となっていたのである．

しかしながら，ケインズが『蓋然性論』と『一般理論』との間での認識論や方法論，あるいは行為論や倫理学などとの関連性を意識していたとすればどうであろうか．また，第三者的に評価して，二つの研究に連続性や関連性が見出されるとしたら，それらをどう考えるべきであろうか．彼の生涯における知的営為，学術研究の軌跡を評価するうえで欠くべからざる研究として『蓋然性論』が位置していたとすれば，この書物の扱いを「付論」として済ますことができないのではなかろうか．

(2) 『蓋然性論』の「奇妙な運命」

この特徴づけは，ドスタレールによる．彼は，『蓋然性論』が「奇妙な運命をたどることになった」と次のような事情を指摘している（ドスタレール 2008: 150-1）．

『蓋然性論』は出版当初は，少数の経済学者しかそれに注目せず，ほとんどの経済学者に顧みられないままであった．これとは対照的に，当初は数学者や哲学者の間では，大きな関心を引き起こした．だが，これも長く続かなかった．ドスタレールは言及していないが，確率論の分野での目ざましい研究の進展によってケインズ『蓋然性論』の内容が，急速に陳腐化した影響が大きかったとみるべきであろう．

第二に，『ケインズ全集』の編集者たちは，ケインズの他の7冊の単行本と同様に「年代順」ではなく，『蓋然性論』を第8巻として刊行していた．ドスタレールは，指摘していないが，『蓋然性論』をケインズの経済学研究の発展過程に位置づけることを避けたことが，それを独立の著作と印象づける結果を招いたかもしれない．

第三に，他の本にはない「編集者序文」が掲載され，哲学者で，ケンブリッジで後輩であったR.B.ブレイスウェイトが署名入りで担当していた．彼は，この著作を，「（過去）55年の間に蓋然性の論理的基礎に関して英語で書かれた最初の体系的著作」と評した（*CW* VIII 1973: xv; 邦訳 2010: xvii）．だが，彼は『蓋然性論』第II部での「確率計算の定理の公理的展開には重大な形式的

欠陥がある」と容赦なく批判し，さらに，ケインズの「確率の論理的解釈」や頻度理論あるいは可測性への批判的立場に疑問を呈していたのであった (*ibid.*, xvii; 同 xix).

ようよう注目を浴び始めた『蓋然性論』 こうした著作をめぐる状況は，1980 年代に入ると大きく変化した．この時期に，スキデルスキー (1983 年)，カラベリ (1988 年)，フィツギボンズ (1988 年)，オダネル (1989 年)，ベイトマン (1989 年) の著作が刊行されたことによって，ケインズにおける哲学的ヴィジョンの連続性の有無や，彼における哲学と経済学との関係に関する体系的な研究が本格化したのであった．

4. 『蓋然性論』の特徴

以下では，「ケインズの哲学と経済学」の論題に関連して，ケインズ『蓋然性論』の第 I 部から第 III 部の特徴を概観する．第 IV 部「蓋然性の若干の哲学的適用」，および第 V 部「統計的推論の基礎」については，客観的偶然性論や統計的推論と帰納的推論の議論に立ち入る余裕がなく，また紙幅も増えるため，論述を割愛した．

「確からしさの論理学」 「一度ならず私は，新たな種類の論理学，確からしさの程度を扱う論理学が必要になるといってきました」(*CW* VIII 1973: 3; 邦訳 2010: 3).

この文章は，ケインズが『蓋然性論』第 I 部第 1 章のリードで用いているライプニッツ『人間知性新論』からのものである．ここでライプニッツのいう「確からしさの論理学」こそが，『蓋然性論』でケインズが論及しようとしたものであった．

ケインズによると，従来の論理学は，ほとんどが「証明可能な確実性 (demonstrative certainty)」を目的とする論証 (argument)，「決定的な (conclusive)」論証を，もっぱら対象とした．これに対して，ケインズの考える蓋然性の論理学は，合理的であっても，確実性を主張しない，「決定的でない (inconclusive)」論証を課題とする．彼は，論理学を，その伝統的な範囲を越えて，「決定的 (conclusive) な論証」の世界から「非決定的 (inconclusive) な論証」

の世界へとその対象領域を拡張しようとした．ケインズは，かかる野心的な目的から，「蓋然性の論理学（logical theory of probability）」を打ち立てようとしたのである（*ibid.*, 3; 同 3, 一部改訳）．

彼は次のように主張する．

「論理学が妥当な思考の一般的諸原理を研究するものであれば，なんらかの重みを付与することが合理的であるような論証の研究も，証明可能な論証をこととする諸研究と同様に，論理学の一部である（If logic investigates the general principles of valid thought, the study of argument, to which it is rational to attach some weight, is as much a part of it as the study of those which are demonstrative）」（*ibid.*, 3; 同 3-4, 一部改訳）．

ケインズによれば，実際に，形而上学，科学，および行為を行う場合において，われわれがいつも合理的信念の基礎とする論証は，おおむね，度合の程度の差があるとしても，決定的ではないことが認められる（*ibid.*, 3; 同 3, 一部改訳）．そこでケインズは，非決定的な論証に基づく知識の部門を哲学的に論ずる蓋然性論の研究が必要になると考えたのである．

日常言語の世界の論理学，人間の論理学　ケインズは次のように論じている．

「日常の会話（ordinary speech）において，われわれは，しばしば結論を，疑わしい，不確実である，あるいは確からしいだけ，と表現する．しかし，厳密には，これらの表現は，結論での合理的信条の度合に適用されるか，二組の諸命題の間の関係，あるいは論証に適用されるべきである．それらの関係，あるいは論証についての知識は，対応する合理的信念の基礎を提供することになるであろう」（*ibid.*, 5; 同 5, 一部改訳）．

特別の言語表現や記号を用いることなく，「日常の会話」で用いられるありふれた言語表現であっても，「結論での合理的信条の度合，それらの関係，論証」に，用いて構わないと言っているのである．

この直後に，次のような一文もある．

「日常の話し言葉（ordinary speech）で，ある見解について留保条件を付け加えないで確からしいと述べるときには，その表現法が省略法であるのは一般的である」（*ibid.*, 7; 同 7-8, 一部改訳）．

ケインズは，ある場所について，それが位置しているところや出発点から，

3マイル離れているということをくどくど言わずに，ただ3マイル離れていると言うのと同じである，と説明している．回りくどく言わずに，日常言語の簡略な表現をもって，十分に意思伝達が可能であるというわけである．

ケインズは，また，次のようにも考えている．

「完全に精確な用語法と微細にわたって洗練された言語を採用することはきわめて基本的な研究において誤りを避けるためには必要であるが，これまで論じてきた問題のためには解説を複雑にするだけで，それをいっそう明晰にすることも正確にすることもないであろう．……もし完全に精確な言語に翻訳することが望まれるならば，それができるような回りくどい表現のみを採用するということに骨を折ると同時に，これまでの著述家たちが慣用的に採用してきた，そして少なくとも一般的には読者にとってただちに理解できるという利点をもつ，便利ではあるが厳密ではない表現を締め出すようなことはしないことにする」(*ibid*., 19-20; 同20，一部改訳)．

ケインズは，さらに，注記で，この問題は，「一般に考えられている以上に文体の問題である」として，ラッセル，ヒューム，ムーアの文体について触れ，次のような考えを書き記している．

「大げさな厳密さを懸命に追い求める著述家たちは，時によっては衒学的であるにすぎない．彼らは読者の注目を失い，そして彼らの複雑な言い回しの繰り返しは，その見返りとして実は完全な正確さに到達することなく，読者の理解を妨げるものである．専門的かつ不慣れな表現を使うことで，思考の混乱がいつもうまく避けられるとは限らない．そのような表現に対しては，頭脳は即座に理解の反応ができない」(*ibid*., 20; 同21)．

合理的信念と単なる信念－合理的信念の二区分　ケインズは，第2章第2節で，合理的なる語を軸に，信念には合理的なものとそうでないものの区別があるとして，まず，合理的とは言えない信念について次のように書いていた．

「ある人が途方もない理由から，あるいはまったく理由もなくあることを信じており，その彼が信じていることが，彼には知られていないなんらかの理由で真であることが分かったとしても」「それを合理的に信じているとはいえない．それに反して，ある命題が実際に偽であるときに，その命題を確からしいと合理的に信じることがある．したがって，合理的信念と単なる信念との間の

区別は，真なる信念と偽なる信念との区別と同一ではない」(*ibid*., 10; 同 11, 太字は筆者).

　ケインズの記述は，「合理的信念」「単なる信念」あるいは「真なる信念」「偽なる信念」が，登場し，少々，紛らわしい．

　最高の合理的信念について　「最高の度合 (highest degree) の合理的信念は確実な合理的信念と呼ばれるが，それは知識に相当する」(*ibid*., 10; 同 11).

　まずは，ここで「最高の度合の合理的信念」「確実な合理的信念」なる語が用いられている点に注目すべきであろう．さらに，つづく第 3 節では，「最高の度合をもつ合理的信念，言い換えれば合理的確実性をもつ信念」なる表現が現れる．要するに「最高の度合」をもつ「合理的信念」が「確実性」であるということになる (*ibid*., 10-1; 同 11-2)．ケインズの『蓋然性論』の「索引」では，certainty の項目で，この語が使われている頁数が示されており，他に関連する語がないことから，この語が，ここで初めて登場したものであると考えられる．

　蓋然性の度合，蓋然性-関係について　第 2 章の 9 節でまとまった形での言及がある．そこでは「確実性」よりも「低い度合の合理的信念」が蓋然性である，というような脈絡で用いられている (*ibid*., 15-6; 同 16-7)．さらに第 3 章で，蓋然性の度合の比較に関連しての「順序系列」について論じた箇所で，「確実性，不可能性およびそれらの中間の値をとる蓋然性は……」と蓋然性が「不可能性」とともに論じられている (*ibid*., 37; 同 40)．これからすると，ケインズは，確率の順序系列について，確実性—蓋然性—不可能性という度合の順位，位置関係を考えていたことがわかる．

　話題を「度合」に転ずると，ここでケインズが，「最高の度合」という表現で度合なる語を用いている点に注目したい．この度合については，第 1 章で次のような文脈で用いていた．

　「前提が任意の命題の集合 h からなり，結論が任意の命題の集合 a からなるとする．そのとき，もし h の知識が a に対して度合 α の合理的信念をもつことを正当化するならば，a と h との間に度合 α の蓋然性-関係があるという」[注1]．ケインズはこの関係を，ここでは (注1) で，そっけなく「これを $a/h = \alpha$ と書くことにする」としていた (*ibid*., 4; 同 5, 一部改訳).

「第一次命題」と「第二次命題」について　ケインズは，第2章第3節では，命題について，あらたな呼称を提案し，これらを用いた「確からしい度合αの蓋然性-関係」を次のように表現している．

　　p：「第一次命題」，「確率-関係についての主張を含まないような命題」
　　q：「第二次命題」，「確率-関係の存在を主張するような命題」
　　h：「合理的信念の基礎とする証拠」

「もしわれわれがその信念の基礎とする証拠がhであるならば，そのときわれわれが認識していること，すなわちqは，命題pが命題の集合hと度合αの蓋然性-関係にあるということである」(ibid., 11; 同12, 一部改訳)．

これについては，第3章「蓋然性の測定」で，次のようにも述べている．

「結論aが前提hに対して蓋然性の関係Pをもつならば，または，言い換えれば，仮説hが結論aに対して蓋然性Pを与えるならば，これはaPhと書くことができる．これはまた$a/h=P$と書いてもよい」(ibid., 43; 同45, 一部改訳)．

それにしても「最高の度合」とはどのような「度合」なのであろうか．のちに見るように「数値的測定可能性を前提とする蓋然性の定義は採用されない」(ibid., 37; 同39, 一部改訳) と主張するケインズは，それでは，度合をどう比較できると考えていたのであろうか．

直観主義に立つ蓋然性論の構築　直観主義の認識論的立場は，デカルト以来の，ホッブズも採っていた，理性と情念の二分法を超える人間に本源的な認識論，行為論を説くものとして注目される．

ケインズは次のように述べている．

「蓋然性の客観的特徴を損ねることなく，しかも，直観あるいは直接的判断から，まったく助けを借りずに，特定の蓋然性を認識する方法を発見する見込みは，ほとんどないことをわれわれは認めざるを得ない」(ibid., 56; 同60, 一部改訳)．

直観の役割について，第26章「確率の行為への適用」では，次のようにも論じている．ある行為を選択する際の優位性の数学的期待値が常に測定可能であるとは限らないため，選択肢の中からどれを選ぶかの最終的な判断は，「その状況に向けられた直観的判断によるもの」とならざるをえない (ibid., 345; 同361)．

かくの如くケインズは，自身の蓋然性論では，直知，直観主義的アプローチに立っていた．この点を強調しすぎたことを意識してか，彼は，蓋然性の論理的関係に関する知識を，わたしたちはいかに得るのか．またおのおのの視点から作られる蓋然性論の公理はどのようなものかと問うことも忘れなかった．

『蓋然性論』では，後述するように，ダーウィンが，彼が仮説に到達したのは，論理的過程や統計的推論によるのではなく，直観を通じてであると考えていた．さらに，すでに論じたことではあるが，ケインズは，フロイトの天才的な科学的洞察力を絶賛しているが，そこにも直観力を見出していた．ケインズは，晩年，ニュートンについて論じたときにも，彼の偉大な科学的発見においては，直観が根本的な役割を果たしていたことを論じた．

ギリースによる直観主義の評価　ケインズのこの直観主義は，ケンブリッジの新プラトニズムの伝統を引き継いだ立場であるとの見方がある．ギリースがそう主張する一人である．ケインズは蓋然性を，客観的に定められるとするが，ギリースによれば，この客観的という言葉は，物質的世界の「もの」を指し示すのに用いる用法によってはいない．ケインズはその言葉を，プラトン的意味で用いており，抽象的思考についてのプラトン的世界で想定されるなにものかについて言及しているのである．こう述べた後でギリースは，実際ケインズは，蓋然性の関係を私たちの誰にも決して捉えることができないであろうが，それにもかかわらず，プラトン的世界に存在すると示唆するにまで至っている，と理解している（ギリース 2004: 60-1）．そうして，ギリースは，ここで，ケインズが，認識力，直観力は，人によって異なると述べていると論じている箇所（*CW* VIII 1973: 18-9; 邦訳 2010: 19-20）を指摘している．

かくしてギリースは『蓋然性論』のなかに，ケインズが『若き日の信条』（*CW* X 1972: 438）で言及する「ある種のプラトン主義的の関係」を見出している．そこには明らかに善は，非自然的な性質を持ち，直観によってしか知りえないと論じるムーアの影響が見られた．ムーアと同様に，ケインズは，蓋然性を直観によってしか知り得ないと論じていたのである（ギリース 2004: 61）．

論理的関係，合理的信念の度合としての蓋然性　ケインズにとって蓋然性は，単なる信念の度合ではなく，合理的信念の度合であった．

「したがって，この限りで，蓋然性を主観的と呼ぶことができる．しかし，

論理学にとって重要な意味において，蓋然性は主観的ではない．すなわち人の気まぐれに作用されないということである．ある命題が確からしいのは，わたしたちがそう考えるからではない．私たちの知識を決定する事実がひとたび与えられると，これらの状況において何が確からしく，何がそうでないかは客観的に決められ，それは意見とは関係がない．それゆえに，蓋然性は論理的である．それは与えられた条件のもとでの合理的な信念に関わるものであって，合理的かどうか分からない特定の個人が抱く単なる実際的な信念の度合に関わるのではない」(*CW* VIII 1973: 4; 邦訳 2010: 4, 一部改訳).

この意味で，ケインズにとって蓋然性論は，客観的なものであった．それは人間の気まぐれを超越した論理的関係である．正当な推論にもとづく蓋然性 (inferred probability) は，誰もが認める，たとえば 1＋1＝2 と同様な客観性を有するのである．

「論証の重み (the weight of an argument)」 ケインズは，この概念を蓋然性の論証において用いられる利用可能な証拠の量について言及したものとして重視する．

ケインズは「重み」について次のように述べている．

「本章の基本的特徴を簡潔に繰り返しておこう．ある論証が別のそれより大量の関連をもつ証拠に基づいているならば，その論証の重みは別の論証のそれより大きい．……もし，そこにある証拠が，論証によって有利なものとして働くバランスが，比較しようとする蓋然性によって有利なものとして働くバランスより大きければ，その論証は，他の論証よりも大きな蓋然性をもつ」(*ibid*., 84; 同 89, 一部改訳).

ケインズの基本的立場からすれば，重みは計測できないが，現実の社会ではなんらかの形で大きさを推し量っているのが実際である．それは，経済学の主観的価値論では，価値・価格も主観的なものであるゆえに，客観的に計測することはできないが，この難問の解決を避けて，それらを計測可能にして処理しているのと同様のことなのであろう．

ものごとを実際的に考慮せざるを得ないと考えているからであろうか，ケインズは次のように「比喩的である」と断って例示を試みている．

「比喩的に言えば，重みとは有利な証拠と不利な証拠との和 (sum) を測定

するものであり，蓋然性はその差（difference）を測定するものである」（ibid., 84; 同89, 一部改訳）．

　また，証拠の増減についても，実際には問題とせざるを得ないため，「何かが増加した」という曖昧な表現を用いて，測定可能性の問題を処理しようとしているようである．

　「入手しうる関連のある証拠が増加するとき，新しい知識が不利な証拠を強めるか，あるいは有利な証拠を強めるかにしたがって，論証の蓋然性の大きさ（the magnitude of the probability of argument）は，減少するか，もしくは増加するかのいずれかである．しかし，いずれの場合にも，何かが増加したと思われる——結論を打ち立てるためのより内容のある根拠を手に入れたことになる．私なりの言い方でこのことを表現すると，新しい証拠の取得によって論証の重みが増加するということになる．新しい証拠は，ときには論証の蓋然性（the probability of argument）を減ずるであろうが，常にその『重み』を増加させるであろう」（ibid., 77; 同82, 一部改訳）．

　かくして，論証の重みでの重みとは，蓋然性の信頼性を高めるなんらかの度合として考えられていたと解釈して間違いないであろう．

　ケインズは，論証の重みの記号として $V(a/h)$ を用いている．オダネルによると，これはいくぶん紛らわしいのである．彼によれば V は，初期の研究から引き継がれてきたもので，ケインズはこれを再提出論文で用いている．また，そこでは，weight は，the value of probability と呼ばれていた．だが，value では magnitude ではなく価値（worth）を示すことになってしまう．とはいえ，ケインズの扱いは徹底せず，『蓋然性論』では，weight の代わりに value を用いていた箇所も残されている（ibid., 130; 同138; O'Donnell 1989: 69）．

　オダネルの指摘では，また，ケインズは「論証の重み」を 'the data h' と等しいものとしたいようで weight について議論するときに h のみを考えていたようであった．しかし，ケインズの説く理論では，$V(a/h)$ と h とには相関性が存在するのであるから両者は同一のものとみなすことはできない，とオダネルは疑問を呈する．さらに，h の増加とともに何かが同時に増大すると不明瞭な記述も見られる．この概念は最後まで不明確なままにおかれていた．

　かくして，ケインズにとって，論証の重みは，厄介な概念のようであった．

彼は，『蓋然性論』のなかで論証の重みについて次のように率直に記していた．

「ずいぶん深く考えてみたのだが，それにどの程度の重要性を置いたらよいのか，まだ私にははっきりしない」(CW VIII 1973: 77; 邦訳 2010: 82, 一部改訳)．

さらに，「実用面に適用しようとする結論の一部を議論のなかに困難な事柄を持ち込むことになろう」として「さまざまな予想の蓋然性だけではなく重みをも考慮に入れるべきと考えることは，もっともだと思われる」と述べている．そうして「これについてはっきりした例を考えることはむずかしいし，『証拠としての重み』の理論に大きな実用的重要性があるかどうか私は疑問に思っている」とまで言い及んでいる (ibid., 83; 同 88, 一部改訳)．

そのケインズは，1938 年になって，タウンゼンド宛の書簡のなかで重みについて言及している．

「私の蓋然性論では，蓋然性自体は，その重み，または価値 (weight or value) を全く別にして，数量的ではないことです」(CW XXIX 1979: 289; 邦訳 2019: 350, 一部改訳)．

蓋然性の測定可能性の限定，数値的方法への批判　ケインズは，第 3 章「蓋然性の測定」で，「これまで蓋然性は，言葉の完全で文字通りの意味で，測定可能であることが当然のことと思い込まれてきた．だが，私はこの従来の学説を拡張するのではなく限定しなければならない．しかし，私自身の理論は，しばらくの間，表には出さないで，この主題に関する現にあるいくつかの見解の検討から始める」と述べている．直接的に本題に入り，真っ向から論じた方が分かりやすいものの，なぜか，間接的，婉曲的に論じようとする (CW VIII 1973: 21; 邦訳 2010: 22, 一部改訳)．実際の論述も面倒臭く，分かりにくい．だが，この問題については，辛抱強く時間をかけて読み進めなければ気づかないような第 26 章「蓋然性の行為への適用」では，明確に次のように書いているのである．

「第 I 部第 3 章において，ごく限られた種類の場合にのみ蓋然性の度合は数値的に測定可能であると私は主張した」(ibid., 344; 同 361, 一部改訳)．

ケインズは，「蓋然性は必ずしもすべて測定可能であるとは限らない」(ibid., 37; 同 39, 一部改訳) と考え，その特質と不十分な情報によって，多くの蓋然性は，数量化できないと信じていた．

「われわれの理論は，すべての蓋然性に当てはまるものでなければならず，限られた種類の蓋然性にだけ当てはまるものであってはならないこと，また，蓋然性の数値的測定を前提とする蓋然性の定義は，採用されないのであるから，度合の差異から蓋然性の差異への数値的測定へと，直接に議論を進めることができないことを心に留めておかなければならない」(*ibid.*, 37; 同 39，一部改訳).

彼は，蓋然性の数値的比較は厳密にはできないが，次のような順序付けは可能であろうといった説明を行っている．

「三つの物体 A, B, および C について，B は C よりも A により似ているというとき，それは本来 B が C よりも量的により大であるというようななんらかの関連が存在するということではなく，三つの物体を相似性の順序で並べるならば，C よりも B のほうが A により近いということを意味しているのである」(*ibid.*, 39; 同 41).

ケインズの数値的方法に対する立場に関してスキデルスキーは次のような見方を示している．

「ケインズはその生涯を通じて数学の基礎の上に経済学を構築する試みに強い反対を表明し続けることになったが，この種の反対論の大部分はすでに蓋然性に関する彼の著作の中に登場していた」．

彼はこう述べて，さらに，次のように続けている．

「彼は蓋然性の理論と経済学を双方とも論理学の分野と見なして数学の分野とは考えず，論理学は直観や判断を含む蓋然性論に適した証明の方法（method of reasoning）を活用し，非数値的な事実に関する広範な知識を吸収すべきであると考えていた．彼は自分の『蓋然性論』の中で次のように書いていた……」(Skidelsky 1983: 222-3; 邦訳 1992: 366).

ここで彼が引用するのは，ケインズの次の文章であった．

「19 世紀を通じて多くの研究者を支えた，道徳哲学を徐々に数学的証明（mathematical reasoning）の支配下に置くことへの希望は，着実に後退してきた……ただし彼らが意味したように，数学という語で，精確な数値的方法の導入を意味するならばのことであるが．量はどれも数値的である．そして量的特性はどれも加法的である，という古い仮定はもはや支持され得ない．いまや数学的推論は，その数値的性質よりもむしろその記号的性質において，補助手段

としての意義がある．とにかく私はコンドルセもしくはエッジワースのように，『代数学の光で，倫理学，政治学を照らす』という楽観的希望を持っていない」(*CW* VIII 1973: 349; 邦訳 2010: 366, 一部改訳)．

ベンサム主義批判　この数値的な測定が必ずしも可能でないという主張は，蓋然性論を行為論に適用してみた場合，ベンサム主義の根幹をなす理論への批判を意味していると考えられる．それは，この問題を中心的課題として考察した第26章で次のように論じていることからも明らかである．

「今日，標準的な倫理理論というようなものがあるとすれば，それは次の二つの仮定を想定している．第一に，善の度合は数値的に測定可能であり，かつ算術的な加算ができる，第二に，蓋然性の度合もまた数値的に測定可能である」．

ケインズによれば，この仮定に立って標準的な倫理理論は次のことを主張しようとする．

「すなわち，二つの行為の選択肢のうち，どちらかを選択するかを決定するために，それぞれの結果を要約するとき，加え合わされるべきものは，いろいろな結果の『数学的期待 (mathematical expectations)』である」(*ibid.*, 343; 同 360, 一部改訳)．

ケインズは，まず，第一の仮定に対して，次のように疑問を呈する．

「善の量 (quantities of goodness) は算術法則にしたがうものとしてよいという第一の仮定はある程度疑問の余地があるように思われる」．

さらに，第二の仮定については次のように論じている．

「蓋然性の度合は全面的に算術法則にしたがうという仮定は，本書の第I部において提唱された見解と正反対のものである」．

つまり，蓋然性の度合は，全面的に算術法則にしたがうとはいえない，というのである (*ibid.*, 343-4; 同 360-1, 一部改訳)．

ケインズはこの点について，この文の直後にも繰り返して次のように念を押している．

「第I部第3章においては，ごく限られた種類の場合にのみ蓋然性の度合は数値的に測定可能であると私は主張した．このことから，善あるいは有利性の『数学的期待』が，つねに数値的に測定可能であるとは限らないということが導かれるのである」(*ibid.*, 344; 同 361, 一部改訳)．

ケインズはこのうえでさらに次のように議論を進める．

「……『数学的期待値』の系列の和に意味が与えられるとしても，このような和の各対がどれも，より大きいとかより小さいとかという観点で数値的に比較できるわけではないということになる．したがって，たとえ二者択一的な行為選択の系列の各々から得られるかもしれない有利性の度合を知り，また問題となっている好ましい結果を獲得するそれぞれの場合の蓋然性を知っているとしても，二つの選択肢のどれを選ぶべきかを決定することは，単なる算術的な手順によってつねに可能であるというわけのものでもない」(*ibid.*, 344-5; 同 361, 一部改訳)．

ケインズは，これを次のようにも論じている．善とその蓋然性を，それぞれ，「大いさの順に並べることができたとしても，それぞれの善とそれに対応する蓋然性からなる結果を，この順に並べることができるということにはならない」(*ibid.*, 349; 同 366, 一部改訳)．

こうして，結局のところ，ケインズは次のように結論づけるのである．「それゆえ，正しい行為が問題になったとき」それが「決定的な問題であるならば」，行為の判断は，「その全体に向けられた直観的判断 (an intuitive judgement) によるものであって，一つ一つ切り離して扱われる個々の選択肢に向けられた，一連の孤立した判断の系列から導き出された算術的演繹 (an arithmetical deduction) によるものではないのである」(*ibid.*, 344-5; 同 361, 一部改訳)．

ケインズは後年『若き日の信条』で，激しくベンサム主義を攻撃した．遺言にもとづき第二次世界大戦後にこの回想記が公開されたときに，そこでのケインズの反ベンサム的言辞は，ブレイスウェイトやハロッドを驚かし，慌てさせた．だが，ケインズが，早くから，反ベンサム主義者であったことが理解できよう．

帰納と類比の執筆事情　カラベリによると，帰納と類比の執筆事情は次のようである．

1907 年の「蓋然性論」では，類比は帰納法とは区別されてはいなかった．また，そこでは類比についての考察は，明確ではなかった．1908 年の改訂版で初めて帰納法と類比は，第 III 部第 18, 19 章で区別されて論じられた．

1910年の夏のあいだ，ケインズは，あらためて，帰納法についての論稿を練り直し，内容の拡張を試みたようだ．この様子が，ケインズから父のネビルに宛てた数通の書簡に記されている．この時期に，ケインズが，類比と帰納について思索を深めていたことが明らかである．8月24日付の書簡には，帰納法と類比を扱った第III部をほぼ書き終えた，と書き送っていた．約150頁で，ほとんどが新しい内容であると述べていた．続く29日の書簡では，第III部をいま書き終えたと伝えていた．こうして，いったんは論じ終えたとしたケインズであったが，およそ1カ月後の9月25日には，ネビル宛に，内容的に満足できないので，刊行前に再度書き直したいと書き送っている．

カラベリは，この後，しばらく間を置いた1914年7月19日付ネビル宛書簡を紹介し，ケインズの『蓋然性論』をめぐる事情を伝えている．そこでは，ジョンソン，ラッセル，ブロードに帰納法に関する原稿を読んでもらったこと，その際，彼らは，蓋然性論の中で帰納法の部分を最も高く評価したことを，明らかにしていた．しかしながら，ケインズ自身は，この評価に同意できなかった．それは，帰納に関する箇所よりも『蓋然性論』でのより新しい考えが論じられている他の部分に注目すべきであるとの不満からであった（Carabelli 1988: 263-4）．

ケインズによる帰納的論証の区別 ケインズは，まず帰納的論証を，二つに区分している．①全称的論証（universal argument）：すべての事例に当てはまる関係についての論証，②帰納的相関（inductive correlation）：ある事例に当てはまる関係に関わる統計的論証，である（*ibid*., 254-5; 同 254-5）．

また，帰納的論証を二つの要素に分けている．

①類比（analogy）：類比は観察された事例の類似性である．これは，実例が類似している場合の類比と，似ていない，あるいは異なっている否定的類比（negative analogy）に分けられる．

②純粋帰納（pure induction）：事例の数（*CW* VIII 1973: 242-5; 邦訳 2010: 252-5）．

ケインズは，実証主義者の，帰納法についての教義である自然の斉一性，物理的因果関係論を否定した．彼は，帰納法の本質についての特有の見地に立脚していた．J.S. ミルのような似たような出来事の繰り返しをもって帰納法を捉

えようとする流れに対して，帰納法は，まずもって論理(学)に属し (belonging firstly to logic)，証明の諸過程からなっている (consisting in a process of reasoning) と考えた．

彼は，帰納法の過程について次のように考えている．

「帰納法の過程は，もちろんのことではあるが，常に，活力溢れる，習慣的な精神の働きの一部となってきた (Inductive processes have formed, of course, at all times a vital, habitual part of the mind's machinery)」(*ibid.*, 241; 同 251, 一部改訳)．

この一文は，第 III 部「帰納法と類比」第 18 章「序説」のはじめの部分からの引用である．こうした帰納法の捉え方は，ケインズが，認識論の根底に直観的認識をおき，これを帰納法においても基礎として，その論証における認知作用を重視していたあらわれであろう．実証主義的な「客観主義」とは異なる立場の表明である．

ケインズは類比を重要視した　彼の帰納法の捉え方の独自性は，そこでの類比の果たす役割を強調した点にある．これをケインズは，第 III 部「帰納法と類比」第 19 章「類比による論証の本質」で論じている．その冒頭でケインズは，次のようなヒュームの説明を引用していた．

「連接と並んである程度の類似がなければ，いかなる証明 (reasoning) もなし得ない」(*ibid.*, 247; 同 257)．

このように類比はヒュームも重視した概念ではあったが，ケインズはこれを帰納法による論証に必須の方法として，より積極的に位置づけたのである．彼は言う．「すべての帰納的論証の根底には，類比しうるなんらかの要素がなければならない」(*ibid.*, 247; 同 257, 一部改訳)．

ケインズは，ヒュームとともに類比の重要性を強調する「偉大なるライプニッツ」を評価した．

「(彼は) 単なる事例の繰り返しを基礎とする一般化を非難し，そこには論理的価値がないと断言した．そして彼は正当な帰納の基礎として類比の重要性を強調した」(*ibid.*, 303; 同 316)．

ケインズは，彼以前の帰納法を批判して，類比と純粋帰納を併用することによって帰納法を救い出そうとした．

「類比の方法と純粋帰納の方法とをいずれにせよ頼りにする論証を帰納的論証と呼ぶのは有益であろう」(ibid., 242; 同 253，一部改訳).

ケインズは，ヒュームに倣って，卵の例をもって類比と純粋帰納の役割をわかりやすく説明している．

「卵ほど互いに似ているものはないが，確固たる信頼と安心とを得て，それらのすべてに同一の味や風味を期待することができるのは，斉一的な実験の長い過程を経た後のことである．卵は似た卵でなければならない．かつまたそれらの多くを味わったことがなければならない．この論証は，一部は類比に，そして一部は純粋帰納と称されてよいものに基づいている．卵の類似性に依存するかぎり類比によって論証しているのであり，実験の数に信頼を置くときはいつでも純粋帰納によって論証しているのである」(ibid., 242; 同 252-3，一部改訳).

また，ケインズは類比に関連して，母数となる多様な様相を呈している異なる事例を増大させることが，そこに見出される類比への価値，信頼性を高めることになるというパラドクシカルな事態を考慮して，「否定的類比（negative analogy）」なる概念を提示し，「類比」なる概念の切れ味を確かなものにしようとしている．ケインズによれば「否定的類比」は，「事例の特性のなかで，一般化の条件として非-本質的であるとみなされるものを多様化するという」「原則」のことであるとされる．

この否定的類比の意義について，ケインズは次のように考えている．

「事例の数を増やす目的は，事例の間にいくらかの相違があることにほとんどつねに気づいているという事実，そしてまた相違が知られていてもそれが微々たる場合ですら事例について知られている知識がきわめて不完全であるときには格別，それ以外にも相違があるのではないかとたぶん疑うであろうという事実から生じている．新たな事実が加わるごとに，事例の間の非本質的な類似点がたぶん減り，新たな相違点に接触することによって否定的な類比がたぶん増えるであろう．こうした理由によって，しかもこうした理由によってのみ，新たな事例が加わることには価値がある」(ibid., 259; 同 270).

全称的帰納と帰納的相関について　ケインズは，経験的論証から生じる一般化のなかで二つの別個のタイプを区別することができると説いている．全称的帰納と帰納的相関である．前者は，それは例外があれば覆るような普遍的な関

係を断言するもので，より優れた精密科学の分野でのみ目指される．これに対して，帰納的相関は，一般的に頼りにしうる法則の糸口にはなるが，それがいかに適切に確立されても，蓋然的な関係を超えて法則を断言するにいたらないようなもので，これをケインズは，ミルが「近似的一般化」と呼んでいたものであるとする（*ibid.*, 244-5; 同 254-5）．

ケインズは，全称的帰納と帰納的相関の概念の違いを「白鳥」を例に説明している．

「たとえば，この白鳥もあの白鳥もあちらの白鳥たちも白いというデータに基づいて，すべての白鳥は白い，という結論を出すならば，全称的帰納を確立しようとしているのである．しかし，この白鳥とこちらの白鳥たちは白いが，あの白鳥は黒いというデータに基づいて，ほとんどの白鳥は白い，言い換えれば白鳥が白い確率はしかじかであるという結論を出すならば，帰納的相関を確立しようとしているのである」（*ibid.*, 244-5; 同 255）．

ケインズは，全称的帰納については第 III 部でほぼ全面的に論じ，帰納的相関についてはその論理的基礎について第 V 部で，可能な限り論じたいとしていた（*ibid.*, 245; 同 255）．

ケインズはヒューム，ミルをどう評価したか　ケインズはミルの帰納法を評価しなかった．彼によれば，ミルにあっては，「あらゆる事象は有限個の究極的な要素に分解されうるという言明は」「明確に言明されていない」．だが，彼は「ほとんどすべての章においてそれを仮定している」．しかしながら，「もし無限の数の独立な要素によって起きる無限に複雑な現象が問題にされると想定するのであれば，すなわち無限の原因の多元性が考慮されなければならないとしたら，ミルの方法と論証は直ちに失敗するであろう」（*ibid.*, 302; 同 314-5，一部改訳）．

ケインズは，ヒュームに対してはミルほどの厳しい姿勢を見せてはいない．だが，ヒュームの懐疑論に帰納法に対するニヒリズムを読み取り，これには同意できなかったようだ．ヒュームの「懐疑的批判（skeptical criticisms）」は，いつも因果律と関係している．しかし，「帰納法による論証（argument）――過去の特殊な事例から将来の一般化への推論（inference）――が，彼の真の攻撃対象であった」．ケインズによれば，「ヒュームは帰納的方法が誤りであるとい

うことを示したのではなく，帰納法の妥当性は確立されていないこと，ならびに可能な証明の手段のいずれも等しく見込みがないように思われることを示したのである」．ケインズは，こうしたヒューム評価に立って，ミルを批判することを忘れなかった．ケインズによれば，「ヒュームの攻撃の十分な威力とそれによって明るみに出た困難な点の本性をミルは少しも理解していなかった．したがってミルは，それらの困難な点に処するための適切な試みをしていない」のであった（*ibid.*, 302-3; 同 315，一部改訳）．

頻度論アプローチの批判 ケインズは，第Ⅰ部第 8 章「蓋然性の頻度理論」で，次のように論じている．

「蓋然性を統計的頻度と同じであるとするのは言葉の使用から甚だしく逸脱しているという批判は，統計的頻度論に対する批判として当を得たものであり，また明白なことである．なぜなら，それは，蓋然性を扱うと一般に信じられている数多くの判断を明らかに除外しているからである」（*ibid.*, 103-4; 同 110-1，一部改訳）．

若き日に，ケインズは，頻度理論に裏付けられたムーア『倫理学原理』の行為論を超えようと新たな蓋然性論の構築を目指した．これが難産の末に『蓋然性論』を生み出すきっかけとなった．

『蓋然性論』では，ダーウィン『種の起源』の方法について検討し，頻度理論を批判している部分が興味深い．そこでケインズは，「『種の起源』の結論が基礎としている論証の込み入った網の目を取り上げてみよう」として，具体的に論証法を検討した結果として，次のように論じている．

「本筋の論証においてのみならず，多くの付随的な議論においても，帰納と類比の精巧な組み合わせが統計的頻度の狭い，そして限定された知識の上に重ねられている．そして，このことは，複雑さの程度がいかなるものであれ，日常的な論証のほとんどすべてにおいて，等しく事実である．統計的頻度論が内包することのできる判断の種類は狭すぎるため，頻度論をひとつの完全な蓋然性論として提示することは正当化できない」（*ibid.*, 118-9; 同 126，一部改訳）．

この項の最後に，ケインズが，蓋然性の研究について，明確に述べている一文をあらためて引用しよう．

「蓋然性とは，われわれを，一方の信念を他方の信念よりも合理的な選択と

して受け入れるように導く根拠を研究するものである」（*ibid.*, 106; 同 113, 一部改訳）．

統計的頻度論についてケインズの立場から明らかのことであるが，スキデルスキーは次のように論じている．

「彼は，統計学的手法を利用して特定の経済学モデルを立証する可能性に関して，ほんのわずかの期待さえも留保した．彼の『蓋然性論』は最後の部分で，統計的推論に基づく主張は，ほとんどが，論理的に誤った『数学的ごまかし』の実例であると述べている．彼は『事実の集積を将来の頻度数や行列式の予測に』利用できる可能性については悲観的であった」（Skidelsky 1983: 223; 邦訳 1992: 366）．

「蓋然性」と「確実性」 ケインズは，「確実性」について次のように書いている．「確実性という用語が，時に，ただ心理的な意味で，その信念の論理的根拠とは関係なく精神の状態を記述するために用いられていることがある」．だが，「私が論じているのはこの意味での確実性ではない．確実性という用語は，最高の度合の合理的信念を記述するために用いられることにある．そして，これこそ当面のわれわれの目的に適切な意味である」（*CW* VIII 1973: 15; 邦訳 2010: 16）．

ケインズは蓋然性と確実性について次のように考えてもよいと述べている．

「蓋然性については，それは確実性よりも低い度合の合理的信念であるとしかいえない．また蓋然性は，確実性の度合に関するものであるといいたければ，それは確実性の度合を扱う．あるいは，蓋然性を両者のなかでいっそう基本的なものとし，確実性を蓋然性の一つの特殊な場合として，つまり最大蓋然性であるとみなしてもよい」（*ibid.*, 16; 同 16-7）．

ここでケインズが，「蓋然性」を「確実性よりも低い度合の合理的信念である」と述べている点にあらためて注意をうながしておこう．

ケインズが『蓋然性論』で「確実性」について論じた箇所は，わずかである．第 II 部「基本定理」第 10 章「序説」で「確実性の定義：$a/h=1$」と述べている程度である（*ibid.*, 130; 同 138）．

[補論]『蓋然性論』の研究史概説

(1) 草創期の研究

菱山泉の先駆的論考 わが国におけるケインズ『蓋然性論』の研究を概観するに，まずは菱山の先駆的な業績「ケインズにおける不確定性の論理」（1967年）について言及しなければならない．彼は，早い時点でケインズの蓋然性論の理解にかかわり，「推論」には二種類あると明確に指摘していたのである（菱山 1967: 23）．なおここで「不確定性」は，邦訳では「不確実性」と訳されている．

①統計的確率のような幾何学のそれと同様な論証的確定性をもつ推論．
②①のような論証的確定性をもつことなく，「多かれ少なかれ蓋然的な性質をもつ」推論．

このうえで菱山は，ケインズが論じたのは②の「推論」であって，「統計的確率」ではない，と主張した．

「ケインズが『私の確率論』は，前提から合理的ではあるが不確定な結論を導く推論の一般理論に関わるものである」（p.98）＊［傍点は引用者］と述べたのは，この謂れであろう」（同 24）．

菱山は，こうしたケインズ『蓋然性論』の理解に立って，ケインズが「統計的頻度論」を批判していると読み込んでいた．また，ケインズが『蓋然性論』でベンサム主義批判の立場にあったとする．いずれも妥当な指摘であった．さらに，ケインズの説く不確定性論はピグーの保険的数学に基づく不確定性論とは本質的に異なるものであると主張していた．これもおおいに評価しうる点であった．

宮崎義一・伊東光晴の蓋然性論 彼らの『コンメンタール ケインズ／一般理論（第3版）』（1987年）は，『一般理論』と『蓋然性論』との関係について着目し，論じていた．それは先駆的ではあったがそれゆえにかいくつかの誤解が見られた．

たとえば，宮崎は，「certainty と probable のちがい」を「明らかにしてお

＊　原著の全集版では p.106（邦訳 2010: 113-4）である．

きましょう」として，「まず probable というのは，ケインズはある事態の経験的確率の高いこと，つまり頻度の大きいということなんです」と説明している（宮崎・伊東 1987: 182）．どうも蓋然性論を頻度論で把握しようとしているようである．

さらに，宮崎が「ケインズはある事態の経験的確率……」云々と解説しているのは，ケインズが研究上で重視した言語理論，認識上の立場と異なる．ケインズは『蓋然性論』の冒頭部分で，「蓋然性の用語として重要な位置を占めてきた『事象（event）』という語をここではまったく用いないですます」ことにし，それにかえて「事象の生起と蓋然性を論ずるよりも」，「前提とされた諸命題と他の命題との間に成り立つ関係」，「命題の真理と蓋然性を論ずる」ことを選ぶと強調していたのである（CW VIII 1973: 5; 邦訳 2010: 5，一部改訳）．

このように宮崎は，蓋然性を，あくまで経験的なものとしてとらえ，「たとえば確率が30％よりも40％の方が高い」というような例を挙げ，「それは演繹的命題ではなく，あくまで過去の経験に即したものなのです」と解説するのである．

また，宮崎は蓋然性の度合についての説明で，ケインズが定式化した a/h を h/a と誤記していた．この問題でケインズは次のように述べていたのである．「前提が任意の命題の集合 h からなり，結論が任意の命題の集合 a からなるとする．そのとき，もし h の知識が a に対して度合 α の合理的信念をもつことを正当化するならば，a と h との間に度合 α の蓋然性-関係があるという」．ケインズは，注で「これを $a/h=\alpha$ と書くことにする」と記している（ibid., 5; 同 5，一部改訳）．

ケインズは，「合理的信念の度合」である α は，宮崎自身の説明とは異なり，「経験的確率が40％」といった数値的表現を馴染まないと考えていた．頻度説，および蓋然性の測定可能性を，限定的にしか認めていない立場であることがケインズの『蓋然性論』を理解するうえで肝要である．

(2) ケインズ生誕100年をきっかけとした研究
①竹内啓の『蓋然性論』解説

このあとしばらく蓋然性論の研究はみられなかったようだ．そうしたなか，

第2章 『蓋然性論』について

「ケインズ生誕百年記念号」（季刊『現代経済』1983年）に掲載された竹内啓の論考は，ケインズの生誕から100年，没後40年ほどを経過したわが国におけるケインズ研究の水準を如実に現した興味深い内容となっていた．

そこで竹内は，妥当にも，ケインズの蓋然性論では，数値的測定可能性への制限，頻度説への批判が認められると指摘している．しかしながら，『蓋然性論』が，「1920年に出版され，ケインズの表した独立の書物としては最初のものであり……」（竹内1983: 42，太字は筆者）との説明は人々に誤解を与えるであろう．

また，「『確率論』はより直接的にラッセル流の『論理実証主義』の影響のもとに書かれたものであると言えよう」と「ケンブリッジの論理実証主義の影響」（同）を強調するのもどうであろうか．

竹内は，この一文に続けて次のように書いているのも疑問である．

「ケンブリッジの論理実証主義の影響は，ケインズ以後のケンブリッジの経済学と，ケインズ以前のマーシャル，ピグーの経済学との差を考える上で，一つの手がかりを与えると思う」（同42-3）．

これらに加えて竹内は，ケインズが『蓋然性論』で帰納法の体系化を模索していた点を無視し，「仮説 - 演繹法に忠実であった」（同44）と論じているのもどうであろうか．

②西部のケインズ『確率論』の哲学

　ケインズ『確率論』と哲学　ケインズの哲学について論じた第3章で，ケインズを「哲学においてもブリテンの島国人であった」と特徴づける．つまり，「オントロジーとしては直観を，エピステモロジーとしては経験を，そしてメソドロジーとしては帰納を最大限に重視していたのである」（西部1983: 79）．こうした評価は間違っていないと思う．

こう述べた西部はケインズが『確率論』の序文で「自己の立場を明らかにしている」とその一部を引用する（同79）．それは，ケンブリッジのW.E.A.ジョンソン，G.E.ムーア，B.ラッセルに大きく影響されていること，ケンブリッジの哲学はロック，バークリー，ヒューム，ミル，シジウィックといった人々の伝統を受け継いでいること，そうして彼らは事実の問題を優先させると

いう点で結びつけられていると記している（同80）．

　このうえで，西部は，『確率論』について論じ，それはもはや過去の書物になっているが，「容易に近づけない難解な書物」であった．それでも，そこにはケインズの「人間社会をみる視点が定められていることは疑いない」と見ている（同80）．

　西部は『確率論』の「主眼は帰納法の根底をさぐることにある」と考える．彼はそれを次のように述べている．

　「簡単に説明すると，それは，直観的知識（既知の命題集合 h̃[ママ]）にもとづいて，部分的かつ合理的な信念（不確かな，しかしなにほどか信頼するに足る命題 p[ママ]）を正当化するための，論理的手続きを与えようとするものである」（同80）．

　そうして，この説明を裏付けるものとして『確率論』から次の文章を引用している．

　「われわれが，p[ママ]にたいし，**確信**よりも低い度合の確からしさをもった合理的信念をもつことができるためには，われわれは命題集合の h̃[ママ] を知り，かつまた，p[ママ] と h̃[ママ] のあいだの確率関係を主張する或る二次的な命題 q̃[ママ] を知ることが必要である」（同80-1，太字は筆者）．

　西部による「二つの合理的信念」の看過　西部はこの引用文の出所を明記していないが，原文の17頁（CW VIII; 邦訳2010: 18）から引いたものである．この西部の訳文は，解釈上肝心な語である「**確実性**（certainty）」が「**確信**」と訳され，引用文は全体の文脈から切り離されて解釈されていることが明らかである．この「確信」の原語は本来 confidence である．この日常語は，経済用語としてマーシャルが用い，独自の心理的アプローチに立つケンブリッジの景気変動論において中心的な概念となってきた経緯がある．

　こうした点を確認したうえで西部によるケインズの二つの合理的信念についての引用文を仔細に検討すると，単なる誤訳にとどまらない誤読の有りさまが浮かびあがってくる．

　まず，同じ箇所の邦訳を示そう．

　「p について**確実性**よりも低い度合の蓋然性の合理的信念をもつためには（in order that we may have rational belief in P of a lower degree of probability than certainty)，命題の集合 h が認識されること，かつまた p と h の間のある**蓋然性-関係** (a probability-relation) を主張するなんらかの第二次命題 q が認識されることが必要である」(*CW* VIII 1973: 17; 邦訳 2010: 18, 一部改訳，太字は筆者)．

実のところ西部の引用文は，『蓋然性論』第2章第10節の一部の文章である．この直前には次のような文章が書かれているのである．

「命題 p について**確実性の度合の合理的信念**をもつことができるためには (In order that we may have a rational belief in a proposition P of the degree of certainty)，次の二つの条件のうち一つが満足されることが必要である．すなわち，(i) p が直接に認識されること，もしくは (ii) 命題の集合 h が認識され，そしてまた p と h の間のある**確実性-関係** a certainty-relation を主張する，ある第二次命題 q も認識されることである」(*ibid.*, 17; 同 17-8, 一部改訳，太字は筆者)．

つまり，この文書は「確実性の度合の合理的信念」をもつことができる場合の条件について論じているのである．ところが西部が自説を裏付けようとしてわざわざ自著に引用した文章は，この文章とは対比的に「**確実性よりも低い度合の蓋然性の合理的信念**」をもつための必要な条件を論じているのである．こうしてみると，西部の引用文は，対(つい)となっているケインズの二つの文章の一方だけを取り上げ，蓋然性-関係について論じているのである．これでは，確実な論証に基づく**確実性-関係**を扱う議論と区別することができなくなってしまう．つまり，確実ではないが起こりうるものを対象にした論理学を構想したケインズの『蓋然性論』の目論見が理解できないという，最も避けなければならない事態に陥ってしまうわけである．

西部にとっての『蓋然性論』とは　とはいえ，われわれも，西部がいうように，難解なケインズ『蓋然性論』解釈の，困難さを認めざるを得ない．西部は率直に，帰納法に関わる彼の貢献を「きちんと評価する能力がない」といい，他方ではブレイスウェイトが論じるような「ケインズの目論見」について，ケインズは「その説明に十分な成功を収めたとはいえないようである」との見方を示している（西部 1983: 81）．

とはいえ，西部は，当時の解釈の水準をはるかに超えて捉えていた点も評価しなければならない．例えば，彼の次のような論評は，ケインズ『蓋然性論』

についての至極もっともな評価と言えるのである．

「彼の考える確率関係 q〔ママ〕は，通常の頻度説にもとづく客観確率ではないし，ラムゼイが主張したような（いわゆる"賭け指数"ではかられる）個人的な主観確率でもないところに，彼の意図したものの大きさと，それを理解することの困難が横たわっている」(同 81)．

西部はさらに次のように述べて，この問題での論述を終えている．これも注目に値する論点の指摘である．

「帰納法というおそらくは泥沼の論題に正面から立ち向かうことは二度となかった．しかし，そのぶんだけ思いは深く，彼は，終生，帰納法から離れることはなかったのである．直観と経験に適合しないような前提や論理は，どれほど学術的に洗練されたものであっても，彼の受け容れるところとはならなかった．逆に，直観と経験を参照しながら，信頼するに値する思考の前提的枠組みをつくり，人々を納得させることのできるような表現の論理的様式をさだめるのが，彼のやり方になった，ということができよう」(同 81-2)．

このようなケインズの思考方法の特徴づけは，肯首しうる優れた解釈といえる．

西部の解釈への疑問と賛同　このあと西部の議論は期待論へと向かう．「期待要素」は『確率論』と密接に絡んでいるとして『確率論』を論じ始める．議論の対象はケインズ『蓋然性論』第 6 章「論証の重み」が中心になっているが，西部はこの概念を理解できず，摑み損なっている．西部は『確率論』をもとに次のような解釈を見せている．

「論拠〔アーギュメンツ〕の確からしさ〔プロバビリティ〕と重さ〔ウェイト〕を区別して，不確実性〔アンサートゥンティ〕は後者にぞくするのであり，確からしくないこと〔インプロバビリティ〕とはちがうとしている．プロバビリティは起こりうる事態の密度〔インテンシティ〕であり，ウェイトはその質〔クオリティ〕だというのである」(同 169-70)．

このように，西部の『確率論』の読解には，必ずしもケインズの主張するものとは思われない解釈がみられる．そうであっても，西部が『確率論』と『一般理論』とを期待論で架橋しようとした試みは，おおいに評価されてよいであろう．

このあと西部は「ともかく，ケインズが不確実性という場合には，いまだ適切な証拠〔レリヴァント〕がないために，未来を確率的に予測することはむずかしいというこ

とである」として「確信」に議論を移してゆく．「蓋然性」についての議論から「不確実性」「確信」へと移行していく論法は，彼の着眼点の秀逸さを表していた．

③間宮のケインズ『確率論』

人間知性論，本性論としてのケインズ『確率論』 間宮は次のような出色の解釈を見せている．

「ケインズの『確率論』……はケインズの流儀での人間知性論，人間本性論だといえるであろう．彼の確率論はロックやヒュームらの知識論の系統に属しており，頻度理論のような形式論理の確率論とは出自を異にしている」（間宮2014［1983］: 159）．

間宮は，ヒュームによる帰納法への懐疑，これを救い出そうとする試みについて触れたあと，ヒュームは「蓋然的推論における『信念』の意義を強調した」が，それは「一種の主観的解釈」であったと評価する．そうして蓋然性の度合を左右する信念は一方では「客観主義的」に，他方では「心理主義的」に解釈されていった，としてケインズは前者に傾き，ラムジーは後者に傾きをみせている，との評価をみせている（同 160）．

「論証の重み」と「期待」の「確信」度 間宮はこの後，ケインズの蓋然性論についての議論に入る．間宮は「蓋然性」を「確率」と訳しているのだが，これは再考を要する．他方で，argument を「論証」，また weight of argument を「論証のウェイト」「論証の"重み"」と訳している（同 161）．実に的確な訳として評価に値する．また，その概念を次のように的確に説明している点もケインズの『蓋然性論』の優れた解釈に基づくものである．

「論証のウェイトとは文字通り論証の"重み"のことであって，有利・不利のいかんにかかわらず，証拠の量が増せばただそれだけで論証（推論）の重みは確実に増すのだ，とケインズは主張する」（同 161-2）．

間宮は，かく論じたうえで「論証の重み」が「『一般理論』における期待の『確信』度という概念に対応しているのを見てとるのは容易である」と述べている（同 162）．

かかる指摘は，『蓋然性論』と『一般理論』の連続説に立つオダネルが博士

論文（1982年）をまとめ，その後に単著（1989年）で『蓋然性論』での「論証の重さ」概念が『一般理論』での「確信」概念として受け継がれると論じていたのと同時期に，見事な知見の提示であったことになる．

そうして，彼が，議論を不確実性に敷衍している点も，重要な視点である．

「期待の確信度が低くならざるをえないのは期待を形成するさいの証拠となる知識の量が絶対的に乏しいからである．そして証拠となる知識の量が乏しいために期待の確信度が低くならざるをえない状態が，ケインズのいう不確実な（uncertain）状態である」（同 162）．

間宮はこう論じたうえで，さらに，次のように念を入れている．

「したがって不確実性（uncertainty）の度合と期待（推論）の蓋然性（probability）の度合，すなわち確率とは必ずしも相関的ではないということになる．たとえばいくら不確実であっても（つまり証拠となるべき知識の絶対量がいくら乏しくても），もし数少ない証拠が結論命題（期待）にとって圧倒的に有利な構成をもっているなら，確率はいくらでも大きくなるのである」（同 162）．

こうした検討を終えて，間宮が次のように記しているのも至極妥当な結論といえるだろう．

「このように，ケインズの確率論は彼の期待論と密接な関係をもっている」（同162）．もっともここで間宮が「確率論」としている訳語は「蓋然性論」とすべきではあったが．

間宮は，このあと「期待はケインズ経済社会論の基礎論」，あるいはケインズ経済体系の「微視的側面と巨視的側面とでも呼べる二重の側面」として重視している（同 163）．

④認識論として致命的な『確率論』——塩沢の所説

「『一般理論』を予告するか」　塩沢由典は最初の小見出しで，『確率論』と『一般理論』を並べて論じている．こうした問題の立て方は，わが国でも先駆的な試みといえよう（塩沢 1983: 76）．

「なにを研究しようとしたのか」　塩沢はこの見出しのもとで，立ち入った議論を始める．まず，『確率論』で「ケインズはなにを目指したのであろうか」と問い掛け，いきなり原題の邦訳を問題にする．

「原題 A Treatise on Probability の Probability を『確率』と訳すのは端的には誤りで，正しくは『確からしさ』，『蓋然性』とすべきであろう．かれの言葉でいえば，Logics of Probable Arguments（蓋然的議論の論理学）とでも題すれば分かりやすい」（同76）．

論者は，この明快な説明を読んで実にスッキリした気分であった．「確率」ではなく「蓋然性」とすべきであるとの主張には，大賛成である．ただ一つだけ注文をつけさせていただければ，arguments は「論証」とした方が良いのではないかと考えている．

塩沢は，この点に関連して，『確率論』という言葉で，まったく異なる三つの学問が現存しているとして，「(1)数学としての確率論，(2)法則としての確率論，(3)推論の規範としての確率論」をあげている（同76）．

このうえで，彼は(3)が「ケインズの目指した『確率論』」であったとして次のように論じている．

「(3)はしばしば哲学者がその存在を主張するものの，(1)，(2)に比べて未発達な領域である．われわれの多くの議論は形式論理からみれば飛躍や矛盾に満ちているが，その実際的重要性は形式論理の比ではない．したがって，このような不確実な議論を分析し，それに望ましい規範を課すことは，古典的論理学以上に人類に貢献するであろう」（同76-7）．

「『確率論』の梗概」　このあと塩沢は，第5部全33章の著作を概観し，いくつかの論点を指摘している．まず「第1部『基本的構想』，第2部『基本的諸定理』が基礎編」である．「第3部『帰納と類比』，第4部『確率の哲学的応用』，第5部『統計的推量の基礎』がその展開と応用」である．このうえで，塩沢は「基本的な主張は第1部に網羅されている」と述べている．また，「おもしろいのは第5部，人によっては第4部であろう」と評している．他方で，「第3部は著者の主張の存在理由をかけた部分であるが，第23章の歴史的概観をのぞいて精彩を欠く．『類比』のとらえ方にも問題がある」と厳しい（同77）．

このように概観したあと，さらに第2部について次のように評している．

「第2部は定義・公理の羅列に次ぐ論理式の行列で，読まれることのもっとも少ない部分であろう．しかしケインズの思想を少しく具体的にとらえるには，読者はこの部分を読みとばしてはならない．かれのいう『数値的に可測でない

確率』はここでのみ理解される」．

これに続いて塩沢は，次のように述べている．

「難関は第12章であり，第13章以降の諸定理の導出は（ケインズが誤りを犯しているところ以外）そう難しくない」．

このように書かれると，よくわからず読み飛ばした論者としては面目ない．加えて，次のように説明されては，降参である．

「第12章はケインズの考える『確率』の公理化の試みである．本書の精髄にあたる．ただしこの部分，提示の悪さには定評がある」．

塩沢はこう述べて，カルナップやブレイスウェイトによるケインズ批判を指摘している．

「カルナップは『公理のうちのあるものは実際には定義であったし，定義のうちのあるものは実は公理であった』……と指摘しているし，全集版『確率論』の編集者ブレイスウェイトは，第2部の公理的展開には『重大な形式的欠陥』があると，その編集前言でいっている」（同77）．

塩沢は，このうえで問題を「不備は説明だけでなく理論そのものに内在している」との踏み込んだ理解をみせる．これへの塩沢の対処は念が入っている．彼はこの説明のために「本論より長い読者案内」を「付録」として掲載しているのである（同77, 78-82）．確率論に昏い論者にとっては，正直なところ，こうした議論に太刀打ちできない．

「ケインズの主張」　塩沢は，さらにこの小見出しの下で次のように論じている．

「『確率論』の中心教義は，『確率』が命題間の論理関係だという主張にある」．

「この立場からかれは『事象の確率』という概念に反対し，頻度説を主要な攻撃目標に選んでいる」（同77）．

このうえで塩沢は，確率論のこうした対立の描き方は支持できないと主張する．確率の頻度説は1930年代以降行き詰まりをみせ，それは「現代的思想にきりかえられていく」からである．

また，「確率」は合理的信念の度合であるというケインズの立場からすれば，客観的なものではなく，「必然的に主観的なものである」（同77）．

このほかにも塩沢は，ケインズ『蓋然性論』での「失敗」や「混同」，それ

に錯誤がみられると述べている．たとえば，次のような具合である．「第24章で主観的な『確率』から客観的な『偶然性』の観念を導こうとして，ケインズは失敗している」．第5部では，「ベルヌーイの定理やラプラスの方法を扱うところで，主観確率と客観確率を混同して批判している」（同77）．

「知識はいかに獲得されるか」 ケインズにとっては「哲学的なものが主題であった．ケインズは『認識論』ともいっている」．

「日常言語」の「……は確かだ」という「表現の分析」がケインズの研究の出発であった（同77）．

だが，「かれは頻度説にかかわりすぎた．確かさの判断は頻度と関係ない．この主張だけで十分であった」（同）．

さらに，塩沢は，認識論の枠組としてのケインズの『確率論』には，「ベイコン以来の根深い帰納主義の偏向がある」と指摘する．「それは，われわれが一部に直接的な確かな知識をもっていて，それにもとづいてその知識に含まれない新しい知識を得るという構図である」（同78）．

塩沢は次のように論断する．「ケインズは無矛盾的な前提 h を仮定して，そこから命題 p を推量する『確率』を考える．だが，それはわれわれの知識の獲得過程としては誤った模型化である」．それというのも「既成の知識は矛盾に満ちている」からである（同78）．

以上，塩沢の「『確率論』からみたケインズ」の内容を紹介しつつ，必要な限りコメントをこころみた．この塩沢の解説によって，われわれは初めて『蓋然性論』の本格的な論評に出会ったとの読後感を抱いたものだ．論考の表題には適切にも「確からしさの論理学」との副題が添えられていた．これこそケインズが目指した研究課題であったのである．

それではケインズ『蓋然性論』は，どう評価されるべきか．塩沢は，この論考の終わりの部分で次のように『蓋然性論』を批判している．

「私見によれば，知識 h から命題 p が確率的に得られるのは，h の内包する確率的法則によるのである．蓋然性は h からの推量ではなく，h の内部にある．ケインズが h の内部構造を不問に付したのは認識論として致命的であった」（同78）．

このように喝破してみせた塩沢の見識には，文系の社会科学的狭い世界を生

きてきた論者としては脱帽するしかない．

その塩沢は，この論考の最後で『一般理論』を「偉大な革命の書」で，「その内容は統一された理論というより，巨匠の眼からする洞察の集合」からなり，その「主張の多くが巨視的法則として立てられた」と評価する．そのうえで『一般理論』と『蓋然性論』について，次のような興味深い示唆を残している．

「内容的にはわずかしか接点をもたないが，『一般理論』は案外にも『確率論』の認識方法を受け継ぐものかもしれない」（同 78）．

第3章
ユニークな西部，間宮のケインズ論

　英語圏でのケインズの哲学と経済学の関連についての研究の進展とほぼ同時期に，わが国においてもそれに比しうる先駆的な研究が，西部邁と間宮陽介によって着手されていた．英語圏やこれにかなり遅れて進められたわが国ケインズ学界でのケインズの経済学と哲学についての研究の批判的論評の前に，両氏の研究をまず概観することにしよう．

1. 西部邁による自在なケインズ論

　西部邁による『ケインズ』(1983年)の主題は，明らかにケインズの経済学と哲学との関係であった．この未開拓なこの問題を先駆的に論じ，その核心に迫ろうとしたのが彼の『ケインズ』の目的であったといえる．その輪郭はその章構成からおおよそ明らかになるであろう．
　第1章は「個人史」と銘打って「肖像」「家庭」「ブルームズベリー」「経済学」「妻，農場，劇場，投機，病気など」からケインズの人間性についての考察がなされる．第2章「価値観」についてみると，そこでは「道徳」「『若き日の信条』」「理想」「ハーヴェイ・ロード」が論じられている．独創的で刺激的な内容は第3章「学問論」でも続き，「哲学」「解釈」「文章」「歴史」の表題でケインズが俎上に載せられ，彼の思想，「散文的健全性」「物語的理性」「生的理性」や時間論が論じられている．さらに第4章では，「政治論」のもとで，「活動的生」「計画」「国家」「大衆」が論じられた後，最終章の「経済学」では彼の経済学が「『一般理論』」「期待」「慣習」「『わが孫たちの経済的可能性』」の論題のもとで論じられる．
　本稿では，紙幅の都合もあって，第3章「学問論」から第5章「経済学」を

主たる対象にして，ケインズの経済学と哲学に関する彼の所説を，時には批判的論評を加えつつ，概観することにしたい．

(1) 「学問論」——哲学，解釈，文章，歴史

(1)「哲学」では，体系化されなかったケインズの哲学として，次のように論じている．

「彼の哲学的な著作はごく限られていて，学術的なものとして『確率論』を，そして評論風のものとして『若き日の信条』を挙げることができるだけである．むしろ，彼の哲学は様々の著述のそこかしこに散見される，あるいはそれら全体のスタイルとして現れている，といった方が適切であろう．もっと厳密にいうと，ケインズは自分の学問論を，その方向と位相についての大まかな自覚はあったのだが，一度も体系化することがなかった．つまり，事物の本性にかかわるオントロジー（存在論），それを認識するための主体的な根拠にかかわるエピステモロジー（認識論），そして認識を表現するための手立てにかかわるメソドロジー（方法論）は，彼にあって，けっして明瞭とはいえない」（西部 1983: 79）．西部はこう述べて，「ひょっとして，それらを不明瞭なままにしておくのが彼の学問的戦略であったのかも知れぬ」ともいい添えている（同 79）．

このあと西部は，ケインズ『確率論』についての議論を始める．この内容の概要は，すでに第2章「蓋然性論」で述べているので省こう．

(2)「解釈」では，理論，思想の根源，前提を問い直すケインズとして，次のように論じている．

「ケインズの姿勢は理論及び思想の根元をねらうものであった．彼はそれらの基礎にある前提を解釈し直そうとしたのである」．「一般に公理，公準あるいは仮定とよばれる類の概念を……再検討し再定義しそして再分類したのである」（同 82）．

「ケインズのなした最も重要な寄与は，既存の前提のうちに合意されていたものをイデオロギーとして暴露し，それに代替する解釈を示そうとする努力にあると思われる」（同 82-3）．

西部はケインズの基本姿勢について，次のようにも論評している．

「既存の先入見を理解あるいは解釈の俎上にのせるものである．つまり，事

実なるものを成立たせている人々の象徴的な意味体系を解釈し直すものである」（同 86）．

　それゆえにケインズは「経済学に特有の"モデル的思考"からはっきりと距離をたもっていた」（同 87）．「ケインズにとっては，いかにすればよいモデルを選べるかということが重要だったのであって，モデルの操作は第二義的にすぎなかった」（同）．

　そうして，経済学は道徳科学であって，自然科学ではないと考えるケインズは，内省と価値判断，これらに加えて動機，期待，心理的不確実性を扱うものであると考えていた．

　「（ケインズが）プラグマティックな姿勢をとり続けたことは確かであるが，その有効性を確保するためにも，人間の経済行動の前提が解釈されていなければならぬのだということについて，彼は無関心ではおれなかった．また，人間行動がけっして自然科学的な客観的な機械運動なのではなく，様々な象徴的意味によって色づけされた主観的な行為なのだということについても，彼は関心を払わずにはおれなかったのである」（同 88）．

　「ケインズの解釈作業」は「実践的解釈の姿勢をとった」点に「独特なものがあった」．西部はここで「実践というのは，あくまで言論行為に関わることである」と述べている（同 88）．その「やり方」は，いってみれば「政治家のやり方である」．つまり「流動的に推移してゆく状況に言論戦をもって抗いながら，それをつうじて既存の理論や思想を，そして自己自身を再解釈するのが彼の流儀であった」からである（同 88-9）．

　(3)「文章」ではケインズに「散文的健全性」を見る．西部の想念の世界は，自由闊達に飛び交う知的精神に溢れているようだ．それは西部によるケインズの「文章」論に表現されている．彼によれば，ケインズの文章は，「散文的な自然言語」に特徴づけられ，また，彼がめざしたものは「散文的健全性」であった．

　「社会を究極において成り立たせているのは言葉であり，そして言葉の解釈にとってふさわしい理性は，オルテガいうところの物語的理性である．それは理性であるがゆえに論理性を追求するのであるが，自然言語のひとつひとつがつねに多義的であるために，たとえば詩的な想像力とか道徳的な共感とかいっ

た，様々の感情的要素を含むものである．ケインズはこうした事柄を哲学的に考えつめたわけではないけれども，主としてイギリス経験論の伝統をふまえる形で，よく了解していたのである」(同 92-3)．

それでは，英国の日常言語派の潮流のなかにケインズはどう位置づけられるのであろうか．また，かれの『ケインズ』にはウィトゲンシュタインについての言及がないが，とりわけ後期ウィトゲンシュタインとケインズとの知的交流をどう考えていたのであろうか．

西部はさらに，ケインズに「物語的理性」を見てとる．まず，特有の「時間意識」「動態的認識」である．

「人間が不確実な未来にむけて先鋭な時間意識をもちつつ行為するからこそ，説　明（エクスプラネーション）ではなく理　解（アンダスタンディング）が，科学的理性ではなく物語的理性が，科学ではなく解　釈　学（ハーマニューティックス）が要請されるのである」(同 97-8)．

そうして，次のように言う．

「不確実性に直面している人間の行為にいくぶんかでも安定を与えるべく，道徳が要求され，そして道徳をしっかりと把持するためには，時間意識のなかで不安定にゆれる行為への動機や未来への期待などを理解し解釈しなければならない．時間軸の前方へむかって展望がきりひらかれ，その展望にもとづいて彼方の過去が喚び起こされる．その作業はヒストリーアつまり歴史であり物語である．そのギリシア的語義そのままに"探求することによって知る"のが物語的理解であり，それはとりもなおさず歴史的理性なのである」(同 98)．

(4)「歴史」では，ケインズの時間意識を取り上げる．

「ケインズは，動乱期にふさわしく，現在の瞬間に賭けて行為した人間と思われてきた」(同 98)．

西部はこう評してハロッドの「彼は本質的に瞬間に生きる人であった」，あるいはシュンペーターの「彼の人生哲学は本質的には短期の哲学であった」とのケインズ評を引きあいに出す．

「たしかに彼の言動は，その外見だけを見ると，カメレオンのように意匠を変えながら刹那に燃焼しつづけたかのようである」(同 98-9)．

西部の見るところ，ケインズの生きた時代は「オルテガ流にいえば"もはや近代ではなく，すでに 20 世紀"なのであった」．ケインズの眼前には 20 世紀

の大衆社会の到来のなか,「歴史的展望をもたぬ人間たち，社会的位階からときはなたれた人間たち」が「巨大な塊となって登場していた」.「知識人たちもまた，自然主義や実証主義，理性主義やといった安定した知の体系に甘んじていることはできず，知識そのものが自らの生の躍動とふかく相関していることを知らざるをえない」のであった（同100）.

こうして「ケインズの"時間の相の下"に知的に生きんとする姿勢は，ふたたびオルテガの表現をかりれば，いわゆる生的理性(ヴァイタル・リーズン)に属する」（同100）.

このあと，西部はケインズが見たものとして，人間の生を不確実性，不均衡性，非合理性，非個人性をもって特徴づけている.

「人間の生は不確実性にとりかこまれている．そのような生は，個人の心理においても社会の機構においても，<u>一般に不均衡をもたらさざるにはいない</u>. そればかりか，不確実性に挑戦する，もしくは圧倒される人間の生は，その根底において<u>非合理性をはらんでいる</u>．つまり，いまだ理性的に説明されざる様々な衝動を，因習や幻想やの形で，ともなっている．そしてこのようなものとしての人間は，……様々の制度によって非個人化されている．<u>不確実性，不均衡性，非合理性そして非個人性によって彩られた大衆の生</u>，ケインズのみたのはそれであった」（同101, 下線は筆者）.

西部は，ここでいきなり，フッサール，ベルグソンの思想を持ち出し次のように論じている．ケインズは既存の経済学で「典型化されているような，決定論的で均衡論的で合理論的で原子論的な見方」に「対決したのである」（同101）.「その知的闘いにおける中心的な論争点は，くり返していうと，時間意識の問題であった」．ケインズが「フッサールやベルグソンの著作に接したとも思われないが，それは彼の思考における暗黙の前提でありつづけたといえるであろう」とまで主張している（同101）．これはかつてない，独自の，大胆な，ケインズ評価である．

そうして次のように主張するのである.

「人間の現在は，いまだ存在しない未来への期待によって方向づけられ，そしてもうすでに存在しない過去への記憶によって制約された，意思であり決断であり活動である．ケインズはそのことをよく知っていた．つまり彼は，<u>時間論を媒介にして，経済学に期待や記憶という主観的の要因をもちこんだのであ</u>

る」（同 102，下線は筆者）．

　これは「時間論」に関係づけた従来にない「期待」論によるケインズ論の提起である．

　このあと西部は，「生的理性」は「歴史的理性」であるとか，ケインズにおける「時間の相」の「瞬間の相」への「縮退」とかについて論じている．そうして，ケインズは「瞬間に生きる人」「短期の哲学者」とかいわれる．確かに彼の "時間の相" が "瞬間の相" に縮退する傾きがあったことは否定できない」（同 103）．こう述べて，西部はこの理由を三つ指摘する．

　第一に，「彼は歴史的伝統というものの脆うさをつよく感じていたということである」（同 103）．

　「ふたつの大戦にぶつかったケインズの世代にとっては，歴史のなかで培われた慣行の多くが音を立てて崩壊してゆくというのが日常的の感覚であったろう．……ケインズは，疑いもなく，古典派の経済学あるいはヴィクトリア期の思想との対比において，変化の状態そして変化の意識を強調したのである」（同 104）．

　第二の理由は，「彼における決断主義の態度である」（同 105）．「ケインズにとって，歴史とは決定論的な因果関係のことでは断じてない．それは，未来への展望と決断への意欲の下に能動的に喚起された記憶の系列によって構成された，主観的な物語なのである．そして物語作者としての人間は，現在の瞬間において決断を炸裂させることをつうじ，その物語に新たな転回をうながす」（同 105）．

　第三の理由は，「彼がおそらくいくぶんなりとも厳密な経済学の論理は短期の次元においてしか成り立たないと考えていたという点である」（同 107）．西部によれば，ケインズは「人間の行動を『推量と慣習』にもとづかせた」が，それらが「長期的にどのように変化してゆくのか，そんなことを科学的に説明するのは不可能である」（同 107）．そうして，西部は次のように言いきる．ケインズモデルの動学化がポスト・ケインズの流行となったが，「私はむしろ，動学的な論理化を禁欲したところに彼の知的誠実があると思う」（同 107）．

(2) ケインズと「政治」

①「活動的生」

ここではケインズの政治理論を論じるのか，それとも彼の政治活動を論じるのかと目をやると「活動的生」の小見出しが目に入る．ここで西部は「ケインズは政論家に分類されて当然の人物である」と口火を切る．「彼はいつも政治の最前線の一翼にいたのである」（西部 1983: 113）．

彼の場合，「人間の精神的活動を生的躍動の一種とみなし」，「それがつねに他者との共存及び敵対の関係のなかにおかれているのだとみなす態度」が「独特」であったとする．どういうことであろうか．何が独特であったというのであろうか．西部は「つまり」として次のように論じる．

「知識と実践とがあるいは科学と政治とが互いに重畳されているのだという自覚，これが彼を時代の前線に駆り立てたのである」（同 115）．

ケインズにとっては，「究極的に依拠しうる価値を探し求める過程，そしてそれに必要な条件がどれほど欠落しているかを確認する過程」が問題なのであって，「ケインズはこうした活動的生の意義をおおよそ理解していた」というのである（同 119）．

西部によれば「民主主義者，改革主義者あるいは計画主義者といったレッテルがケインズにふさわしいもののようにみえてくる」．また，「愛国主義者，国家主義者あるいは集団主義者といったような形象がケインズに多少ともつきまとうように思われてしまう」．しかし，と西部はいう．「ケインズの言説に分け入ってみれば，社会計画も国家機構も，個人の活動的生との相関においてとらえられていたのだということがわかる」（同 120）．

②「計画」

「ケインズは市場の自動調整機能にたいし疑心を表明した」（同 121）．彼は「国家の枠内における半自治的組織体(セミ・オートノマス)の成長とその認知のなかにこそ進歩が存する」とものべている．だが，「ケインズの欲したのは国家(ステイト)であって社会(ソサイエティ)ではなかった」（同 125）．

西部は，ケインズの問題解決へのアプローチを批判する．

「自由放任の弊害をとりのぞくにあたり，ケインズはなにほどか集権的な社

会計画に頼るという，より直接的な途を選んだ」．ハイエクはこれを「激しく批判した」(同 125).

西部の考えでは，「自由放任の弊害に対処するのに，より迂遠ではあるが，より着実なやり方もあったはずである」．コモン・ローつまり慣習的な普通法をもとに，「価値，規範あるいは役割などにかんする慣習的な制度を，個人の自由選択を抑圧しない程度において，というよりも自由選択の基盤を保証するためにこそ，安定化させることである」．ところがケインズは，「ことが計画経済に及ぶと，互いに相反的なる可能性の大きい自由と計画とのシーソー・ゲームにおいて，にわかに後者の方に力点をおくのである」(同 126).

引用文の恣意的な合成による論証　西部は，ケインズが「計画」に「力点をおく」背景に，次のような事情があると推察している．長いが引用しよう．

「『現代最大の経済悪の多くは，危険と不確実性と無知の所産である』〔6〕と考えたケインズにとっては，資本主義経済のなかに埋め込まれている伝統的秩序に思いを致す余裕がなかったのかもしれない．戦争の時代にあって『死に瀕した文明の恐るべき痙攣』〔1〕を見てしまった人間には，なにはともあれ，経済の再建計画に前向きに取り組むのが喫緊の課題と思われたのかもしれない．『現下の問題の少なからざる部分をつくりだしているものは慣習の頼りなさである』〔4〕と思ったケインズは，『時間と無知との暗い力』〔4〕に押し拉がれている投資家たちに替って，合理的計画をもって未来に挑戦するのを義務としたのであろう．『近代世界の経済生活を悩ましている確信の危機』〔4〕を補うべく，政策的知識への確信をふくらましたものというわけである」(同 127).

西部は，引用文で構成されている文章について，〔6〕は『説得評論集』からの引用としているが，詳しくはそこに収録されている『自由放任の終焉』(1926年) からである．また，〔1〕は『平和の経済的帰結』(1919年)，〔4〕は『一般理論』(1936年) からの引用である．だが，いずれの場合も，具体的な引用先の頁は明記されていない．

そこで，まず『一般理論』からの引用例についてややくわしくみると，第一に，『現下の問題……』と西部が訳した文章は，塩野谷訳では「十分な投資を確保するというわれわれの現在の難問のかなりの部分をつくり出しているものは，慣行の頼りなさである」(*CW* VII 1973: 153; 邦訳 1995: 151) となっている．

ここでは「現在の難問」とは，その前の十分な投資を確保すること」であって，自由と計画のシーソー・ゲームの「計画」へのケインズの傾斜を説明するものではない．

　第二に，西部が引用する『時間と無知との暗い力』も，塩野谷の訳では「熟練した投資の社会的目的は，われわれの将来を蔽い隠している時間と無知の暗い圧力を打ち破ることでなければならない」とある (ibid., 155; 同 153)．西部のいうように「時間と無知との暗い力」に「押し拉がれている」のではなく，「打ち破ること」が対象とされているのである．ケインズは，むしろ西部とは逆の文脈で用いているのである．

　第三に，「近代世界の経済生活を悩ましている確信」は，塩野谷の訳では，これに続く一文の主部を形成する文言で，この後には「(この確信) の危機を救う唯一の急進的方法は，個人に対して，所得を消費することと，あやふやな根拠によりながらも，彼が行うことのできる最も有望な投資と思われる特定の資本資産の生産を注文することとの間の選択を許さないことであろう」の文章が続いている (ibid., 161; 同 159)．分かりにくい文章ではあるが，ともかく自由放任の弊害，計画経済について論じた文章ではないことは明らかであろう．

　より問題なのは，ここでの西部の文章作法である．ケインズの時と事情を異にする文献から，文脈を無視して，強引に文章を寄木細工のように組み立て，論述に都合のよい文章をみずから創造しているのではないか．彼によって作成された文章は，必ずしも「計画」へのケインズの志向を裏付けるものとはいえないのである．

さらなる文脈を無視した強引な論証　西部は次のような事情も付け加えている．

　「加えてケインズは，個人主義的資本主義の伝統のなかに退廃を嗅ぎとっていた．つづめていえば，貨幣愛の心理と世襲制の社会から発生する瘴気にたいし，ひどく敏感だったのである」(西部 1983: 127)．

　西部はこの根拠として以下の三つの引用文を繋ぎ合わせて構成された文章を示している．

　「彼は『貨幣論』のなかでいっている，

　近年になってこの呪うべき黄金欲は，その身を立派な衣装で包もうと努め

きたが，それは性あるいは宗教の領域においてさえかつてみられたことがなかったほどの，ばかばかしく立派なものであった．……
　さらに次のようにもいう，
　財産としての貨幣愛は，ありのままの存在として，多少いまいましい病的なものとして，また，震えおののきながら精神病の専門家に委ねられるような半ば犯罪的で半ば病理的な性癖のひとつとしてみられる〔べきものである〕．……〔6〕
　個人主義的資本主義の知的退頽の根源は，それ自体の特徴では全然ないものの，先行する封建制の社会体制からそれが継承したひとつの制度——すなわち世襲原則——のなかに見出さるべきだと私は考えている．富の譲渡や企業の支配に見られる世襲原則は，資本主義陣営の指導部が弱体で愚かであることの理由である．〔6〕」(同 127-8).
　西部は，ここで示した三つの引用文の典拠を，最初の引用文については『貨幣論』から，また，残りの二つはそれぞれ『説得評論集』であるとする．だが，後者についてはいずれの出典からの引用であるのか，具体的な引用先を明記していない．そこで調べてみると，最初のものは『わが孫たちのための経済的可能性』(『ネーション・アンド・アシニーアム』1930 年 10 月 11, 18 日号所収)，次のものは，『私は自由党員だろうか』(『ネーション・アンド・アシニーアム』1925 年 8 月 8, 15 日号所収) であることがわかる．
　このうえで引用文の適否を見ると，『貨幣論』の引用文は，明らかに，「自由放任の終焉」なるテーマとは関係のない箇所からの引用である．『わが孫たちのための経済的可能性』の引用文は，百年後に今日の状態に比べて経済的に平均で 8 倍も良い生活を送っている (*CW* IX 1972: 326; 邦訳 1969: 337) との仮定のもとで論述された文章のなかの一文である．それは，もしも富の蓄積がもはや高度の重要性をもたなくなったとすれば，多くの似非道徳律から人々は解放されるであろうという文脈で，金銭動機をとりあげて論述している箇所である．これまで「最高の徳として崇め奉ってきた」「金銭動機」の真の価値を認め，評価できるようになるとして，次のように書いているのである．
　「金銭愛——人生の享楽および現実の一手段としての金銭愛から区別されるもの——がありのままの姿で，すなわち，ややいまわしい病的な性質 (われわ

れが身震いしつつ精神病の専門家に任せるような，半ば犯罪的，半ば病理的な諸性向の一つ）として，認識されるであろう」(ibid., 329; 同 341-2).

こうしてみると，この一文も「自由放任」とは関係のない文章であることがわかる．さらに，『私は自由党員だろうか』からの引用文も「自由放任」とは直接関係のない文章である．つまり，そこでは，保守党は，党を取り巻く環境の漸進的な変容の中で，個人主義的資本主義の立場を貫徹していかねばならない，だが，かかる資本主義の基本目標を追求しなければならない党指導部が封建制から受け継いだ世襲制という旧態依然たるもとにあることから，それができないのであるという趣旨が述べられているのである (ibid., 299; 同 303).

西部は，こうしたケインズからの引用をもとに次のように一旦は締めくくっている．

「このようにしてケインズの介入主義に弾みがつけられた」(西部 1983: 128).

かなり乱暴な論証ぶりと言わねばならない．

③ケインズ——「新自由主義者」・「英国のジェントルマン」

西部の論述は続く．

「注意すべきは，彼は自由放任を攻撃したが，自由主義そのものから離れることはできなかったという点である．そのことは，まず，計画的介入にたいする少し予想外なほどの慎重さとなって現れている」(同 128).「ケインズは自分のことを"新自由主義者"と呼んでいた」(同 129).

そのケインズは「知的貴族」「英国のジェントルマン」であった (同 130). 西部は，ここでオルテガのジェントルマン論を引いたあと，次のようにいう．

「社会計画はケインズの生の一部，適応としての生ではなく自由としての生の一部であった．彼にとっての計画は，改革の青写真であるよりも，その発想・立案・実行の過程で自分の生が過酷で厳粛な遊戯と化するような生の形式であった」(同 131).

かくして，西部の議論はかなり難解な思索のなかに入り込んでいったようである．彼は次のようにも言い放つ．「厳密にいえば，自由と計画あるいは個人と国家という二分法には誤りがある」．それというのも西部によれば，「計画といい国家といい，諸個人の自由な生のなかに，その生のつくりだす不可欠の虚

構のなかに根差しているものだからである．しかしそれにしても，国家は人間の産み落とした最も危険な幻想ではある」（同 131）．

　西部は，このように述べて次の論題である「国家」論に議論を移してゆくのである．だが，西部の「国家」を一読した論者は，容易に要約を許さない晦渋な論述に満ちた内容に辟易とする．これに立ち向かう能力を持ち得ないと気づいたものは，そこに重要な論点が提示されていたとしても，あえてここをパスし次の論題である「大衆」に向かわざるを得ないであろう．

④ケインズと「大衆」——ケインズの「二面作戦」とその破綻
　大衆のなかに入ったケインズ　「ケインズは説得という名の政治のために大衆のなかに」——「より正確には，新聞・雑誌の類のなかに自分の片足をおいた」——「入っていった」（同 142）．
　彼は「賢明な指導者を賢明に選択してゆくのが大衆」であると「楽観」し，「民主主義のありうべき退廃にたいし疑念をはっきりと表明したことは一度もなかった」．「物質主義的幸福と社会的幸福をどこまでも要求しつづける大衆によって，政府の権力のみならず企業や学校や地域社会などの権力までもが簒奪されるかもしれぬということについて，彼はあまり心配していなかった」．他方で，彼自身は「物質主義と平等主義という価値を，どちらかといえば，疎んじていた」（同 143-4）．西部の見立てではこうである．「彼自身の知的貴族性，大衆に対する彼の信頼そして経済的福祉の普及にむけられた彼の努力」によって，「大衆のなかに程々の豊かさが程々に等しくゆきわたれば，大衆が自らを知的貴族に鍛えあげてゆくものと彼は想像したのであろう」（同 144）．
　大衆社会の恐さを分からなかったケインズ　西部によれば，実のところ「ケインズは大衆のことを，そして大衆社会の真の恐さを，よくわかっていなかったのである」（同 144）．それは次のような近代社会の大衆の実像である．
　「近代の大衆は物質主義的快楽主義（マテリアル・エピキュリアニズム）と社会的平等主義（ソーシャル・エガリテリアニズム）とを信条（クリード）とする教団の信徒たちである」（同 144）．
　西部によれば「高度大衆社会がそれ以前の大衆社会と異なるのは」，第一に，「現代の大衆は」「"教養と財産を持たぬ人々"などでは最早ない」．第二に，「あらゆる部署に積極的に進出し，あらゆる活動に主体的に参加しつつある」

人々なのである」(同145)．

「ケインズにとっては『文明の可能性』にすぎなかった産業と民主の体制が文明の現実となってしまったわけである」(同146)．

そして彼は「大衆のなかに渦巻くルサンチマンの激しさを知っていたのだし，民主制がそのルサンチマンを養分にして成長する可能性についても分かっていたのである」(同148)．

西部の見立てでは，ケインズは「他人と同じであることそれ自体に喜びを感じるような大衆の進撃を前にして，個人の独立性と多様性を守ろうとしたのである」(同149)．

ケインズは当時の知識人たちとは違って，「ほとんど軽率に近い大胆さをもって，別の途を歩んだ」．つまり，「旧制度の門戸を自ら開けて，大衆の軍隊の真近かにまで歩み寄り，そして大衆を批判しつつ大衆のために獅子吼したのである」．「しかし彼の亜流たちは，大衆への接近とそれからの離脱というケインズの二面作戦の意味を理解できなかった」(同150)．

どういうことか．それを「わかりやすくいえば，嫡子のブリティッシュ・ケインジアンは労働者という大衆の，そして庶子のアメリカン・ケインジアンは消費者という大衆の，それぞれイデオローグとなったのである」(同150-1)．「いずれにせよ，彼らケインジアンは物質的幸福と社会的平等という大衆の信仰の信者となった」(同151)．

こうしたなかでケインズは，しかしながら，まだ残されていた「凡庸なるもの，低俗なるもの，画一的なるもの，満悦的なるもの等々，つまりは大衆的なるものへの懐疑」を「保守しつつ物質的幸福と社会的平等の水準を高めること」の「二面作戦」でのぞんだ．ケインズが経済学をこえて，「より広い言論活動へと旅立っていったのもそのためと思われる」．だが，「ケインズの幅広い言説」は「彼の亜流たちによって経済学という形に縮退させられてしまった」(同151)．

この点でケインズは「心ならずも」「トロイの木馬でもあったのである．つまり彼は，知的貴族の懐疑的心性をほしいままに蹂躙する大衆の軍隊の導き役となってしまった」(同152)のである．西部の考えるところでは，「そうなった理由の最たるものは，彼の多様な活動も結局は経済への求心力によって統べ

られており，さらにその"新しい経済学"も結局は経済学の伝統を大きく踏み出すものではなかったという点にある．経済学は，その幾多の偉大な成果にもかかわらず，マテリアル・エピキュリアニズムとソーシャル・エガリテリニズムの隠しもつ毒素に鈍感であり続けてきた」(同152)のである．

(3) 『一般理論』の「経済哲学」

「非ユークリッド空間の経済学」=「二重性の経済哲学」 西部によれば「自分が経済学における最初の非ユークリッド派なのであるという自負は，ケインズにあって強烈なものがあった」(西部 1983: 159)．ケインズが「住まおうとした経済の非ユークリッド空間とは，つづめていえば，二重性の経済哲学だということができる．均衡と不均衡，静態と動態，慣習と変化，確実性と不確実性，慣性と期待，合理と非合理，個人と集団，競争と干渉などといった相互に関連した様々の二重性がケインズの経済学には溢れている」(同159-60)．それは「彼の個性，価値観，学問論あるいは政治論における様々の二重性と，たとえば芸術と科学，道徳と背徳，数学と散文，自由と計画などの二重性と表裏一体をなしている」(同160)．そして，「どこまで自覚してのことであるかは定かではないが，ケインズの『一般理論』には彼の多彩な活動で得られた多様な二重性の思想が流れ込んでいると思われる」と論ずるのである(同160)．

西部によれば，この「二重性の経済哲学」を「経済学の枠組みのなかでいかに表現するかは至難のことである」と考える．「二重性の経済哲学に形式的な厳密性つまり数学的な表現を与えるのは当時も現在も不可能に近い」．ケインズは，「例の散文的健全性をもって，あるいは例の物語的理性をもって『一般理論』を表現しようとした」(同161)．どういうことであろうか．われわれは，西部が言うこの二重性の経済哲学がピンとこない．対立物，あるいは対をなすものの特徴を表現する概念として用いようとしているのか．ただ，二つの組み合わせや重なりをいうのであろうか．判然としない．

『一般理論』での「二重性の哲学」の「分断」「縮小」「希釈」 西部の評価では「ケインズはやはり経済学の伝統に与していた」．「つまり，事物の因果関係を科学的に説明するのが『一般理論』の主眼だったのであり，そのため，いわば"説明の単純化"の犠牲として，二重性の経済哲学は適宜に分断され，縮小

され，あるいは希釈されざるをえなかった」(同161，太字は筆者).

この結果，どうなったのか．西部の評価では「消費性向，投資乗数，資本の限界効率，有効需要，貨幣賃金の粘着性あるいは流動性選好といったケインズの分析的術語だけが生き永らえることとなったのである」(同161-2). そうして，「それらの術語に込められていた二重性あるいは両義的な含意が抜きとられて，古典派の方向における換骨奪胎が行われはじめた．つまりそれらの諸概念は，形式的特徴だけについていうならば，古典派的な思考とも両立可能なのである」(同162).

ここでの西部のケインズ評価で意外なのは，西部があっさりと「事物の因果関係を科学的に説明するのが『一般理論』の主眼であった」といい切っている点である．ケインズの読解にあたって，主観的，解釈学的アプローチをとってきたかに見えた西部が，一転して自然科学的，客観主義的アプローチから『一般理論』を評価しようとする姿勢がうかがえるのである．

こうした西部にいわせれば，「古典派が想定するような合理的個人が将来にたいして期待を形成したとて何の不思議もない」のである．また，「価格体系にあれこれの硬直性が生じて市場に不均衡がもたらされるという事態も，古典派における特殊ケースとして処理することができる」ことになる (同162). かくして，「総じていえば，ケインズの考えは古典派経済学におけるひとつの異常事態つまりケインジアン・ケースとして扱われるようになってしまった」のである．

西部はかかる事態を次のような表現で捉える．「非ユークリッド幾何学どころの話ではなくなった」のであり，「非ユークリッド空間の片隅でいわゆる"弾力性ペシミズム"の悲嘆にくれているのがケインジアンだということである」と (同162).

「ケインズに帰せられる」かかる事態の「責」 そうして西部は，「こうなってしまった責の少なからぬ部分がケインズ自身に帰せられるであろう」(同103) といい出し，そのいくつかを指摘し始める．

「第一に，彼が陽表的に示した不均衡はおおよそ労働市場に限られている」．

「第二に……貨幣賃金はいかにして定まるのかという問題が残されたままである」．

「第三に，ケインズは資本の限界効率を論じるに際し，投資財からの将来収益にかんするいわゆる長期期待を重視したのであるが，それがいかにして形成されるかは明確ではない」(同163-5).

西部は，これらを指摘した後も「そのほかケインズの考えにはいくつもの瑕疵が発見されている」と手を緩めない．曰く，「投資資金がいかにして供給されるかについては十分な考察を加えなかった」．利子率を扱う際にケインズは「欲しいだけ投資資金が供給されると彼は考えていた」．この問題では「債券市場をもっと表面だてて扱うことが必要」であったし，公債発行による資金調達での「クラウディングアウト」についても論じなければならないのだったと(同167).

このように「責」や「瑕疵」を指摘しつつ，西部はこの項の最後で「確認しておきたい」として，「ケインズは，非ユークリッド的と自認するような経済哲学を構想しておきながら，それを的確に表現するのに成功していないということである」(同168)と厳しい注文をつけている．

ところで，「責」とは，論理や論議での誤り，誤謬を指摘するというよりも，責める，咎める，誤りを非難する意味として用いられる．また，「瑕疵」とは，キズ，欠点とかの意味である．いまさら泉下の西部にいうのもなんなのであるが，ケインズの用いる概念や理論体系を批判する言葉として穏当さを欠く言葉とはいえないか．

このあと西部の議論は期待論，不確実性論，慣行論へと向かい，まずは「期待要素」は『確率論』と密接に絡んでいるとして『確率論』を論じ始める．これについては『蓋然性論』の箇所で触れておいたので省略しよう．

(4) 「不確実性」，「確信」そして「慣行」

「不確実性」と「確信」概念　西部は「ともかく，ケインズの不確実性という場合には，いまだ適切な証拠がないために，未来を確率的に予測することがむずかしいということである」として「確信（コンフィデンス）」に議論を移してゆく．そうして，『一般理論』で次のように述べているとする．

「長期期待の状態は，したがって，単にわれわれのつくりうる最も確からしい予測にのみ依存するのではない．それはまた，われわれがその予測をつくる

際に抱く確信(コンフィデンス)に——われわれの最善の予測がまったくの誤りであると分かってしまう可能性をどの程度に大きく見積るかに——依存する．〔たとえば〕もしわれわれが大きな変化を予想しても，それがどんな明確な形をとるのかについて不確実であるならば，われわれの確信は弱いものになろう」(西部 1983: 171).

西部によるケインズ「慣習」の説明　彼はこのあと，「しかしいずれにせよ，未来に立ちむかうには，なにほどかの確信を必要とする．確信はまずもって現在の経験のなかから生まれるとケインズは考える」として，ケインズの『一般理論』からの自らの翻訳に基づく引用文をもとに「慣行」に議論を移してゆくかにみえた（同 172).

その引用文は次の①②から成っている．

①「この理由のゆえに，現状の諸事実が，ある意味では不釣り合いなほどに，われわれの長期期待の形成に入り込んでくる．われわれの通常の**慣行**は，現状をとりあげて，それを未来に投射することであり，それを修正するのは，変化を期待すべき多少とも明確な理由をもつかぎりにおいてである．……」

②「実際にはわれわれが概して暗黙のうちに同意しているのは，実は**慣習**(コンヴェンション)にほかならぬものに頼ろうということである．この**慣習**の本質は——もちろんそう単純に作用するものではないが——現在の事柄が，変化を期待する特別の理由をわれわれがもつような場合を別として，無限に持続するであろうと仮定するところにある．……」(同 172，なお①，②は論述上の都合でつけた．実際のケインズの文章では，改行されて連続している).

この引用文でまず気づくのは，文中で「慣行」がなぜか「慣習」にかえられている点である．これが不注意によるものなのか，意図したものであるのかは不明である．かくして，①の文中でのルビのない「慣行」は，いつの間にか②の文中では「コンヴェンション」なるルビ付きの「慣習」とかえられ，論じられているのである．コンヴェンションのルビのない「慣行」は，どこにいったのか＊．

＊　西部にすれば convention の訳語を「慣行」とするか「慣習」とするかは，些細な問題であったかもしれない．『一般理論』のいくつかの邦訳でも訳語は同じではない．塩野谷は「慣行」(邦訳 1995: 150)，間宮と山形は「慣習」と訳している（間宮訳 2008: 209;

また，この西部の引用文では，①と②の文章は省略記号……によって，省かれているが，これによってその間にあった，第12章の第2節の大部分と第3節の全て，およそ原書で3頁，邦訳で2頁分が削除されてしまった．こうした恣意的な削除と新たな文章の制作をどう考えたらよいのであろうか．そのなかには，不確実性下での投資行動の特徴づけ，確信の状態，血気，所有と経営の分離，大衆の投資行動と株式取引所の変容，それにともなう経済体系の不安定性の傾向，投資市場のカジノ化などの重要な論点が含まれるのである．

慣習は潰滅したのか，再構築されるのか　「慣行」か「慣習」なのか．こう問いかける暇もなく，西部は②の引用文の後で，次のように断定的に論じている．

「こうした慣習が崩壊しつつあるというのがケインズの時代認識であった」（同172）．

そして「経済もその例外であるはずがない」として「彼が経済における慣習の潰滅を如実にみてとったのは，いかにも投機の専門家らしく，株式市場においてであった」（同172-3）と論じる．ここで西部が「慣習が崩壊しつつある」といい「慣習の潰滅」と表現しているのに注目したい．それも前者については

山形訳2012: 220）．

　しかし，これらの語は日本語辞書では，それぞれの意味は同じではない．手元のありふれた辞書では，次のように説明されている（太字は筆者）．
(1)「慣行」
辞書a：①前からの習わしとして**行われること**．ならわし．②日常的に繰り返し行うこと．いつもする事柄．
辞書b：以前からの**習わし**として通常**行われること**．
辞書c：その社会の習わしとして，いつも**行われること**．また昔から行われている事柄．
(2)「慣習」
辞書a：**古くから**伝えられ引き継がれている，ある社会一般に通じる習わし．
辞書b：ある社会で**歴史的に**成立・発展し，**一般的**に認められている，**伝統的行動様式**．ある社会一般に通じる習わし．
辞書c：ある社会の生活上の習わし．**伝統的**なしきたり．

　こうしてみると，「慣行」は，習わしとして，前からや，いつも，行われているというように，**行為**にかかわる言葉として用いられている．他方で，「慣習」は，習わしではあるが，古くから，あるいは伝統的にというふうに歴史性に重きがおかれている．したがって，ケインズが『一般理論』第12章での株式市場での投資家の投資行為，その態様について論じている場合でのconventionは，「慣習」と訳すよりは「慣行」とする方が良いのではないだろうか．

とくに，それが「ケインズの時代認識」であったと述べているのである．「崩壊」は，いうまでもなく，在ったものが崩れ壊れることの意味である．また，「潰滅」は，ひどくこわれてなくなること，崩れて滅びること，の意味である．

ともかく，これまで作用してきた「慣習」は「時代認識」として「崩壊しつつある」，あるいは，この表現とは合致しないが，その「潰滅」を，ケインズは当時の株式市場に「如実にみてとった」ということになる．つまり，かつての「慣習」はなくなったと述べているのと等しい．そうであれば，ケインズは，しばらくは「慣習」が存在しない株式市場で経済的行為はなされざるをえない，と結論づけたのであろうか．それとも，一旦滅んだ「慣習」は，しばらくして再構築され，新たな慣習にもとづき人びとの経済活動はこれに従ってなされてゆくことになるというのであろうか．この場合の「時間」をどう考えているのであろうか．問題はつまるところ，ケインズがどのように考えていたのかを西部はどう解釈したのか，である．1929年から30年代初頭にかけての大恐慌の時期に，「長期期待」は「崩壊した」というのがケインズの「時代認識」であるのか．それとも，彼は「長期期待」というものは，貨幣経済の周期的か不規則な突発性かにかかわらず，その再生，成長，崩壊の過程を繰り返すと想定していたのか．

株式市場の変容による「慣習」の「潰滅」？　繰り返しになるが西部は，ケインズが「経済における慣習の潰滅を如実にみてとった」のは当時の「株式市場」においてであった．西部はこれを裏付けるかのようにケインズの一文を引いている．

「今日普及している所有と経営の分離と組織された投資市場の発達とにつれて，<u>きわめて重要なひとつの新しい要因が登場し，それが，時には投資を促進しはするが，しかし時には体系の不安定性を著しく増大させている</u>」（西部1983: 173，下線は筆者）．

西部はこの引用箇所を明記していないが，実は『一般理論』第12章第3節（CW VII 1973: 150-1; 邦訳1995: 148）からの引用である．ここでケインズが論じていることは，所有と経営の分離，組織された株式市場の発達とともに一つの極めて重要な新しい要因（a new factor of great importance）が登場した，それが時には投資を促進するが，時には体系の不安定生を高める，という点である．

しがって，この引用文をもとに西部が次のように解釈するのは甚だ不適切といわざるをえないのである．

「慣習の頼りなさが株式市場において典型的に現れてくる原因を，ケインズは大衆の群集心理に求める．ここに，現代大衆社会が巨大な星雲のごとくうごめきはじめた当時の時代状況と，それにたいする彼の深刻な危惧とを読むことができる．**経済体系を不均衡かつ不安定なものとみがちな彼のヴィジョンは，大衆社会にたいする懸念のひとつの派生であるにちがいないのである**」（同 173, 太字は筆者）．

この文章を率直に読めば，「経済における慣習の壊滅を如実にみてとった」ことや「慣習の頼りなさが株式市場において典型的に現れてくる原因」について論じたものではないことは明らかである．

西部は，引用文から，ケインズの貨幣経済観を不均衡，不安定なものと読み込もうとするのである．だが，この読解は完全なる誤読であるといわねばならない．引用文は，その後につづくケインズの論述からも明らかなように，実は，組織化された株式市場の発達により，「投資物件の再評価」が頻繁に行われるようになったことを，株式市場の新たな要因として指摘し，それがどのような動きであるのかについて論じているのである．それはこの論述の最後に「それでは，現存物件のこのような極めて重要な毎日あるいは毎時の再評価は，実際にどのようにして行われるのであろうか」と問い，この点についての詳論がこの後の第 4 節で説かれていることから明らかである（*ibid*., 151; 同 149）．

したがって，この一文をもってしては，慣習の「崩壊」，「潰滅」を説いたことにはならない．市場の変容と発達にともない新たな要因である「現存投資物件の再評価」が頻繁に行われるようになり，投資を促進する一方で，他方では体系の不安定性を著しく高める，と述べているに過ぎない．また，ここでは慣習についてなにも言及してはいないのである．

大衆社会と長期期待の不安定化　西部は「慣習の頼りなさが株式市場において典型的に現れてくる原因」として「大衆」を登場させる．彼らの「群集心理」，「大衆社会」が「巨大な星雲のごとくうごめきはじめた当時の時代状況」にケインズは「深刻な危惧」を抱いたというのである（西部 1983: 173）．

ケインズの時代認識は彼の慣習論に表れ出ているという．「古典派の想定し

ていたような静穏な定常状態はとうに過ぎ去ったというのがケインズの感覚であった」し,「大衆の重みによって<u>時代</u>の底が抜けていくという崩落感」(同 174, 下線は筆者) にも囚われたことになる. こう解釈するゆえに西部は, ケインズの「慣習的評価」に関する論述の訳でも, その浮動性を論じた箇所では「時代」の訳にこだわったように思える. それは西部による次のケインズ『一般理論』の訳文に明らかである.

「**とくに異常な時代**がやってきて, 決定的な変化を予想させるようなはっきりした理由はないまでも, 現状の事柄が無限につづくという仮説が普段ほど尤もらしくなくなったときには, 市場は楽観と悲観の波にさらされることになるのであり……」(同 173-4, 太字は筆者).

われわれはここで, 引用した訳文の太字の部分「**とくに異常な時代**」を問題にしたい. これを塩野谷は「**異常な場合にはとくに**」(邦訳 1995: 152, 太字は筆者), 間宮は「**異常な時期に**」(間宮訳 2008: 212, 太字は筆者), 山形は「**とくに異常時には**」(山形訳 2012: 223, 太字は筆者) と, それぞれ訳している. この原文は in abnormal time in particular である. これを「時代」にこだわる西部が,「とくに異常な時代」と訳したのではなかろうか.

だが, 西部のように,「慣習的評価」の浮動性が,「大衆民主主義にかんする疑惑」と同種の「時代」的特徴である「群衆心理」(西部 1983: 175)「大衆社会の無秩序性」(同 176) によるものであるとするならば, そもそも「慣習的評価」の再構築は不可能になるのではないか. これではケインズの生きる「時代」の到来とともに「長期期待」の安定性の維持は困難な時代に入ったという**時代認識**に陥らざるをえないであろう. かくして, 西部は, 自ずと「普通選挙法の拡充と同じく, **<u>投資市場の組織化が長期的にはかえって社会の混乱の因になりかねない</u>**という民主主義および資本主義の弁証法に彼は気づいていたのである」(同 176, 太字, 下線は筆者) と結論づけることになるのである. もっとも「社会の混乱」が厳密に何を意味するのか不明ではある. だが貨幣経済の不安定性を考えていることはほぼ間違いないであろう. こうした西部の主張は, かつての「万年恐慌論」「全般的危機論」の再版といった印象を与えかねなかったのではなかろうか.

西部は, 自ら下した結論の重みに気づかないのか. この後, ケインズによる

株式市場の変容と玄人投資家と一般的投資家との投資行動の特性についての論述について議論を移してゆく．そうして美人投票，アニマル・スピリッツなどについての論評が続くことになる．

(5) ケインズ経済学の解釈学的再建
経済における精神作用に眼を瞑ったケインズ　西部は次のように考える．

「ケインズ的仮定のすべては，消費性向にせよ資本の限界効率にせよ貨幣の流動性にせよ貨幣賃金の粘着性にせよ，経済学によっては解決し尽くすことのできぬ難問であった．期待といい慣習といい，文化の次元に属するものである」（西部 1983: 192）．

しかしながら，西部に言わせれば「経済学がひそかに採用している意味解釈は驚くほど前近代的なものである」．「文化的あるいは精神的な欲望は第二義的であるとみなされている」．経済学は「物質主義的な物の見方」にとらわれ「ケインズもこのイデオロギーからけっして自由ではなかった」（同193）．

「古典派の土俵内にいた」ケインズは，その「土俵外に出なければならぬとする考え」に立って経済学の「前提あるいは仮定に対する解釈学的回路を確立する必要」（同194）があった．欲望論について考えると，物質主義的欲望論を越えて，「未開社会の神話的あるいは呪術的な儀式がそうであったように」現代社会においても「欲望はつねに象徴的なものであり社会的なものである」（同195-6）．

消費についても，ヴェブレンが考えたようにそれを「一個の表象として象徴世界としての社会のなかに現前させていく活動」と考えなければならなかったのである（同196）．

だが，ケインズは「経済における精神作用に眼を瞑ったのである．もしそれに眼を開いていたなら，人間精神の産物にほかならぬ役割，規範そして価値が組織，規則そして道徳という姿をとって期待や慣習を形づくっていることに気づいただろう」．「それらの象徴体系の動揺こそが市場の攪乱の淵源なのだと知ったであろう」（同）．

解釈学的方向での経済学の再建　西部が思うに，「（ケインズの）経済学を成り立たせている期待や慣習は，そこに非経済的の諸要素が犇めき合うために，

第3章　ユニークな西部，間宮のケインズ論　　　113

経済学を解体へとむかわせる潜勢力をひめている．しかしその解体は，経済学を解釈学の方向において再建するのに必須の過程である．この方向を黙示した人間としてケインズを読み直すとき，彼の著作群は新たな色調をおびる」（同198）．

西部にすれば，そもそも，『ケインズ』において，「ふつうは議論されないような彼の経済学以外の論述を追うのに頁を費やしてきたのも，ケインズ解釈にたいして一種の位相転換をはかるためであった」（同198-9）．

しかしながら，これは，次のような往時の全共闘の論調のごとき企図とならざるを得ないのであった．

「ケインズを乗り越えるということは，新たな衣装を着せて古典派を復活させることではなく，彼がその前で立ち止まった壁を乗り越えること，つまり経済学そのものを乗り越えることなのではないだろうか」（同199）．

西部はかく論じるのであるが，それでは世の経済学徒は，ケインズが「その前で立ち止まった壁」，「つまり経済学そのもの」を「乗り越えること」で，一体どこに到達しうるというのであろうか．

(6)　西部の研究をどう評価すべきか

貨幣経済の不安定性を強調したケインズ論　バブル経済に移行する直前の1983年に刊行された西部の『ケインズ』は，貨幣経済の不安定性を極端に強調した異質な論考であった．ジャパン・アズ・ナンバーワン論に自信を深めた人々はバブル経済への助走を速めつつあった．自信と期待を膨らませた人々は，活況に満ちた経済社会に背を向けるような悲観論，不安定性論をとなえる西部のケインズ論をどう受け止めたのであろうか．当時の時代風景には似つかわしくない時代錯誤なケインズ論を喧伝する変わった研究とみなすものが多かったのか．今は昔．現在において評価すると，どう位置づけることができるのであろうか．

彼の該博な知識，この一方での強引で荒っぽいケインズ読解と突飛とも思える問題提起に，はじめのうちはその主張に眩惑され，戸惑いを覚えるほどである．ケインズを論じつつ，同時にフッサール，ベルグソン，オルテガなどの思いもつかぬ人物を登場させる．そうかと思うと，フロイトやウィトゲンシュタ

インとの知的関係についての論及はない．なかでも西部は1929年にケンブリッジに戻った後のウィトゲンシュタインとケインズとの知的交流については，全く論じてはいない．もっとも，ウィトゲンシュタインについては，第一次世界大戦前にラッセルを介して知り合ったとして，ケインズは「哲学の内容にというよりも，その名だたる異彩と禁欲の風貌に魅せられてである」と素描し，さらにハロッドが伝記でケインズのダンカン宛書簡をとりあげ，ウィトゲンシュタインを，素晴らしい性格とか，並外れて気難しいとか，いっしょにいるのがとても好きだ，とか記しているのを紹介している（西部 1983: 77-8）．

ケインズと E. バークを関連づけて論じること自体が意外な試みと受け止められる当時の研究状況では，かかる西部の研究は，ケインズの経済学と哲学との関連という新たなアプローチからのケインズ再評価の試みではあったが，あまりにも非常識で破天荒なケインズ論の展開と受け止められたかもしれない．

先駆性と独自性，多様な論点の提示　先駆性と独創性についていえば，それは次の点にあろうか．
① ケインズの経済学と哲学との関係を主題とした独創的な研究であること．
② 『一般理論』を哲学的に読み解こうとした先駆的な研究であること．
③ 『一般理論』の精髄，核心を「期待」「慣行」をもって捉えた斬新な解釈の試みであったこと．

西部の研究は，彼自身が言うように，ケインズの人となり，学問と思想を「立体的に解明」しようとした試みであった．個人史，価値観，学問論，政治論，そして経済論という章別構成からもうかがえるように，ケインズを単なる経済学者としてではなく，かつての「道徳科学」に立ち帰って再評価しようとしたともいいうる研究であった．

そして，その主題はケインズの経済学と哲学との関係に焦点を当てることにおかれていた．この具体的な課題の一つは，『蓋然性論』と『一般理論』との関係に光を当てることであった．この分野での西部の研究は，わが国における先駆的な試みであった．もっとも，彼によるケインズの『蓋然性論』の解釈では，いくつかの誤解が見られ，『一般理論』との関連性についても「連続」あるいは「断絶」の問題に関する議論を含めて，かならずしも十分に評価しうる研究であるとはいえない弱点が見出せるのであった．

とはいえ，西部がケインズに「散文的健全性」を見出し，ケインズの形式論理，人工言語への批判的立場が一貫したものであるとの考察は，ケインズの言語理論や論理学へのスタンスを明確に把握しえた先駆的な研究であると評価することができよう．

ただ，「物語理性」「歴史的理性」「生的理性」「活動的生」とか，さらには「時間意識」「時間論」，はたまた「時間の相」「瞬間の相」といった議論を展開するにあたっては，読者は多分に面食らって，立ち入った論評を先送りせざるをえなかったであろう．

とはいえ彼の論議で，とりわけ独創的で出色なのは『一般理論』のなかに「行為論的な要素」をもちこんだとの評価であった．その行為論では，予想，期待という心理的要因が重要な位置を占め，とりわけ「期待」「不確実性」が核心的な概念としてケインズの『一般理論』体系において中心的役割を果たしていると説かれるのであった．

問題なのは西部がこの概念枠組みから，いったんは，貨幣経済の「膨大な失業と遊休資源という地獄めいた不均衡」論を導いてしまった点であった．「地獄めいた」もそうであるが「永続的に存在する」あるいは「絶えざる」といった修辞によって，資本主義経済システムの慢性的な「不安定性」を過度に強調し始めたのである．

この議論の偏りに気づいてか西部は，このあと，『一般理論』を「経済哲学」と読み解き，その一面的な見方からは一転して「二重性の経済哲学」との評価を見せたのである．そうして，ケインズの世界を二分法，「二項対比」にもとづいて解釈すべきであると提唱したのである．つまり，安定性と不安定性の間での，ケインズの貨幣経済についての見解の揺れを垣間見ようとしたのである．

だが，結局のところ，西部は，「期待」「慣習」「確信」，そして「不確実性」などの概念を検討するなかで，経済の不安定性論に回帰してゆくことになる．ケインズは，その株式市場分析で，「慣習」の頼りなさの原因を大衆の群集心理，大衆社会の出現におき，「慣習」の「潰滅」を「時代意識として如実に見てとった」と論じるまでにいたる．「大衆の重みによって時代の底が抜けてゆくという崩落感」に囚われてしまったケインズという評価である．かくして西

部のケインズ再評価の議論は，一時の万年恐慌論に見まがうような悲観主義に彩られてしまったのである．

同様に，（のちに詳しく論じるが）西部の独自性のすぐれた議論である「期待」論には，その反面では再検討すべき重大な論点が提示されていた．それによって，彼が「期待」論をもとに考察を深めるとともに，貨幣経済の不安定性論が再び前面に躍り出てしまうからであった．この面では，西部はシャックルのエピゴーネンと評されても仕方がないであろう＊．

また，西部による，ケインズは「期待」を自らの経済体系における中心的な概念としたことで，「自己不安の種をまいた」のだとの評価もそうである．どういうことなのか．彼によれば，ケインズが期待や慣習を作り出す「経済における精神作用に瞑った」ことで「非経済的要素が犇めき合うために，経済学を解体へと向かわせる潜勢力をひめている」「期待」や「慣習」についての議論を深めることができなかったからである．そうして西部は，経済学の「解体」は，「経済学を解釈学の方向に再建するのに必須の過程である」といい切るのであった．

西部のケインズ論は，かくのごとく甚だ問題の多い論点や容易には解けぬ難問が，いたるところに仕掛けられている扱いにくい代物であった．こうした事情もあってか，その研究は，慇懃に無視され，正当には評価されなかった．それはケインズ研究者のほとんどが経済学者であったことによるのであろうか．当然のこととして彼の研究は，正統な経済学研究からは外れた業績と受け止められ，ある種の異端なケインズ論として位置づけられたからであろう．

研究史を概観するに，当時の英米における研究においても，ケインズと彼の哲学との関係について論じる研究は緒についたばかりであった．こうしたなかで，彼の研究は，限られた文献的制約にもかかわらず，その着想の新奇性，独創性において際立っており，当時としては瞠目すべき研究であった．彼は，『蓋然性論』と『一般理論』との関連性にいち早く注目した点でも慧眼さを見せたのであり，フロイト，ウィトゲンシュタインは表舞台に登場しないものの，

＊　西部の著作の刊行年は 1983 年であった．G.S.L. Shackle は，これに先立ち *The Years of High Theory* (1967)，*Keynesian Kaleidics* (1974) を刊行し，独自のケインズ解釈を提示していた．

バークの政治論とケインズを結びつけるなど，その知的挑戦ぶりは，当時としては，果敢であり，冒険的であり，その知的営為は他に抜きん出ていたと評価できるのであった．

2. 間宮陽介のケインズ「モラル・サイエンス論」

(1) ケインズと「モラル・サイエンス」，「神話」

経済の深層部を認識したケインズ　間宮陽介は論考の冒頭で，いきなり，「彼をしてただの経済学者から分かたしめる」のが「深層部の認識である」という．間宮の「率直な感想」では，「ケインズの辿り着いた鉱脈は経済学上の革命－反革命という皮相よりもっと深いところにある」のだという（間宮 2014［1983］: 150）．

ここでいきなり「鉱脈」といい「深層部」という．なんのことであろうか．「深層部」とは，なにやら精神分析学を感じさせる修辞的言辞であるが，フロイトへの言及はない．間宮にすれば，経済学上の革命－反革命というのは，「皮相」的な議論である．「もっと深いところにある」「鉱脈」に辿り着かなければならないのである．

「経済社会に限らず，一般に社会をその深層部にまで降りていって見ていこうとする態度はイギリス伝統のモラル・サイエンス（道徳科学）のそれである」として，ケインズもまたこれを共有しているのだという．「それは自然科学と一線を画しているのみで，その内部が明確な敷居で区切られているというものではない」．また，「諸学を寄せ合わせれば，モラル・サイエンスが形作られるという性質のものでもない」．「まとまりを欠いているようにみえるこの学は，遠心性と強い求心性をもっている」のだともいう（同 151）．

だいたいにして「社会をその深層部にまで降りていって見」ようとする「態度」とはどのような態度のことであろうか．

モラル・サイエンスの最後の立役者ケインズ　この流れは，ホッブズ，ロック，ヒューム，スミス，E. バーク，J.S. ミルといった人々に代表される．彼らは，学の領域にとどまらず，政論家，政治家として実践にも足を踏み入れ，「モラル＝人間性の領分の独自性を主張し，それを自然の領域と鋭く対比させ

た」．「彼らはほぼ共通に人間知性論，人間本性論，人間論理学といった類の人間学を自前で用意し」，そこから「翻って社会の成り立ちや仕組みを考察しようとする」（同152）潮流であった．

「ケインズはイギリス伝統のモラル・サイエンスの最後の立役者だ」という．「彼は，ケインズ革命の遂行者なのかもしれない」が，その彼をひとたび「重層的・立体的なモラル・サイエンスの空間に置いて眺めてみると，反対に彼は当時の経済学に対する"反"革命家として現れる」というのが間宮の「言い分である」（同153）．

ケインズの言説を「神話」に見立てての解釈　間宮の評価では，ケインズは「鋭い直観力」，「鋭敏な感受性」をもってはいたが，「自己分析の才」やその「習癖」を「ほとんどもち合わせていない」人であった（同153）．

間宮は，ここでなぜかケインズの『若き日の信条』を取りあげる．そうして，そこでの「自己省察はいわば自己撞着の告白，その真意はぼんやりとしたオブラートでくるまれているようで」，それを「取り払う仕事はむしろ読者のほうに委ねられている」と評する（同153）．

しかしながら，間宮は，ケインズの若き日についての議論を進めると思いきや，唐突にもレヴィ＝ストロース張りの「神話」なるものをもちだして眼を眩ませ，一気に議論を飛躍させる．

「彼の個々の言説をまともに受け取ってしまうとなんとも奇妙なケインズ像ができ上がってしまう．ちょうど未開の神話の個々断片を文字通りにつなぎ合わせるとなんとも奇妙なストーリーができ上がってしまうように」（同153）．

そして次のような解釈を示す．

「神話——そう，ケインズを解釈するということは，ケインズというひとつの神話を解釈するということなのだ」（同153-4）．

「ひとつの神話」？　なにごとかと読み進めると，それは次のような経済学の世界での論点なのであった．

「ケインズは完全競争を仮定していたのか，それとも寡占の状態をか，固定価格か伸縮価格か，あるいは均衡論か不均衡論か」（同154）．

なんということはない．これらは「神話」とは縁もゆかりもない，レアルな経済学の個々の論点ではないか．それにもかかわらず，間宮は，あくまで「神

話」に固執する．

　「こうした詮索はオースチン・ロビンソンのいい回しを借用するならば，蟻が建物に這いつくばって，その煉瓦の一つ一つを調べてまわるようなものである．そしてこの蟻は『地面に近すぎるために建築家の業績のスケールの大きさがわからない』……のである．ケインズが建てた建物のスケールがはたしてどれほどのものであったかということは問わないことにして，ともかくわれわれはこの建築物を一種の神話に見立て，そしてこの神話に解釈を施していこうと思う」（同 154）．

　かくして，間宮は，ケインズの業績をあらためて「建築家の業績」＝「建物」に喩え，さらにこの建物を「神話に見立て」，解釈を試みようとするのである．

(2)　ケインズの知性主義と知識論，論理学

　知性主義，知性礼賛　「人間学」の表題の項で間宮は次のように論じる．「（ケインズの）主張や提言の背後には一貫した基調，すなわち知性主義と呼べるものが横たわっている」（間宮 2014［1983］: 154）．また，彼の「発想」は「プラトンの哲人支配の思想にある程度の親近性をもっている」．だが，なんと「プラトンのそれとは似ても似つかぬほどに世俗化されている」．その「陽気で楽天的で多分に子供じみた彼の知性主義が，その反動として，マネタリズムや合理的期待形成の市場一辺倒の市場主義の動きを増長させたのも理解できる」（同 154-5）．

　だが，彼の「知性礼賛は理性礼賛とは必ずしも同一ではない．もしそうだとしたら，経済生活において期待の果たす役割を彼があれほどまでに重要視したことの説明がつかないし，また人間の知的活動全般にわたって信念や確信といった要素の意義をあれほどまでに強調した理由もわからなくなってしまう」（同 155）．

　イギリスのモラル・サイエンスは，つねに大陸の「理性主義を念頭におき，それに批判の眼を注ぐことによってみずからを育んできた」．ケインズは，バークがいうような，「人間は個人としてみると愚かであるが，種としては賢明である」との考えに同調していた（同 156）．

　伝統，慣習と人間学の基礎としての知識論，論理学　ケインズは，バークに

倣い，人間の無知，無力を補う伝統や慣習の役割を重視した．それらは「モラル・サイエンスの人間論や社会論の一つの重要な礎石である」(同157)．

こう述べたうえで間宮は，人間は，その無知さを補うように「思考し，推論する能力」をもっていると述べ，いきなりC.S.パースを引き合いに出し論を進める．

「(ケインズは) パースそのままに，論理的思考を人間に装備された有益な知的習慣だと語り，それは『自然淘汰』によって人間に与えられたものだと述べている」(同157)．

こう論じた間宮は，さらに知識論へと議論を移してゆく．

「慣習論がモラル・サイエンスの社会論の本体をなすとすれば，知識論あるいは論理学はその人間学の本体をなしている」(同157)．

そうして，モラル・サイエンスの先人たちがそうであるように，「無知の認識から出発するモラル・サイエンスにとって，知識論，もしくは知識獲得の学としての論理学はその人間学の基礎論たらざるをえない必然性をもっているのである」(同157-8)．

(3) ケインズの「二項的世界」・「貨幣的経済論」

「ケインズの貨幣経済」を「複式簿記」に喩える 「ケインズの貨幣経済は，不確実性に起因する変化や変動には慣習や伝統による連続性が，経済の不安定化要因にはその安定化要因が，流動性に対しては固定性が，伸縮性には硬直性が，というふうに，まるで複式帳簿の貸方項目に借方項目が対応するように，一方が他方に対応している経済である」(間宮2014［1983］: 177)．

さらに，間宮は次のように論じる．複式帳簿の――貸方に計上するのか，借方に計上するのか不明であるが――一方の項目となる「変化や変動」，「経済の不安定化要因」，「流動性」，「伸縮性」の「項目にのみ着目し，それらのみにもとづいて描かれた**嵐の世界**としての経済像は全体像の半面をいいあてているにすぎない，ということになる」．また，「慣習や伝統」「安定化要因」「固定性」「硬直性」からなる「他方の項目にのみに注目して経済を**静穏な社会**として描いたとするなら，それは一般的な非ユークリッド的世界を静穏で特殊なユークリッド的世界として描くようなものである」(同177, 太字は筆者)．

かくのごとく間宮は，明らかに，貨幣経済を複式簿記に喩え，一方を「嵐の世界」，他方を「静穏な社会」との二項的世界による修辞で特徴づけようとしている．だが，「複式簿記」的世界の一方が「嵐の世界」，他方が「静穏な社会」というのも変な話である．どうしてそのように描くことができるのか．だいたいにして，変化と変動，流動性，伸縮性からどうして「嵐の世界」のイメージが湧き出でるのであろうか．同様に，他方の項目群から「静穏な社会」「静穏で特殊なユークリッド的世界として描くようなものである」というのも解せない．

そもそも複式帳簿は貸借対照表（Balance sheet）によって貸方・借方の数字が対照的に表示される．この場合の Balance は，古い時代のラテン語，フランス語の平衡とか天秤に由来する言葉であることが知られている．動詞としては，危うい状態におく，清算する，差し引きするなどの意味とともに，平衡，均衡を保つという古くからの意味もある．名詞としては，残高，残余，残金などとともに，均衡（状態），平衡（状態）などの意味がある．また，Balance of Power は，国際政治論や国際関係論などの分野では，「勢力均衡」と訳されている．したがって，貨幣経済を複式簿記に喩える試みは均衡論的な貨幣経済の特徴づけを連想させかねない．バランスシートのメタファーで二項対比をもって行う貨幣経済論の特徴づけは，構造主義の影響が強くうかがわれる．間宮は当時の流行りのアプローチである「脱構築」をどう受けとめたのであろうか．

(4) 「三つの市場」と「三つの期待」

「三つの市場論」からのアプローチ　間宮は議論を進めて，さらに市場を三つに区分する．「財の使用価値のみによって特徴づけられる第一の市場，財の資産性や流動性のみによって特徴づけられる第二の市場，これらと並んで「財の資産性と使用価値双方によって特徴づけられる第三の市場」，すなわち「消費財（労働）市場」「資産市場」「投資財市場」である（間宮 2014［1983］: 179）．

そうして，「三つの市場」を「われわれの流儀で分類しなおすと，市場と期待との関係がはっきりしてくる」として次のように説く．

「三つの期待」と「三つの階級」「三つの市場」論　「慣習的期待，長期期待，機会主義的期待という三つのタイプの期待，消費者（労働者），企業家，投資

家という三つの階級，そして消費財（労働）市場，投資財市場，資産市場という三つの市場，これらが一直線につながってくるのである」（同179）．

ここで「一直線につながってくる」というのが分かりにくい．それでどうなるというのであろうか．それでも間宮は，このあと三つの市場の特性について次のように論じるのである．

「三つの市場はその市場に固有の特性ゆえにそれぞれそれらに対応する三つの期待類型と親和性をもつ．ところが，期待どうし，あるいは市場どうしの間には，必ずしも親和性があるとはいえない．とりわけ，資産（証券）市場の発達に伴う資産の高流動化の結果，長期期待は機会主義的期待に侵食されているという事実がある」（同183）．

間宮は，期待と市場，階級についての類型把握を試みようというのであった．市場と期待値は親和性があるのか，期待どうし，あるいは市場どうしの間には親和性があるとはいえないとしつつ，他方でそれらが「一直線につながっている」と特徴づける意味がいまひとつわからないのである．

(5) 安定化と不安定化——「二項対比」による貨幣経済の把握

貨幣介在の安定化と不安定化　間宮のこの後の論点は，貨幣経済の「不安定化」と「安定化」にもとづく「二項対比」による景気や傾向について常識的な解釈に転換してゆく．だが，それは『一般理論』第12章の解釈なのか，それともその解釈の上に立って彼自身の考えを論述しているのか．どちらであるのか，わかりにくい．

曰く「確かに貨幣経済は多くの矛盾やディレンマ，そして不安定化の強い傾向を内包している」（間宮 2014［1983］: 183）．

「反面，貨幣経済は構造安定化の契機をも同時に内包していることを見ておかなければならない」（同）．

「誤解しないでいただきたいのだが，こういったからとて，それは貨幣経済が現に安定的だとか，あるいは秩序だっているとかいうことを意味しない」（同）．

「いおうとしているのは，貨幣経済も一つの経済社会であるからには何がしかの安定化の契機をもっていなければならない，いやもっているはずだ，とい

うことである．そうでないと貨幣経済は端から存在不可能，構造の上で存在不可能の経済だということになってしまうだろう」（同）．

間宮は，このように主張する．だが，貨幣経済は，現に存在していることは疑い得ない．そうであるから「安定化の契機をもっていなければ」それは「存在不可能，構造の上で存在不可能の経済だということになってしまう」というのは，論理に無理がある．

「ディレンマや不安定化の傾向を内包した経済」　間宮はさらに貨幣経済を以下のように特徴づける．

「機会主義的な投資，機会に身を投じるところの投機が優勢になる可能性が大きい．貨幣以外の金融資産は貨幣に比べて相対的に流動性を高め，一般の商品も資産としての性格をますます強めるから，投機が日常茶飯事と化し，経済は不安定化の度合を強めるであろう．それがもとで貨幣の流動性はいっそう低下し，事態は悪循環してゆく」（同 186）．

またこうもいう．

「さらに現代のように，新製品が泡のように現れては消え，消えては現れる時代，消費慣行や労働慣行がしだいに崩れ去っていく時代，一言でいうと消費者や労働者がいわば機会主義的に行動するようになってきている時代，このような時代においては貨幣経済の安定化の契機それ自体がしだいに失われていく」（同 186）．間宮によればこのような貨幣経済は，投機と不安定性によって特徴づけられた経済なのである．

「貨幣経済は八方塞がりのディレンマや不安定化の傾向を内包した経済である」（同）．

「そしてこの経済においては，安定と不安定，連続と変化，過去と未来といった様々な二項対比が貨幣を介して連結されている．貨幣経済はこれら二項の"温度差"によって作動し，この温度差を利用して時間という経路の上を突き進んでいくことを余儀なくされている経済である．温度差が消滅するとたちまち経済は停滞の深みに陥り，温度差が度を超えると経済は過熱化し不安定化する」（同 186-7）．「二項の温度差」と言うが，例えば，「安定と不安定」を「温度差」という修辞で表現しうるものなのか，甚だ疑問である．

間宮によるこのような貨幣経済の安定性，不安定性の特徴づけは，ケインズ

に学びながらも彼自身の思いを書き綴ったかのようにみえた．だが，そうではないようである．なぜなら，この項の最後で，間宮は，ケインズの資本主義観を論じ，次のように特徴づけて，締めくくっているからである．

「ケインズ持前の楽観主義の背後にはどことなくペシミズムの色が漂っているが，思うにそれは，動きつづけることを強いられ，いちど立ち止まってしまうと真っ逆さまに停滞の深みに落ち込んでいかざるをえない貨幣経済の本性を垣間見た者の，強迫神経症的なペシミズムの色である」（同187）．

「楽観主義の背後には」「ペシミズムの色が漂っている」と特徴づけるケインズの錯綜した「強迫神経症的」な心理状態とは，実際にはどのような状態であったのであろうか．

こうした見方がはたしてケインズのものであるのかについては，異論も出よう．「ケインズの経済理論」の章の第4節「貨幣経済とそのディレンマ」での論述であるだけに，間宮がケインズの貨幣経済の特徴として結論づけたものであることは確かであろう．それにしても，「動きつづけることを強いられ」ているものが，どうして「いちど立ち止まってしまう」のか．また一旦「立ち止まってしまうと」どうして「真っ逆さまに停滞の深みに落ち込んでいかざるをえない」のか．長期にわたり緩慢な停滞局面が持続するようなデフレ経済もありうるのではないか，と反論したくもなる．それこそ「強迫神経症的なペシミズム」に彩られた貨幣経済観にもとづく説明となっている．

間宮のこの結論じみた論調は，これまでのものとはニュアンスが異なろう．彼は，いったんは「二項対比」にもとづき「貨幣経済」の「不安定化」と「安定化」について論じ，「貨幣経済も一つの経済社会であるからには何がしかの安定化の契機をもっていなければならない，いやもっているはずだ」，「そうでないと貨幣経済は端から存在不可能，構造の上で存在不可能の経済だということになってしまうだろう」（同183）と論じていたからである．

(6) 間宮の「二項対比」論，「カレイドスコープ」論

シャックルとレヴィ=ストロースの「カレイドスコープ」　間宮は，まずレヴィ=ストロースの『野生の思考』を文献としてあげつつ，彼のカレイドスコープ論を次のように紹介している．「（それは）秩序と無秩序，静止と変化，法則

性と偶然性といった様々な二項対比の綾なすパノラマである」．これに対してシャックルのそれは「二項のうちの一項，すなわち無秩序，変化，偶然性のみから成るカレイドスコープであり，彼は経済社会の変転きわまりないさまをほとんど一面的といっていいほどに強調するのである」（同 58）．

　間宮は，シャックルのそれを「変化と偶然のカレイドスコープ」といい，これよりもレヴィ=ストロースの方が「人間活動や人間社会の喩えとしてはるかに正確でありかつ有益であると私は考える」とも述べている（同 63）．

　カレイドスコープの比喩は妥当か　率直に言って本稿の論者は，レヴィ=ストロースのカレイドスコープについては明るくない．それゆえ，ここではシャックルのそれに限定したい．

　それにしても，カレイドスコープの比喩を用いることが妥当であるのか，疑問を感じざるを得ない．カレイドスコープの鏡像は，鏡の枚数や組み合わせ方，対象物の色，形などによって，その形状や色模様は異なろう．だが，その鏡像が，不安定，不均衡を感じさせるものに変化するわけでもない．むしろ対称性やある種の均衡を印象づけるような像が現れる場合が普通ではないか．それゆえに，カレイドスコープの比喩によって貨幣経済での「期待形成という行為の気まぐれな不安定性を表現する」と言い得るかははなはだ疑問であると言わざるをえない．この点をあらかじめ指摘したうえで，間宮のシャックル論を考えてみよう．

　シャックルのカレイドスコープ　「『期待の主観主義』（L.M. ラックマン）(62) に基礎づけられたシャックルのカレイドスコープの経済学，彼の名付けるカレイディクス（kaleidics）はやむことのない変化の世界を描き出す．彼の覗き見る万華鏡は『変化の無限の豊かさと，期待形成という行為の気まぐれな不安定性を集約的に表現する』(121: 428) ものである」（間宮 2014: 58）．

　さらに，間宮によれば，「(期待はシャックルにあっては) とりとめなきものの代名詞であって，これらはその気ままな移ろいやすさによって特徴づけられている」．とまれ「シャックルは期待の中に根なし草のように浮動する類の主観のみを見てとるのである」．「彼の期待の経済学，すなわちカレイディクスは，期待という要素を通して証券市場だけではなく経済社会全体をも見ていこうとする一つの経済社会観である」（同 59）．

間宮によるシャックル批判　間宮はまずシャックルには社会を論じていないと批判する．「(彼の) 証券市場を一般化したかの観のある kaleidic society は社会らしき面をほとんど何ひとつもっていないのである」．「(それは) 機械論，決定論，均衡論の裏返しだという性格が強い」．つまり，「その都度その都度の機会や状況が個人の行動を決定すると考える機会原因論」に立ち，「歴史の必然性に対しては歴史の『原因を欠いた』……恣意性を強調」し，さらには「社会的コミュニケーションや社会の連続性といった社会を特徴づける原因は……視野の外におかれてしまうのである」(同 60)．

このような「カレイディクスの眼を通してケインズを眺めると」として間宮はシャックルによるケインズの 1930 年代に入ってからの研究の軌跡を跡づける．

「カレイディクスの眼を通してケインズを眺めると」「『貨幣論』から『一般理論』への歩みは『良い方法から』『悪い方法』への，そして『明晰さ』から『曖昧さ』への歩みである」．そしてケインズが「最後にいき着く『雇用の一般理論』は彼 (シャックルのこと＝論者) にいわせると『無秩序の経済学』，すなわちカレイディクスであり，そこにはケインズのニヒリズムさえ漂っているというのだ」(同 61)．

間宮による「二項対比」，「二面性」のケインズ理解　間宮はこうしたシャックルのケインズ解釈を真っ向から反論する．たしかに「雇用の一般理論」で貨幣経済は「静穏不動，確実安全な慣行は崩れ去る，……漠然とした得体の知れぬ怖れと，同じく漠然としたいわれのない希望とは宥め鎮められることなく，いつも表面下わずかばかりのところに横たわっている」とか描かれている (同 61)．だが，こうした「シャックルのいうようなカレイドスコープの世界」について，間宮は「しかしそれがどうしたというのだろう．いったい経済社会には波風の立たない静穏な部分もあれば嵐に翻弄される脆弱な部分もあるといえばすむ話ではないか」(同 62) といささか穏やかではない．

厳しいシャックル批判に立つ間宮は「二項対比」のロジックをもって反論する．

「(西部邁氏も指摘しているように) ケインズの諸々の著作の中には様々な二項対比が散りばめられている．氏の表現を借りると，均衡と不均衡，慣習と変

化，確実性と不確実性，合理と非合理，個人と集団，競争と干渉，などといった対比である．これら色々の二項対比は同一の主題による変奏曲という趣をもっていて，彼は機に応じて特定の変奏曲のいずれか一項を演奏したのである」（同62）．

間宮によれば，「このような両面性はケインズという一人の人間の中にも見出されるのであって，彼の中には『モラリスト』としての人間と『イムモラリスト』としての人間が共存している」（同62）のだという．

間宮による「ソシオ・ロジック」の勧め　彼によればこの移行過程は，「シャックルのような『深遠な大転換』などでは決してないはずだ」と主張する（同62）．そうではなく，「ケインズはただ時に応じて彼の二面のうちの片面を肥大化して見せたにすぎないのである」（同62）．

彼によれば「ケインズの著作の中に見え隠れする様々な二面性は決して整理され論理化されたものではない」．「このような様々の二面性を組み立て論理化することこそむしろ社会科学としての経済学の仕事だと思われるのだが，かといって両面をたんに貼り合わせるだけで事はすむというものでもないだろう」という（同63）．

そうして，「両面合わせて認識するとは，経済社会の中にある種固有の社会的論理（ソシオ・ロジック）を見出すことである」として，レヴィ＝ストロースのカレイドスコープを「人間活動や人間社会の喩えとして正確でありかつ有益である」と評価する（同63）．レヴィ＝ストロースのそれは，「色模様の千変万化の変化の中にも形や色合いにおけるいくばくかの相同性を見出し，ガラス片の偶然の配置の中にも模様におけるひとつの構造を見てとる」方法だからだという（同63）．

知的混乱をもたらす「両面合わせて」の「認識」　間宮によっては「二項対比」（同62）はいつの間にか「二面」（同62）「二面性」（同63）とかに言い換えられていることが分かる．同じことなのであろうか．ひとまずこのことを措くとして，間宮の教示通りに「二項対比」あるいは「二面性」を「たんに貼り合わせるだけ」でなく「両面合わせて認識する」（同63）ことによって「経済社会の中にある種固有の社会的論理」を見出す試みをしてみよう．そうして，「均衡」と「不均衡」，「慣習」と「変化」，「確実性」と「不確実性」，「合理」

と「非合理」，「個人」と「集団」，「競争」と「干渉」などの対の概念を「両面合わせて認識」してみると一体どういうことになるであろうか．たとえば「均衡」と「不均衡」や「確実性」と「不確実性」について考えた場合，これらが同時的に存在し，相互規定関係にある，あるいは相互に影響を及ぼし合っているということになるのであろうか．そうであれば「相互依存性」や「相互関係性」として論じれば足ることではないだろうか．間宮は，このような常識的なことを主張したいのではなかろう．そうであれば，よけいに，彼の説く「二項」，あるいは「二面性の」「両面合わせ」には，わかったようなわからないような知的混乱を覚えるのである．

第2編　連続説，断絶説のケインズ論

ケインズの活動をひとまず『一般理論』までを視野に入れて評価する場合，彼の思索活動をどう特徴づけ，時期区分したらよいであろうか．

　若き日のアポスルズ・ペーパー，『蓋然性論』(1921年)，そして『一般理論』(1936年)に至る過程についての英米の研究は，ケインズ生誕百年を境に大きな進展をみた．問題はやがて連続説，断絶説として展開され，研究が積み上げられ，深められてきた．これらはケインズの哲学，あるいは思想からのアプローチを特徴とし，『一般理論』体系の再評価につながった．

　こうした研究は正統なケインズ経済学研究からは，ときには，ファンダメンタリストとして位置づけられ，異質な研究とも受け止められ，事実上無視されてきたのであった．

　だが，ケインズ自身は，元々は数学を専攻し，また人文，社会科学を土台とする「道徳科学」の方法論と問題意識を受け継ぐ研究者であると自己を認識していたのであった．こうした彼の学問観と業績とを考慮すると，改めて彼の思索活動を新たな視角から再評価することは意義のあることであろう．

　第2編の第4章，第5章では，英米での連続説，断絶説を，第6章では，欧米での研究を追いかけるようにして議論が展開されたわが国での論議を概観することにしよう．

第4章
連続説のケインズ論——カラベリとオダネル

はじめに

原理主義　かつて，コディントン（A. Coddington）は，ポストケインズ主義の重要な潮流を「ケインズ原理主義（Keynes fundamentalism）」と呼んだ．そして，シャックル（G.L.S. Shackle）とロビンソン（J.V. Robinson）が，このアプローチの主唱者であると目されたのであった．「ケインズ原理主義」者は，ケインズ『一般理論』の第 12 章と *QJE*（1937 年）のケインズ「雇用の一般理論」に，ケインズによる正統派経済学批判の核心が論じられていると理解した．そうして，期待と無知と不確実性の重要性を強調し，彼らは，新古典派は不確実性に直面した際の意思決定の本質を捉えそこなっていると批判を加えた．

これに対して，コディントンに代表されるような正統派は，真っ向から反論した．彼にすれば，原理主義者は，単に主観主義に戯れ，弄んでいるだけであり，それは経済理論の発展とその応用可能性に対するニヒリズムを生み出し，さらには主観主義への破滅の道を歩む行為であった（Gerrard 1992: 80）．

しかしながら，近年になって，ケインズの不確実性論の起源を，彼の蓋然性理論に探ろうとする試みが，彼の哲学への関心とともに高まっている．これは，1950–60 年代に隆盛を極めた「水力学的ケインズ経済学」*の衰退と軌を一にし

＊　「水力学的ケインジアン」は，コディントンによって，ケインズ経済学の区分のために導入した三つの理論的，方法論的分類のうちの一つで，フィリップス・カーブで知られる W. フィリップス（William Phillips）が，LSE の学生であった 1949 年に，水力を用いたアナログコンピューター（貨幣的国民所得自動計算機（MONIAC））を開発，タンクとパイプを通る水量で経済をめぐる貨幣の流れを表そうとした事跡に由来したネイミングであった．

た動きであった．

新原理主義の台頭　ケインズをめぐる研究状況は，1980年代に入り大きく変化した．スキデルスキー（R. Skidelsky），ベイトマン（B. Bateman），カラベリ（A. Carabelli），デーヴィス（J. Davis），オダネル（R. O'Donnell），フィッギボンズ（A. Fitzgibbons），ローソン（T. Lawson）らの研究の展開は，哲学的ケインジアンの台頭とも言える動きであった．これらとともに，さらに，ミニ（P. Mini）のように，ケインズの経済学とフロイト（S. Freud），ブルームズベリー・グループの文化とを関連づける動きも見られた．そうして，スキデルスキーは，3巻本から成る大著『ケインズ伝』の第2巻 *The Economist as Savior 1920-1937* の第3章「ケインズの行為の哲学」で，『蓋然性論』再評価の動きを概観してみせた（Skidelsky 1992: 82-9）．

　あらたな論争が繰り広げられる中で，ケインズの思想，経済学説の発展過程を，初期から一貫したものと見るか，それともそこに断絶を見るのかの論争が，連続説（continuity thesis）に立つオダネル，カラベリの研究をきっかけに始まった．これと前後して，デーヴィス，ベイトマン等によって断絶説が説かれるようになった．かかる論争において，断絶説の主題として取り上げられるのが，ケインズに対するウィトゲンシュタイン（L. Wittgenstein），ラムジー（F. Ramsey）の影響である．もちろん論者によって，かかる二人とケインズとの知的交流の濃淡，二人との間に，どのような相互影響の関係にあったのかについての論述には異同が見られた．

　他方で，連続説のオダネルは，ウィトゲンシュタインをほぼ無視し，ラムジーとの関係に論点を集中させている．彼のケインズに対する影響は否定している．これに対して，カラベリは，二人との知的交流を重視せず，主たる論点とはしていない．

1. カラベリの所説

(1) 『蓋然性論』の意義

カラベリは次のように述べている．

　第一に，『蓋然性論』には方法論的提案が含まれている．それは，一貫した，

独創的なものである．それは，また，ラッセルの論理実証主義とは対照的なものとなっている．

　第二に，ケインズの方法は，当時の支配的な方法に同意せず，標準的な新実証主義の見地を疑問視していた認識論者の主張に先駆けるものであった．

　第三に，それは蓋然性論という特殊な分野に適用できるものであるばかりか，他の知識の分野，それゆえに経済学にも適用できるものである．

　カラベリは，ケインズ『蓋然性論』の認識論（epistemology）とケインズの経済学的著作の方法とには連続性（a continuity）が見出される，『蓋然性論』は，ケインズの経済学の方法のルーツであると主張する（Carabelli 1988: 7）．ここにカラベリの研究の独自性があった．この点についてカラベリは，ケインズの『蓋然性論』（1921年）と『一般理論』（1936年）とに方法論的な連続性があると聞けば，経済学徒にとっては，最も受け入れる準備のない主張ではなかろうか，とも書き添えている．それまでの多くの経済学の解釈者たちは，『一般理論』についての要点からケインズ研究を出発させるのが普通であるからである．経済学の解釈者が見過ごしているものは，ケインズの著作に見出される微妙な，しかしながら奥深い連続性である．それはケインズの理論に内在する認識論的な共通の根源なのである（ibid., 7-8）．

　カラベリからすれば，自らをケインズ主義者と呼ぶ人々でさえもが，ケインズの認識論での貢献を完全に無視している．彼らは，ケインズが，その出発点において，知識の理論に無関心であったとみているのである．いずれにしても，彼らは，『蓋然性論』とその後の経済学的著作との関係の問題に取り組もうとしなかったのである（ibid., 8）．

　ケインズにとって方法論がかくも重要であったのであれば，なぜ彼はこの問題に取り組まなかったかと疑問に思う向きもあろう．この問いに対して，カラベリは，次のように考えている．まず，ケインズは，自らの方法が『蓋然性論』からとられた方法であるために，それを精緻に仕上げる必要性を感じなかったからである．さらに，彼自身の方法論からして，方法論をそれ独自に論ずるのを禁じていたからである（ibid., 8-9）．

(2) 『蓋然性論』の特徴

カラベリによれば，リスクよりも不確実性の概念に基礎を置くケインズの蓋然性論は，期待を扱うケインズに特有な経済学的アプローチの側面を説明しうる考えなのである．彼女は，かかるケインズの蓋然性論の全体的な特徴を次のように指摘している (Carabelli 1988: 15-22).

第一に，ケインズは，蓋然性なるものを，「客観的事象」の発生についての言明に関わるものとしてではなく，蓋然的判断の形成においての「認知的，論理的手続き」に関連づけて考えている点である．蓋然性は「論証と判断」において具体的に例示されるものであって，それは経験的，物理的な実体とはなんら直接的関係をもたない．つまり，それは証明の過程に関わるもので，「事象の生起」に関わるものではないのである．この見地は頻度論に立つ蓋然性の物理的概念とは異なるものである (ibid., 15).

第二に，ケインズによれば，ただ命題のみが確からしい (probable) であるとか不確か (improbable) とかであり得る (言い得る) のであり，また蓋然性はひとつの関係性である，ということであった．ある命題はなんらかの他の命題を前提として，これとの関係にあるときだけに蓋然性をもつことになるのである．さらに蓋然性は，証拠に関係するものであった (ibid., 19-20). ケインズにあっては，ちょうど，蓋然性が事象ではなく，論証に関係しているゆえに，あるいは論証によって得た知識の一部に関係しているゆえに，彼は，蓋然性論を論理学の一部とみなした (ibid., 16).

第三に，蓋然性は，真理にではなく不確実性に関係しているということである．蓋然性は真実よりも不確実性に関係する (ibid., 21). ケインズは完全なる知識は，それがあったとしても不完全知識の最大の正の極限 (maximum positive limit) のごときものとして定義されるべきものであった (ibid., 16). それゆえに，蓋然性の論理学の特有の目的は，伝統的な論理学がその対象領域から除外していた知識の部門を哲学的に取り扱うものであった (ibid., 3). ケインズは「蓋然性」を，「真理の度合 (degrees of truth)」ではなく「確実性の度合 (degrees of certainty)」と呼ぶべきであると主張している．また，蓋然性の関係，度合は合理的信条の度合として描かれるのである (ibid., 21).

第四に，ケインズは，したがって，彼の蓋然性の論理学は，証明的知識

(demonstrative knowledge) と真理に関係するそれではなく，非証明的 (non-demonstrative) で不完全な知識に関わる非決定的な (non-conclusive) 論証，すなわち疑わしき論証 (doubtful argument) にあった．そうした論証は，真理にではなく蓋然性との関係によって，完全な知識ではなく制約された知識によって，正当化されるのであった．

(3) 誤読，誤解されてきた『蓋然性論』

カラベリは，『蓋然性論』をめぐる論争を次のように要約している．これまで，『蓋然性論』は，おかしなことに，新実証主義の流れにある研究として位置づけられていた．すなわち，ラッセル (B. Russell)，ホワイトヘッド (A.H. Whitehead) の数学原論から生まれてきたもので，こののちにウィーン学団によって洗練され 1930 年代にはハロッド (R.F. Harrod)，ハッチンソン (T.W. Hutchinson) らによって経済学に導入された，といったように誤読されてきた．ハロッドは，その『ケインズ伝』「付論」(1951 年) で，『蓋然性論』はラッセルの論理学的原子論を「蓋然性」の研究に適用したものと誤解し，ブレイスウェイトは，「ケインズの『蓋然性論』は，知識の経験主義的理論の明白な空白を埋めるものである」(Braithwaite 1975: 237) と誤読した．さらには，ウィトゲンシュタインの『論考』(1921 年)，あるいはケインズの『蓋然性論』を誤読したカルナップ (R. Carnap) の『蓋然性の論理的基礎』(1950 年) によって方向づけられた研究，とか間違って評価されてきたのである．こうしたなかで 1960 年代頃まで，ウィトゲンシュタインは，ほぼ正統的な論理実証主義者として位置づけられ，ウィーン学団の出発点となるべき中心人物と目されていたのであった (Carabelli 1988: 10-1)．

こうした傾向は 1970 年代に至っても続いた．1973 年に刊行された全集版のブレイスウェイトの序文もこの例外ではなかった．ケインズと親しくしていたケンブリッジの哲学者にしてこれであった．また，ケインズの再評価を基礎に，金融不安定性理論を構築しようとしたミンスキー (H. Minsky) は，なんとケインズを「主観的な数学的蓋然性論をとなえるパルチザン (a partisan)」として評価していた．ケインズが，明らかに，数学的蓋然性論を嫌悪していたことからすれば，こうした解釈はあり得ないものであった (ibid., 6)．

かくのごとく『蓋然性論』は，誤解と偏見にまみれた酷い扱いを受けてきたのであった，というのがカラベリの評価であった．

彼女によれば，ようやく1980年代になって『蓋然性論』に光が当てられるようになり，ケインズの経済学的著作との関係についての学問的な研究に着手されるようになった（*ibid*., 6）．

だが，彼女によれば，ケインズの『蓋然性論』は簡単な書物ではない．それは時として極めてわかりにくく，いまだ異なる解釈を生み出しかねない研究なのである．その核心は，もっぱら哲学的で，認識の形而上学的な内容になっている．しかも，彼は，秩序正しいやり方では認識論的見地を明らかにしてはいない（*ibid*., 10）．

カラベリは，ケインズが日常言語を論理的議論の手段としてはっきりと選んだことは，ケインズの『蓋然性論』の根底を成していると評価する．この点では，後期ウィトゲンシュタインとの同時的な歩みに注目する．さらに，彼女は，これは偶然なものではなく，また二人には多様な面での収斂が見られるとも評価している．時空を超えて，ケインズの蓋然性論と「後期」ウィトゲンシュタインによって提起されたものとに類似性を見出しているのである（*ibid*., 12）．

(4)　連続説の提唱

ケインズの方法について研究したカラベリは，『蓋然性論』（1921年）の認識論とその後の経済学的著作の認識論とに，連続性が見出されるとの立場を明らかにしている．ケインズの経済学の方法は，『蓋然性論』をそのルーツとしているというわけである．

カラベリは，主観説に立ってケインズの蓋然性論を解釈する．ケインズによれば，われわれは決して事物の真の原因を知り得ない．ただ，われわれの理論にしたがって原因を知り得るのみである．それでもケインズによれば，われわれは世界について何事かを語っているのである．彼は中世の用語である *causa essendi* と *causa cognoscendi* なる言葉を引き合いに出す．即ち，出来事（event）の原因（cause）と出来事についてのわれわれの知識の原因とを区別しようとしたのであると．カラベリによれば，ケインズは次のように主張した．われわれは物事の真なる原因を決して知り得ない．だが，理論に基づき原因に

ついては知ることができる．ここからカラベリは，ケインズの蓋然性論を，「真理というよりは意見の論理学（logic of opinion, rather than of truth）」というべきであると主張するのである．

　強固にかかる論陣をはるカラベリは，1907年の『蓋然性論』草稿の検討を踏まえて，ケインズは，この時にすでに合理主義から自ら実質的に距離をとったと結論づける．この時期にケインズは，思想的立場を確立したと解釈するのである．カラベリは，このうえで，これ以後のケインズの方法論的立場を「有機論」的アプローチであると主張している．例えば，1995年の論考 'Uncertainty in Keynes: probability and organicness' がそうである．ここでは，初期（『蓋然性論』）から後期にかけてケインズの思想に連続性，一貫性が見られるとして，蓋然性論の方法論的アプローチと，彼によるこの方法の経済学的著作への適用に焦点をあてた議論を展開している．興味深いことに，この論考では，'organicness' あるいは 'organicist attitude' と表現の異なる語が混然と用いられてはいるものの，これらがその方法論を特徴づけるキーワードとなっている*（Carabelli 1995: 137）．

　カラベリの解釈で注目すべきは，ケインズの蓋然性論を三つの事例に分類したうえで次のように考察している点である．①数量的に比較し，測定しうる蓋然性，②（大きいか小さいかというように）ただ量的に比較しうることが可能な蓋然性，③全く比較できない蓋然性．ただし，この場合，なんらかの順序をつけることができる場合とできない場合がある（ibid., 137-8）．

　このうえでカラベリは，ケインズの蓋然性論の一般的事例は③であり，①②は，極めて制約された条件で起こりうるとする．そうであれば，ケインズの言う蓋然性なる概念は，「漠然とした（vague）」「不正確な（imprecise）」「極めて不確定な（quite undefined）」もので，それらは正確には計算できないものであり，量的に比較し得ないものなのであるということになる（ibid., 138-9）．彼女によれば，ケインズは，すでに，1907年の論考においてこの問題に気づ

　＊　このようにカラベリは，一貫してケインズが organicist であったと主張するが，オダネルは，次のように批判する．「いかなる意味でケインズの蓋然性論が 'organic' であるとみなしうるのか理解できない．ケインズは彼の蓋然性論の特徴を説明するにあたって，'organic' なる用語を使用していない．'organic' は，'organic unities' の 'organicness' と明らかな関係があるわけではないのである」（O'Donnell (ed.) 1991: 23）．

いていたというのである．

また，カラベリの2003年の論考では，ケインズの経済学の方法を蓋然性的論理学の一部門（a branch of probable logic）であるとしてとらえ，いくつかの方法論的特徴を指摘している．それらは，経済学を自然科学の方法とみなす実証主義の企図は失敗すると信じた，自然科学の方法が普遍的に適用しうるとの考えに反対した，ケインズは経験に対する理論の優位性を唱えた，ケインズは経験主義者，歴史主義者の方法を拒絶した，などの方法論的立場であった．カラベリによれば，こうした立場は若き日にすでに見られ，彼の生涯を通じて維持されたのである（Carabelli 2003: 216）．

(5) ラムジーとの関係について

ケインズの1938年の『若き日の信条』を『蓋然性論』を照射して検討し，さらに『一般理論』以前と『一般理論』での投資理論――1910年の投資決定理論から1937年の *QJE* のケインズ「雇用の一般理論」まで――を検討した結果として次のように言うことができると主張する．ケインズは，1931年のラムジー論で，彼にリップサービスをしているとはいえ，自らの見地を実質的に変えてはいないし，また，ラムジーの蓋然性の見地を受け入れてはいない（Carabelli 1988: 97）．

さらにカラベリは，そこでの注記で，ケインズは1926年のラムジーの論文の主要な特徴とされる論点を，一つだに受け入れなかったと，論じている．それらの論点は，主観主義と心理主義，単なる論理の一貫性，あるいは首尾一貫性としての合理性の概念，少ない選択肢からの選択，数値的測定可能性と数学的期待，行動主義とプラグマティズム，であった（*ibid.*, 270, note 6）．

カラベリは，かくして，1931年のラムジーについての論評からは，ケインズの変化を読みとることは出来ないとして，多くの断絶説が主張するラムジーの影響を全否定しているのである．

(6) ウィトゲンシュタインとの関係について

結論を急げば，彼女にとって，後期のケインズと後期のウィトゲンシュタインとの知的交流は，究明すべき論点に全くなっていない．むしろその関心は，

どちらかといえば，前期における知的交流に関心が向けられている．だが，これによって大きな論点が提示されているわけではない．こうした問題の扱いは，後期に二人が相互に，あるいはどちらか一方が，決定的な影響を及ぼしあった，こうしたなかでケインズは，それまでの思想的立場を変えた，と主張する断絶説との相違は明らかで，その事実上の否定となっている．

　もっとも，カラベリ自身は，二人が同じような歩みをみせた（paring up）ことは単なる偶然ではないとして，二人のあいだで多様な点での収斂があったとの解釈に立っている．

　この論述からして意外とは言えないであろうか．カラベリによる興味深い指摘がなされている．なんとケインズの『蓋然性論』と「後期」ウィトゲンシュタインの『哲学探究』によって提起されたもののあいだに類似性（similarity）が見いだせるというのである．これでは，前期のケインズの思想が後期のウィトゲンシュタインの思想に影響を及ぼしたということになりはしないか．

　そこでカラベリが，二人の関係に焦点を当てて，どのように論じているのかが問題となる．ウィトゲンシュタインの前期の研究である『論理哲学論考』（1921 年）から後期『哲学探究』（残された遺稿の刊行は 1953 年）の成立に至るあいだケインズとウィトゲンシュタインとの知的活動，相互の交流がどのように展開されたのかが重要であるからだ．だが，残念なことに彼女は，この問題について立ち入った考察をしてはいないのである．カラベリは，『蓋然性論』を「意見の論理学」としてその主観的性格を強調していた．彼女の立場に立ってみると，類似性の指摘には，はなはだ強い違和感を覚えるのである．カラベリは，むしろ『蓋然性』は，ラッセルの数理的，公理的論理学とは，異なる方向にあるとの評価に立っているからである．『蓋然性』と『一般理論』との連続性を論じる彼女の立場からすれば，1930 年代における後期ウィトゲンシュタインの影響をうけてケインズが自身の哲学，方法論を転換したとの議論はそもそも成り立たないのである（*ibid.*, 10–2, 139, 145–9, 245, 254）．

2．オダネルによるケインズの哲学論

　オダネルの主著（1989 年，1991 年）を中心にして，彼の蓋然性論，連続説の

主張，連続説のカラベリに対する批判，ラムジーとウィトゲンシュタインとケインズとの知的関係についての評価などに焦点をあわせ論じてみよう．

(1) オダネルの論理の矛盾

彼の基本的立場について，あらかじめ明らかにしておこう．彼は自身の基本的見地を次の二点で特徴づけている（O'Donnell (ed.) 1991: 26）．

①ケインズは『蓋然性論』の枠組みから離脱してはいない．

②ラムジーの思想は，ケインズの思想に影響を与えなかった．

オダネルの連続説は，彼の説明によれば，次の二つの命題に示されている．

①ケインズの思想は，『蓋然性論』の概念的枠組みに一貫して基礎を置いている．

②1921年以降，ケインズ自身において内部的な変化，あるいは力点の変化があった．

このオダネルの連続説は，ケインズが『蓋然性論』を一貫して堅持しながら，他方で，『蓋然性論』刊行後に内部的なあるいは力点の変化があったとするものである．これをオダネルは，「非決定的領域 (indeterminate domain)」の重要性と「弱い合理性 (weak rationality)」が拡大し，これとともに「決定的領域」「強い合理性 (strong rationality)」が縮小したと述べている．ラムジーの影響がこれを促したとみるのである（ibid., 26）．

ここであらかじめ結論を急げば，オダネルのかかる論述は，一見すると明らかなように，彼の説く連続説に疑問を投げかける，もっと言えばそれを否定するものであると言えなくもない．彼は，一方ではラムジーの影響を否定し変化はなかったと説きながら，他方ではラムジーの影響を認め，ケインズの思想に変化があった，強い合理性が縮小する一方で弱い合理性が拡大し，決定の領域から非決定の領域へのシフトがあったと述べているのである（O'Donnell 1989: 140-2; 1991: 26）．オダネルは，強い連続説から弱い連続説へと転換したとでも言うのであろうか．彼においては，精密な議論と大雑把な議論が並存しているように見える．この点を念頭に置きながら，以下では彼の議論にやや立ち入って検討することにしよう．

(2) 『ケインズの哲学，経済学，政治学』(1989年) の概要

全体で2部構成の浩瀚な本書の概要をおさえることは，オダネルの主張を理解するうえで有益であろう．第1部ではケインズの哲学の究明，第2部では，第1部の検討を踏まえて，ケインズの経済学と政治学が論じられる．オダネルによれば第1部，第2部とも，すべての側面において「合理性」が中心課題となる．だが，われわれにとっては，この合理性の概念が簡単には理解できない用語として立ちはだかっている点は，あらかじめ注意しておきたい．

第1部は，『蓋然性論』の意義が説かれ，不確実性のもとでの合理的信念と行為についての一般理論が提示されていること，この理論は新古典派経済学の基礎にある「合理性の理論」とは重要な側面で異なることが明らかにされる．この第1章では，ケインズの哲学が論じられている．第2，3，4章ではケインズの『蓋然性論』について詳細に論じられ，不確実性下での合理性の理論の基礎が考察されている．ここでは，オダネルが，ケインズの『蓋然性論』から『一般理論』への研究の軌跡を理解する上で独自に考案した重要な概念である「強い合理性」と「弱い合理性」の二区分が導入されている．第5章は，ケインズの哲学の基礎をなす認識論が扱われている．第6章はケインズの実践理性と彼の倫理学についての考察が課題となる．そうして，第7章では，1931年のケインズによるラムジーについての論評をめぐる議論が論じられ，ケインズはラムジーによって原理的には影響を受けることはなかった，彼は，自身の哲学的思想の根本的部分では，一貫性を保ったことが説かれる (O'Donnell 1989: 6-7).

「ケインズの経済学と政治学」と題された第2部については，章別編成を概観するにとどめよう．それは，以下のようになっている．

第8章「哲学と経済学」，第9章「数学と経済学」，第10章「認識論と経済学」，第11章「一般理論I」，第12章「一般理論II」，第13章「政治哲学I」，第14章「政治哲学II」，第15章「中間の道」，第16章「将来への期待」．

(3) オダネルの分析視角——「二つの領域」と「二つの次元」

ここではケント大学主催の第9回ケインズ研究集会でのオダネルの基調報告をもとに彼の主張の簡略な説明を試みる．集会での報告と討論は *Keynes As*

Philosopher-Economist（1991）に集成されている．

そこで彼は，哲学者—経済学者としてのケインズという論題でケインズの哲学的基礎を考察している．彼はこの際，知識と意思決定の問題意識からのアプローチを採用し，蓋然性，期待，不確実性に関わる一群の概念に関連する論点を明らかにしようとする．因果性論，意思決定論，原子論，有機体論などのさらなる論点も横たわっているのだという．ともかく『蓋然性論』は，ケインズのもっとも主要な，広範囲にわたる哲学研究であるのにもかかわらず，これまで誤解，誤読されてきた．その中心的な問題関心は，「論理（logic）」と「合理性（rationality）」にあると論じるのである．

「二つの領域，二つの次元」のアプローチ　オダネルは，不確実性とそれに関連する概念の分析は，彼の哲学と経済学の双方において複雑であるとしたうえで，重要な相違と修正があるものの『蓋然性論』の枠組みは『一般理論』の哲学的基礎となっていると主張する．

彼は，『蓋然性論』から『一般理論』への展開過程を理解するには，「二つの領域，二つの次元の分析（two-domain, two-dimensional analysis）」の視角が最も有益な方法であると述べている（O'Donnell（ed.）1991: 4）．

ここで「二つの次元」とは，『蓋然性論』での「蓋然性」と「論証の重み（weight of arguments）」の次元と『一般理論』での「期待」と「確信」のことであり，オダネルは，前者が後者にとって代わられていると論じるのである．

他方，『蓋然性論』での「決定的（determinate）」と「非決定的（indeterminate）」の「二つの領域（two domains）」は，『一般理論』での「短期期待」と「長期期待」にとって代わられたというのである（*ibid.*, 5）．

オダネルは，『蓋然性論』のより深い分析的構造の部分は，これら二つの領域あるいは分析レベルによって構成されているという．彼は，また，『蓋然性論』の概念的枠組みは，これら二つの異なる領域，あるいは分析のレベルにまたがることになる，とも主張している（*ibid.*, 15）．もっとも，ケインズ自身がこの概念を用いているわけではない．だが，オダネルにすれば，このアプローチの採用によって，ケインズの思考の構造とその変化がどのように『一般理論』に影響を及ぼしたのかを理解する強力な手段がえられるのである．

ここでオダネルが用いている dimension, domain の用語の意味はそれぞれ

何であろうか．いくつかの英語辞典を参照すると次のようである．

　Dimension：大きさ，寸法／局面，側面／特質，様々な属性／(幾何学・物理学) 次元

　Domain：範囲，分野／領土，領地／勢力範囲／(物理学) 磁区

　他方で，これらの用語の邦語である「次元」「領域」の意味は，手元の国語辞書では次のようである．

　「次元」＝①幾何学的図形，物体及び空間の広がりを表す概念．②表示する座標軸によりそれぞれ一次元，二次元，三次元と称する．

　「領域」＝①力が及ぶ範囲，②国家の統治権が及ぶ範囲，③専門分野，部門．

　筆者は率直に言って，連続説に立って『蓋然性論』から『一般理論』へのケインズの思想の展開を特徴づけるためオダネルが，dimension, domain の用語を用いて論じた意図を，語義や文脈面からあれこれ考えてみても，よく理解できないままである．

「強い合理性」と「弱い合理性」論　彼によると，第一に，『蓋然性論』での「蓋然性」と「(論証の) 重さ」の「二つの次元」は，『一般理論』の「期待」と「確信」とに代わられている．

　第二に，『蓋然性論』の「決定的」および「非決定的」な「二つの領域」は『一般理論』での「短期期待」と「長期期待」にとって代わられている．

　さらに，オダネルは，不確実性についての二つの領域を反映したものが強い合理性論と弱い合理性論であると主張する．強い合理性は，よりしっかりとした知識に基づいている．他方で，弱い合理性は，情報がえられない非決定な状況下で心理的特徴をもたざるを得ないとはいえ，ここでの行為は非合理性に陥ることはない．合理性にこだわるオダネルによれば，ケインズのかかる合理性論についての議論の深化は，非決定的領域における「根源的な不確実性 (radical uncertainty)」のもとでの合理性論への先駆的な貢献として評価しうるものであった．そうして，オダネルによれば，ケインズをめぐる論争は，かかる分析視角にもとづく「一貫性の基準 (canons of consistency)」によって首尾よく説明しうるのである (*ibid.*, 51-2)．

　実のところ，筆者にとってこの強い合理性と弱い合理性というのも，いまひとつ，よくわからない概念である．前者は，厳密な演繹法に基づいた論証法と

同義の概念とも考えてはみたが，依然として釈然としない＊．

ともあれ，いくつか重複することになろうが，ここで改めてオダネルが「結論」としてまとめた要点を指摘しておこう．

①ケインズの哲学と経済学において彼の不確実性とその関連する概念の分析は**複雑**である．

②重要な相違と修正があるものの『蓋然性』の**概念的枠組み**は『一般理論』の哲学的基礎を提供している．

③**二つの領域，二つの次元の分析**によって『蓋然性論』から『一般理論』への道筋を理解する最も適切なアプローチが提供される．『蓋然性論』の蓋然性と（論証の）重さは『一般理論』の期待と確信に変えられているが，『蓋然性論』の決定，非決定の領域は『一般理論』の短期期待と長期期待という二つの領域に変えられている．

④『蓋然性論』と『一般理論』における不確実性の「二つの領域」を反映したものが強い合理性と弱い合理性である．前者は知識に確りと基づいたものであり，後者は情報の不十分な環境において現れ心理的特質をもつものの，そこでの行為が非合理性に陥ることはない．この弱い合理性論では，ケインズの研究は，**根源的な不確実性のもとでの合理性の理論への先駆的な貢献**をなしている．

⑤連続説の基準に基づいた十分構築された解釈によってこそケインズについての論議が首尾よく果たされることになる（*ibid*., 51-2, 太字はオダネルの強調を表す）．

(4)　不確実性のもとでの期待形成，合理的行為

オダネルは，1989年の研究で「期待」について，次のように論じていた．「以上を要約するとつぎのようである．蓋然性ではなく期待が『一般理論』

＊　連続説か断続説かの議論について，ジラードはなかでも連続説が分かりにくいとし，これを「強い」連続説と「弱い」連続説に二区分してはどうかと提唱している（Gerrard 1992: 94）．ここで「強い」連続説は，初期の哲学的立場を維持し，いかなる変化もないと考える立場である．これに対して「弱い」連続説は，初期の哲学のいくつかの特徴が後期には維持されているだけであると見る立場である．この立場からするとオダネルのような主張は，うまく位置づけることが可能となるというわけである．

第4章　連続説のケインズ論

の中心概念なのである．不確実性下での行動に対するケインズのアプローチは，期待に基づいており，純粋な蓋然性ないし非蓋然性に基づいたものではないのである．彼は蓋然性が得られれば，それを受け入れ，そうでない場合は『軽減できない不確実性（irreducible uncertainty）』を受け入れた．また，蓋然性が得られる場合でもその数値的把握の保証はほとんどなかったのである．行為者は計算が可能な場合は，それを行うのであるが，そうでない場合には他の戦略に頼らざるを得ないのである」(O'Donnell 1989: 265).

ロジャーズ（C. Roggers）は，このオダネルの主張を引用したあとで，次のように論じている．長いがここで引用しよう．

「軽減できない不確実性に直面して，経済主体は期待を形成するが，かれらは，経験則ないし慣行に頼ることによって，これを行う」．

「（ケインズは）このことを次のように述べている．『したがってわれわれには，得られない知識の代わりにある慣行を用いる傾向がある．……これがわれわれの実際の行動様式である』．慣行という形の行動は合理的である．行動が気まぐれや『アニマル・スピリッツ』に左右されるのは，知識も得られずまた慣行もないという情況においてのみである．論理が限界に達した時にのみ，そのような非合理的な行動にたよることが合理的となる」（ロジャーズ 2005: 343).

さらに，ロジャーズは，オダネルの別の論考（1990年）から，合理性についての彼の独自の考察を引用している．

「先行きの不確定であることが非合理的行動を引き起こすわけではない．また確固たる合理性に基づく行動が挫折したからといって，すべての形の合理的行動が挫折することを意味しない．経済主体は，確固たる合理性に基づく行動がうまくいく上で必要な前提条件に恵まれていないという理由だけで，合理的に行動する能力そのものを失うわけではない．かれらは新しい環境に適応し異なる戦術や対応を展開することであろう．わたしはそのような戦術を弱い合理性という見出しの下にまとめて分類している．これに含まれる例としては，社会的慣行，習慣，道徳上の義務および経験則を受け入れたり，専門家の意見にしたがったり，コインを投げて物事を決めるといった純然たる気まぐれに見える恣意的やり方に従うことさえあげられる」（同 343-4).

(5) オダネルのカラベリ批判

オダネルの解釈によればカラベリはケインズの蓋然性論を次のように特徴づけている（O'Donnell (ed.) 1991: 20-1）．

①ケインズの蓋然性の理論は日常言語と常識と同じ哲学的レベルにある．
②それは「意見の論理学（a logic of opinion）」である．
③それは真理（truth）と無関係である．
④それは演繹的論理学（deductive logic）と無関係である．
⑤それは「有機的（organic）」である．
⑥それは実践にもとづいている．

オダネルは，こうした『蓋然性論』の特徴づけは，正しくないか誤解を与えるものであると批判している（ibid., 21）．

オダネルによるカラベリ批判の主たる論点をいくつか紹介しよう．まず①についてである．オダネルによれば，ケインズの『蓋然性論』はそれ自体としては，日常言語を分析したものではない．そうではなく日常的言説と常識の哲学的基礎を見出し，それを分析しようとした．それによって，その表面下にあるものを掘り下げ，合理的ではあるが非決定ではない論証に基づいている根本原理を見出そうとし，これによって発見された原理をもとに日常的な論証，議論（everyday arguments）が正確であるか否かを判断しようというのである．

次に②の論点である．オダネルは，カラベリが，『蓋然性論』を「意見の論理学」と特徴づけている点を，ミスリーディングであると批判している．日常的な話法によれば意見は，単なる信念，心理的な信念を意味するにすぎない．したがって，意見や信念と言うだけでは，合理的基礎は失われてしまう．オダネルにすれば，こうした考えをケインズは『蓋然性論』から分離したのである（ibid., 21）．

オダネルによれば，カラベリは，さらに「意見」を「完全な知識」あるいは「普遍的な，不変の知識」に対立する「不完全な，移ろい易い人間的知識」とも定義づけている．これもまた間違いである．ケインズにすれば，命題 a は真か偽である可能性があるが，a/h という蓋然性の関係は必然的に真である（ibid., 21）．

彼は，『蓋然性論』を「命題間の関係の論理学（a logic of *relations* between

propositions)」，あるいは「**合理的信念の論理学** (a logic of *rational* belief)」と言うべきである，とも主張している．さらに，「意見の論理学」という主張は，いまひとつの特有な主張，すなわち『蓋然性論』は，矛盾に寛大である，との主張にもなっている (*ibid.*, 21-2, イタリックは原文，太字は筆者)．しかしながらこうした主張の根拠は不十分で，成り立たないとオダネルは反論している．

オダネルによれば，さらにカラベリは「蓋然性」と「真理」とは無関係である，その特徴は「有機的」である，それは「実践」「実践的見地」から分析されたものである，とする．これらの論点については，紙幅の関係から省略せざるを得ないが，オダネルはいずれも妥当な指摘ではないと退けている (*ibid.*, 22-3)．

(6) ケインズとラムジー，ウィトゲンシュタインとの関係について
①ラムジーの影響をどう評価するか

オダネルは，主著（1989年）の中で，断絶説がもっぱら論拠とするラムジー批判を，ケインズが受け入れたかどうかについて次のように論じている．

1931年以降，ケインズの思想に実際に生じたことを示す必要かつ十分な指標は，彼の一連の著作なのであって，ラムジーについての追悼文のような簡略な短評に求めてはいけない．また，一部の間での，ケインズのラムジー回顧文の解釈は，表面的に過ぎる．そこでのラムジーへの譲歩は，それがどのようなものであれ，根本的な転換を示すものではない (O'Donnell 1989: 140)．

1931年以後の著作から明らかなことは以下の点である．①ケインズは『蓋然性論』に特有の概念を放棄していない，②彼はまた，それ以前の全体的な哲学的立場を捨ててはいない，③多くの著作を検討してみると（ラムジーのような）蓋然性の主観的理論に好意的であったことは一つもない，④むしろケインズは，たびたび主観説に反対する立場を表明している (*ibid.*, 141)．

オダネルは，さらに，実に10にも及ぶ論拠を提示して執拗に，ときには断固として，自己の解釈の妥当性を主張する．

①とりわけ重要である『若き日の信条』を含め，ケインズのいかなる著作にもラムジーについての言及は見られない．

②ケインズは，1938年のH. タウンゼンドへの書簡 (*CW* XXIX 1979: 288-

94)*で,『蓋然性論』への強いこだわりを見せている.

③1932年のケンブリッジでの講義録からも蓋然性の基本概念を維持し続けていることは明白である (*ibid*., 41)**. それは, 蓋然性が, 前提と結論との間の確実性の度合を表現している論証関係について関わるものであると示唆する箇所である.

④ケインズにすれば, ラムジーは, ケインズ『蓋然性論』の根本問題のひとつである「合理的信念」と「単なる信念」との区別についての分析に成功していない. 帰納法を含めた合理的論証 (rational argument) の根底に達することが『蓋然性論』の一つの重要な課題であった.

⑤ケインズの後期の著作での不確実性についての一般的理解, そしてまた, 不確実性のもとでの合理性の一般的理解は, ラムジーの説く主観的蓋然性論の概念と明らかに異なる. 仮にケインズが, 蓋然性論の主観説に転換していたのであれば,『一般理論』は著作として存在し得なかったであろう.

⑥ケインズは, 数学を用いない蓋然性論に立脚して, 蓋然性の類型学 (typology) を堅持した. 彼は, 蓋然性論の全般的な数値化に反対し, また, 非数量的な未知の蓋然性を意味のない瑣末なものとして扱うラムジーの主観主義に屈しなかった.

⑦ケインズは,『一般理論』やその後の議論で, 彼特有の議論である「論証の重み (weight of argument)」の概念をあらためて主張している. この概念は主観主義の蓋然性論にとってほとんど関心のないものであった.

⑧ケインズはラムジーの主観主義的蓋然性論を基礎とする数学的期待値の理論に批判的であり続けた. これは彼が, ベンサム主義の計算を容赦なく批判し続けていたことに反映している. ケインズは, それが, 現代文明の倫

---

* 例えば次のような言及が見られる.「私の蓋然性論では蓋然性自体は, その重みまたは値をまったく別にして, 数量的ではないことです. ……」(*CW* XXIX 1979: 289; 邦訳 2019: 350, 一部改訳).「私は, 厳密に言えばリスク・プレミアムを蓋然性に結びつけ, 流動性プレミアムを拙著『蓋然性論』で重みと呼んだものに結びつけたいと思います. ……」(*ibid*., 293; 同356, 一部改訳).

** 「ある社会の短期における産出量と雇用の変動は, 確かに起こる変動範囲内で, ほとんど全面的に経常投資量に依存する. それは論理上ではなく, 実際上の蓋然性の度合 (degree of probability) によってそう言えるのである」(*ibid*., 41; 同58, 一部改訳).

⑨ケインズは，合理主義的，あるいは直観的（intuitionist）認識論に立っていたのであって，ラムジーのプラグマティズムに改宗してはいなかった．
⑩ケインズは，倫理学を心理学に還元するラムジーに反対し，客観主義的倫理学に止まっていた．

　オダネルは，こうした理由から，1931年にケインズが，蓋然性論あるいは哲学において，ラムジーの見地に改宗していたとする見方をあらためて否定するのであった（O'Donnell 1989: 142）．

　かくのごとくオダネルは，強固な連続説のようであるが，ケント大学での基調的報告では，その立場を微妙に変化させている．彼は，そこで連続説は次の二つに要約できるとする．第一に，ケインズの思考は，一貫して『蓋然性論』の概念的な枠組みに基づいている．第二に，しかしながら，1921年以降，その枠組みの中で力点の変化があった．つまり，非決定の領域と弱い合理性がより重視されるようになり，決定の領域，強い合理性の領域は縮小された．

　彼によればかかる力点の変化は，すでに1926年のウルバンに対して示唆されていたのである．それは，ケインズの曖昧な知識に関する部分的に心理的な主題への関心の移動という変化としてうかがえたのであった．オダネルはこの報告で，さらに，ラムジーの影響も完全には否定できないとその影響を認めるかのような姿勢をも見せている．彼は，ケインズがその批判を受けて「人間的論理学」を発展させようとしていたかもしれないと示唆しているのである（O'Donnell（ed.）1991: 26-7）．

　オダネルは，「連続説」を唱えるものの，微妙な変化を容認する姿勢に立っていると推察される．

②ウィトゲンシュタインの影響をどう評価するか
　オダネルは，1989年の主著では，ウィトゲンシュタインをラムジーのようには扱わず，相互の知的交流を重視していない．それに，ウィトゲンシュタインに言及した箇所は，わずか2カ所に過ぎず，文章も短い．

　その一つは，ケインズの哲学について論じた第1部「ケインズの哲学」第2章のなかの，ケインズに影響を及ぼした哲学者たちを短く論評した「ケインズ

への哲学的影響」での言及である（O'Donnell 1989: 46-7）．そこでウィトゲンシュタインは，ケンブリッジの哲学者たちとともにとりあげられているが，彼がケインズに与えた影響は「ごくわずか（minimal）」と評している（*ibid*., 47）．

いまひとつは，ケインズの哲学的発展過程の論述にあてられた第1部の第7章「1921年以降の哲学」である．しかしながら，ここでは『若き日の信条』との関連で，D.H. ロレンスとともに，ただ単に彼の名前が挙げられているだけである（*ibid*., 153）．

かくして，知的交流にかかわり，ケインズのウィトゲンシュタインに対する，あるいは彼からのケインズに対する，哲学的影響の有無については，なんら論じていないのである．連続説に立つオダネルには，断絶説が強調する後期ウィトゲンシュタインがケインズの思想的，哲学的転換に果たした役割を，まったく論ずべき課題とはみなしていないのである（*ibid*., 138-54）．

この問題に関連して，オダネルが，ケインズに影響を及ぼした哲学者たちをどう評価しているのか，見ることにしよう．まず彼は，ケンブリッジの哲学者では，ムーア，次いでラッセル，ジョンソンの名を挙げている．さらに，『蓋然性論』「草稿」の「序文」を引き，そこでケインズ自身が，自己の哲学的精神の形成に多くを負っている人々として，父のネビル（J.N. Keynes），ジョンソン，ムーア，ラッセルの順に謝意を表明している事実を明らかにしている．

オダネルによれば，このほかの人物では，ホワイトヘッドの影響力は「小さい（small）」，またウィトゲンシュタインは，すでに言及したように，「ごくわずか（minimal）」という評価であった．これに対して，ラムジーの影響は強かったと評価している．もっともそれは，直接的なものではなく，あくまで間接的なものであったとの見立てであった．他方で，オダネルは，ラムジーとウィトゲンシュタインの相互の影響関係には注目している．彼らはケインズとは異なる蓋然性論を発展させたのであり，また，彼らはムーアに対しては批判的であった，というのがその評価であった．

ケンブリッジ以外では，ブール（G. Boole），チューバー（F. Czuber），クリース（J. von Kries），レキシス（W. Lexis）の名をあげていた．

オダネルは，議論を広げて，歴史的にも考察し，次のように評価している．ライプニッツとヒュームから受けた影響は重要であった．なかでもライプニッ

ツの影響は甚だ大きいものがあった．論理学の一部としての蓋然性という発想は彼によるものであった．これに対し，ヒュームの影響は大きいものの，ケインズにとりそれは否定的なものであった．彼の懐疑主義的，経験主義的立場は，ケインズにとっては行き過ぎたものであり，修正が必要であった．ロックに対しては好意的であった．だが，ベンサムと，ジェヴォンズを含むさまざまなベンサム主義者には憤りを感じていた．政治哲学面ではバークの影響があったが，限定的であった．古典古代のものでは明らかにプラトンが，そうしてアリストテレスも重要であった．

最後にフロイトである．オダネルは，彼の影響は，ケインズのブルームズベリー・グループとの深い関係にもかかわらず，小さいものであったと結論づけている．貨幣論や精神分析論でフロイトの影響が見られるとはいえ，「ケインズの思想の多くは，彼が 1938 年に『若き日の信条』で認めていたように，『フロイト以前（pre-Freudian）』(*CW* X 1972: 448, 442) であった」と見るのである (O'Donnell 1989: 47)．

以上が，オダネルの所説の要約である．いくつか興味深い指摘がなされていることがわかる．一つは，彼が，ケインズの哲学的精神の形成に果たした父ネビルの役割を重視している点である．また，ケインズが謝意を表したとする順番が，ネビル→ジョンソン→ムーア→ラッセルとなっているのも面白い．これに対して，ウィトゲンシュタインの役割は評価せず，反対にラムジーについては一定の影響を認めている．ライプニッツとヒュームから，多大な影響を受けた点についての評価は妥当なところであろう．ベンサムとベンサム主義についての評価も妥当であろう．意外なのは，フロイトがケインズに与えた影響を認めていない点である．しかしながら，この評価には同意しかねる．

第5章
英語圏での断絶説の展開

1. デーヴィスの所説

(1) 断絶説に立つデーヴィスのアプローチ

断絶説によるカラベリ，オダネル批判 デーヴィスは1994年の単著で，ケインズの哲学的発展には「断絶（discontinuity）」がある，ケインズは1930年代に入ってから，ラムジー，ウィトゲンシュタインの影響をうけて，その哲学思想の転換を図ったと論じた．その主張は，カラベリやオダネルの連続説に対する真っ向からの反論であった．

彼によれば，まずカラベリの研究は，後期ウィトゲンシュタインのパラダイムに，また，オダネルのそれはムーア，ラッセル，それに初期ウィトゲンシュタインのパラダイムに，それぞれケインズの哲学を位置づけようとする試みであった（Davis 1994: 97）．

だが，デーヴィスの議論に立ち入る前に難ではあるが，彼によるカラベリとオダネルの理解は，不正確で，妥当なものではなかった．まず，カラベリは，ウィトゲンシュタインの影響を重視していないし，また，オダネルが，ラッセル，ムーア，それにウィトゲンシュタインの哲学的枠組みにケインズを位置づけようとしたと解釈するのも誤りであった．

断絶説に立つデーヴィスの問題へのアプローチは，ケインズの哲学的，経済学的思考が相互に重要な影響をもたらしたとする視角によって特徴づけられている（*ibid.*, 4-5）．

第一に，ケインズの初期の哲学は，その後の彼の経済学的思考の発展によって変容したとの理解である．初期の直観の概念が，経済学の発展とともにその

意味と役割とを失い，そうして『一般理論』では初期とは「全く異なる期待概念」にとって代わられたと主張する．彼によれば，こうした転換とともに，ケインズの社会生活での個人の判断の本質についての見方も変容したのであった．初期の実在の本質に関する個人の自生的な洞察としての判断から，社会的に影響を受けた，偶発的で不確実な判断へと転換したのである (*ibid.*, 5)．

第二に，ケインズの哲学と経済学とが，相互に重要な影響を与えたというこのアプローチに立ってみると，ケインズの後期の経済理論の発展は，当然のこととして，ケインズの哲学思考の発展に依存していたことになる．デーヴィスの見立てでは，後期の著作『一般理論』でケインズは，慣行を人々の経済活動の状態や水準を実現する独立変数として重視し，このうえで慣行と行為にあたっての「性癖 (dispositional nature of behavior)」を強調するようになったというのである．この見立ての哲学的意味についてデーヴィスは次のように論じている．

相互依存性的な個人的判断と行為のアプローチ　デーヴィスによると，こうしたケインズの経済理論と哲学との相互関係の発展による新たな見地は，1930年代に入ってからの，『一般理論』草稿の執筆活動での熟考を待たなければならなかった．それによって，「相互依存的な個人的判断 (interdependent individual judgment)」なる新たなアプローチが彼の思考のなかで優位性を得るようになったのである (*ibid.*, 5)．

デーヴィスによれば，ケインズはラムジーの批判をうけて若き日からの考えであった直観について疑問を抱くようになった．彼の理解によると，ケインズは，後期の個人の判断についての哲学的見地によって初期における自身の直観概念を経済学の分野で維持するのが困難となったのである．それはまた，慣行概念による新たな経済学的思考の発展をもたらしたのであった．ケインズにおけるこうした全体的な知的発展によって，彼の経済学と哲学の概念に，相互的な転換が生じたのである (*ibid.*, 5)．

かくのごとくデーヴィスは，まずは経済学理論の発展によってケインズの直観主義からの離脱を説く．しかしながら，直観主義に縛られていたケインズにおいて，それでは経済学理論の発展は何によって生み出されたのであろうか．デーヴィスの論法は堂々巡りをしているようであり，必ずしも明確な説明にな

っていない印象を受けるのである．

直観の放棄と慣行への回帰　デーヴィスは，この点を2003年の論考では，より論理的に簡明に論じている．彼の認識によれば，ケインズの未刊の初期文書で論じられた彼の哲学的見地は，『蓋然性論』（1921年）でより成熟した形で現れるが，それは，ケインズが『一般理論』に着手した時までには，おおかた放棄される (Davis 2003: 100)．

ここで放棄された考えとは，①「プラトン的実体の存在論的領域 (ontological realm of Platonic entities)」であり，②それは，「合理的で，介在するもののない直接的で純粋なる直観」によって接近しうる，という考えであった (ibid., 100)．

これに対して，ケインズの後期の哲学的思想では慣行の概念が中心的な構成原理となった．この考えは，人々の行動を相互依存的で性癖的 (interdependent and dispositional) として理解する考えと関連しており，歴史的，社会的世界を哲学的研究の課題とするものであった．

確かに，ケインズの若い頃の慣行の否定は，『一般理論』では肯定へと逆転している．そうして『一般理論』第12章では次のように述べていたのである．

「実際には，われわれは通常暗黙のうちに一致して，実をいえば一種の慣行に頼っている」(CW VII 1973: 151-2; 邦訳1995: 149-50)．

デーヴィスは，こうしたケインズの哲学的変化について，個人の判断が諸個人の「相互依存性 (interdependency)」によって形成されると考えるようになり，直観という個人の判断に基づく認識論を放棄することになったからであると説明している．

後期の哲学的思考の変化を示す論拠としてデーヴィスは，ケインズの1938年7月4日付ハロッド宛書簡をあげる．そこで，ケインズは「経済学は本質的にモラル・サイエンスの一つであり，自然科学の一つではありません．すなわち，経済学は内省と価値判断とを駆使するのです」(CW XIV 1973: 297; 邦訳2016: 358) と指摘していた．この問題でケインズは，さらに7月16日書簡で「経済学は動機，期待および心理的不確実性を取り扱うと付け加えておけばよかったでしょう」と述べていたのである (ibid., 300; 同362)．デーヴィスによれば，これらは，経済行動の複雑さを研究し理解する手がかりを示すものであ

る．

　彼は，また，こうしたケインズの「相互依存性」に基づく判断と行為の例証として『一般理論』第12章の「美人コンテスト」を指摘する．彼によれば，このコンテストでは，読者が写真の中から誰が最も美しい人物であるかを選ぶのかを勝者は推測しなければならない．コンテストの勝者は，他の人々の意見がなんであるのかをうまく判断できる人である．投資にあっても，投資家は，自分が最善な投資はなんであると考えるよりも，他の投資家が最善の投資はなんであるかと考えるかに関心を集中させる．

(2) ケインズは「直観」を放棄したか

　このように，個人の判断が重層的な「相互依存的」な解釈のメカニズムによって決定されてゆくと考えるのであれば，個人的判断は直観に基づくとしたそれまでの考えは放棄されざるを得ない．直観を捨て，相互依存的認識論に転換したケインズが『一般理論』で重視した概念が慣行なのである（Davis 2003: 107-8）．

　彼は別の論考でも，ケインズが「若き日」において，事物の洞察を可能にするものとしての直観に傾倒し，この一方で，道徳，倫理の行動原理としては，慣行や規則に従うべきである立場を否定していたが，後年には，これを批判するようになったと論じている（デーヴィス 2005: 659）．

　ほんとうにそう解釈してよいのであろうか．デーヴィスの解釈に対しては，多くの論者からの疑問や異論が投げかけられよう．例えばドスタレールは真っ向から異なる議論を展開している．彼は，以下の3例をあげて，直観の役割についての「彼の立場が，初期の哲学的著作からその生涯の終わりまで変化しなかったことを示している」と述べている（ドスタレール 2008: 177）．

　1921年の『蓋然性論』でのダーウィン論　ケインズはダーウィンが彼の仮説に到達したのは「論理的過程や統計的推論を通してではなく，むしろ直観を通じてであった」と述べている．「主要な論証においてだけではなく，多くの補助的な議論においても，帰納とアナロジーの入念な結合が，統計的頻度の狭く限定された知識に重ね合わされている．そして，このことは，何らかの程度の複雑さに関するほとんどすべての日常的な論証に等しく当てはまるのであ

る」(*CW* VIII 1973: 118-9; 邦訳 2010: 126, 一部改訳).

1925 年のフロイト論　ケインズは「シーラ（siera）」と署名された文書で，「直観と経験にもとづいた見解」を「生み出すことのできたフロイトの天才的な科学的想像力を称賛している」(ドスタレール 2008: 177-8). なるほど彼は，次のように主張している.

「自らの見解を例証するために，また自らの見解が読者の心にいっそう鮮明に映るようにするために，フロイト教授がこれまで公表したすべての症例を完全に捏造していたことが万一認められたとしても，現段階でフロイト理論に有利な主張が弱められることはほとんどないであろう，と私はあえて言いたい」(*ibid.*, 178).

1935 年 7 月 10 日付 R.B. ブライス宛書簡　そこで彼は，経済学の理解においての直観の重要性を，次のように強調している.

「……これは思うに，スコラ主義の不快でぞっとする状態のさらなる別の例であり，かなり多くの経済学者の思考がそれ（経済学における「スコラ主義」のこと＝筆者）に陥ってしまうと，みずからの直観をすべて捨て去ることになるのです．経済学の論文の執筆にあたって，論文の書き手は，数学的証明や法的文書を書いているのではありません．私は，読者の直観を呼び起こし，それに訴えようと試みているのです．もし読者が，直観を持っていないときに，経済学を理解しようとしても，書き手はお手上げです！」(*CW* XXIX 1979: 150; 邦訳 2019: 176, 改訳した).

経済学の書き手にとっても，それを理解しようとする読者にとっても直観が大事であるというのである．

1936 年の『一般理論』　ケインズは，同書の第 6 編第 23 章の「重商主義，高利子禁止法，スタンプ付き貨幣および過小消費説に関する覚書」で，マルサス，マンデヴィル，ホブソン等を，「自らの直観にしたがって」「真理」を極めようとした人々として賛辞を送ったのである．

「彼らは，たしかに明晰性と整合性を保ち，平易な論理によりながらも，事実に合わない仮説によって得られた誤りを保持するよりも，曖昧で不完全ではあっても，自らの**直観**にしたがって真理を見出す道を選んだのである」(*CW* VII 1973: 371; 邦訳 1995: 474, 一部改訳, 太字は筆者).

ケインズが『一般理論』の執筆に当たっても直観を知的活動，認識論において欠くことのできない心的活動であるとその重要性を認めていたのである．

1936 年のニュートン論　『一般理論』を刊行した 1936 年に，ケインズは，ニュートンの手稿のいくつかを手に入れた．「そのなかでケインズは，『自然科学』(ハード・サイエンス)の領域を含めて，科学的な研究において直観の演じる根本的な役割に関する自らの主張を展開し続けた」．

「ニュートンの実験は『いつでも，発見の手段ではなくて，常に，彼がすでに知っていることを検証するための手段であったのではないかと思う』」．

「そして彼は，こう結論している．ほかの多くの人たちは，ニュートンによる錬金術の研究と彼のまじめな科学研究とのあいだにギャップがあると見ているが，そのようなギャップは存在しないのだ，と．フロイトにとってと同様にニュートンにとって，そしてケインズにとってと同じくダーウィンにとっても，帰納よりもむしろ直観が知識の過程における第一歩なのである」（ドスタレール 2008: 178）．

モグリッジも直観を強調　モグリッジも，1976 年の『ケインズ』で，ケインズの知的活動における直観の役割を次のように強調していた．

「ケインズの思考過程の直観的性質は，経済学者としてのケインズの仕事の中に明瞭に現れている．ときたま，彼は『エコノミック・ジャーナル』への投稿者との議論の中で，自分の思考過程の性質をあらわにし，次のように書いたものであった．『あなたは，私がはっきりと直観を働かすことができるような仕方で，それを表現してはおられません』．同じように，彼の『一般理論』の発展にかんして，……学生の講義ノートや書簡や原稿から分かるように，ケインズは彼の体系の本質の大部分をすでに 1932 年に直観的に把握していた．しかし，真理については疑いはなかったものの，その証明にはかなりの困難があり，その直観を当面の目的にとって技術的に適切とみなされる形で表現するために，原稿の改訂と討論にさらに 3 年を費やしたのである」（モグリッジ 1979: 32）．

かく述べてモグリッジは，次のように締めくくっている．

「ケインズにおいては，直観は創造行為における初期の，しかし本質的な段階をなしていた．それに続いて，世界全体に聞かせ，説得するための思考図式

を発展させるために，きわめて困難な体系的研究がおこなわれたのである」（同）．

その後，モグリッジは大著『ケインズ伝』（1992年）を刊行する．その第21章「一般理論に向けて」の冒頭においても直観を強調している．まず，冒頭のリードの部分で，1936年2月19日付 O.T. ホーク（友人で投資銀行家）宛書簡から次のような一文をわざわざ引用している．

「人々は道筋を発見する前に目的地がどこまでわかるかは，創作的作品の心理学のうちでも最も不明瞭な問題である．それはある意味で，人々が最初に目にした目的地である．とはいえ，その多くの目的地は，まもなく，蜃気楼であることがわかる．最初の**直観**の小さな部分によってのみ人は，道筋を発見しようとする闘いを生き残ることになる」．

モグリッジは，本文の冒頭部分でも，あらためてケインズの創造的業績において果たす直観の役割について論じている．

「ケインズは，彼のすべての著書に関する残された文書から，どの場合もケインズは，まず目次草案を書き上げ，執筆に臨んでいる．筆を執って詳細な論述に入る前に，**全体の論証すべき構造を考えついていたように思える**」（Moggridge 1992: 551-2，太字は筆者）．

このあとモグリッジは，ケインズが，マーシャルやマルサス，ニュートンの人物論，それにラムジーの追悼文で，直観の果たす役割を重視していたことを明らかにしているのである．

(3) ラムジー，ウィトゲンシュタインとケインズ

ラムジーの批判 デーヴィスによれば，情動主義者であったラムジーは，「私は論理的な関係を知覚しないし」，また私は「他の人たちも論理的関係を知覚しないのではないかと思う」として，ケインズの直観による命題間の論理的関係の把握による蓋然性論を批判した．一部の論者からは，これによって，ラムジーは，ケインズの直観が恣意的で，根拠がないことを突き，彼のプラトン的方法に疑問を投げかけたのだとされている．

デーヴィスは，このラムジーの批判にケインズが譲歩し，これを契機にケインズの思想は変化したと考える．彼によれば，ケインズは，1931年のラムジ

ーの追悼文のなかで「私は彼が正しいと考える」と応じているのがそうである（Davis 2003: 105）．デーヴィスによれば，1938 年の『若き日の信条』のなかにこの「証拠」を見出すことができるという．そこではケインズが，ムーアの直観の教義にとらわれすぎたと自己批判しているというのがデーヴィスの解釈である（ibid., 106）．それは次のような一文である．

「われわれは個々のケースを，すべてその功罪（メリット）に応じて判断する権利を主張し，また立派に判断できる知恵と経験と自制心を備えていると主張した」（CW X 1972: 446; 邦訳 1980: 582）．

はたして，ここから「ケインズの自己批判」を読み取ることができるであろうか．

ウィトゲンシュタインの影響についての誤解　デーヴィスは，ケインズとウィトゲンシュタインの知的交流を基にして，ケインズの後期思想の転換を論じる．後に，同じ断絶説に立つコーツ，ベイトマンらに対する批判で触れるが，デーヴィスがここで述べられている諸事情は，ウィトゲンシュタインのケインズへの影響を論証する証拠とはなり得ない代物である．

彼は，ウィトゲンシュタインが最初に自身の後期哲学について論述した『青色本・茶色本（The Blue and Brown Books）』（1958 年）が，タイプ印刷の状態で，1933–35 年にケンブリッジで出回っていたという（Davis 1994: 72）．それでは，ケインズはこれらの文章を読んだのかというと，デーヴィスの説明は心もとない．彼は，ウィトゲンシュタインが草稿を「読んだ明確な証拠はないが」（ibid., 72）と書かざるを得ないのである．議論した事実についても具体的に指摘しているわけではない．

デーヴィスはさらに，ウィトゲンシュタインの後期の著作『哲学探究』（1953 年）がケインズに及ぼした影響を取り上げる（ibid., 104-5）．彼によるムーアとケインズの「指示理論」に立った語の意味論批判がそれである．ウィトゲンシュタインは，『哲学探究』で「文章を道具として，またそれが使用される意味を考えよ」（1953 年，第 1 部第 421 節）と論じていた．彼の，語の意味はその使用によって理解することが可能であるとする立場は，さらにケインズのプラトン的実在論に対する根本的な批判でもあった．

デーヴィスの主張するような後期のケインズ哲学思想の転回に，ウィトゲン

シュタインの影響があったとする解釈は，確かに，一つの有力な学説となり流布されている．だが，その多くは，論拠が明確に示されてはいないのが実態である．デーヴィスの場合も御多分にもれず，同時期にケインズとウィトゲンシュタインが同じような言語理論，言語哲学的アプローチに転換したと主張するにとどまっている．両者の知的交流を文献（論文，書簡，日記など）や友人・知人証言などを交え，具体的に，詳細に検討したうえで，それを論証した研究とはとうてい言えないのである．

2. ミニの所説――ケインズへのフロイトの影響

ケインズとフロイト ケインズのフロイトに対する並々ならぬ関心は早くは第一次世界大戦の戦後処理に関わる問題を論じた『平和の経済的帰結』（1919年）での直接の言及によって明らかであった．そこでケインズは，次のようにフロイトを引き合いに出している．「（ウィルソン）大統領に，条約は彼の宣言の放棄にほかならない，とほのめかすことは，フロイト的コンプレックスの急所に触れることだった」（*CW* II 1971: 34; 邦訳 1977: 43）．

彼のフロイト派への関心の強さは，1925年には『ネーション・アンド・アシニーアム』誌でのフロイトをめぐる論争にシーラ（Siela）というペンネームで加わっていたことからもうかがえる（ドスタレール 2008: 106）．フロイトの著作の英語版が，当時，レナード・ウルフによってリットンの弟のジェイムス・ストレイチーの協力をうけてホーガンプレスから刊行され始めた時でもあった．ブルームズベリー・グループの人々は，ウィーンのフロイトと関係を強めつつあり，ケインズもその例外ではなかったのである．

その後もケインズはいくつかの著作でフロイトについて言及している．なかでも『貨幣論II』でのフロイトへの言及はよく知られている．その第35章「国際的管理の諸問題2 金本位」の第1節「呪うべき黄金欲」で次のように論じている．

「フロイト博士は，われわれの潜在意識の深所には，とくに金が強い本能を麻痺させ，象徴として役立つような，特別の理由が存在すると述べている」[1]．

この一文での注記(1)では，「貨幣愛，ことに黄金欲に関するフロイトの学説

については」としてフロイト『論文集』第2巻やフェレンチ『精神分析の基礎』，アーネスト・ジョーンズ『精神分析学論集』をあげている．この注記でとりわけて注目すべきは，とくに英国におけるフロイト研究の先駆けであるジョーンズが，戦後の金本位制への復帰という政策論争に関連して，大戦中の1917年に早くも次のように「預言」していたと引用し，それを「精神分析的方法の成功」例と評価している点である．

「1917年にジョーンズ博士が書いている次の預言は，おそらく精神分析的方法の成功に数えられてよいであろう．『したがって『貨幣』および金の観念に対しては，明確な心理学上の理由から，所有および富の観念が執拗に付着している．この迷信的な姿勢は，戦後になって，恐らくどんな費用を払ってでも金通貨を再導入しようという努力がなされるときに，イギリスにとっては，とくに多大の犠牲を必要とすることになるであろう』」（*CW* VI-2 1971: 258-9; 邦訳 II 1980: 303-4）．

これらに加えて，ケインズの書いたもののなかには，フロイトには言及していないものの，「リビドー」なるフロイト派の用語を用いた評論もある．それはH.G. ウェルズ著の『ウィリアム・クリソルドの世界』の書評（1927年）である．そこでは実業家が金儲けに走るのはなぜかとして，次のように書いている．

「実際家が公然たる陰謀に加担するよりも，金儲けに楽しみを見出すのはなぜであろうか．……彼らは科学者や芸術家になるという幸運をつかむのでないかぎり，それに代わる大きな動機，完全なる代用品，つまり実際にまったくこのような幸運を何一つ欲しない人々のための鎮痛剤――貨幣――に頼ろうとするのである．……クリソルドと彼の弟で広告の専門家であるディッコンは，自分たちのあり余るリビドーを結びつけるべき何ものかを探し求めて，世界中をうろつき回っている．しかし，彼らはその何ものかを見つけられなかった．彼らは使徒たらんと強く希ったのかもしれない．しかし彼らは使徒たりえなかった．彼らは相変わらず企業家にほかならなかった」（*CW* IX 1972: 319-20; 邦訳 1981: 385-6; ドスタレール 2008: 374）．

フロイトの影響を重視するミニ　ケインズの思想，世界観にフロイトが大きな影響を与え，「若き日」の信条からの転換をもたらした主たる要因であると

主張するのがウィンスロー（E.G. Winslow）とミニ（P.V. Mini）である．両者は，その転換の主たるきっかけとなったのが第一次世界大戦であるとする点で一致している．のちに論ずるが，スキデルスキーは，ケインズとフロイトとの関係について重視している．彼は，第一次世界大戦を境にケインズの思想が大きく変容した主要な要因の一つに，フロイトの影響をあげている（Skidelsky 1992: 88）．既述したようにドスタレールもフロイトとの関係を重視している．

ここでは，代表的な研究としてミニの『J.M. ケインズ（*John Maynard Keynes: A Study in the Psychology of Original Work*）』（1994 年）を取り上げてみよう．

合理主義的理解への批判　ミニの著作はケインズの方法論に関する研究である．彼によれば，かかる方法論は，ケインズの哲学的信念にもとづくものであり，彼の経済理論の独自性を特徴づけ，さらには，彼の人生哲学ともいうべきものでもある．

ミニは，経済学者の理論的研究の姿勢について話を向け，それを特徴づけるのと同じ合理主義によってケインズの研究を評価しがちであると疑問を呈する．合理主義者は，往々にして，論理的-数学的思考にそって真理を究明しようとするが，この基本姿勢こそがケインズ評価に当たっては問題なのである．

ミニにすれば，こうしたケインズ研究者がしばしば感じる困惑は，彼らがケインズの本性を把握できなかった現れであるということになる．たとえば，ブレイスウェイトがそうであるという．哲学者であった彼は，ケンブリッジで長年親しく交流してきたケインズが，『若き日の信条』において，功利主義的倫理を拒絶し，人間を理性的であるとする考えを否定していたとみて，衝撃を受けたのであった（Mini 1994: 1）．

これに遡るおよそ 10 年前，遺伝学に興味を抱いていたケインズは，ベルリンで，人口抑制のための政策の必要性を語り，さらに将来の社会は人口の規模とともに「遺伝的な性質（innate quality）」についても関心を払わなければならないと説いていた．

さらに，ケインズによるティンバーゲン批判もそうである．そこでは，計量経済学者を「黒魔術」「全くのペテン」「悪夢」などとレッテルを貼り，激しく攻撃した．これによって多くの経済学者を混乱させ，彼らの感情を害したので

第5章 英語圏での断絶説の展開

あった (*ibid.*, 2).

オダネルによる甚だしい誤解 果たしてケインズは合理主義者であったのだろうか．こう問いかけるミニは，『蓋然性論』の研究者によっては，ケインズを合理主義者とするものもいる．だが，「合理的 (rational)」の語義を明確に規定しないままに議論しても混乱を生じさせるだけであると批判する．そうして，オダネルのような合理主義者が非合理主義者――ミニはケインズを合理主義者とは見ない――を読んだ際には，いかに多くの誤解が生じるのかは，驚くべきことであると述べている (*ibid.*, 2).

ミニは，オダネルが，ケインズ解釈でおかしているさらなる誤読を指摘している．

非合理主義者のケインズは，『若き日の信条』で，次のように回想していた．「我々は，我々自身をも含め，人間の本性を完全に誤解した．われわれはフロイト主義者以前 (pre-Freudian) であったばかりか……」(*CW* X 1972: 448).

たしかに，オダネルは，このくだりを甚だ誤読し，ケインズがフロイトの思想の影響を受けていなかった一つの告白として真逆に解釈している．彼は「ブルームズベリー・グループとの結びつきにもかかわらず，フロイトの哲学的影響は小さいように思われる」と言うのである (O'Donnell 1989: 47). ミニは，1938年の時点でも，オダネルが，ケインズを「フロイト以前」と誤認している証拠として，先の文章に続く以下の一文を指摘している．

「ケインズはフロイトの貨幣についての考察（『貨幣論 II』，*CW* VI 1971: 258-9) と精神分析学について論じていたこと (*CW* XXVIII 1982: 442) を承知していたが，ケインズ自身の思想は，彼自身が1938年に認めていたように，その時点でも依然として「フロイト以前」であった」(*CW* X 1972: 448; 邦訳 1980: 584; O'Donnell 1989: 47).

第一次世界大戦とフロイトの思想的影響 ミニは，ケインズの思想は，1914年以降，第一次世界大戦をきっかけに，人間の本性に非合理的な力を発見するとともに，ケインズの信条は変化したと主張する．これはケインズにとっての「ダマスカスへの道」，すなわち人生における突然の転機であった (Mini 1994: 30).

1938年の時点でもケインズは「フロイト以前」であったとするオダネルの

ような理解に異議を唱えるミニは，1903-14 年の間において，ケインズがフロイト以前であったことを認めているのであって，「それ以後のいつの日からかは不明であるが，1914 年以降 1938 年までには，文化や感情に対するフロイトの影響を強くはっきりと気づいていた．ケインズは 1938 年時点で，それを当然のこととしているのである」(ibid., 2) と考えるのである．そのミニにすれば，ケインズの『若き日の信条』は，「まことに，実存主義者の書いた文書である」(ibid., 30) と思えるのである．

かくしてミニは，ケインズへのフロイトの思想的影響を重視し，1920 年代に近づくにつれ，ケインズはフロイトを新たな世界観のシンボルとしてみるようになっていった．これに伴いケインズは科学主義的，物質主義的な要因ではなく，心理学的，内面的な要因を高く評価する立場へと転じていた，と見るのである (ibid., 2)．

そうして，ミニは『平和の経済的帰結』(1919 年) に，フロイト的解釈の例を見て取れると論じる．たとえば，ロイド・ジョージがウィルソンに魔法をかける妖精として特徴づける場面がそうである．ウィルソンはまた別の場面で「フロイト的なコンプレックス」と関連づけて描写されていた．

ミニからすれば，『平和の経済的帰結』は，また，人間の本性についての悲観主義的見地から書かれたとも評価しうる著作なのであった．

こう論じるミニは，ケインズ全集の事項索引でみると「心理学」の項目は少なく取るに足らない扱いであるが，彼の著作全体にわたり，心理学的な洞察，論議，それに観察が随所に見出されるとして，ケインズにとって心理学的分析が重要な位置を占めていることを強調するのである (ibid., 2)．

このあとミニは，『若き日の信条』を対象に，若き日と後年のケインズの精神と思想の遍歴を論じつつ，精神分析学的な知見に基づくケインズの人間性論を中心とする思想，精神の変容過程について詳細に論じているが，紙幅の都合もあって先を急ぐことにする．

ミニによる『蓋然性論』の評価　ミニは，自著の第 2 章でケインズの『蓋然性論』を論じている．彼によると，ケインズが『一般理論』の中でそれと『蓋然性論』について言及している箇所がある．その一つが「不確実さ」の概念と『蓋然性論』での「起こりそうにない」との区別についてである．

だが，ミニは，『蓋然性論』を，ケインズの後年の重要なモチーフを窺わせる研究としては評価できないと考えている．彼によると，後年のケインズのモチーフは，数量的に知りうる能力への懐疑論にある．他方で，『蓋然性論』は，後期ケインズの業績に見られる重要な構成要素を欠いていた．それは，心理学によって行為を説明するという方法的な立場である．このような解釈に立って，ミニは，『蓋然性論』におけるケインズの行為論は，のちに転換されたと考えるのである (*ibid.*, 32)．

かくして，ミニの理解では，ケインズの後期の業績の多くは，『蓋然性論』の論理から心理学へと説明の転換がはかられている．彼は，不確実性，不安，希望，悲しみ，無知，慣習などによって行為を理解することになる．

これと同時にミニは，『蓋然性論』を「父性」からの自己解放の産物であるとの理解も見せている．その多くが心理学的洞察に依拠していた『平和の経済的帰結』の執筆直後に仕上げられた『蓋然性論』(1921年) は，ケインズによる「全体主義的数学的精神 (totalitarian mathematical mind)」からの脱出の闘いであった．ケインズは，数学のトライポスでよい成績を得られず，数学に対して心理的な重圧感を感じ始めていた．『蓋然性論』の体系化に取り組むことで，数学から自己を解放し，この過程で，数学的アプローチを放棄した．また演繹法の原理から離脱し，帰納法の研究へと向かっていった．それはまた，心理学的に見ると，彼の数学教官と父ネビル・ケインズの影響から逃避する試みでもあった (*ibid.*, 33)．

ケインズは，そうして，『蓋然性論』では，とりわけ「決定的ではない論証 (inconclusive arguments)」，疑わしい論証に関する分野の研究に向かっていったのである．この選択とケインズが経済学の研究に向かったのは，ほぼ同時であった．これは注目すべき点であった．ここからミニは，ケインズが1907年に古典派経済学から離反する第一歩を踏み出したと考えるのである．ケインズにとって，リカードのような古典派経済学は，ア・プリオリな前提からの演繹的な論証にもとづき絶対的な確実性を主張する方法であった (*ibid.*, 33)．ケインズは，かくして，彼の『蓋然性論』とともに日常世界に身をおき，経済学研究に従事したのである．

このようにケインズをとらえるミニは，結局のところ『蓋然性論』をどのよ

うに評価しているのか．彼は次のようにまとめている．

『蓋然性論』は完成までおおよそ 15 年の年月がかかっている．その間に，予期せぬ悲惨な第一次世界大戦があった．ヴェルサイユ国際会議での戦後処理に悲憤し，短期間で書き上げた『平和の経済的帰結』のあとで，ケインズが，実存主義的-心理学的知識を，すでにほぼ完成していた『蓋然性論』のなかに移植する (graft) には時期を逸していた．とはいえ，『蓋然性論』を破棄することも，それから逃れることもできなかった．なるほど，『蓋然性論』に至る過程の草稿を大変な労力を払って調べれば，おそらく，ケインズの修正過程が明らかになるかもしれない．完成にあまりにも長い年月を要した『蓋然性論』は，「一貫性は損なわれ」，いくぶん「ばらばらな不調和な作品」として出来上がったのであった (ibid., 45)．

誰にもましてケインズのことをよく知っている人物であった C. ベルは，次のように書いている．

「第一次世界大戦後に，ケインズが古い学術論文を本にしようとしたときに，彼はたまたま多くの修正が施されている原稿を私に渡して次のように言った．『この論考で私が何を意味していたのかを，君は思い出せるかね？』ベルによれば，ケインズは 1920 年に，1907 年あるいは 1911 年に自分が何を論じていたのか，理解していなかった．なぜなら，彼のものの見方と形而上学的な前提は，すでに変わってしまっていたからである」(ibid., 45)．

ケインズは，あまりにも合理的な彼自身の心的傾向に応えることによって，ながらく自らの意思決定を麻痺させてきた．この行き詰まりを打ち破ったのは，ケインズが，世界から隔絶したキングズ・カレッジの議論によるのではなく，政治・経済的分野での社会的な活動，第一次世界大戦，賠償問題，大恐慌などによって引き起こされた内省，熟慮，苦脳の結果であった．

「彼は，意思，情熱，アニマル・スピリッツを用いて，行き詰まりを打破したのである」(ibid., 40)．

「後半になって，ケインズは心理学とアニマル・スピリッツに転換することによって，『蓋然性論』に表現された彼の若き日の学問的営為が失敗であったことを認めたのである．……そうして彼は時代に追いついたのである」(ibid., 44-5)．

ミニは，ケインズが蓋然性論の意義について，アンビヴァレントな立場であったとみる．蓋然性を同じ基準で測ることができないため，それによって行動を決定しなければならない人であれば，誰もが異なる決定に引き込まれ，おそらく麻痺させられるに違いない．確かに関連する知識が同じ基準では計れないもので，付加することも比較することもできず，矛盾しているのであれば，これに伴う主たる結果は，心理的な混乱である（ibid., 45）．

　ミニの考えでは，ケインズは結局，次のように考えるようになった．知識は，偏見とイデオロギーの敵である．しかし，偏見とイデオロギーこそが確信を生み出すうえで優位性を有しているのである．そうして，この確信が行為を導くのである．これらすべてが1938年の『若き日の信条』で確認されているのである．そこでは，行為を引き起こすものは感情の価値であるとしているのである（ibid., 45-6）．

　そうして時が経過するとともに，ケインズの思考は，しだいに知識社会学的なものへと移っていった．そうして，リビドー，意思，予期されぬことへの十分な余地を残しつつ，シュンペーター，マンハイム，フロイトなどのドイツ的思想から得た示唆を取り入れるようになっていった．そうして，ケインズのなかでの数学的な理性の範囲は，次第に狭まっていったのである．

　「後年ケインズは，人生を観察し，人生を生きることによって，予期されぬことについてたくさんのことを学ぶことになった．それは，彼の死の際もつきまとうことになった．ケインズは自らの意思として，彼の遺体は茶毘に付され，遺灰はキングズ・カレッジの聖堂地下に安置するように遺言を残した．だが，彼の遺言執行者は，彼の遺灰をダウンズに散骨した．それは『蓋然性論』の著者があらかじめ理解していたことであったかもしれない」（ibid., 46）．

　ミニによる「詩文」の解釈　ミニは，『蓋然性論』の巻末の事項リストに，さりげなく書き残された詩文に注目している．彼は，この詩文は何を意味しているのかと問いかける．詩文には次のようなくだりがある．

　「蓋然性は，真理の敵であり邪悪さの根源であるかのように見える」．

　蓋然性が真理の敵であるというのか．そうであれば，ケインズ自身，この詩文において，『蓋然性論』の本文で論じていることと，反対のことを言っていることにならないか．ミニによれば，ケインズにとって命題間の関係について

の論証によって得られた蓋然性の評価は，客観的なものであり，真なるものであった．蓋然性の客観性についてケインズは次のように述べていた．

「われわれの知識を限定する諸事実がひとたび与えられたならば，それらの状況において確からしいこと，あるいは確からしくないことは，客観的に決められてしまい……」(*CW* VIII 1973: 4; 邦訳 2010: 4)．

『蓋然性論』の巻末の詩文は，これと正反対のことを，つまり蓋然性は客観的な判断ではなく，主観的判断であると暗示しているのであれば，1921年の刊行時のケインズは，自身の研究にひどく懐疑的であったことにならないか．いったいケインズは，どんな思いを込めて，いつ，この反語的な詩文を書き込んだのであろうか．ミニは，次のように書き記して，この問題の考察を終えている．

「『貨幣論』の刊行後間もなく，そこでの考察の内容の修正を考え始めているケインズのことである．彼が，『蓋然性論』のインクの乾かぬうちに，そこでの主張に反対するのは，驚くことではない」(Mini 1994: 42)．

3. ベイトマンの所説

断絶説に立つベイトマンは，『一般理論』に至るケインズの経済学と哲学の相互の展開過程，これに伴いつつ繰り広げられた経済理論の再三の転換過程を主著『ケインズの不確実性の経済学』(1996年) および，その後の論考「ケインズと哲学の終焉？」(2003年) で説いている．彼の所説は，2003年の論考で，より簡明な形で繰り返されている．そこで，まずは便宜上，これをもとに彼の主張の批判的検討を試みることにする．

(1) ベイトマンによる「三つの神話」批判

「ケインズと哲学の終焉？」でベイトマンは，独自の視点から，以下の三つの論点を「神話 (myths)」と呼び，こうした主張に対して，論争を挑んでいる．

①ケインズの初期の研究は，彼を経済的決定過程での期待と不確実性の重要性の理解に導いた．

②『一般理論』は，期待概念を用いた偉大な書物であり，ケインズの初期の

蓋然性論がもたらした直接の成果である．

　③ケインズは，期待をマクロ経済学に導入した偉大な革命家である．

　これに対してベイトマンは，以下のような独自の解釈を提示する．

　①ケインズは初期の経済学に関わる著作で，標準的なケンブリッジの景気理論をもとにして経済変動を説いていた．それは資本主義経済がブームと崩壊に陥りやすいのは何故かという問題に対し，期待と不確実性をもって説明しようとする試みであった．

　②だが，ケインズは，1920年代にそうしたケンブリッジの景気理論を放棄した．そうして，1930年代に入ってもしばらくこの立場にあった．

　③ところが，『一般理論』において再び，期待と不確実性の経済学を議論の中心に置くようになった．それは，1930年代の彼の経済政策の立案者としての仕事と投資家としての経験に基づくものであった（Bateman 2003: 73）．

　要するに，ベイトマンの解釈はこうである．若き日に，ケインズは，期待，確信，不確実性をもとに経済変動を説いていた．だが，1920年代には，一旦そうした見方を放棄した．それらの概念はマクロ経済学において有効ではないと考えたのである．その代表的な著作が『貨幣論』（1930年）であった．ところが1930年代に入ってから理論の再転換を図り，若き日の考えに戻った．

　かかる理解に立つベイトマンによると，なかでも『貨幣論』から1933年ごろまでの期間は次のように説明される．1930年に刊行された『貨幣論』は，確信と期待，不確実性ではなく，市場利子率と自然利子率の不均衡による景気循環を説いたものであった．市場利子率が自然利子率を上回ると，投資が収縮し経済の不況に陥る，逆に市場利子率が自然利子率を下回ると投資が拡大し，景気が拡張する，という説明のロジックに立っていたのである．また，こうした議論に関連させて，「基本方程式」も考え出していた．そうしてケインズは，この理論を引っ提げてマクミラン委員会に臨み，公聴会での議論を主導しようとした．ケインズはそこでの論戦で，イングランド銀行総裁のM.ノーマンに，自分の分析が誤っているのであれば，自分の首が切られても仕方がないと述べ，高慢で，侮辱的な態度で臨んだ．ピグーに対しても，慇懃ではあるが軽蔑的な態度で応じた．ケインズが批判した人々は，ピグーを先頭に，確信，期待と不確実性にその原因を見出していた人々であった（*ibid.*, 74）．

ケインズは，経済諮問委員会でも同様の態度で終始した（*ibid.*, 75）．それは，『ロイド・ジョージはそれをなしうるか？』の共著者 H. ヘンダーソンに対しても同様であった．ヘンダーソンは，ケンブリッジの理論である確信の欠如が不況を引き起こす元凶であると考え，ケインズと対立していたのであった（*ibid.*, 75-6）．

　ベイトマンによると，このケインズが「突然」，期待について語り始めるのが，1933 年秋のミカエルマス講義でのことであった．さらにケインズは，1934 年の春には，期待概念を『一般理論』の草稿のいたるところに盛り込んだのであった．

　それでは，なぜにケインズは，1920 年代以前の考えに戻ったのか．それも，ベイトマンが強調するように「突然」にである．ベイトマンは，「二つの主要な原因」を指摘する．それらは，①ピグーやヘンダーソン，その他の人々との長期にわたり経験した政策対立と不和，②投資家としての当時進行中の仕事，であった（*ibid.*, 77）．

(2)　オダネルのベイトマン批判

　ベイトマンの所説の問題点　果たして，これらの要因を以って説明できるのか．いやその前に，ケインズの研究活動を「初期」「中期」そして「後期」といったように期待と不確実性をキー概念にして，時期区分することが妥当なのか，と問わなければならないであろう．そもそも初期に不確実なる概念が登場し重視されていたのか．また，「期待」は 1920 年代に一旦，放棄されたというのであろうか．

　ベイトマンのような主張に対しては，オダネルの解釈が有力な反論となるであろう．彼は，次のように論じている．期待についていえば，ケインズが認めているように，これらの概念を彼が初めて導入したわけではない．ケンブリッジ学派（マーシャル，ラヴィントン，ピグー）の文献に期待を見いだすことができる．ケインズ自身についてみると，なにも『一般理論』が初めてなのではない．少なくとも 1910 年以降，経済行動にかかわる期待の重要性について一貫して言及してきたのである．

　オダネルはこう主張し，論拠として『貨幣改革論』（pp.18-20, 30-5, 118-9），

『貨幣論I』(pp.143-5, 189, 292),『貨幣論II』(p.133),『全集第12巻(経済論文等)』(p.261),『全集第15巻(諸活動, 1906-14年)』(pp.45-9),『全集第19巻(諸活動, 1922-9年)』(pp.114, 159, 184-6, 190) を指摘している (O'Donnell 1989: 245, 371n. 25).

さらにオダネルは,ケインズが不確実性と期待に最初に焦点を当てた人物とはいえないものの,いくつかケインズの賞賛すべき独創性を指摘できるとも評価する.

つまり不確実性と期待は,彼の不完全雇用均衡の理論において,根本的な役割を果たしたのである.それは,彼以前の理論でのように「誤った期待」ではなく「実現された期待」とともに非自発的失業が存在することを理論づけるものであった.

ケインズの独創性はどこにあったのか.オダネルは,経済学において不確実性と期待の概念を,ただ経済学に導入したことにあるのではない.それは,現実の経済を適切に扱うために,不確実性と期待の概念に新たな生命を吹き込み,これらを経済理論構築の中心的な概念として用い,伝統的な経済理論の枠組みを打ち壊し,独創的な経済学の体系を打ち立てようとした点にあったとする (*ibid*., 245-6).

この後,オダネルは,ケインズが資本の限界効率と期待について論じた以下の文章を引用している.

「現存の状態において資本の付加量を用いることによって得られる価値の増分と,その付加的資本資産の全寿命を通じて得られると**期待**される増分の系列との間の区別——すなわち,Q_1 と $Q_1, Q_2, \cdots, Q_r, \cdots$ の全系列との間の区別がそれである.このことは経済理論における**期待**の地位に関する問題の全部を含んでいる.資本の限界効率に関する大部分の議論は,Q_1 以外の系列の項目には全く注意を払っていないように見える.しかし,このことはすべての Q が等しいとされる静態理論以外では正当ではありえない」(*CW* VII 1973: 138-9; 邦訳 1995: 136,太字は筆者).

企業家は,全系列から得られる収益に期待を抱くのである.だが,すべての Q が期待どおりの結果をもたらすのかは不確実なのである.

ベイトマンの若き日のケインズ論批判　オダネルは,そこで最も重要な論点

の一つとして，ベイトマンの『若き日の信条』論でのケインズの直観主義に焦点を当てた議論を問題にしている．

ベイトマンの解釈によれば，ケインズは若き日のプラトン主義への執着を，その後，「誤り」であり「馬鹿げていた」と認めるようになったと『若き日の信条』で主張している（Bateman 1996: 8, 39）．

これに対して，オダネルは，この論点に関するベイトマンの指摘する証拠は，すべて彼の主張を裏づけるものではないと批判する．『蓋然性論』から『一般理論』にかけて，ケインズが自らの思想を転換させたとする証拠があると言いながら，ベイトマンが示した文献には，それを証明するものは一つとしてないからである．

かくのごとく，オダネルは，ベイトマンの主張に真っ向から反論し，ケインズは，若き日の信条であるプラトニスト的な直観主義を保持し続けたと主張する．彼は，その証拠として，『若き日の信条』から，二つの文章を提示する．その一つは，「われわれのこの宗教は，……**それは今もって，内面的には私の宗教である**」（*CW* X 1972: 442; 邦訳 1980: 577, 太字は筆者）．いま一つは「**私には『倫理学原論』の基本的な直観から立場を変える理由は全くない**」である（*ibid*., 444; 同 579, 太字は筆者）．

かくしてオダネルによれば，ケインズの回想録『若き日の信条』は，多少の留保すべき点はあるとしても，むしろ，「宗教」については，若き日の信条を再確認したものであると解釈すべきなのである．もっともオダネルの見方では，ケインズは宗教に関わる若き日の信条について何も自己批判していないわけではない．だが，彼は，自己批判によって，何から何まで放棄しようとしたのではない．そこでの自己批判は，内在的な批判で，限定的なものであった．ケインズは，基本的には宗教，それに直観を後年も堅持したと考えるべきなのである（O'Donnell 2003: 92-3）．

（3） ラムジーを過大評価，ウィトゲンシュタインを黙殺

ベイトマンは，ラムジーへのケインズの「降伏（capitulation）」という文言を用いて，両者の関係を描写している（Bateman 1996: 69）．それというのも，彼はラムジーのケインズ批判が，ケインズの「転換」に大きな影響を与えたと

評価するからである．彼は，ケインズが，1920年代の初めにラムジーと知的交流を始め，1926年までには，ラムジーの批判を受けて，自身の蓋然性についての立場について，かなりの疑問を抱くようになっていたと考える．そうして，ラムジーの追悼文を書いた1931年には，彼の批判を受けいれて，蓋然性の客観説（objective theory of probability）を放棄し，相互主観的蓋然性論（intersubjective probabilities）*を説くに至ったというのである（ibid., 78, 92）．

彼によれば，ケインズの主観的蓋然性論への転換は，期待概念の再評価につながった点で重要であった．そうして次のように主張する．

「期待のモデルは，間違いなくラムジーの主観的蓋然性からもたらされた」（ibid., 78）．

「ケインズは，蓋然性論の客観説を公式に放棄してから2年後に突然彼は，自らが考え出した相互主観的蓋然性を用いる場所を持つことができた」（ibid., 78）．

ここで客観説を放棄してから2年後というからには1931年のラムジー追悼文を書いてから2年後の1933年のことになろう．

だが，ケインズが主観説に転換したとして，どのように相互主観説をとるようになったかについての詳しい説明はベイトマンの論述には見当たらない．この問題への言及としては，ラムジーとケインズの主観的蓋然性論の違いについての——前者が蓋然性を本質的に個人的なものであるのに対して，後者は集団によって大部分が決定されると考えるといった——注記を目にする程度であるといってよい（ibid., 78, note 6）．

そうして，結局のところ，彼による説明は，おおよそ，次のような内容にとどまっているのである．すなわち，1933年までにケインズの『一般理論』の主要な分析的要素が出そろった．そこではケインズの事業上の確信の重要性についての関心の高まりがあり，相互主観的蓋然性という新たな分析的枠組みの採用となった．それはラムジーによる蓋然性論の客観的関係説への批判を受け

---

*　おかしなことにベイトマンは，ここで，ケインズ蓋然性の相互主観説を先行して論じたJ.D. Davisの研究（1994年）について一言も触れていない．また彼は，自著の巻末の文献目録から，このデーヴィスの主著を除き，どちらかといえば中心的論文とは思えない論考三本をあげているのみである．

てケインズが受けいれた考えであった (*ibid.*, 11).

　もっとも，彼は相互主観説に絡んで，それと慣行概念との関連性が論じられなければならないと考えてはいるようであるが，なぜか，肝心の後期におけるケインズとウィトゲンシュタインとの相互の知的交流に関わる考察が欠けている．すでに詳述してきたように，慣行の問題では，後期ウィトゲンシュタインの哲学思想との関係が焦点となるはずである．しかしながら，ベイトマンは，この問題については，1920 年代初頭のケインズのアポスルズにかかわる活動のなかで，哲学的問題に関連した彼とウィトゲンシュタイン，ラムジーの三者の接触について言及するのみである (*ibid.*, 62).

　ともかく自著で，1930 年代に入ってのケインズとウィトゲンシュタインの知的交流については，なぜか一言も触れてはいないのである．多くの断絶論者がウィトゲンシュタインに言及しているのに，ベイトマンは彼を全く無視しているのである．

(4) 「転換」は 1933 年ミカエルマス学期か，1934 年前半か

　1933 年秋が再転換点？　ベイトマンは，その実際の論述では，時には確信を，ある時には期待を，はたまたある場合には不確実性と期待，あるいは不確実性と確信とを合わせて，ケインズの転換点を画するものと論じている．

　例えば，確信にのみ焦点を当てた論述がある．1930 年から 1933 年の間，ケインズは，事業上の確信を「拒絶していた」，だが，1933 年秋に確信への回帰が見られた (Bateman 1996: 77, 79).

　また，1933 年における確信への転換を強調し，クラークがこれを 1935 年とするのを批判する箇所もある (*ibid.*, 124, note 53).

　不確実性や期待については次のように論述している．

　「1931 年のラムジー追悼文から 2 年後にようやくケインズの不確実性，期待への関心が明確となったのである」(*ibid.*, 68).「1933 年の秋はケインズの不確実性についての思考のまさに分水嶺となった」(*ibid.*, 124).

　ベイトマンは，三つの概念の相互関係，それらが一体的に理論体系に組み込まれたのはいつか，といった問題をどう考えているのか，必ずしも明らかではない．だが，彼はケインズが 1933 年に，不確実性，確信それに期待を，新た

な経済理論の核心をなす概念と位置づけ直したと考えていたことは間違いなく，この点から 1933 年ミカエルマス学期をケインズ『一般理論』の画期であると論じるのである．

さらにベイトマンは，「二つの研究，二つの失敗」と題する項目を立てて，15 年かかった『蓋然性論』も 6 年かかった『貨幣論』も，ともに失敗作であったと全否定に等しい論述ぶりである．なぜかかる評価を下したのか，これについての立ち入った詳しい説明はない．興味深いことに，『繁栄への道』(1933 年) も失敗作とされている．だが，これはケインズにとって転換点となった著作であるとの位置づけのようである．それというのも，この 1933 年に，彼は「あらたに構築中の理論モデルに，不確実性と期待の概念を導入したからであった」(ibid., 68)．

彼は，この問題を次のように説明しなおしている．「1933 年秋が不確実性についてのケインズの思考の転換点であった」．「いまや，ケインズは初めて**期待**概念を『一般理論』を特徴づける根本的方法として用いた」と論じている (ibid., 124，太字は筆者)．ここでは期待概念は，①流動性選好説を通した金融市場，②「予想準レント」による投資，③事業家の期待所得を通した雇用水準決定，でのそれぞれ重要な役割を負うようになっていた．そうして，ケインズは，①②に対応しては長期期待，③に関しては短期期待の概念を，それぞれに適用したのである (ibid., 124)．

かかる 1933 年秋におけるケインズの理論構築過程の説明によって，ベイトマンは，期待，確信，不確実性の 3 点セットを基礎とした有効需要論，流動性選択理論，それに限界効率による投資理論をもって構築した理論体系の樹立，すなわち「ケインズ革命」の画期を，1933 年の秋と見立てているようでもある．ベイトマンは，ケインズ『一般理論』への道の転換点を論じるために，1932 年のミカエルマス学期と 1933 年の同学期とを比較して論じている箇所がある．そこでまず彼が注目するのは，講義題目の変更である．それが「貨幣の純粋理論」から「生産の貨幣的理論」へと変わっている点であった．この題名の変更は何を意味していたのか．彼は「シュピートホフ論文」にも明らかなように不確実性が貨幣経済における全ての決定に影響を及ぼすというケインズの考察の核心が，理論体系の根底に定置されたと考えるのである．これによって「将来

における確信（あるいはその欠如）が貨幣経済における人々の行為に影響を及ぼすということが明らかになった」と言うのである（ibid., 126）．

1934年を画期とも主張するベイトマンの混乱　ところが，このベイトマンが，なんと別の箇所では，1933年秋ではなく，1934年中頃を『一般理論』体系成立の画期とすると解釈できる主張を行っているのである．

彼はそこでまず確信について論じ，その概念が『一般理論』草稿においては，1934年の中頃の講義と覚書に初めて体系的に位置づけられると考えているようである．また，モグリッジの解釈を踏襲し，同時期に『一般理論』の目次案をうけた草稿で，『一般理論』第12章「長期期待」が書き上げられ，これが事実上の最終稿となったと考えるのである（CW XIII 1973: 423-4, 424-56）．さらには，その目次にある第9章「雇用，消費，そして投資に関する関数」（ibid., 439-42）の内容に注目し，そこにおいて，「不確実性は，その理論モデル全体に浸透している」と評価する．そうして，ベイトマンは，ケインズがそこで有効需要のモデルを明確に定式化し，期待に二重の役割をもたせていると主張するのであった（Bateman 1996: 126）．

そのケインズによる定式は次のようなものであった．

有効需要関数：$E(N)$ は二つの要素（投資と消費）から構成される．二つは E（長期期待の状態）の関数である．そうして，

$$C = f_1(N, r, E) \quad I = f_2(N, r, E) \quad F(N) = f_1(N, r, E) + f_2(N, r, E)$$

と定式化した．ここで E は長期期待の状態，N は雇用量，r は利子である（CW XIII 1973: 441-2; Bateman 1996: 126-7）．

確かにここにおいて期待概念は，ケインズの理論モデルに，いわば内生変数としてその理論体系の核心に位置づけられたとも言えよう．

そうであれば，はじめに1933年のミカエルマス学期を画期としたベイトマン自身の説明と矛盾することになる．彼は，この食い違いをどう考えるのであろうか．

外部からの影響を重視するケインズ　ベイトマンは，ケインズの思考の発展よりも「外部の影響（*external* influence）」（Bateman 1996: 125）をケインズの転換を解く鍵と見ている（ibid., 124-5，イタリックはベイトマン）．

こうしたベイトマンのアプローチは，内部と外部とを機械的に分離し，外部

とは遮断された独自の心的世界＝内部における思考の発展過程と外部の影響が独自に思考の発展を促すという，ある種の二元論的知識論，認識論に基づいているようである．

それではここでいう外部の影響とは何か．それは，1930-33年頃のマクミラン委員会，経済諮問委員会などを通じての政策論争であり，金本位制からの離脱と恐慌の深刻化であった．このうち前者について言えば，なかでもH.ヘンダーソンが，ケインズの確信への転換に大きな役割を果たしたことである．ベイトマンは，彼が3カ年に亘りケインズに考えを変えるよう働きかけた点を重視している．また，1931年の金本位制離脱とそれをきっかけとした経済状態の悪化が，ケインズの金融市場についての見方を変えたであろうことも否定できないと考えている．

かくしてベイトマンは，『一般理論』で不確実性が中心的な役割を負うようになった事情として外部要因の影響があったと強調する．彼にすれば，ラムジーによる批判とそれによる蓋然性の合理的解釈の放棄も，ケインズの経済分析の中心に不確実性を導き入れたのは確かであるが，これだけでは十分なものであったとはいえない，と論じるのである（*ibid.*, 124-5）．

4．コーツの「曖昧さ」にこだわるケインズ

(1) 曖昧さを重視するケインズ

ケインズ，曖昧さにこだわる コーツの所説の核心は，後期ケインズの哲学が，近年流布されている「ファジー論理」をめぐる議論に貢献した創造的研究であったと論じている点にある．「1930年代ケンブリッジ哲学界」，「後期ケンブリッジの思想に関わりを持った哲学者」であったケインズが，「ウィトゲンシュタインやラムジーが取り組んだ問題の一つに注目するようになっていた」として，ケインズ自身，日常言語と曖昧な概念に関する思考を深めた人物の一人であった，と評価するものである．

この研究は，ある種の断絶説に立つもので，コーツはまず，ケインズが，1930年代に入り，ウィトゲンシュタインとラムジーの主張を受け入れて，「曖昧さ」を重視する方法的な転換を図ったと主張する．だが，こうした議論に対

しては，まずは転換の時期をめぐってケインズの 1926 年ウルバン宛書簡をもとに反論せざるを得ない．そこには 1930 年代に入り転回を遂げたとするコーツの主張を否定するかのようにケインズによる「曖昧さ」への言及を確認することができるのである．

「しかしながら，わたしは，おおよそ次のように考えています．前に向かっての最初の歩みは，部分的には**曖昧な知識**（vague knowledge）に関する心理学的主題による進歩を通して進められなければならないし，また，厳密な論理的分野での一層の発展は，本来の論理学的蓋然性とわたしが**曖昧な知識**と呼んできた理論との，明確な区別が必要になるでしょう」（ケインズ「ウルバンへの 1926 年 5 月 15 日付書簡」）（KCKP, TP1/2; Moggridge 1992: 365，太字は筆者）．

ケインズが 1935 年にハロッド，ホートレー等に回覧した『一般理論』第 4 章（第三校）に次のような記述があった．

「私の考えでは，今日の経済学の理論構築の多くに欠陥がある．なぜなら，それらは非常に厳密な数学的方法を，それ自身そのような取り扱いを支えるにはあまりにも曖昧な素材に適用しようとしているからである」（*CW* XIV 1973: 379-80; 付録 60-1; コーツ 2005: 704，一部改訳）．

かくのごとく，この時期にあってケインズは，曖昧さにこだわっていたのであった．1932 年 4 月 25 日のケンブリッジでの彼の講義がそうである．ケインズはそこで「使いやすい用語を選ぶことの難しさ」から論じ始めている．そして，「経済学のような複雑な主題の書物を著そうとする誰にとっても実際に極めて重要なことの一つ」として，当時ウィトゲンシュタインが主張していたことと同じ点を強調していた．

「定義はしばしばかなり広い範囲にわたって曖昧である可能性があり，お互いに少しずつ異なるいく通りもの解釈のできることもあるが，それでいてなお申し分なく役に立ち著者ないし読者のいずれをも誤らせるという重大な危険を冒さずに済ますことができる……」（*CW* XXIX 1979: 36; コーツ 2005: 706，一部改訳）．

コーツはここで，ケインズがウィトゲンシュタインのいくつかの重要な見解を受け入れていることを明らかにしている．それは，①言葉にはいろいろ重なり合う使い方があり，そのそれぞれが，お互いにわずかずつ異なっているが，

そのすべてが家族的類似性をもっているという考え，②この言葉の特徴を言い表すのに，曖昧という言葉を用いること，③曖昧な概念は，分析されなくともそのまま十分に役立つこと，などである（コーツ 2005: 706）．

ケインズはすでに，『蓋然性論』で，ホワイトヘッドとラッセルの『数学原理』（*Principia Mathematica*）の還元主義的記号体系を批判していた（*CW* VIII 1973: 20, note 1; 邦訳 2010: 20-1）．

他方でウィトゲンシュタインは，『哲学探究』（1958［1953］88節）でフレーゲの言語の有用性を問題にした．

「通常の言語に正確さを要求することは少々衒学的であると考えられた」．「そうした正確さにはなおなんらかの機能があるのか．実は空まわりしているだけではないか」（コーツ 2005: 707）．

また，ケインズは，すでに引用した1932年4月25日の講義用文書の中で，次のように主張していた．

「もしも著者があらゆる曖昧さを避け，完全に厳密であろうとするならば，彼はひどく冗漫かつ衒学的になり，多くの瑣末なことにこだわり，何か他の部分の問題を解明することに関心を分散させられるため，著者自身は直面している本題に到達することができず，読者もまたそれに到達することができないであろう．それゆえに，私は，経済理論をある言語で記述するに当たっては，考えている以上に一般的に論述しないことが必要であると信じている」（*CW* XXIX 1979: 36; 邦訳 2019: 53, 改訳）．

ケインズのスコラ主義批判　コーツによれば，他方でケインズは，ラムジーの批判を受けて，「『非常に多くの経済学者の心が陥っているスコラ主義という，おぞましい状態』に関して繰り返しコメントしている」（*ibid*., 150-1; 同 176; コーツ 2005: 708）．

「ラムジーが『われわれの哲学にとっての主要な危険は，怠惰や放心状態を別にすれば**スコラ主義**であって，その本質は，漠然たるものを正確であるかのように取り扱い，これを厳密な論理的範疇にはめ込もうとすることにある』（『全集』第10巻343頁に引用されている．強調は原文のまま）と書いたとき，かれは『論理哲学論考』での難解な理想的言語の考え方について同じような指摘をしていたのである．ケインズはこの文章をかれがラムジーの著作から編んだ

名言集の中に取り入れている」（コーツ 2005: 708-9，一部改訳）．

　ケインズは，さらに 1933 年 11 月の講義で，「経済学においてどの程度の厳密さが望ましいか」という問いに取り組み，この問題に立ち戻っている．コーツによれば，ケインズは 1933 年 11 月 6 日の講義でラムジーとほぼ同じ内容の主張をしている．講義を記録した学生の一人であったローリー・タースィスは，ケインズの言葉として「スコラ主義に陥る危険がある．『その本質は漠然たるものを正確なものとして扱うことである』」（Rymes (ed.) 1989: 101; ライムズ 1993: 114，ただし改訳）．と書き残している．コーツは，タースィスが，この文章に引用符をつけていることから，ケインズが講義中にラムジーからの引用であることを断っていたことを示しているとみている（コーツ 2005: 709）．

　スコラ主義についてケインズは，『一般理論』執筆の最終局面でも，なおこだわっていたことが，1935 年 7 月 10 日付 R.B. ブライス宛書簡で明らかである．そこで彼は次のように書いている．

　「私はまったく驚きませんが，聴衆にとって主に困難であったのは定義についてでありましたが，それにはとっても退屈でうんざりしたことでしょう．拙著では，それぞれの問題に極端なほどの長さで触れる必要があると考えていましたが，これはある意味では大変残念なことではありますが読者の思考をそらしてしまうのではないでしょうか．これは思うに，スコラ主義の不快でぞっとする状態のさらなる別の例であり，かなり多くの経済学者の思考がそれに陥ってしまうと，みずからの直観をすべて捨て去ることになるのです．経済学の論文の執筆にあたって，論文の書き手は，数学的証明や法的文書を書いているのではありません．私は，読者の直観を呼び起こし，それに訴えようと試みているのです．もし読者が，直観を持っていないときに，経済学を理解しようとしても，書き手はお手上げです！」（*CW* XXIX 1979: 150; 邦訳 2019: 176，改訳）

　われわれは，この時のケインズが，スコラ主義を批判しつつ，同時に直観の果たす役割について，相変わらず強調しているのを確認することができるのである．

（2）　ウィトゲンシュタインとケインズ

　「曖昧さ」はウィトゲンシュタインの影響か？　コーツはケンブリッジに戻

第 5 章　英語圏での断絶説の展開　　　　　　　　　181

ったウィトゲンシュタインが「曖昧さに（Vagueness）」に言及している点に注目する．彼によれば，ウィトゲンシュタインは，まず，形式化された述語論理の構成概念と絶望的なまでに曖昧な日常言語の概念との間には橋渡しのできないくらいの隔たりを発見した．そしてコーツはウィトゲンシュタインが 1930 年代初頭の『哲学的考察』で次のように書いている点に注意を促す．

「測定の厳密な諸概念を直接経験に適用しようとするや否や，人はこの経験特有の曖昧さ，しかしながら専ら測定概念との相関においての曖昧さ，に出くわすのである．ところでわたくしが思うには，この曖昧さは，より正確な認識にのちに除去される一時的なものではなく，特有な論理的特性なのである」（コーツ 2005: 704，一部改訳）．

『哲学的考察』と『哲学探究』　コーツは著作（1996 年）の第 6 章「ケンブリッジの哲学界」で，ケインズとウィトゲンシュタインの知的交流について論じている．コーツが両者の関係をどのように描いているのか．彼の論述を要約すると次のようである．

1930 年代を通じて，ケインズは，ウィトゲンシュタインの新しい研究に関心を続けた．ウィトゲンシュタインは，1929–32 年，一連の注目すべき講義を行い，多くの新しい考えが盛り込まれていた二つの手稿を書いた．そこには，曖昧さの考察も含まれていた．これと同じ時期に，ケインズの手稿にも，曖昧さに関する考察がうかがえる．こうしたことから，ケインズが，ウィトゲンシュタインの研究，さらにはケンブリッジでの議論を通じて，この考えを取り入れた<u>可能性がある</u>（It is possible）（Coates 1996: 130，下線は筆者）．

1931 年末にケインズは，ラムジーについての論稿のなかで，ケンブリッジの哲学について検討を加えたところで，ウィトゲンシュタインの新しい研究に注目していると書いていた．

「ウィトゲンシュタインは，時の軽二輪車が接近する前に次の本を完成できるであろうか」．

ここでケインズが言及していた草稿は，戦後に遺稿として刊行された『哲学的考察（*Philosophical Remarks*）』のことであった．そこには，多くの過渡的なアイデアが盛り込まれていたのである（Coates 1996: 130-1）．

なるほど，ウィトゲンシュタインは，一般に，1930 年代に入り，前期の思

想から抜け出し，新たな哲学的考察を開始したと評価される．この過程で彼は，形式的な言語理論からの脱皮，さらには「意味の指示」論から「意味の使用」へと議論の転換を図り，日常言語には曖昧さが避けられないことを示そうとした．

　そのウィトゲンシュタインの動きを見るうえでは彼からケインズに宛てた1935年6月30日付書簡が重要である（McGuiness and von Wright (eds) 1995: 262）．実のところ，この年の春，ウィトゲンシュタインは，論稿の刊行計画についてケインズと協議したが，その際，ケインズがウィトゲンシュタインに資金援助を申し出ていたのであった．ケインズに「私のことで再びご迷惑をおかけして恐縮です」と記されたこの書簡は，これが無理となったことをケインズに詫びるものであったと考えられている．ここでウィトゲンシュタインが取りまとめようとしていたものは，後に『茶色本』として知られることになる論稿であった．

　この計画のかわりにとりまとめられたのが『哲学探究』である．この第1部の手稿は，1938年末から1939年初めにかけて関係者に回覧された．当時ウィトゲンシュタインは，ムーアの後任教授に応募する意向で，ケインズはその選考委員の一人であった．彼はウィトゲンシュタインに，その原稿を一読するために送付するよう求めていたようだ．

　こうしたなか1939年2月2日，ウィトゲンシュタインはムーア宛の書簡で，ケインズから葉書がきた，ケインズはそこで私の本の英語版を読みたいと言っていると伝えていた．また，ウィトゲンシュタインは，この書簡のなかで，ある人に依頼している英語の翻訳がよくないことを問題にしていた．さらに彼は，ムーアに対して，ケインズにはムーア本人が第1部の半ばを読み終わっていると伝えていた（ibid., 131-2）．

　1929年12月にケンブリッジに戻ってきたウィトゲンシュタインは，ケインズのもとに数週間滞在し，相互の交流が再開された．コーツは，突然のごとく，この後，ケインズは，ウィトゲンシュタインと「激論」を交わしたことをエピソードとして紹介する．コーツは，これが仲たがいするほどの激しいものであったとのモンクの証言を引用している．そして，コーツはこの激論が，1933年まで続いたと「思われる」と書いている（コーツ2005: 703）．コーツがこの

根拠として指摘しているのは，キングズ・カレッジの「ケインズ資料」の文書，1928–30 年と 1933–34 年のリディア宛書簡集などである（同 717 の注記参照）．だが，これらの文書は，直接コーツの主張を根拠づけるものではない．

ケインズは『探究』を読んでいたのか？ こうした後で，コーツは，ウィトゲンシュタインのケインズ宛書簡（von Wright (ed.) 1974: 138-9）を根拠に，ケインズが，『哲学探究』第 1 部を最後まで読み通した最初の一人となったと主張する．しかしながら，このコーツによる当該する書簡の解釈は妥当であるのか．コーツの研究（1996 年）で引用されたウィトゲンシュタインの書簡の内容を詳しく見てみよう．

問題の書簡は，1939 年 2 月のムーアとケインズの間で交わされた三通である．

まず 1939 年 2 月 1 日，ウィトゲンシュタインは，ケインズに宛てた書簡で概要次のように書き送っていた．——昨夜，キングズ・カレッジに『哲学探究』の草稿を持参して伺った．ケインズはロンドンに出かけて不在であった．そこで私としては，二日間かけて英訳をチェックして，いくつかの最悪の誤りを訂正したい．この間，そうする時間がなかったのである．草稿の翻訳者は，第 1 部の半分ほどを翻訳したが，数週間前に彼の父が逝去し，米国に戻らなければならなくなった（McGuiness and von Wright 1995: 304）．

この書簡の中でウィトゲンシュタインは，ケインズにドイツ語版を渡したい，とも申し出ている．もしかしたら役に立つかもしれないと考えたようだ．そこには，また，ムーアがドイツ語版をほぼ読んでいるので，ケインズは彼からその著作についてのある程度の情報を得ることができるであろう，といったことも記されていた．

ウィトゲンシュタインは，翌日の 2 月 2 日，今度はムーアに書簡を送っている．そこで彼は，水曜日にケインズから葉書がきて，英語版を読みたいと言ってきていると伝えた後，焦燥感をにじませたように，次のように書いている．

「論稿がうまく英訳されていたとしても，どうせケインズがそれを理解できないからといって，全てを馬鹿げているとまで言う必要はないでしょう（I needn't say the whole thing is absurd as he couldn't even make head or tail of it if it were translated very well）」（*ibid.*, 305）．

ウィトゲンシュタインは，さらに，実際のところ，英文訳は甚だひどい訳な

ので，ケインズに届ける前に私が校正をしようとすれば，とても大変な仕事になると考えているとも伝えた．彼によると，協力者と一日中精力的にその仕事にとりかかったものの，たった 12 頁分に目を通すのがやっとであった．明日の夜にはケインズに手渡さなければならないので，明日も一日中，頑張らなければならないとも書いていた．彼はまた，この書簡の中で，ケインズに次のように書いたとムーアに伝えていた．

「ムーアは私の本の第 1 部の半分ほどを読み終わっており，その本についての情報を供することができる．それというのも，ムーアはドイツ語版を読んでいて，悪訳の英語版を急いで読むケインズよりも，あきらかに，内容をより深く理解しているに違いないからです．そういう訳で，私は，ムーアがケインズに意見を伝えるように望んでいます」．

この翌日の 2 月 3 日，ウィトゲンシュタインは，再びケインズ宛に書簡を送っている．その内容は次のようなものであった．昨日，私は，英語訳を精査し始めたが，翻訳は予想以上にひどいものでした．それゆえ，校正は，ほぼ希望のもてないものになりそうです．そうであっても，私は，英語版を読んであなたが理解できるように，ここ二日間，逐語的にその誤りをなくし，英語の翻訳を完成させなければなりません．こうしたやり方では 20 頁以上は無理でしょう．もしケインズがドイツ語版をいくらか読むのであれば，私も読んで見なければならないでしょう．すべてが，いまや数日前よりもひどい状態になっています（*ibid*., 307）．

コーツは，これら 1939 年 2 月のケインズ，ムーアへのウィトゲンシュタインの三通の書簡を引用しつつ，自説を擁護する．だが，書簡は，いずれも，コーツの主張を確証する内容ではないことは明らかである．これらからは，ケインズが『一般理論』の執筆にとりかかっていた 1930 年代のはじめに，ウィトゲンシュタインがケインズへ影響を与えたことを示す証拠は見いだせないし，また，ケインズが最初に『哲学探究』を読み通した証拠も示されていない．

さらに驚くべきは，コーツ自ら自説を否定するような解釈さえ示しており，彼の論証の首尾一貫性が疑われる．それは，1939 年 2 月 2 日にケインズ宛書簡に書かれた一文に関わるもので，ケインズの『哲学探究』草稿の内容にたいする理解力に疑問を呈する内容となっているものである．コーツ自身は，これ

第 5 章　英語圏での断絶説の展開　　　　　　　　　　　　185

を，なんとウィトゲンシュタインがムーアに宛てたケインズを嘲けるコメントとして解釈する．そして，彼はこれを以って，ケインズがウィトゲンシュタインの後期哲学を「誤解した」証拠であるとまで主張しているのである（Coates 1996: 133）．

(3)　コーツの結論への疑問

①コーツは，「1930 年代の前半期にウィトゲンシュタインが成し遂げた業績」（Coates 1996: 135）と限定して問題を設定していたはずである．それなのに 1939 年 2 月に認めたウィトゲンシュタインの書簡を持ち出して，彼のケインズへの影響を強調している．

②また，これらの書簡もコーツの主張を裏付けるものではない．

③コーツは，ウィトゲンシュタインがケインズに与えた影響のみを課題として，ケインズの与えた影響はほぼ無視している．相互の知的交流で生まれた理論や思想の発展があったかもしれないのである．コーツはこう想定してはいない．いや，むしろ，否定的である．彼は「ケインズがウィトゲンシュタインの哲学的展開に貢献したことを示すものはほぼない（There is little）」とまで言い切っているのである（*ibid*., 133）．

④ 1939 年 2 月の書簡によると，ケインズは，この時点で後の『哲学探究』第 1 部をなすドイツ語草稿をよんでおらず，また英語訳は未だ完成していなかった．したがって，ケインズが草稿を読んでいたとは言い得ない状態であった．ムーアの後任の人事選考委員として彼から『哲学探究』草稿の内容について聞いていた可能性は否定できないが，その場合でも，どこまでそれを理解しえたのかは確認できない．

こうした資料的にも不確かな，論証的にみても首尾一貫しない論述にもかかわらず，コーツは次のように結論づけている．ケインズが，ウィトゲンシュタインの知的生活に関わり続けたことは明白である．彼は，ウィトゲンシュタインがなしつつあった研究に気づいていたこと，彼の研究の成果の公表を援助することが重要であると考えていたことは確かである．こうした点から，コーツは，ケインズの後期の曖昧さと日常言語の分析が，1930 年の前半期にウィトゲンシュタインが成し遂げた業績に「ある程度」由来するものであった「可能

性は高い」と主張している（ibid., 135）．しかしながらこの結論もいただけない．「可能性は高い」というのでは，ケインズへのウィトゲンシュタインの影響を確証したことにはならない．

　最後に，コーツが強調する「曖昧さ」についてのケインズの問題意識は，彼自身は触れていないが，すでに論じたように，1926年5月に『蓋然性論』のドイツ語版翻訳者F.M.ウルバンへの文書ですでに言及されている点であったことは再度強調する必要があろう．ケインズは，この時点ですでに，今後の蓋然性論の課題として彼自身が「曖昧な知識」にかかわる論理学の研究が重要であると考えていたのである．こうしてみると，コーツが想定する時期よりもかなり早い段階で，ケインズが，『蓋然性論』との関連で曖昧な知識に関心を持っていたことになり，コーツの立論の根拠は，崩壊することになろう．

5. ケインズとウィトゲンシュタインの関係——ドスタレールの説明

　ウィトゲンシュタインの『論考』をめぐる交流　ドスタレールは，1923年3月に『マンチェスター・ガーディアン・コマーシャル』紙の論説原稿にケインズが，ウィトゲンシュタインの『論考』から一節を引用している，と指摘している（ドスタレール 2008: 158）．ここで『論考』とあるのは，『論理哲学論考』のことであろう．

　また，彼によると，ケインズは，1924年3月29日，ウィトゲンシュタインに宛てて次のように書いていた．

　「私はあなたの手紙に返事を書くまでに1年を要したが，それはあなたの本を理解できるようになりたかったためである，と．『しかし，私の心は今では根本的な問題からあまりにも遠ざかってしまい，そのような問題について理解することは不可能です．私はいまだに，あなたの本についてなんと言ってよいのか分かりません．ただそれが並はずれて重要で，天才の仕事であるということだけは確かだと感じています．』……ケインズは，これと同時に彼に送った『確率論』についてはこう書いた．『あなたはそれが気に入らないのではないかと思います』（Wittgenstein 1974: 116)」（同158）．

　ドスタレールは，このケインズの懸念が不当なものではなかったとして，ウ

ィトゲンシュタインが，ケインズの著作では，『平和の経済的帰結』『ロシア管見』をより高く評価していた事実を明らかにしている（同 158）．

また，彼は，1925 年 11 月，ケインズが『論理哲学論考』の議論をアポスルズの仲間に説明しようとしたがうまくいかなかったとして，リディア宛の書簡に「昨晩，ルートヴィヒの哲学を私の〈ソサエティ〉で説明しようと試みました．けれども，それは私の頭から抜け出して，半分しか思い出せませんでした」と書いている事実も指摘している（同）．

さらに，ドスタレールは，ウィトゲンシュタインが 1929 年にケンブリッジに戻ったのち，「ケインズとウィトゲンシュタインは数多くの機会に会っている」として，註記 49 で「ラムジー，ウィトゲンシュタイン，スラッファ，そしてケインズが『確率論』について議論するために一同に会した記憶にとどめるべき昼食会が開かれたことがある」としている（同 156, 187）．だが，それも孫引きによるもので，ドスタレール自身，それらはウィトゲンシュタインがケンブリッジに戻ったあとの何時のことであり，また，どのような会話をしたかについては明記しているわけではない．

『一般理論』と『探究』――どちらが主導したのか　ドスタレールは，ウィトゲンシュタインが 1929 年 12 月にケンブリッジに戻った後，数多くの機会にあっている，としたうえで次のように論じている．

「これらの際の<u>議論の内容は知られていないけれども</u>，ケインズが，ウィトゲンシュタインの哲学的ヴィジョンの転換，論理実証主義の再評価，および言語ゲーム論の展開を助けた主要な人物の一人であった<u>**可能性はある**（it is possible）</u>．これ以降，言語は社会的実践として理解され，言語ゲームはわれわれの言明の根本原理を解明するために設計された新しい哲学上の技術として理解された」（Dostaler 2007: 64; 邦訳 2008: 156，太字，下線は筆者）．

明らかにここでは，ケインズがウィトゲンシュタインの後期哲学の発展に影響を与えたかのような論調である．

ところが，これに続く文では，逆の論調である．彼はデーヴィスを含め何人かの研究の引用をもとに，次のように書いているのである．

「ウィトゲンシュタインの『後期哲学』は，とくに個人の直覚との関係において規則や慣行が演じる役割に関して，『一般理論』のケインズに重要な影響

を及ぼしたと<u>**考える者もいる**</u>」(*ibid*., 64; 同 156-7, 太字, 下線は筆者).

この一文は, ウィトゲンシュタインのケインズへの影響について論じようとしたものである. 彼は, ウィトゲンシュタインらがケインズと議論し, また, 二人でも多くの機会にあったと書いている. しかしながら, どのような議論が交わされたのか「これらの際の議論の内容は知られていない」のである. そこで, ドスタレールは, 結局は, ケインズがウィトゲンシュタインの思想的「展開を助けた」「主要な人物の一人であった**可能性はある**」とか「**考える者もいる**」といった程度の話で済ませている. こうした程度の話をもとに, 何かしらを断定的に論じるのは作法に反するのではなかろうか.

6. 連続説と断絶説のシンセシス？

(1) フィツギボンズ「蓋然性の薄明かりの闇夜への転変」

前近代のヴィジョンに立つケインズ　A. フィツギボンズは, ケインズの方法についてつぎのような独自の解釈を提示している.

「ケインズの新基軸は, 道徳科学と政治哲学のより古い伝統と経済学とを和解させたことにある」(Fitzgibbons 1988: 3).

「道徳科学と政治哲学のより古い伝統と経済学とを和解させた」とは経済学徒の意表をつく評価である.

フィツギボンズによれば, 古い道徳哲学と政治哲学の代表者は, E. バークである. 彼はアダム・スミスと同時代人であったが, 経済進歩についてのスミスの直観 (Smith's intuitions) を持ち合わせていなかった (*ibid*., 3).

彼によれば「蓋然性論」もこうした前近代 (pre-modern) の「ヴィジョン」に由来するとされる (*ibid*., 3). そうして, この蓋然性論によってケインズは, 世界が部分的にしか顕在しない事象の流れであると説いたのである.

フィツギボンズはさらに次のように論じている.

ケインズの前近代のヴィジョンは, 彼の倫理学に由来する. それは, 科学と価値とを区別せず, 合理的なものとそうでないものとを区別するものである.

彼の倫理学は, ケインズの政治哲学を導き, それはバークの理論体系の構造を維持したまま, バークの宗教的慣習をケインズのヴィジョンによって置き換

えることによって作り出したものである．

ケインズに一貫した倫理学の見地　フィッギボンズは，次のようにも論じている．

「『一般理論』には，ケインズが『蓋然性論』で発展させたのと同じ倫理学が論じられていた．それはまた，バークの政治学の基礎をなすものであった」(ibid., 85).

ムーアは，ベンサムの功利主義の魔法を解き，真理，美，愛を目的とすべきであると説いたが，実際の状況は複雑であり，また結果の連鎖は拡大し，いかなる結果をもたらすのかは不確実であると考えた．このため多くの場合，合理的決定を下すのは不可能であるというのである．それゆえに彼は次のように結論づけていた．通常最も好ましい対応の仕方は，ただ単に，慣習に従うことである．

ケインズは当初，ムーアの慣習を拒み，「道楽者（sybarite）」として生きた．確かにケインズは，若き日にムーアの倫理学によって古い価値を投げ捨て，自由な精神で生きることができたのであった．だが，ケインズは後年，彼の『倫理学原理』の第5章——そこでは慣行が支持されていた——を見落としていたと認めている．それがあまりにもヴィクトリア朝的な解決方法であったからだ (ibid., 97).

「イデア（Idea）」による諸学の関連　フィッギボンズは，「ケインズの理念主義の重要性（The Significance of Keynes's Idealism）」と題する論考（1991年）で，ケインズの哲学と経済学との関係を理解するため，イデア（Ideals）なる概念を基礎とした説明を試みている．それは次のような図式に基づくケインズの「ヴィジョン」，哲学，倫理学，経済学，政治学の体系の関連性についての解釈である．

それによれば，ケインズの経済学は，今までは看過されていたが，彼のより包括的な体系の一部である．近年のケインズ解釈では，ワルラスやリカードの基礎のうえに新たなケインズ解釈を試みようとする動きが見られた．だが，それらは，ともに経済学における自然科学的方法を賛美するもので，ケインズが道徳科学を基礎に経済学を確立しようとした点を見過ごしていた (Fitzgibbons 1991: 126)．彼が説くのは，「一つの単純な主題（a single theme）」「形而上学的

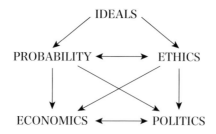

見方（metaphysical outlook）」にもとづくケインズ再解釈である．

ここで，①一つの矢印は知的影響の方向性を表している，②二つの矢印はIDEALSの相互作用を表している．

図では，①ケインズの思想の基礎を構成する「形而上学的見方」から始めている．②それは，蓋然性の哲学と倫理学体系に伝達される．蓋然性の哲学と倫理学体系は密接に関係している．③ケインズは倫理面では功利主義者であり，蓋然性ではアリストテリアンである．④図において垂直線で表される関係について言えば，蓋然性の哲学は経済学に，倫理学の体系は政治思想に影響を与える．さらにここではケインズの経済学と政治学は相互に影響を与え合っている．⑤対角線で表される関係は，さほど明確ではないが重要である．ケインズの倫理学は合理性の意味に関係し，また，経済学で役割を果たしている．同様に政治思想は蓋然性の理論の影響を受ける（ibid., 129）．

ケインズとネオ・プラトン主義　フィツギボンズの言う形而上学的見方とは，ネオ・プラトン主義である．彼は，ケインズは合理的行為についての「プラトン的基準（Platonic criterion）」（ibid., 85）を変えなかったとも主張する．しかし，フィツギボンズの「合理主義」「合理主義的行為」についての説明は分かりにくい．後者について，フィツギボンズは，『蓋然性論』でのヘロドトスからの引用（CW VIII 1973: 339-40）で済ませているが腑に落ちない．プラトン主義，ネオ・プラトン主義について明るくはない筆者としては，立ち入った論評を避けて，フィツギボンズの論述を追わざるを得ない．

彼によると，ケインズのヴィジョンは，長らく謎めいた捉えどころのないものであった．なぜなら，それはケインズがネオ・プラトン的宗教として描く流動的で合理的な精神から発散するものであるからであった．ケインズは，若い

日に，ムーアの理想（ideas）を受け継いだブルームズベリー・グループとの知的交わりの中で思索を重ねたのであった．ヘッション（C. Hession）が指摘しているが，アポスルズは L. ディーキンソン，L. ストレイチーを含め熱心なプラトン主義者であった（Fitzgibbons 1991: 129）．

　フィツギボンズによれば，プラトン的洞察はケインズの体系に浸透している．それは，純粋理念の心的領域（mental sphere of pure ideas）と変動と変化の現実的世界（real world）とを厳密に区別する見地であった．遠い昔，プラトンは，唯物論者を理念（ideas）と現実的世界とを区別することができないと非難した．ケインズが，自然科学に依拠する経済学に反対したが，それは彼らが理念と現実世界との隔絶にきちんと対処できなかったからである（ibid., 130）．

　理論と現実的世界とを区別する哲学的立脚点は，経済学の世界におけるリカードとワルラスの精神に対立するものであった．経済学はモラル・サイエンスであり，道徳と蓋然的知識を基礎とする判断なるものは，理念と現実世界とを仲立ちするのである．ケインズは，『蓋然性論』においてプラトン的形而上学に形式的表現を与えた．そこでは，合理的直観の教義によって表明されている．それが『蓋然性論』の中心的テーマであった（ibid., 130）．

　『蓋然性論』によれば，実際的問題に関するわれわれの知識の状態は，十分ではないので，量的な精確さをもって将来の事態を推測（estimate the future prospects of events）することは困難である．それにもかかわらず，われわれは，事実についてのパターンを見ることで，将来を予測できるのである．プラトン主義者は，存在と理性および善とを結合させている．それゆえ，価値判断と事実を現代的方法がしているように区別できるとは考えないのである．

　「ケインズは哲学者であった」　フィツギボンズは，ケインズが経済学者になる前は哲学者であったと主張する．彼は次のように論じる．ケインズの『蓋然性論』は，ブレイスウェイトが言うように，蓋然性の論理的基礎に立つ英語で執筆された最初の体系的な業績と評価されている．その研究は，道徳科学の研究を通じて進められた．ケインズは，まずは，理想主義的功利主義者であったムーアの追従者として道徳科学の研鑽を積み，修行時代を過ごした．彼の蓋然性論と倫理学は，彼の政治哲学を基礎づけ，リベラリズムを特徴づけるものであった．そのリベラリズムは，経済成長と真のリベラリズムを和解させようと

試みたものであった（*ibid.*, 127）．

フィツギボンズは，ケインズが功利主義的教義を再三にわたり批判してきた，ケインズの倫理学は反帰結主義である，と説く（*ibid.*, 130）．

彼はこのうえで，ケインズの反帰結主義の教義を結果の論理というよりも動機の論理であるとの理解も見せている（*ibid.*, 131）．

また，「合理性」についても，実際的行為での成功に導くものというよりも思考の法則に一致するものというように考えている．ケインズは思考の論理的構造において帰結主義者ではなかった．彼は合理性の理念を定式化したのであって，それは合理的経済人の論理が適用できないような不確実性の状況下において重要なものなのである（*ibid.*, 131）．

『蓋然性論』の標的はヒューム　フィツギボンズは，『蓋然性論』の標的はヒュームであり，ケインズの主たる目的は，根源的不確実性（radical uncertainty）を論破することにあったと主張する（Fitzgibbons 1995: 215）．確かにケインズは，『蓋然性論』第1章の冒頭で，意味深長にライプニッツの『人間知性新論』（1765年）からの文章を掲げている．

「一度ならず私は，新たな種類の論理学，確かさらしさの程度を扱う論理学が必要になるといってきました」（*CW* VIII 1973: 3; 邦訳 2010: 3）．

フィツギボンズは，これこそがケインズ『蓋然性論』の主題であるとする．それは形式論理学とは異なる蓋然的知識（probable knowledge）に関わる論理学なのであった．

彼によれば，蓋然性は，輝ける確実性から完全なる無知にいたる広範囲な情報を含むものであった．彼はまた，ケインズは，『蓋然性論』では，一般的に知識の哲学を問題にし，経済現象は扱っていないとする．さらに，ケインズは，時を経て，自身の見方を変えたか，あるいはそれを増幅させたのである．彼は，『蓋然性論』と『一般理論』との関係についての問題に関連して時代状況を問題にする．そうして『蓋然性論』はエドワード朝の時代に書き始めたが，『一般理論』はスターリンとヒトラーが権力を握った時代に書かれたものである点に注意を促している．

「蓋然性の薄明かりの闇夜への転変」　フィツギボンズは，蓋然性から不確実性へのケインズの問題関心と主題の転換を「薄明かり（twilight）」と「闇夜

(dark night)」の修辞で巧みに表現し，ケインズの人間観，人生観における決定的な転換があったことを論じている．

「ケインズの経済学は不確実性の経済学と呼ばれている．『蓋然性論』と『一般理論』とを対比してみた場合，『蓋然性論』は，不完全な行為について論じられているが，『一般理論』は，将来についての部分的知識でさえ，仮定されていない．『蓋然性論』での広い範囲に亘る定義は，『一般理論』では不確実性についての急進的な定義に変えられている．そこでは，精神の合理的直観についてはなんの余地も与えられてはいない．知識のみならず思考が生まれるパラメーターでさえ，予想不可能な大きな変動を受けることになるのである．**蓋然性の薄明かりは闇夜に転変する**のである．かかる明らかなニヒリズムにもかかわらず不確実性の理論は，ケインズの初期ヴィジョンを論駁するのではなく，むしろその継続と改善をもたらしているのである．それは単なる修正にとどまることなく非合理的行動をも許容しているのである」(Fitzgibbons 1988: 77，太字と下線は筆者)．

かかる一文には筆者にとって解釈にとまどう箇所が散見されるものの，フィッギボンズは，かかる暗転をもたらした「知的分水嶺 (intellectual watershed)」として第一次世界大戦を挙げ，それがケインズの精神，知的世界に「非合理性の力」を強く思い知らせたとの注目すべき解釈を示しているのである (*ibid*., 24)．

ケインズの人生観の分水嶺としての第一次世界大戦 ともかくフィッギボンズによれば第一次世界大戦が一つの分水嶺であった．ケインズは，戦争の無意味さと馬鹿馬鹿しさからヴィクトリア朝的価値に戻った，と言うのである (*ibid*., 97)．

のちに見るようにスキデルスキーもこうしたフィッギボンズの見方に同調している．彼はフィッギボンズの「蓋然性の薄明かり」「闇夜」の修辞的表現を踏襲し，こうした状況におかれたケインズを次のように描いている．

「1919 年になると……失われた 19 世紀の確信が奇妙にもなつかしく思い出された——シジウィックの不安の方が，ブルームズベリーの新しい夜明けよりも，鮮烈であった．結局のところ，資本主義の将来に対する戦後のケインズの不安は，神のない社会に対するヴィクトリア朝時代の人々の不安に，深く影響

されていたのだ．ムーアの『倫理学原理』によってわずかの時間だけ解き放たれた文明への期待（prospect）は，すぐに地平線の向こうに沈んでしまった．以後のケインズの生涯は，この期待を視界の中に取り戻す試みに費やされたのであった」(Skidelsky 1983: 402; 邦訳 1992: 655, 一部改訳)．

フィツギボンズのシャックル・ニヒリズム批判　シャックルは次のように論じていた．

「ケインズは，いたるところで合理的信念の度合について論じている．しかし，私としてはこの文言についてのケインズの解釈を受け容れることができないので，この問題について論じることを避けてきた」(Shackle 1974: 41)．

シャックルは，最も影響力ある根源的不確実性（radical uncertainty）を説いてきた．シャックルの哲学的ニヒリズムを批判するフィツギボンズは，その起源をヒュームであると指摘する．彼によるとヒュームは，18 世紀の懐疑主義者であり，最初の古典派経済学者であった．フィツギボンズによれば，こうした哲学的ニヒリズムは，リバタリアンの無政府主義者であるハイエクにより取り入れられたのであった (Fitzgibbons 1995: 215)．

だが，当のケインズは，しばしば行為と信念は合理的でありうると述べている．

「われわれはこのことから全ての物事が非合理的な心理の波に依存しているのだと結論づけてはならない」(*CW* VII 1973: 162; 邦訳 1995: 160, 改訳した)．

フィツギボンズは，仮に，ケインズが不確実性への合理的な対応が不可能であると信じていたのであれば，彼自身が説く経済管理を否定することになる．これでは，ケインズの哲学は，オーストリア学派の主観主義と極端なレッセ・フェールへと導くことになってしまうとシャックルの根源的不確実性に基づくケインズ理解を批判している (Fitzgibbons 1991: 102)．

フィツギボンズのローソン批判　フィツギボンズは，まず，T. ローソン (Lawson 1985) がケインズの「道徳」を社会主義的な道徳 (a socialist morality)」に帰していると問題にする．彼が，投資家は利益の最大化を目的とせず，社会的な慣習に従っているとの理解を見せているからである．フィツギボンズは，さらに，ローソンが蓋然性を論理的な関係であるとしたうえで，「不確実性」を単に「論理的な蓋然性」と把握している点を批判する．ローソンは，

『一般理論』において投資家は不確実性に直面して，慣行的なルールに従うものであるとの誤った解釈に立っているとみるのである．そうして，ケインズの「不確実性の理論（theory of uncertainty）」は，ローソンにしてみれば，単なる「論理的な蓋然性（logical probability）」についての理論になってしまうと言うのである（ibid., 103）．

続けてフィッツギボンズは，ローソンがムーアについて何も言及していないと批判する．ローソンの解釈は，ムーアとケインズとの関係を顛倒するものであるとして，フィッツギボンズは，若き日にケインズはムーアの「道徳」を否定し「宗教」を採用した，ケインズが『蓋然性論』を書いた理由はここにある，したがって，ローソンが言うように，ケインズが初めから慣習に従うことが合理的であると考えていたのではない，と考える．

フィッツギボンズは，合理性の問題でも，『蓋然性論』と『一般理論』とを対比して論じている．彼によれば，前者では人間の精神は合理的直観の力を実行するが，後者での投資家の精神は，合理的ではない．この点が『蓋然性論』と『一般理論』との明白なる違いなのである．そもそも，ローソンが言うようにケインズは30年以上にわたり何も変えなかったというのであれば，『一般理論』での投資家は，社会的慣習に従わずに，「類比（analogy）」と善と宇宙についての「有機的本質（organic nature）」に基づく将来についての「論理的な直観（logical intuition）」に従ったはずである．そうであれば『一般理論』は勿論，不確実性についての論理的解釈も生まれなかったことであろう（ibid., 103-4）．

これまで見てきたフィッツギボンズの主張は難解で，とらえ難い点がある．その論点をあえてまとめてみよう．

彼によれば，まずケインズの変化した点は，以下のようである．

①ケインズの若き日の慣行についての評価が後年にいたって逆転し，『一般理論』では慣行に従うべきとの立場にかわった．

②若き日の合理的直観が『一般理論』では放棄され，これが『蓋然性論』と『一般理論』との明白な相違となっている．

③初期の蓋然性から『一般理論』での不確実性を基礎とする行為論へと転換された．この転換は，人生論，人間論の転換とともに進められた．

これに対して，一貫しているものとして次のような点を挙げている．
① バークの政治理論，倫理思想は『蓋然性論』『一般理論』において一貫してそれらの基底をなしている．
② 「形而上学的世界観」「理念」——プラトン的な——が相互に影響を与え，蓋然性と倫理学を体系づけ，さらにこれらが相互に影響を与えつつ経済学，政治学を基礎づけているという図式は，ケインズの思想に一貫している．
③ ヒュームの懐疑主義，シャックルのニヒリズムを批判し，合理的精神に基づく独自の合理的行為論，実践的理性を堅持した．

以上はフィツギボンズの個々の論点を便宜的に整理したにすぎない．彼は全体としては，ケインズを，プラトン的「形而上学」「イデア」論の基本枠組みに立っているとの説明を繰り返している．この点でのケインズは一貫しており，変化は見られないと主張しているようである．だが，こうした主張も整合性に欠け，いくつかの点では，転換があったと説いているようにも読み取れる．とりわけ，直観の放棄，帰結主義を放棄したか否かの問題では，論述の不明確さが気になるところである．

フィツギボンズの論述は，かくの如く少々難解で，その論旨を読み取るのは容易ではない．とはいえ，ケインズ行為論の説明では，蓋然性から不確実性へと問題設定の転換をはかったとして，これこそが『蓋然性論』と『一般理論』との相違を際立たせるものである，と明確に論じている．この点は，彼の全体の論述のなかに埋没しているかのようで，見過ごしがちではあるが，ひときわ重要な洞察であるとして刮目に値する．かかる主張は，ケインズの認識論や倫理学，蓋然性論そのものの転換ではないが，（経済）行為論における転換があったことを意味するものであり，彼の研究におけるアプローチの変化と見なしうるものであった．

(2) スキデルスキーによる論争の概観

連続説と断絶説　スキデルスキーの整理によると，連続説と断絶説の論争が繰り広げられる中で，重要な対立点となったのが，ケインズの『一般理論』での「期待」概念の認識論的なルーツを彼の初期の著作，とりわけ『蓋然性論』に見いだすことができるのかであった．ケインズの蓋然性論の哲学的特徴は何

か，『蓋然性論』と『一般理論』には認識論上の連続性が認められるのか．そうして，ケインズは「根源的，軽減不可能な不確実性（radical or irreducible uncertainty）」のもとでの合理的行為論を考えていたのかどうか，であった．また，『蓋然性論』に関しては，ケインズの理論における理性（reason）と真理（truth）の関係性，ケインズの世界観は原子的なものか，それとも有機的なものか，ケインズは，合理性の理論を，「真理に基づいた論理学」として，あるいは「意見の論理学」として考えたのか，が論点であった（Skidelsky 1992: 83）．

　スキデルスキーは，オダネルとカラベリの研究に注目する（ibid., 83-4）．彼は，オダネルによるケインズ『蓋然性論』の理解に概ね同意し，次のように要約する（ibid., 84）．ケインズにとって，「合理的である」と「真実」とは同義語ではない．「合理的信念（a rational belief）」は，それが「蓋然的（probable）」か「確実（certain）」かは問わずして，「真の信念（a true belief）」と同じではない．だが，ケインズは，合理的信念，あるいは合理的信念の度合は，知識，あるいは真の信念と関係づけられていると主張する．この点では，ケインズは，ムーアとラッセルと同様に，「実在主義者（Realist）」であり，即ち「プラトニスト（Platonist）」であった．

　カラベリの「意見の論理学」批判　スキデルスキーは，オダネルに対しては寛容さを見せているが，カラベリの所説には厳しい姿勢が露わである．彼にすれば，カラベリがケインズの論理学を「意見の論理学」と特徴づけるからであった．そうであるとすれば，その論理学は，宗教的信念と同類のものであり，理性を基準としたものではない．

　またカラベリの評価によれば，ケインズは言語と真理とを根本的に分離することで，1960年代の新実証主義の挫折を予期していた．ケインズはまた，後期ウィトゲンシュタインの合理性の概念を先取りしていた．つまり，合理性を，状況に埋め込まれたものであり，人間の慣習と日常言語に根ざした期待のごときものであるという理解に立つことになる（ibid., 84, note 93, 94; Carabelli 1988: 134, 40f）．

　スキデルスキーの評価では，ケインズが知識についての「経験主義者（Empiricist）」と「合理主義者（Rationalist）」の知識の理論をともに拒絶したとい

う前提に立てば，カラベリの議論は，内的には一貫している．もしも，蓋然性が知識と真理と無関係であるとすれば，蓋然性は，ただ「意見」の問題とならざるを得なくなるからである（Skidelsky 1992: 84）．

しかしながら，こうした彼女の立論の唯一の困難は，蓋然性なるものが，現実の客観的関係であり，したがって，すべての合理的信念は真なる命題と関係しているというケインズの主張を，否定することになる点である．さらに，スキデルスキーの厳しい批判的論調からすれば，カラベリはケインズ自身が実際に述べたことを否定したり，あるいはより巧妙にケインズが論じた文章を除外したり，再解釈したりすることによって，自己の解釈を維持しようと腐心しているのであった（*ibid.*, 84）．

彼は，さらに，彼女が，世界の構造があまりにも複雑であるゆえにケインズは理性による洞察が困難であるとの主張に立っていると見て取る．こう解釈するカラベリは，ケインズが現実（reality）を原子的（atomic）というよりも有機的（organic）に捉えていたと考え，また，ケインズは蓋然性論でも著しく有機論の見地にあったと批判的に論評するのである（*ibid.*, 84）．

主観説に立つカラベリ　彼女は，フィッツギボンズと同様に，ケインズが『蓋然性論』306頁の注で言及した中世の用語である「causa essendi（出来事の原因, cause of an event）」と「causa cognosendi（われわれの得た知識の原因, cause of our knowledge）」との区別を際立たせている．彼女によれば，ケインズは，われわれは真の原因を知り得ないのであって，ただわれわれの理論によって原因のみを知り得るのである，と主張したのだった（*ibid.*, 84-5）．

スキデルスキーからすれば，カラベリの主張は，主観的信念によって蓋然性を捉えるラムジーの所説と，ある種の親和性が見られる．ラムジーは，主観的信念なるものは，人間の装備に関係するものとしていた．なるほどケインズは，カラベリの言うように，『蓋然性論』で，さまざまな点で主観説に立つような仕方で蓋然性について論じていた．この点は，スキデルスキーも認めるところで，ケインズ自身確かに客観説と矛盾するような論述をしており，これが混乱を招く結果となっていたのである（*ibid.*, 85）．

カラベリの有機説批判　スキデルスキーによれば，カラベリは，ケインズの方法を有機的で複雑なる性質（organic and complex character）を信奉し，日

常言語，直観，非証明的論証 (non-demonstrative arguments) に基づくアプローチに立っていると解釈していた．カラベリの主張するようにケインズが有機論説に立っているというのであれば，ケインズは，ムーアの『倫理学原理』，ラッセルの『数学原理』の共同の影響下に蓋然性論を発展させたという説明は，極めてありえないことになってしまう (*ibid*., 86)．

スキデルスキーの理解では，ケインズの『蓋然性論』の方法論的特徴の一つは，「原子論的で限定された多様性 (atomism and limited variety)」論であった．ここでケインズが「原子論的で限定された多様性」というのは，倫理的，美的構造は有機的であると受け容れていたからとも考えられる．それは折衷的な立場であったと言えるのかもしれない．また，スキデルスキーは，フィツギボンズが，ケインズはギリシアのヘラクレスが言うような万物流動説の影響を受けて，世界の無秩序，予測不可能性を信じていたと論じているのにも異論を唱えている (*ibid*., 86)．

『蓋然性論』と『一般理論』──連続か転換か　彼は連続性について，あるかないかと問われれば，形式上では連続性があった (a formal continuity) ことを認めることは難しくないとの評価を見せている．この形式上という意味は不明であるが，これに続けて次のように主張しているのには注目したい．

「『蓋然性論』での『未知の (unknown)』蓋然性は，『一般理論』とその後においては『軽減不可能な』不確実性となった．『論証の重み』は大雑把には『確信の状態』に翻訳可能である．不確実性が軽減不可能であるという認識論的な主張は，ケインズが『一般理論』の長期期待に取り入れているが，『蓋然性論』のなかで予示されていた (foreshadowed) のである」 (*ibid*., 87)．

われわれは，かかる主張のうち，「『未知の』蓋然性」が「『一般理論』とその後においては『軽減不可能な』不確実性となった」と述べている点は，オダネルの主張と異なる解釈であるとして注目したい．オダネルは，ケインズにおいて蓋然性は期待として把握されるに至ったとしているからである．

また，スキデルスキーによれば，『一般理論』では軽減不可能な不確実性が一般的な事例となっている．だが，『蓋然性論』ではそうした扱いはされず，軽減不可能な不確実性は確実性と同様に極めて特殊な事例として扱われていると解釈する．

第一次世界大戦と世界観の転換　スキデルスキーは，ケインズにおいて何故にこのような転換が生じたのか，これは問わねばならない問題であるとした．そうして彼は，この問題をフィツギボンズの主張に同調して，彼の次のような隠喩に満ちた疑問に置き換えたのである．

「『蓋然性の薄明かり (twilight of probability)』が，なぜ，1936年までには，不確実性の『闇夜 (dark night)』となったのか？」(*ibid.*, 87)．

この問題への答えとしてスキデルスキーは，ケインズの関心が移ったという事実以外に指摘しようがないと言う．彼によると，ケインズは戦前においては，社会システムでの「正しい行為」に関するルールと慣習に対してもっぱら個人的判断を主張していた．ところが，1930年代になると，彼の関心は経済システムのパフォーマンスに向けられた．この際に，ケインズは第一次世界大戦後，自然科学と社会科学との違いについてより鋭い感覚を持つようになった．行為主体の期待が，将来に生起する事態に影響を及ぼす世界は，りんごの意図を考慮する必要のない重力の法則が支配する世界とは異なる．また，ケインズは，社会の構造は，原子論的というより有機論的であると信じるようになった (*ibid.*, 87)．

そうして，スキデルスキーは，「こうしたムードの変化の根本的な原因は，第一次世界大戦であった」と主張する．「それによって，戦前の行為の合理性における規範と信念が破壊されたのである」(*ibid.*, 87)．

人間の行動を予想することがより困難になると，合理的に行動しようとする人間にとって，世界はより不確かなものになる．なぜならば，人間の行為にあたって，ありえそうな結果を，直観によって知らざるを得ない．彼は，「軽減不可能な不確実性 (irreducible uncertainty)」の概念を手掛かりに，経済問題の理論化に向かったのである．

認識論的連続性と人間観の転換の可能性　スキデルスキーは，最後の問題として，ケインズの後期の経済学で描かれた経済的行為は，果たして合理的なものであったのか，それとも非合理的であったのであろうか，と問いかける．そうして，フィツギボンズ，ウィンスロー，ミニらの研究について論評がなされ，この後に再びオダネル，カラベリらの研究が批判的に検討される (*ibid.*, 87-9)．ここでの議論はかなり混みいったものであり，議論や紙幅の都合もあって，深

く立ち入ることはやめよう．そうして，われわれにとって重要と思われるスキデルスキーの論述の最後の部分を紹介することにしよう．

スキデルスキーは次のように論述している．ケインズが人間の本性についての見方を変えたかどうかは，『蓋然性論』と『一般理論』との間の認識論的連続性の問題には，不適当な問いであるかもしれない．ケインズが，何が合理的行為を構成するかについての考えを変えずに，人間たるものについては思ったほどよりも合理的ではないと結論づけていたかもしれないのである（*ibid*., 89）．

第6章
日本での連続説，断絶説の展開

1. 宮崎義一の「前期ケインズ」・「後期ケインズ」論

性愛観の変化とケインズの思想的転換　『ケインズ伝』（*The Life of John Maynard Keynes*, 1951）のハロッドは，関連する書簡を引用する際には「巧妙な削除」を施し，ケインズのセクシュアリティを「用心深く隠して」いた（ドスタレール 2008: 70, 注 47）．

すでに指摘したように，若き日のケインズのセクシュアリティは，ホルロイド（M. Holroyd）によるリットン・ストレイチーの伝記の刊行（初版 1967 年）によって，初めて明らかにされた．さらに，クウェンティン・ベル（Q. Bell）『ブルームズベリー・グループ』(1968)，ミロ・ケインズ（M. Keynes）編のポール・レヴィ（P. Levy）「ブルームズベリー・グループ」(1975) で触れられ，この後，スキデルスキー（R. Skidelsky, 1983），モグリッジ（D.E. Moggridge, 1992）の優れたケインズの伝記によって詳述されるようになった．

宮崎義一の「若き日」論は，ベルとレヴィの記述を基礎に，ケインズのセクシュアリティでの変化を，彼の「前期ケインズ」の思想から「後期ケインズ」の思想への転換の説明要因として位置づけ，当時トピックスとなっていた「ハーヴェイ・ロードの前提」論を中心的論点にして全面に押し出し，ケインズの『若き日の信条』を手がかりに独自の解釈を施し，前期ケインズから後期ケインズへの「思想の'成熟'」（宮崎 1980: 21）過程を説明しようとしたものである．

宮崎は，次のように問題を提示する．

「1921〜1925 年 8 月結婚に至る約 4 年間を境にしてケインズに思想的転換がみられ，それ以前を初期［若き日の］ケインズ，それ以後を後期ケインズと区

別するケインズ解釈を試みたいと考える」(同 35).

宮崎が,「1921 年」を始点とするのは,ディアギレフのバレー団が 1921 年 11 月 2 日ロンドンで『眠れる森の美女』を開演し,のちにケインズの妻となるリディア・ロポコヴァが舞台でライラックの妖精を演じ,それに魅せられたケインズが足繁く通うことになったことからである*(同 35)と言う.

それでは,この時期がいかなる点で転換期であったのか.「若き日のケインズと後期ケインズとを区分する転機を何に求めるべきであろうか」.こう自問した宮崎は,「私はケインズの恋愛,結婚とブルームズベリー・グループからの離脱とをとりわけ重視したいと考える」とこたえている(同 34).

宮崎は,つまるところ,ケインズの恋愛と結婚が,ケインズの思想を変える要因になったという.それでは,ケインズが,同性愛から異性愛に転じるとともに,彼にどのような変化が生じて,人間観,社会観,国家観,さらには経済政策思想を変えたというのであろうか.

「前期ケインズ論」「後期ケインズ論」　宮崎は自らの主張の妥当性を,『若き日の信条』を手がかりに,論じようとする.このアプローチは適切であろうか.

まず,ケインズの人生,個人史を考えた場合,宮崎の時期区分に沿って『若き日の信条』を再解釈するのは適切であるとはいえない.そもそも,ケインズの「若き日」は,カラベリのいうように 1903 年を中心とする前後数年と考えるべきであるからだ.ところが,ケインズ自身は,『若き日の信条』で,回想の対象時期を第一次世界大戦以前としている.さらに実際の回想の範囲を,1915 年のロレンスとの出会いまで拡張している.彼の「若き日」をはるかに越えた時期までを回想の対象としているわけである.

いずれにしても,『若き日の信条』は,ケインズの「若き日」の時代を越えて論じられており,必ずしも「若き日」の「回想」とはなっていないのである.それゆえ,かかる文献をもとにケインズの「前期」と「後期」の特徴を把握しようとするのは,妥当ではないのである.

さらに,宮崎は,「前期ケインズ」と「後期ケインズ」の時期区分にあたっ

＊　実際に,ケインズとリディアが交際を始め関係を深めたのは 12 月で(Mackrell 2008: 192),より時期を限定すれば 12 月中旬から下旬にかけてのことであると考えられている(Hill and Keynes(eds)1989: 27).

て，「ブルームズベリー・グループからの離脱」を「とりわけ重視したいと考える」と書いていた．だが，ここでケインズがグループから離脱したというのは，間違いである．ブルームズベリー・グループは1920年に，ニュー「ブルームズベリー・グループ」，すなわち「メモワール・クラブ」へと発展的に解消されケインズは新組織の一員となっていたと見るべきである．ここでケインズは，1921年2月にパリ講和会議ドイツ代表団の一員で弁護士，銀行家であったメルヒオル（C. Melchior）についての回想文「メルヒオル博士──敗北した敵」を朗読している．1938年にケインズが『若き日の信条』を朗読したのもこの集まりであった（ドスタレール 2008: 95）．

　宮崎の後期ケインズ論　宮崎は，前期の思想ばかりか後期の思想についても『若き日の信条』からの引用で説明しようとする．それらは，次のような文章である（宮崎 1980: 30）．

　「今の私［**後期ケインズ**］には，人間の本性を合理性のみに帰せしめたことは，それを豊かにするかわりに，それをむしろ不毛にしたように思われる．それは強烈で価値ある感情の源泉を無視していた．人間の本性の，自然発生的な非合理的発現のあるもののなかには，われわれ［**若き日のケインズら**］の図式化が切り捨てたある種の価値がみいだされるのである」（宮崎 1971: 126，なお引用文内の［後期ケインズ］および［若き日のケインズら］は，ともに宮崎が挿入したケインズの原文にはない文言である．太字は筆者）．

　「われわれは，文明というものが，ごく少数の人々の人格と意思によってうちたてられた，巧みに人をごまかし，狡猾に保持された規則や因習によってのみ存続されうる薄い頼りにならない外皮であることに気づいていなかった．われわれ［**初期ケインズ**］は，この伝統的な知恵や慣習の束縛を大事にする気持ちなど全くなかったのである」（同，引用文の［初期ケインズ］は宮崎の挿入による．また太字は筆者）．

　宮崎は，このような『若き日の信条』からの引用文を論拠に，大胆にも，次のような「後期ケインズ」像を導き出す．

　「後期ケインズは，かくて文明というものが決してすべての人々の人格と意思の総和でなく，それは，ごく少数の人々の手でうちたてられ，もっともらしくつくりあげられ，因襲と無知によって維持されるものにすぎないことに気づ

いたのである．すべての人間が真理を見抜こうとせず，自己の行動の正当化のみに憂き身をやつすならば，一般庶民のほかに，まがりなりにも真理を見抜こうとする知的リーダーが必要となろう．ケインズは後期に至ってはじめてこの少数の叡智の立場から，多数の追従者をリードする政策立案者の立場を正当化したといってよいだろう」(宮崎 1980: 30)．

そうして宮崎はいきなり「こうした後期ケインズの特徴を一言にしていえば，知的フロイト主義者 (Freudian) になった点に求めることができよう」と言う (同 29)．ケインズが「知的フロイト主義者」とは，なんたるケインズの特徴づけであろうか．一体何を根拠にかく主張するのであろうか．

『若き日の信条』の何処にかかる言辞を見いだすことができるのだろうか．さらに，「知的フロイト主義者」のケインズと「少数の叡智の立場」ある種のエリーティズムとどう関係づけることができるのだろうか．

宮崎は，さらに次のようにいってのける．これにも改めて驚かされるのである．

「ケインズが管理通貨の発想，国家の財政金融政策による景気調節の構想等，西欧資本主義を救う途をきり開いていったのも，ケインズがこの立場に移行して初めて可能になったものとみてよいであろう．ケインズの『貨幣改革論』(1923年)，『自由放任の終焉』(1926年)，『貨幣論』(1930年)，『繁栄への途』(1933年)，『雇用・利子及び貨幣の一般理論』(1936年)，『戦費調達論』(1940年) 等，少数の叡智の立場からする修正資本主義管理社会の構想がつぎつぎに展開されたのも当然のなりゆきであろう」(同)．宮崎はこう論じた後，この議論に「ハーヴェイ・ロードの前提」論を無理やり関連づけ，ケインズの後期思想の核心であるかのように説くのである．

しかしながら，ケインズの業績を，「少数の叡智の立場からする修正資本主義管理社会の構想」で一括りできるのか疑問であり，このようなケインズの学説の発展過程の整理は妥当とは言えない．

そもそも宮崎の議論で，合理主義的思想とこれに基づく行為論から慣習と規則を基にした行為論への転換が宮崎の主張するとおりであったとしても，こうした転換が，どのようにして，ケインズの「修正資本主義管理社会の構想」への転換と結びつくのか不明である．

ケインズの私生活やケインズに子供がいない事実と彼の人生哲学や経済政策思想とを関連づける試みは，早くも，シュンペーターに見られた (Schumpeter 1946: 506)．また，ケインズの性癖と貯蓄と投資理論と関連づけようとする見解も散見された．セクシュアリティと関連づけて彼の思想と行動とを，フロイトの精神分析学や心理学に依拠して解こうとする研究が，ヘッション (Hession 1984)，ミニ (Mini 1994)，ウィンスロー (E.G. Winslow 1986) らによって本格化した．宮崎の議論は，こうした論説のなかにどう位置づけることができるであろうか．

2. 伊藤邦武のケインズ論

ここで，われわれが批判的検討の俎上にのせるのは，伊藤邦武の『ケインズの哲学』(1999年) の第2章「ケインズ認識論の発展」である．

(1) 伊藤の問題意識と課題設定

『一般理論』——「不確実性をめぐる人間精神の学」　伊藤は次のように論じている．『一般理論』は，「主として経済主体たる個人や法人の『将来の不確実性にたいする心理的態度』の分析に焦点を合わせているという点では，不確実性をめぐる人間本性についての研究という性格をも合わせもっている」．それは，「単に不完全雇用状態をも視野に入れたより包括的な経済分析という意味で『一般的』であるばかりではなくて，人間の精神をめぐる一般的，哲学的な分析から社会全体の特性の成立を説明しようとするという意味でも，『一般的な』理論なのである」(伊藤 1999: 57-8)．

伊藤は続けて，『確率論』と『一般理論』とが「不確実性」の概念で，「密接につながりあっている」と論ずるのである．

「このようにケインズの主著を，不確実性をめぐる人間精神の学として解釈するならば，この理論が，ケインズの唯一の純然たる哲学的著作である『確率論』の主題と，密接に重なりあうものであることは，明白であろう」(同 58)．

「哲学的転換」かそれとも「連続性」か　明らかに断絶説に立っている伊藤は次のように結論づけている．

「『確率論』の最初の執筆から『一般理論』の完成までの約30年間のあいだには，単なる研究主題の変化だけではない，**哲学的な転換**があったであろう，というものである」(同59，太字は筆者).

ここで主張する「哲学的な転換」を伊藤は「簡単に言うと」として，次のように続けている.

「『確率論』において分析されている『蓋然性』と，『一般理論』の主題の一つである，われわれにとっての『不確実性』というもののあいだには，たしかに繋がりはあるものの，それらはまったく同一のものではない，ということである」(同59).

伊藤は次のようにも述べている.

「『一般理論』における不確実性は，『確率論』における幅広い『蓋然性』の理論によってもカヴァーできないような，より根本的な不安定性をもっており，しかもわれわれの合理的な行為選択の理解のためには，このようなより根本的な不確実性の論理の理解が必要である，とされるのである」(同59).

(2) 伊藤による『若き日の信条』論

伊藤は，かかる「哲学的転換」を論証するために，ケインズの若き日の哲学についての検討を試みる．まず取り上げるのは『若き日の信条』である．

『若き日の信条』＝ケインズの自己批判？　伊藤は，「ケインズが，初期ムーアの何を批判し，どこへ向かおうとしていたのか」を考えるために『若き日の信条』を取り上げる．この回顧録を検討することで，伊藤は，ケインズの初期の思想とこれへの後期のケインズの批判的立場，いいかえると『若き日の信条』におけるケインズの自己批判を，明らかにすることができると考えるからである．伊藤による『若き日の信条』の解釈の要点は以下にあるとみてよいであろう．

「ケインズはこの文章（『若き日の信条』のこと＝筆者）の冒頭で，自分が若い時代に経験した『数々の精神的な冒険を紹介し，その無垢の精神に与えた主要な影響を回顧することに努め，その精神がどのように変貌したかを考えてみたい』と断ったうえで，その影響の核心が『ムーアの宗教』すなわち『理想的なもの』の理論であったことを強調し，この『宗教』あるいは『信念』が，『人

間本性についてのいつわりの合理説（pseudo-rational view of human nature)』にほかならなかったと，はっきり書いているのである」(伊藤 1999: 93).

　これによって，伊藤の立論がどのようなものか，およそ理解できよう．とはいえ，先の文章の中で伊藤が用いている引用文は，ケインズの原文をかなり恣意的に，不正確に訳している点は問題である．この一文は，全集版の翻訳では，次のような訳となっている．

　「知的ないし精神的冒険——**性的な冒険ではなく**——を紹介し，一人の人間の純潔な精神に及ぼした主要な影響を努めて思い起こすとともに，その結果がどうなったのか，また，今もなおそうした青春時代の信条を持ち続けているかどうか，考えてみたいと思う」(*CW* X 1972: 435; 邦訳 1980: 567，下線，太字は筆者).

　邦訳との比較でみると，とくに問題であるのは，邦訳の下線部が完全に削除されている点である．ここで，ケインズは，「性的な冒険ではなく」として，それを主題とすることを回想の対象から省くことをあらかじめ断っているのである．ケインズが『若き日の信条』で「性的な冒険」を紹介するとなると，この問題の扱いに当面することになるのは必定であった．

　『若き日の信条』の「テキスト」の創作　伊藤は，この後，「初期ムーアの何を批判しようとし，どこへ向おうとしていたのか」，「この点をここでは，次のようなテキストによって示してみよう」として，自らの「テキスト」を提示する（伊藤 1999: 95-6).

　それは，伊藤の著作のレイアウト，タテ 44 字，ヨコ 20 行の 1 頁分をこえるスペースを占める長い文章である．伊藤の注記をもとに，この「テキスト」を仔細に点検すると，彼はこの「テキスト」を制作するために，英語原文の 441～446 頁，全集邦訳では 574～582 頁と 583 頁の大部分を削除するという実に荒っぽい手を加えてたことがわかる．英文で 6 頁分を含む大小の削除箇所は「……」で表され，大胆な切り貼りにより制作されたことがうかがわれる．そうして，文章を読み始めると，初めの部分は原文に忠実とは思われない意訳がなされ，さらに読み進むと，英語原文の省略と改行が目立つのであった．これにより伊藤の引用文は，彼が独自の読解に基づき，創造した「テキスト」ともいうべき代物に変容していることは明らかである．

伊藤によって削除されたケインズの文書には，「私の宗教」「『直観主義的』立場」「ベンサム主義」に関わる重要な論述が含まれていた．

ケインズは合理主義を放棄したのか？ 伊藤は，この自らが創造した「テキスト」をもとに，いきなり次のように結論づける．

「（この文章で目新しい点はむしろ）この普遍的な合理性への信仰が，『完全無欠な文法と両義性のない辞書』という理想的な分析の道具の存在への信仰と結びついていたが，そのようなものの存在の根拠はどこにもなく，あるのは，文明の合理性を支える『規則と規約』あるいは『慣習』だけである，という指摘である」（同96-7）．

伊藤は，若き日のケインズは，「（人間の本性が合理的であるとの見解を採用することによって）原罪説，すなわち，ほとんどの人間には狂気じみた非合理的な邪悪さの根源があるという考えについて，そのいかなる変種についても否認した」と論じている（同96）．

しかし，若き日のケインズの立場が，合理主義に基づいていたか否かについては，すでに連続説を説く論者のなかでも見解が異なっているのを明らかにしてきた．オダネル（1989年，1991年）は，合理主義的立場にあったとするのに対して，カラベリ（1988年）は反合理主義，反経験主義であったと主張し，他方で，フィツギボンズは，ケインズが終始合理主義者であったと評価していたのであった（Fitzgibbons 1992: 98-9）．

（3） ケインズの言語観の転換とウィトゲンシュタイン

ケインズ言語観に転換はあったのか 伊藤は，この自ら作成したテキストにケインズの「言語観の転換」を読みとり，次のように書き綴っていた．

「完全無欠な文法にしたがった明晰な言語から，社会的な規則と規約の拘束力だけにもとづき，究極的な厳密さを問うことのできない言語へ――．いうまでもなくこの言語論の転換は，ウィトゲンシュタインにおける『論理哲学論考』から『哲学探究』にいたる過程のなかで生じた，『言語画像説』から『言語ゲーム論』への転換をさしている」（伊藤1999: 97）．

この一文は，初期のケインズがあたかも「完全無欠な文法にしたがった明晰な言語」に基づく言語論，論理学，そこに反映された認識論的立場に立ってい

たかのように描いている．

　伊藤は，自らが制作した「テキスト」で，「ムーアの方法の影響」として，ケインズからの引用文として以下を掲載している．

　「それによれば，本質的にあいまいな概念であっても，それについての正確な言語を使用し，厳密な問いを発することによって，それを明晰なものに<u>できるのである</u>．つまりそれは，**完全無欠な文法と両義性をまったく含まない辞書**という道具を用いた，発見の方法であった」（同95-6，下線，太字は筆者）．

　ところが，この文章は，全集版邦訳で次のように訳されている．

　「彼の方法によれば，本質的にあいまいな観念も，それに関する厳密な言葉を用い，正確な問いを発することによって，はっきりさせることが<u>できるはずであった</u>．それは**完璧な文法と語義の明確な辞書**とを用いて，発見するという方法であった」（*CW* X 1972: 440; 邦訳1980: 574，下線，太字は筆者）．

　まず，ケインズの文意を明確にするうえでは下線部の原文 'you could hope to make essentially vague notions clear' をどう訳すかが重要である．

　伊藤は「できるのである」と断定的に書いているが，邦訳では「できるはずであった」と訳され，原文の仮定法過去のニュアンスが正確に表現されている．この引用文は，そもそも，ムーアの方法の特徴を説明している箇所で，ケインズの考える方法を聞き綴った箇所ではない．ケインズは，仮定法過去を用いることによって，ムーアの方法と距離を置こうとしているとも読める表現である．それは，「われわれ」と「私」とを区別する論述方法と通じるレトリックで，われわれはこれによって，アポスルズの仲間は，ムーアの方法に従ったが，「私」，つまりケインズは，全面的にこの方法に同意していたわけではないとの姿勢を読み取ることが可能である．

　この一文では，さらに太字で示した文言に関して，とりわけ原文の an unambiguous dictionary を，伊藤が「**両義性をまったく含まない辞書**」とするのは，思い入れが強すぎ，原文に忠実であるとは言えなかろう．邦訳では，これを「**語義の明確な辞書**」と訳していることからも明らかであろう（*ibid*., 440; 同574）．

　語の厳密な使用の問題について触れると，ケインズは，初期においても，彼独自に，はじめから，日常言語的世界にこだわり，非決定的な蓋然性の論理学

の構築を目指していたとみるべきである．

　さらに，ウィトゲンシュタインの影響を受けてケインズに「言語論の転換」があったとするのも不確かである．この点について伊藤は，「テキスト」に基づいて確かな事実と描いているようである．だが，そこではロレンスとともにウィトゲンシュタインについて触れてはいるが，『論理哲学論考』や『哲学探究』についての言及はない．ましてや『言語画像説』や『言語ゲーム論』への論及はあるはずがない．

　それゆえ，「したがって，右の文章（「テキスト」のこと＝筆者）は，ケインズがそのムーア主義の克服を，ラムジーやブレイスウェイトのような個人主義，主観主義の方向とは逆に，『言語ゲーム論』にパラレルな，共同体的合理性の立場のほうへと向かうことで，成しとげようとしていることを示している」（伊藤 1999: 97）などとは言えない．だいたいにして，「『言語ゲーム論』にパラレルな，共同体的合理性」とは，なんのことなのであろうか．「テキスト」からは，うかがい知れないのである．

　「直観的論理主義」から「相対主義」への転換？　伊藤は，かかる「テキスト」読解のあとあらためて次のように結論づけている．

　「彼は，『確率論』における直観的論理主義と相対主義のあいまいな並存から，後者を軸にした判断論へと向かいつつ，暗黙的な規約にもとづく相互批判の余地を残した認識論を目ざしているということになる」（同 97）．

　伊藤がここで「直観的論理主義」と言い「相対主義」と言い，そうしてそれらの「あいまいな並存」というのであるが，いったい何のことであろうか．さらに，「後者（相対主義）を軸にした判断論へと向かいつつ，暗黙的な規約にもとづく相互批判の余地を残した認識論を目ざしているということになる」と言うのも難解な不明の文章ではなかろうか．だいたいにして，ここで，ケインズの言う「相互批判の余地を残した認識論」とは，どのような認識論なのであろうか．

　それに，伊藤がここで，ケインズが直観主義を事実上，捨てたと述べている点についても疑問が残る．オダネルやドスタレールらは，ケインズが直観主義を最後まで堅持していたと論じて疑わない．この点についても伊藤は，先行研究をうけて，自説を改めて検討し直す必要があったはずである．

(4) 「『一般理論』の哲学」の問題点

『一般理論』の人間本性に関する認識論　伊藤は，ケインズが哲学的転換を図ったとみて，次のように問いかける．

「そのような方向転換は具体的には，彼の『確率論』の蓋然性の哲学をどのように変貌させることを意味するのか．そしてそれは，人間の合理性の追究の可能性を，どの程度まで認める立場をとることを意味するのか」（伊藤 1999: 97）．

そうして，伊藤は，「このことを知るためにわれわれは，彼の最終的な理論的到達点である『一般理論』の，人間本性にかんする認識論的考察を検討してみなければならない」と説くのである．

まず伊藤は，ケインズ『一般理論』文末の「社会哲学についての覚書」の結びの部分を引用したうえで，以下のように論ずる．「ケインズは，自分が構築した『一般理論』の経済理論が，新しい社会哲学思想を含んでおり」それが人々の「『政治と感情と情念とに同化され混合されたとき，行動や活動にたいする影響としていかなる最終的な帰結をもたらすのか，私自身も予測できないような』……革命性をもった，『危険』なものであるという自負をもっていた」（同 98）．

この文章で耳目を集めるのは，伊藤によれば『一般理論』では「人間本性に関する認識論的考察」がなされており，それを論述しようとの意欲を表明していることである．多くの人々にとって『一般理論』は，経済学の書である．それを哲学書でもあるとしてそこでケインズによる「人間本性にかんする認識論的考察」を読み取ろうというのは，これまでのなかった読解の試みの表明であるということになる．そこで，伊藤は改めて問いかける．

「それでは，『一般理論』の革命的な思想とは，何をさすのであろうか」．彼の「哲学的反省が辿りついた『社会哲学』とはどのようなものであり，その革新性とは一体いかなるものを言うのであろうか」（同 98）．

「認識論的考察」ならぬ「マクロ的経済分析」の説明　だが，『一般理論』での「人間本性に関する認識論的考察を検討してみなければならない」と強調していたはずの伊藤は，突然として『一般理論』について語り始める．

「その経済理論としての包括性，一般性の強調にもかかわらず，実際にはき

「ケインズ自身その序文で繰り返し強調しているように……中立な観点を装った冷静な分析であるよりも，それまでの伝統的な経済理論の根本前提に対する挑戦的な批判という目標をもっている．そのために，個々の議論には論戦のためのさまざまなテクニックが駆使されており，論旨が見えにくくなっている．また，現実の経済現象への言及と形式的な説明とが自由に混在していることも，この本を理解しにくくさせている一因であろう」(同 98-9).

「とはいえ，この理論において展開されている，マクロ的な経済分析の骨格は明白である．というのも，著者自身が一章を割いて，この一般理論の『総括』をおこなっているからである(第 18 章『雇用の一般理論再説』)」(同 99).

かく論じる伊藤は，結局のところ，なんと第 18 章の趣旨の解説を始めるのであった．それは伊藤も認めているように，ケインズが「マクロ的な経済分析の骨格」を論じた箇所である．それでは伊藤の言う「人間本性に関する認識論的考察」とはなんであったのだろうか．伊藤はこの問いにはこたえずに，ここでケインズが独立変数としての三つの心理的要素を強調している点に注目する．そうして，これら心理的要素を強調する意義について説明を加えるのである(同 99-102).

伊藤によれば，この分析によってケインズが明らかにしたことは，「形式的，論理的根拠をまったくもたずに」，「われわれの将来への態度決定」がなされているということである．換言すれば，「まえもって列挙できる可能性の幅が何も与えられていない『不確実性』を前にして，われわれは自分自身が合理的であると信じる選択をおこなっている，というのである」(同 102).

「それでは，そのような論理的根拠が与えられない場面で，われわれはいかにしてその合理性の保証を(少なくとも心理的には)確保できるのだろうか」(同 102).

規約にもとづく行為論　その際に，ケインズが「導入」するのが「『規約』にもとづいた個人的判断という視点」である(同 102).

それは伊藤がケインズからの引用によって説明を試みている内容からも明らかである．彼のいう「人間本性にかんする認識論的考察」をもって，説明にあ

ているのではない．

　例えば，「流動性にたいする態度が決定する利子率について，ケインズは次のように説明しなおしている」とする．

　「おそらく，利子率は高度に心理的現象であるというよりも，高度に規約的な現象であるといったほうが，より正確ということになろう．なぜなら，その実際に値は，その値がどうなると期待されているのかということについての，広く流布している見方によって大部分支配されているからである」（*CW* VII 1973: 203，訳文は伊藤 1999: 103）．

　また，伊藤によれば「投資心理」も「その現実の決定は，投資市場という組織化された共同体において維持されている規約との参照のもとでおこなわれる」として，以下を引用する．

　「実際にはわれわれは例外なく，真実は一つの規約に過ぎないものに頼るということに，暗黙の形で合意してしまっている．この規約の本質は――もちろん，それほど単純にそれらが機能するというわけではないが――，われわれが変化を期待するにたる特定の理由がないかぎり，現在の事態が無制限につづくであろう，と想定するところにある」（*ibid*., 152; 訳文は伊藤 1999: 103）．

　伊藤は，これらのケインズの論述から，次のように考えることができると主張する．

　「将来を見越した行為の決定」は，「判断と規約との間の相互形成的でダイナミックな関係である」．つまり，「その主体が属する共同体に共有された将来への態度を仮に想定したうえで，それとの参照のもとで自らの個別的条件を勘案しつつ判断がなされるが，そのことが同時にまた，そうした共通の態度そのものを新たに構成している」と言うのである（伊藤 1999: 103）．

　かくして伊藤が，意図していた『一般理論』の認識論的考察は，いつの間にか『一般理論』の行為論的解釈とか言ったものへと転じてしまっているのである．

（5）　美人コンクールと「平均的期待形成のフィクシャスな本性」

　伊藤によれば「個々の判断者は自分が属する共同体」の「『平均的な期待（average expectation）』」というものを想定し，それによって自らを一定の『信

頼状態 (the state of confidence)』においたうえで」「判断をくだすのである」という．さらに，彼は，この際，「その主体は誰もがそうした判断をおこなっていることを承知しているのであるから，この平均的期待というものが，一種のフィクションであることを認めざるをえない．そこで，このような**フィクシャス**な平均的期待が成立するためにも，『特定の理由がないかぎり，現在の事態が無限に続くであろう』という根本的な規約が，個々の判断にさきだってすでに成立しているとみなさざるをえないのである」(伊藤 1999: 103-4, 太字は筆者)．

かかる文章のあいまいな論述法や原語 confidence [「確信」] の訳語に疑問を挟みたいのであるが，まずは，ここで「フィクション」なる語とともに「フィクシャス」なる語が用いられているのに注目しよう．伊藤は「フィクシャスな本性」を説こうとするのであるから．

それにしても，伊藤が，フィクション (fiction) から派生したと思われる「フィクシャスな本性」を主張するのには，いささか驚きである．なぜなら，「フィクション」には，フィクション，小説，作り話，虚構，擬制，作り事，出鱈目，でっち上げ，拵えごとなどの語義があるとされているからである．伊藤が言うように，共同主観性によって作り出され，認識されるものがフィクションであるとすると，認識論上の厄介な問題を招きかねないであろう．

伊藤は，第 4 章の「ケインズの科学方法論」で，「間主観的な確率 (inter-subjective probability)」，「間主観的な期待」，「共同体的な認識論」なる用語を用いている (同 165, 172)．期待や認識も「フィクション」ということになるのか．そうであれば，貨幣量，需要関数，供給関数，利子率などで構築されるケインズの経済的世界は，壮大な「フィクション」ということにならざるを得ないのではないか．経済学も虚構である，作り話である，と言うことになりかねないであろう．

「美人コンクール」と「バブル」　伊藤によると，この「本性」を明らかにするためにケインズが持ち出したのが「美人コンクール」という「よく考えてみると，なかなか複雑で不可思議なゲーム」(同 104) である．

「経済現象を構成する個々の判断が，このような平均的期待についての平均的期待への参照という二重に反省的な論理をもつ」が，「予想収益にたいして

影響をもつ『外的要因』についての何らかの信念の相違」が発生する可能性はさけられない．

「信念」たるものは，「群集心理的な性格」をもっている．その「根拠となっている規約そのものの存立が怪しくなり，さまざまな期待形成も構成しえなくなるおそれがある」．「こうして，市場それ自体が『流動的』となり，その投機の渦巻のなかで企業が『泡沫（バブル）』となることも，けっしてまれではないことになる」（同 105）．

不確定性と不安定性　美人投票の例で描かれたように，ケインズによる「市場の動向と判断の連関のメカニズム」を理解すると，「このような状況のもとでの個々の人間の判断は結局のところ，あまりにも不安定なものとして描かれているということになる．というのも，われわれの規約にもとづく判断が，……何重かの反省的構造をもった不確定的なものであり，また，規約そのものが明示的に合意された，制約力のないものであるとすれば，われわれの判断はいずれも，それが合理的かどうかを判断するための最終的な根拠をもたない，ということになるからである」．「いいかえれば，われわれがいかに規約にもとづく判断を重視し，同時に個人的な条件を加味して考えたとしても，その合理性の根拠を明示し，それによって客観性を主張することは，かなわぬ望みだということになる」（同 106）．

伊藤によってここではシャックル並みに不安定性，不確定性が強調されている．これが，ケインズの考える経済的行為における人間の判断の特徴であるというのか．不確実なある状況下では，大勢に従って行動すること，規約に従うことが，合理的に振る舞うということではないのか．

(6)　ウィトゲンシュタインの「生活の形式」か伊藤の「生の形式」か

伊藤の歴史的事実としての「生の形式」　伊藤は，不安定性，不確定性を強調した後に「しかしながら」として，次のような議論を展開し始める．

「しかしながら，『一般理論』におけるケインズはもはや，われわれのこのようないわば根拠なき合理性の追究を，根本的に欠陥をもったものとしては捉えていない．むしろ彼はここでは，われわれの判断が規約の束のなかで発動し，その判断の交換される市場が不安定性をかかえたまま機能していることを，一

つの『歴史的事実』として了解し，それを『われわれの生の形式』としてそのまま認める視点をとっている」(伊藤 1999: 106，太字は筆者).

「根拠なき合理性の追究」「判断が規約の束のなかで発動」する，「判断の交換される市場」，そして「生の形式」とかの気になる概念，表現が続いているが，そもそも「『歴史的事実』として了解し，それを『われわれの生の形式』としてそのまま認める視点をとっている」とは，わかり易く言い換えるとどういうことであるのか．

ウィトゲンシュタインの「生活（の）形式」概念　この伊藤の「生の形式」論については，のちに詳しく触れるとして，ひとまず，伊藤の「生の形式」ならぬウィトゲンシュタインの「生活（の）形式」についての議論を概観しよう．伊藤が『ケインズの哲学』(1999 年) を上梓した頃に，わが国では，ウィトゲンシュタイン『哲学探究』に関する研究では，伊藤が問題とする「生の形式」ではなく，「生活（の）形式」を重要な概念と位置づけて，「言語ゲーム」「家族的類似性」などといった概念と合わせて論じられていたのである．ウィトゲンシュタインをめぐる議論では，伊藤の主張する「生の形式」という概念を用いていたのではないのである．

およそ四半世紀前になるこの時期，ウィトゲンシュタインについての研究状況のなかで，「生活（の）形式」は，どのように扱われていたであろうか．わが国で 1980–90 年代に刊行された手元にあるウィトゲンシュタイン本——ブルア (D. Bloor) の翻訳本『ウィトゲンシュタイン：知識の社会理論』(1988 年)，マルカム (N. Malcom) の翻訳本『何も隠されてはいない』(1991 年) ——を見ると，独自の重要な概念として扱われたと思われる「生活（の）形式」の訳語を見いだすことができる．

まずブルアによれば，ウィトゲンシュタインの著作の多くの側面が注目を集めてきたが，「その中でも次の二つの側面がとりわけ重要に思える」のだという．すなわち，「彼の思考の社会学的側面と自然主義的側面である」．このように論じた後，彼は次のように続けている．

「ウィトゲンシュタインは個人に社会が先行することを執拗に強調する．『文化』『制度』『慣習』『規範』といった概念が彼の理論において顕著な役割を果たしているのもこのためである．『規則に従うこと，報告すること，チェスを

することは，慣習（使用，制度）なのだ』（*PI*, I: 199）」．このようにウィトゲンシュタインは，彼が『**生活形式**』と呼ぶものを強調するが，それはまた，彼の自然主義的な傾向の一部をなしている」（ブルア 1988: 3，太字は筆者）．

マルカムでは，「生活（の）形式」は次のような文脈で用いられ，そこでも特別な位置づけが与えられているようである．

「規則という概念によって，そしてまた，如何なる言語の可能性にとっても，この様に基本的な人間における一致という事は，『**生活の形式**』のめざましい事例である．それは，説明され得るであろうか．それよりもなお一層基本的で，それを説明するのに引き合いに出され得る何かが存在するであろうか．私は，存在しない，と言わざるを得ない．それを説明するのに引き合いに出されがちな『規則に従う』とか『語の意味を理解している』とかいった概念は，それ自身，我々が説明しようとしている当のものを前提しているのである．この，同じ仕方でやって行く，という人間における一致は，『受け入れられなくてはならないもの，即ち所与，は**生活の形式**である，――と言えよう』（『探究』226頁）というウィトゲンシュタインの所見の，特に適切な一例である」（マルカム 1991: 293，太字は筆者）．

伊藤も寄稿している 1995 年に刊行された飯田隆編『ウィトゲンシュタイン読本』には，「生の形式」を独自に取り上げた論述はないが，藤田晋吾による「『数学の基礎』第 3 版について」のなかで「**生活形式**」なる語を散見することができる．

この後，「生活（の）形式」がどう扱われたかを見ると，野家啓一編『ウィトゲンシュタインの知 88』（1999 年）では「キーワード」として扱われ，独自の解説の対象となっていた（同 144-5）．この野家編のウィトゲンシュタイン本には，別の論題で伊藤も寄稿していた．そして，この年 1999 年は，伊藤が『ケインズの哲学』を上梓した年でもある．

野家編のキーワード集をみると「生活形式」は，意図して概念を説明しない論述方法が取られている．したがって，それは，こういうことである，といった説明がなされていない．その記述は，まことにわかりにくい．

近年の研究ではどういう扱いになっているのか．最近の研究を探ってみたところ，幸いにも古田が説明を試みていた．彼は，この「生活形式」に一定の概

念的な意味を持たせ，『哲学探究』からの引用文の後で，次のように述べている．

「『言語ゲーム』という用語はここでは，言葉を話すということが活動の一部分，あるいは生活形式（Lebensform）の一部分であることを際立たせるべきものである（PI, I: 82）」．

たとえば日本語の個々の言葉は，それ自体としては音の連なりやインクの染みに過ぎない．それらは，日本語とともに生きてきた人々の生活形式——長い時間をかけてかたちづくられてきた生活のあり方，生活の一定の流れ——を背景にした，そのつどの活動ないし実践のなかで使用されることではじめて意味を成す」（古田 2020: 185, 太字は筆者）．

ここでの古田の説明では，「生活形式」には，「長い時間をかけてかたちづくられてきた生活のあり方，生活の一定の流れ」の意味が与えられている．

この「生活（の）形式」の扱いでごく最近になって，興味深い動きがみられる．それというのも，鬼界による『哲学探究』の 2020 年の訳では，この用語は，「生活の形」として日常生活で普通に使われている日常言語風に訳しているのである（鬼界 2020: 31）．

「生活（の）形式」ならぬ伊藤の「生の形式」論　伊藤は，ケインズが，後期ウィトゲンシュタインの思想に強く影響をうけ，思想的な転換を遂げたと論じている．そうであれば，その議論では，ウィトゲンシュタインの「生活の形式」という概念を受け継いでいたはずである．ところが，注意して伊藤の所説を読むと，ウィトゲンシュタインの「生活（の）形式 Form of Life」を，「生の形式」——伊藤はこの英語表記を a way of life と考えているようであるが——と変え，この概念を以って，ウィトゲンシュタインとケインズの思想的な転換を説いているように思われる．

さらに，ケインズをウィトゲンシュタインの影響のもとで位置づけ，次のようにも言うのである．

「個々の人間はその了解する規約にもとづいて判断し，同時に共同体の平均的判断の動向を予測しつつ行動するが，その行動の全体がまた，より広い歴史的地平のなかで新たな生の形式を形作っていくということ——これは，まさに後期ウィトゲンシュタインの『言語ゲーム』理論の，経済版というべき判断論，

あるいは行為論にほかならない」(伊藤 1999: 107，太字は筆者).

そしてケインズである．

「(ケインズは)われわれの判断が規約の束のなかで発動し，その判断の交換される市場が不安定性をかかえたまま機能していることを，一つの『歴史的事実』として了解し，それを『**われわれの生の形式**』としてそのまま認める視点を取っている」(同 106，太字は筆者).

「『一般理論』のケインズの判断論もまた，このような，『**生の形式**——規約——個人の判断』の相互連関の記述をもって，その合理性の根拠づけという伝統的な企てにかわる途を選んだことになる」(同 107，太字は筆者).

伊藤は，そうして自著の最後の「結び」でも，ウィトゲンシュタインは「生の形式」を説いていたと書いているのである．

「後期ウィトゲンシュタインにとって，一つの言語システムを理解するということは，一つの**生の形式**を理解することであり，『言葉』とはこの形式に埋め込まれた無数の言語ゲームにおいて使用される『駒』のことであった．これにたいして，ケインズは……」(同 196，太字は筆者).

こうして，伊藤は，すっかりウィトゲンシュタインの『哲学探究』にある「生活(の)形式」なる言葉を，「生の形式」と置き換えて，論陣を張っているのである．

ケインズの描きだす社会　伊藤はこのあと「生の形式」について詳論するのを避け，なんと次のように投資市場と財の需給関係に議論を転換する．「二つの態度の束」が何を意味するのか不明だが，それが「複雑にからまって，われわれの経済活動全体が構成されている」とも言う．

「ケインズの描きだす社会を一言でいえば，一方では，投資市場における『弱気筋』の売りと『強気筋』の買いとが交差するなかで市場そのものが流動的に推移し，他方では，こうした心理的期待とは相対的に独立なしかたで生産・消費にかかわる需給関係が成立し，これら二つの態度の束が複雑にからまって，われわれの経済活動全体が構成されている．そこには単一の合理性の尺度は見出せず，また共通の活動目標が示されているわけでもない」(同 106-7).

伊藤の言う「二つの態度の束が複雑にからまって」とか，「単一の合理性の尺度」と「共通の活動目標」とはいったい何のことであろうか．また，これら

第6章　日本での連続説，断絶説の展開　　　221

を以って，伊藤はいったい何を語りたいのであろうか．

ケインズの思想——「共同体的プラグマティズム」　ここで伊藤は，いきなり，話題をウィトゲンシュタインからケインズに転換する．そうして，「ケインズが最終的にたどりついた思想」について次のように語り始める．

「ケインズが最終的にたどりついた思想は，それを認識論的観点から特徴づけるならば，規約主義であり同時に共同体的プラグマティズムと呼ぶべきものであった．この思想を，彼の初期の直観主義ならびに論理主義と比べるならば，そのコントラストは明瞭である」（同 107-8）．

ケインズを認識論的視点から特徴づけると，規約主義であり，同時に共同体的プラグマティズムであるとし，これらを以ってケインズが最終的にたどりついた思想ということであろうか．伊藤は初期のケインズの認識論を直観主義と論理主義とによって特徴づけていた．そのケインズは，後期には規約主義と共同体的プラグマティズムに立場を転換したということになる．

この問題で伊藤は，興味深いことに，ケインズ思想の変遷について次のような見方を提示している．

「ケインズの初期論考」での「問題意識」を，(i)「科学一般の哲学的予備学としての，確率論の整備」，(ii)「人間精神についての一般理論の構築」，(iii)「精神活動の一般性と個別性の関係の理解」，として概括できる（同 108）．

伊藤はこうしたうえで，「『一般理論』の哲学」は，主として(ii)と(iii)の問題に，一つの解答を与えたことになる」と主張し，続けて「ケインズの認識論の軌跡は，彼自身の当初の意図がいかなるものであったとしても，結果的には，(iii)の個人的判断と一般的，普遍的認識との関係の問題をつまずきの石として，それにたいする（共同体的プラグマティズムという形での）克服の軌跡ということになるであろう」（同 108）との理解を示す．

伊藤によるケインズ思想の特徴づけとその変遷についての説明は，大胆かつ新奇な解釈である．彼が，初期の論考で企図し，『蓋然性論』で目指したのは科学一般の哲学的予備学との性格があったとか，人間精神の一般理論の構築を目指していたとかの指摘には，ケインズの哲学思想遍歴に関する研究史からみても唐突で，大胆な見解の披瀝である．また，「精神活動の一般性と個別性の関係」の「問題」を「つまずきの石として」，それに対する「共同体的プラ

マティズムという形」での「克服の軌跡」と論じている点も独自である．だいたいにして，ケインズの個人史をたどってみた場合，「つまずきの石」に相当する重大な出来事とはなんであろうか．彼の人生の歩みからは，そうした重大事をにわかに思い浮かべることができないのである．そのうえ伊藤が強調する「共同体的プラグマティズム」概念も不明のままである．

　結局のところ「生の形式」とはなんであるのか　実を言うと，伊藤は，ケインズの『一般理論』「長期期待」についての論述の一文を引用し，そのなかで a way of life を「生の形式」と訳していた．もっとも伊藤はこの文章を，「市場それ自体が『流動的』となり，その投機の渦巻きのなかで企業が『泡沫（バブル）』となることも，けっしてまれではないことになる．それは，『われわれがいわゆる『流動性』を主眼として投資市場を組織したことのほとんど不可避的な結果』である」に続けて引用した文章であった．それは伊藤自身の訳によれば，次のような文章である．

　「企業がおもにそれを興した人々とその友人，協力者によって所有されていた古い時代には，投資は，一つの**生の形式**（a way of life）として事業に乗り出そうとする血気にみちた人々が数多く存在したという事実に依存していて，事業はいわば富くじのようなものであった」（同 105，太字は筆者）．

　念のために，この箇所の原文と塩野谷訳を引用しておこう．まず，原文である．

'In former times, when enterprises were mainly owned by these who undertook them or by their friend and associates, investment depend on a sufficient supply of individuals of sanguine temperament and constructive impulses who embarked on business as <u>a way of life</u>[1], **not really relying on precise calculation of prospective profit**.[2] The affair was partly a lottery, though with the ultimate result largely governed by whether the abilities and character of the managers were above or below the average' (*CW* VII 1973: 150, 下線, 太字は筆者).

　次に，塩野谷訳である．

　「企業が主としてそれを起こした人々またはその友人や協力者によって所有されていた古い時代には，投資は一生の仕事として事業に乗りだす血気盛んで

建設的衝動に駆られた人々がふんだんにいたことに依存しており，**実際に予想収益の正確な計算に依存するものではなかった**(3)．事業はある程度富籤のようなものであった．もちろん，究極の結果は，経営者の能力と性質が平均より上であるか下であるかによって大きく左右された」(邦訳 1995: 148，下線，太字は筆者)．

　まずは，英語原文の注(1) a way of life の訳である．手元の辞書で，a way of life は，生き方，生活様式，生活の方法，生活ぶり，暮らし方などの訳が列挙されている．この部分を塩野谷は「一生の仕事」(邦訳 1995: 148) と訳している．念のために調べてみると，間宮は「生き方そのもの」(間宮（上）2008: 206)，山形は「事業こそ我が命」(山形 2012: 218) と訳している．それぞれ独自に個性的に訳しているが，それでも伊藤のように「**生の形式**」とは訳してはいない．文脈からして「**生の形式**」の訳は相当無理がある．

　第二に，伊藤訳，英語原文，塩野谷訳を見比べると，伊藤訳では，注(2)の英語原文の訳文が欠けている．それは，塩野谷訳では，注(3)の部分の邦訳である．この部分は，合理的な経済行動とは言えない「血気盛んで建設的衝動」によって起業や投資に乗り出す人々に経済活動が担われている点，アニマル・スピリッツを説いた箇所として，文脈のうえでは重要な一節である．伊藤が a way of life に，彼自身の独自の思い込みを託すのは，宜なるかな，と言わざるを得ないのである．

　当の伊藤はこの「生の形式」について，他でも，あれこれ語っている．こうしてみると，何かの間違いによってこの言葉を，ウィトゲンシュタインの「生活（の）形式」と取り違え，使ってしまった，とは考えられない．

　ともあれ，以下では，あらためて，伊藤が「生の形式」について言及した文章をいくつか例示しよう．

　「われわれの判断が規約の束の中で発動し，その判断の交換される市場が不安定性をかかえたまま機能していることを，一つの『歴史的事実』として了解し，それを『われわれの**生の形式**』としてそのまま認める視点をとっている」(伊藤 1999: 106，太字は筆者)．

　「**生の形式**を共有する共同体」(同 107，太字は筆者)

　「『一般理論』のケインズの判断論もまた，このような，『**生の形式**――規約

——個人の判断』の相互連関の記述をもって，その合理性の根拠づけという伝統的な企てにかわる途を選んだことになる」(同 107，太字は筆者).

最終章にあたる「むすび」でも次のように言及している．

「規約としての規則にもとづいた経済行為は，それぞれ互いに重なり合い，交差しあいながらも，あらかじめ用意された基礎のうえで，たがいの結びつきを確保するわけにはいかない．これらの規約の網の目をまさに網目としてつなげあい，それによって『経済行為』という生の形式のための『一つの世界』を構成することも，貨幣の役割である」(同 199，太字は筆者).

こうして並べてみると，「生の形式」なる概念の意味内容は一致していないことがわかる．初めの引用文では「市場が不安定性をかかえたまま機能していること」が，あたかも「われわれの『生の形式』」であると言わんばかりの内容となっている．他方で，最後の引用文からは，「経済行為」は「生の形式」であるという意味にも解釈できてしまうのである．

ケインズの科学方法論での「断絶説」 伊藤は，「ケインズ方法論の軌跡」が「ゲシュタルト的変換を遂げた」と主張する．

「彼の方法論の軌跡は，いわば，原子論的自然観のもとでの確率主義的一般化の立場から，日常言語的流動性のなかでの構造的分類の構成へという，ゲシュタルト的変換を成しとげたと考えることができる」(同 186). 何を言わんとしているのであろうか．ここでも，「確率主義的一般化」とか「日常言語的流動性のなかでの構造的分類の構成」とか，晦渋すぎる語句が連発されている．それにしても，伊藤は，ここで，初期のケインズが認識論的には，「原子論的自然観」に立脚していたと位置づけているが，本当であろうか．

ともかく伊藤は『確率論』から『一般理論』への彼の「理論転換」は，「いかにドラスティックなものであったかが知られるであろう」というのである(同). しかしながら，ここで伊藤が説く「日常言語的流動性のなかでの構造的分類」という「ゲシュタルト変換」なるものを，われわれはどう理解したらよいのであろうか．

かかる「理論転換」説を伊藤は次のようにも説明している．だが，これもはなはだ難解で理解に窮せざるをえないのである．

「それは，本来確定しているはずの客観的世界の構造にかんして，有限な知

識をもつ人間の能力に相対的な,『合理的』信念を形成するという方法から,本来流動的な世界のうちに,いくつかの相対的に独立な領域を見出し,その領域同士の転移の論理を特定する,という方法への転換である」(同).

この一文の形式上意味上の主語はなんであろうか.はたまた,「人間の能力に相対的」とか「流動的な世界に」「相対的に独立的な領域を見出し」とか「その領域同士の転移の論理」とか,さらには「転移の論理を特定する」とか,いったいこれらは如何なることなのであろうか.

(7) ケインズとウィトゲンシュタインとの関係をどう評価するのか

伊藤による注記での誤記と誤解　伊藤は,1930年代初期のウィトゲンシュタインについて,ケインズが1931年のラムジー論で,次のように触れていたことに注意を促した.「ウィトゲンシュタインは,時の車がすぐそこまで来てしまわないうちに,次の著作が果たして完成するのかどうか,自問している」.そうして,伊藤は次のように結んでいる.「これらのテキストに見られる思想は,最終的に<u>『哲学探究』という『次の著作』に結晶する,ウィトゲンシュタインのいわゆる『後期思想』の萌芽の段階を示すものである</u>(『哲学探究』はその著者の死後53年に出版されるが,その序文のなかで理論的恩恵を感謝されているのは,ラムジーと,ケインズの経済学のサークルに属したスラッファの,二人である)」[27](伊藤1999: 52-3,下線の文言は原文通り).

こう論じて伊藤は,先の文章の注(27)で,次のように解説している.

「他方,ケインズは,『哲学探究』の先行版であるウィトゲンシュタインの『茶色本』の出版の試みに協力しただけではなく (Wittgenstein, *Cambridge Letters*, p.133), <u>1938, 39年に書かれた『哲学探究』の最初の原稿を読むことができた</u>,数少ない者の一人であったことが,当時のムーアとケインズの書簡から知ることができる」.

なお,この文章につづけて,「これらの事情については」J. Coates (1996) が「詳しい」と書かれてあった(同214-5,下線,太字は筆者).

この注記には,無視できない誤解,誤記が見られる.

第一に,ケインズが『茶色本』の出版の試みに協力した云々の後に,『ウィトゲンシュタイン書簡集』133頁が引用先として記されているが,誤記であろ

う．ここで指摘されている頁に掲載されている書簡は，なんと 1919 年 10 月 14 日に，ラッセルからウィトゲンシュタインに宛てられたものである．それが後期ウィトゲンシュタインとケインズとの知的交流とは全く関係のない書簡であることは明白である．

第二に，ケインズが最初の原稿を読むことができたと記しているのも，間違いである．この時の書簡では，当時，ドイツ語の原稿の英語への翻訳は難航しており，ケインズはドイツ語の原稿を上手く読めないであろう，と書かれてあった．こうした書簡の内容からすれば，ケインズが原稿を読んだとの確証を得ることは難しいであろう．

第三に，伊藤の執筆後に，最終的な現行『哲学探究』にいたる過程についての研究が進み，従来説とは異なる説明がなされるようになっている．『青色本』『茶色本』から『哲学探究』にいたる過程についての新しい理解を踏まえてのウィトゲンシュタインの「後期思想」の根本的な再検討が求められているのである．

「転換」をどちらが主導したというのか　伊藤は，あたかもケインズが，ウィトゲンシュタインの「言語論の転換」，すなわち「『言語画像説』から『言語ゲーム論』への転換」に影響を受け，言語論的哲学へと転換したと説いていた．だが，問題の立て方としては，相互の知的交流によってもたらされたとの見方や，伊藤とは逆に，ケインズこそが，ウィトゲンシュタインの哲学的転換を導いたとの見方があっても，おかしくはないであろう．

しかしながら，ケインズの伝記に関してみた場合，ケインズとウィトゲンシュタインの知的交流が刺激となって，どちらか一方の，あるいは両者に同時的な哲学的転換を促したとする研究はこれまで見られない．例えば，スキデルスキー（Skidelsky 1992）とモグリッジ（Moggridge 1992）の大著では，ケインズとウィトゲンシュタインの知的交流には焦点が当てられていない．ましてや彼らの間での 1930 年代における哲学的な分野での相互の知的交流について触れた箇所もない．また，最近になってケンブリッジ大学でのプラグマティズムの発展について研究し，ラムジーとウィトゲンシュタインに焦点を当てた C. ミサク（Misak 2016）の『ケンブリッジにおけるプラグマティズム』でも，ケインズとウィトゲンシュタインの知的相互交流についての言及はない．

ケインズ伝記研究での例外的な扱いはドスタレール（Dostaler 2007）の業績である．その所説については，すでに論じている．彼は，一方では，ケインズがウィトゲンシュタインの「哲学的転換」，「言語ゲーム論の展開」を「助けた」としつつ，他方で，ウィトゲンシュタインの「後期哲学」が，「『一般理論』のケインズに重要な影響を及ぼした」と考えたいのであろう．だが，彼は慎重にも，それらについての断定は避けている．

ケインズの『貨幣論』から『一般理論』にいたる過程と，ウィトゲンシュタインが『論理哲学論考』から『青色本』『茶色本』『哲学探究』へと「言語論的転換」を遂げる時期は，ほぼ重なる．彼らがそれぞれ，経済理論と哲学，思想を，この時期に彫琢，推敲，執筆したことは確かに興味深い事実である．とはいえ，伊藤が主張するようにケインズの経済学的転換の基礎にあった哲学的方法論ともいうべきものが，ウィトゲンシュタインの哲学的転換によって影響を受けたとする主張にはにわかに首肯することができない．

3．浅野栄一の断絶説

(1) ケインズの人間観の転換

浅野の『蓋然性論』の解釈　浅野栄一はケインズの蓋然性についての研究の基本的な特徴について，比較的にみて妥当な解釈を提示しているといえる．

彼によると，幾何学などでは，論証は，全て確定的な結論を導くものと考えられている．だが，一般には，経験科学の多くや人間行為のなかでは，合理的判断の基礎とされる論証の大部分は，多かれ少なかれ，非確定的である．ケインズによれば非確定的であるといっても，そうした論証は，決して恣意的・主観的であるというわけではない．そこでの直接的知識を体現した前提命題とそれから導き出される間接的・派生的知識とを体現した結論命題との間には，一定の客観的で論理的な命題が成立している．われわれが導き出すこれらの結論は，これらの前提に対して客観的で論理的な関係にある．……（浅野2005: 38）．

さらに，浅野による踏み込んだ解釈として，以下の二点を指摘しておきたい．

第一に，第26章「蓋然性の行為への応用」で，ムーアの「道徳」の誤りについて次のように指摘している点である．①善の数量化可能性を仮定している

こと，②全ての蓋然性の数量化可能性の仮定の上に立つ頻度説を採用していること，③議論の重みの問題を無視していること，④危険の要素の存在を無視していること（同 39-40）．

第二に，「個人的判断に基づく個人の行為の合理性・正当性を主張しようとしたケインズの倫理思想」を「合理主義的人間観」と特徴づけている点である．浅野は，若き日のケインズの「思想の底辺には，……知的エリート層の一員としての徹底した合理主義的人間観が潜んでもいた」．「それは，彼が後に『若き日の信条』で述懐した**ネオ・プラトン主義的人間観**といってよいであろう」（同 42，太字は筆者）．

ケインズの転換はいつから始まったか　浅野は，デーヴィス，オダネルの研究をもとに次のように論じている．

(a)「デーヴィスもまた，ケインズは『蓋然性論』出版後の**かなり早い時期**に，自らの蓋然性概念と，同書で決定的な役割を果たした直覚概念について，疑問をもちはじめたようである，という推測を示している（17: 4）」（同 46，太字は筆者）．

(b)「さらに，R．オダネルもまた，『蓋然性論』出版後にそのドイツ語版訳者に宛てて，あいまいな知識に基づく心理的主観も人間行為の観察においては重要であるということを認める趣旨の，同書出版後の著者の**考え方の変化**を示す書簡を送っていたことを示している（47: 24）」（同，太字は筆者）．

そうして，次のような見方を示している．

「これらの諸資料からも，ケインズの人間観の本格的な変化は『蓋然性論』出版以後のことであり，それ以前にはこの変化をもたらす若干の諸契機が彼の思考に作用しはじめていただけである，と見てよいであろう」（同）．

かかる浅野の理解を順に検討してみたい．まず(a)である．ここではデーヴィスの所説を紹介し，自説の妥当性を裏付けようとしている．しかし，デーヴィスの原文にあたってみると，その 4 頁には，「直覚（intuition）」なる語は見当たらない．そこで，次の 5 頁に目をやると，intuition なる語を見いだすことができた．しかしながら，その語が用いられた文章には，浅野が言うように「『蓋然性論』出版後のかなり早い時期に，自らの蓋然性概念と，同書で決定的な役割を果たした直覚概念について，疑問をもちはじめたようである，という

推測を示している」（太字は筆者）との記述を裏付ける文章は見いだせなかった．代わりに次のように書かれていた．

「重要なことは，ケインズの初期アポスルズ文書と『蓋然性論』における彼の中心的な哲学的概念，すなわち直観の概念は，彼の後期の経済学的思考の発展とともに変えられたのである．その概念は初期の研究で有していた意味と役割を失い，『一般理論』では期待という全く異なる概念が中心的な概念となったのである」(Davis 1994: 5)．

ここから明らかなように，デーヴィスは，浅野が主張するように，「（ケインズが）『蓋然性論』出版後のかなり早い時期に」「蓋然性概念」と「直覚概念」に「疑問をもちはじめたようである」とは論じていない．

次に(b)である．浅野は，ここではケインズがドイツ語訳担当者ウルバンに，「あいまいな知識に基づく心理的主観も人間行為の観察においては重要である」とした『蓋然性論』出版後の「著者の考え方の変化を示す」書簡を送っていた，との解釈を示している．だが，これもどうであろうか．この問題についてはすでに論じたように，書簡の文章を全体として読むと，ケインズの「**考え方の変化**」が示されているという浅野の解釈は無理があるように思える．

(2) 「大衆社会への開眼と人間観の変化」

社会観・人間観の転換とその諸契機　先のような議論をしていた浅野は，突然，論点を変え，ケインズは，「現実社会の変化に直接触れ，その中で政策提言などをせざるをえない熟年期の実践活動を通じて，その社会観・人間観の転換を迫られることとなった」（浅野 2005: 51）と極めて常識的な議論を展開し始める．浅野によれば，そもそも，「この人間観の転換が書斎に籠っての抽象的な哲学的思索を通じて進められた，とは決して考えられない」．ここで「重要なこと」は，「彼の人間観の転換のためには，……**社会観の転換**こそが不可欠の前提条件となっており，そして，この社会観の転換には，抽象的思索ではなく，彼の諸々の社会体験とそれを踏まえての社会観察・人間観察の深化が大きく作用した，と考えられるのである」という．それでは，転換を迫られたケインズの初期思想の背後に存在した社会観とはどのようなものであったか．浅野によれば，ケインズには「知的エリートとしての優越感だけでなく，さらにこ

の知的エリートの支配とそれへの大衆の盲従を正当視する，19世紀的階級社会観があった」(同51，太字は筆者) のだという．

そうして浅野は，「ケインズの社会体験とそれを踏まえての社会観察・人間観察の変化」について，①「1917年恐慌をめぐって」，②「ハーヴェイロードの固定観念の崩壊」，③労働者階級の伸張と大衆社会化，④「世界経済恐慌とケインズの社会観・人間観の変化」の順に考察している．

まず，①の冒頭で浅野は，「ケインズの青年期の社会観・人間観に深刻な動揺を生じさせた最初の契機は」として「1914年の金融恐慌」をめぐるケインズの認識の錯誤をきっかけとした株式市場の変化についての認識の深化，さらには，恩師マーシャルの伝統的な階級論に変え J.A. ホブソンの影響を受けた新三階級構成論への転換，を論じている（同54-9）．

この論点ついては，つぎのような疑問がすぐさま浮かんでくる．第一次世界大戦の時期の事象で何がケインズの社会観，人間観を変えたかと問う場合，この1914年の金融恐慌だけを取り上げて，これのみを強調して論じるのは妥当であろうか．大蔵省で戦時体制の中枢部で，多様多面的な活動をし，この一方でブールムズベリー・グループや様々な人々とも交流し続けた彼のことである．スキデルスキーの伝記に活写されている様子から，ケインズに影響を与えた種々様々な，個別的なあるいは複合的な，諸要因が考えられるはずである．そうであれば，どうして，人間観，社会観を変える契機として，このたった一つの事例に，問題を絞り込めるのか，不思議である．

1933年秋ミカエルマス講義での転換　浅野はまず，ベイトマンの研究を次のように評価している．

「(ケインズの) 人間観の変化が初めて意識的な形をとって現れたのは，基本的には，1933年秋の大学のミカエルマス講義の中においてであるといい，そこでケインズが，事業家の将来についての期待において個人的心理の作用がもつ重要性を強調するという，従来にはなかった新しい視点を示していることを挙げている」(同72-3)．

浅野の見立てでは，「実際，ケインズは，命題間の蓋然性関係の客観性を根拠とする個人的判断に基づく行為の合理性の主張をかなり後期までかたくなに保持し，たとえば，1930年代初頭のマクミラン委員会での証言の中でも貫い

ていた」のだという (同73).

　だが,「こうしたケインズの考え方にまさに決定的な打撃を与えた」事態が出来する. 中欧での金融恐慌とそれの英国への波及, これにともなう1931年9月の英国の金本位制からの離脱であった (同73).

　この結果をうけて,「ベイトマンがのべているように……ケインズも, ついに, 将来についての不確実性が支配している状況の下では確信という個人の心理的要因が現実の事態に対して重要な実質的役割を演じているという事実を, もはや無視して通過することができなくなり, その結果, 金融市場で確信の状態が演じる役割を中心に, 人間の行為とその動機の多様性およびそれが社会全体の動きの中でもつ意義について, **徐々にではあるが思索を深める方向に歩み出さざるをえなくなったのである**」(同73-4, 太字は筆者).

　それでは, ケインズはどうしたか. 浅野によれば, その見直し過程は「徐々に」であって「急速に一直線に歩み始めたというわけではない」として, 1932年秋からの動きを説明し, 1年後の1933年ミカエルマス学期で,「はっきりと変化が確認されるようになる」と結論づけるのである. それでは, それは, どのような転換であったのか. 浅野はこれを次のように説明している.

　①「1932年秋のミカエルマス学期講義では, まだ, **不確実性無視の視点**に立つ『貨幣論』の貯蓄・投資不均衡論の考えに固執し,『予想準地代 (=準地代についての期待)』に言及したときも, 投資家の投資収益についての合理的期待を仮定し続けていた」.

　②「1933年秋のミカエルマス学期に至って」「彼の考え方にはっきりと変化が観察されるようになる」.「彼のここでの期待の取り扱い方は, 後の『一般理論』でのそれとまったく同じものとなり,『予想準地代』に基づく投資はきわめて変わりやすいものであって, 雇用水準も企業家たちの集計的期待 (=多様な期待の集計値) に大きく依存する, ということが強調されるようになる. そして, この学期の最終講義では, 彼は,『一般理論』と同じ流動性選好説を説明し, **不確実性が支配する状況下での人々の貨幣保有の動機**とそれが景気循環に及ぼす影響などを仔細に論じるところまでくるのである」(同74, 太字は筆者).

　この浅野の所説に対しては, いくつか疑問がある.

　第一に, ベイトマンの所説として引用している不確実性重視の人間論, 社会

観への転換という視角は，ベイトマンが実際に論じていたものであろうか．

　第二に，浅野は，1933年のミカエルマス学期でのケインズの転換を，「不確実性」，「期待」なる語を以ってとらえている．あらためて浅野の主張を繰り返せば次のような主張になろう．

　「将来の不確実性の強調と人間の将来予想能力の限界の承認，これが，心理的要因に大きく左右される人間の行動とその動機の観察へと，ケインズの人間観を根本から変えていくとともに，ここに，全体としての経済のメカニズムとその運動に関する新しいマクロ経済理論の構築が重なることにより，かの『ケインズ革命』が完成することとなったのである．まさに，ケインズ革命は，1933年秋というこの時期に，新理論モデルと新人間観の成立という二面において完成された，という点に注目する必要がある」（同 74-5，下線は筆者）．

　だが，のちに論じるように，下線部で主張されているように断定するのは，いささか，性急なように思える．

(3) ネオ・プラトン主義からの離脱

　無知と可謬性のケインズ　浅野は，*QJE* の「雇用の一般理論」からの引用文に続けて次のように論じる．

　「ケインズは，いまや，人間の本性を合理的なものと見るかつてのネオ・プラトン主義的考え方を完全に打ち捨て，人間の本性をむしろ無知と可謬性の中に見る新しい考え方に変わっていったのである」（浅野 2005: 79，太字，下線は筆者）．

　ここでの浅野の主張を確認すると，「ケインズは，いまや……」と書いていることから，この時点で「ネオ・プラトン主義的考え方」を捨て，新しい考え方に変わっていたことになる．

　浅野は，この際，自らの主張に念を入れるかのように，ケインズの *QJE* 論文からの引用を続ける．

　「読者はおそらく，人間の行為に関するこの一般的哲学的な問題は現在議論している経済理論から若干離れている，と感ずるであろう．しかし私はそうは思わない．これはわれわれが市場においてどのように振る舞うかということであるが，この研究においてわれわれが考察する理論は，市場の偶像に居するべ

きでない」(同 79).

このうえで浅野は次のように結論づける.「ケインズは,ここで,人々の完全予見・完全知識を前提として完全雇用の自動的成立を説く伝統的経済理論の誤りを指摘し,批判しているが,同時に,彼自身の「若き日」の人間観に基づいて構築された**旧理論からの脱皮を宣言してもいたのである**」(同 79,太字は筆者).

かくして,浅野は,ここでも「ここで」として「旧理論からの脱皮を宣言していた」と強調していることが明らかである.

すでに見たように,浅野は,「『ケインズ革命』が完成する」のは,1933年秋のミカエルマス学期と結論づけた.繰り返しになるが,その際,浅野は次のように論じていた.「まさに,ケインズ革命は,1933年秋というこの時期に,新理論モデルと新人間観の成立という二面において完成された,という点に注意する必要がある」(同 75).

だが,ここで考慮を要するのは,ここで取り上げた QJE の論考が 1937 年に執筆されている事実である.それというのも,ケインズは大著を著した後,目紛るしく,その考えや理論を転換してきたとの評価に立って,『一般理論』刊行後にも,にわかに考えを発展させたとする主張がみられる点である.『一般理論』と「雇用の一般理論」との間に,論調の変化や新たな理論展開の兆しを見出す研究も散見される.後者に新たな理論展開の動きを見出そうとする動きである.こうしてみると,1933 年の秋の論調と 1937 年のそれとを慎重に比較,検討してみる必要があるかもしれない.

不確実性をケインズはどう考えていたのか　不確実性下で合理的な自己は,衝動(気まぐれや感情にもとづく),そして偶然に頼りながらも,できる限り最善の選択を行う,と次のように論じている.

「将来を左右する人間の決意は,それが個人的なものにせよ政治的なものにせよ経済的なものにせよ,厳密な数学的期待値に依存することはできず——なぜなら,そのような計算を行うための基礎が存在しないからである——車輪を回転させるものはわれわれの生まれながらの活動への衝動であって,われわれの**合理的な自己**は,可能な場合には計算をしながらも,しばしばわれわれの動機として気まぐれや感情,偶然に頼りながら,できる限り最善の選択を行って

いるのである」（*CW* VII 1973: 162-3; 邦訳 1995: 161，太字は筆者）．

さらに次のようにも論じている．

「個々人の創意は，**合理的な計算が血気によって支持される場合にのみ**，適切なものとなる」（*ibid*., 162: 同 160，太字は筆者）．

「われわれはこのことから，すべてが不合理な心理の波に依存すると結論してはならない．反対に，長期期待の状態はしばしば着実であって，そうでない場合でさえ，他の諸要因がそれを埋め合わせするような効果を及ぼしている」（*ibid*., 162; 同 160）．

ケインズは，「合理的計算」そのものを否定せず，また「不合理な心理の波に依存すると結論してはならない」と述べているのである．

彼は「雇用の一般理論」で，次のようにも論じている．

ヨーロッパでの戦争の見込み，20 年先の銅の価格や利子率は不確実であり，1970 年代の富裕者の地位などは不確実である．これらについての「計算可能な蓋然性を形成する科学的可能性は全く存在しない．われわれは全く何も知らないのである．それにもかかわらず，行動し決定する必要があるので，現実的に最善を尽くしてこの扱いにくい事実を見通し，仮に，有利・不利に関する一連の見込みに対して，それらに適切な確率を掛けたうえで集計するというベンサム的な計算がうまくできればとるべきであるような行動をしなければならない」（*CW* XIV 1973: 114; 邦訳 2016: 145，一部改訂）．

そうして，ケインズは，不確実性のもとでの「**合理的な経済的人間としての**メンツを保つような行動ができるのだろうか」と問い，「われわれはこの目的のために様々な方法（techniques）を考え出しており，それらのうち最も重要なものは次の三つである」と述べている（*ibid*., 114; 同 145，太字は筆者）．

第一に，「実際にどのような性質であるかわれわれが知らない変化が将来起きるという見込みはほとんど無視する」．

第二に，「現在の見解の状態は価格と産出量に表現されており，それは将来の見込みの*正確*な合算に基づいていると仮定する．それゆえ，何か関連するものが新しく出てこない限り，そのようなものだと解釈する」．

第三に，「われわれ自身の個人的判断は価値のないことを認めたうえで，おそらくわれわれよりは多くの情報を持っていると思われる他の人々の判断に頼

る努力をする．つまり，大多数の行動，あるいは平均的行動に従うよう努めることである．各人が他人の真似をしようとしている個人から成り立っている社会の心理からは，正に慣行的判断と名づけてよい判断が生まれることになる」(*ibid.*, 114; 同 145-6，一部改訳)．

資本主義市場の特徴についてのシャックルのニヒリズムは，ケインズが，この文章に続けて次のように書いていることに依拠しているのかもしれない．

「さて，これら三つの原理に基づいた将来に関する実際に役に立つ理論は，ある顕著な特徴を持っている．とくに，非常に脆い基礎のうえに立っているので，それは突然の激しい変化にさらされている．静寂かつ不動，確実かつ安全という慣行は突然崩壊する．新たな恐れと希望が，予告もなく，人間の振る舞いを支配することになろう．幻滅という力が突然に，新たな慣行となる評価の基礎を与えるかもしれない．美しい内装の役員室や統制の効いた市場のために作られた小綺麗で上品な手法は，すべて瓦解するだろう．いつでも，一皮めくれば，漠然とした恐慌への恐れや同じく漠然とした理由のない希望が渦巻いている」(*ibid.*, 114-5; 同 146，一部改訳)．

シャックルのような解釈が可能なのは，邦訳が「方法」と訳している techniques を，不安定性を強調するそのあとの文章では，「これら三つの原理 (these three principles)」と，全く異なる文言を用いて論述しているせいであるかもしれない．「技法」，「手法」，「わざ」，「方法」の意味と「原理」とでは，語義の違いは明らかだが，ケインズはこれを気にかけず，心臓疾患にもかかわらず，ペンの走るまま一気呵成に原稿を仕上げたのであろうか．

(4) 浅野の研究についてのさらなる疑問

ラムジーから誤った人間観の転換を学ぶ？　浅野は，ケインズの 1931 年の追悼文をもとに，ラムジーによるケインズ蓋然性論批判によってケインズが考え方を転換したと主張する．やや込み入っているがその論述の流れを追ってみよう．

浅野は，ラムジーの批判を受けたケインズの対応を，次のようにとらえている．ケインズは，ラムジーの方法では，「帰納法の原理には到達することはできない，と反論し，蓋然性を結論命題に対する人々の確信の度合いと捉えよう

とするラムジーの主観説の未整備を指摘している」．これによって「ケインズがラムジーの主観説を全面否定したことを決して意味しない」．むしろ「ラムジー説の不備を明確化することを通じて，今後の彼の思考をラムジーの指示した主観重視の方向に沿って進めていく必要があることをみとめたもの，と受け止めてよいであろう」．浅野に言わせれば，それは，「命題間の論理的・客観的関係への固執に見られたこれまでの誤った人間観からの方向転換の必要性をケインズがラムジーから学びとった，ということである」（浅野 2005: 50）．

これでは，ケインズが『蓋然性論』そのものを放棄したと言うのと同じである．すでに何度か論じてきたように，彼の命題間の論理的・客観的関係についての主張は，その蓋然性研究の理論体系の核心で根底をなす概念であった．それからの方向転換というのでは，自らの蓋然性研究の核心的主張を否定する行為と言わざるを得ない．

ケインズは，また，帰納法の体系化へのこだわりを持ち続けていたと理解すべきであろう．ラムジーへの論評でも，この点へのラムジーの対応を批判していたのであった．ケインズが，自身の蓋然性論を捨て，ラムジー的な確率の主観説に同意したとは甚だ考え難いのである．

さらに，浅野が「命題間の論理的・客観的関係への固執に見られたこれまでの誤った人間観」というのも，おかしな主張である．命題間の論理的・客観的関係説への固執がケインズの誤った人間観とどのような結び付きになっていたのか，理解し難いところである．

浅野は，こうした転換が，『一般理論』の構築にあたって，方法論的にもその概念体系にも，どのような影響を及ぼしたと言うのであろうか．

ウィトゲンシュタインを無視　浅野の研究では，なぜか，ケインズとウィトゲンシュタインとの知的交流，両者の影響関係についての言及が全く見られない．これは，ベイトマンの立場と共通する．彼もウィトゲンシュタインを無視していたのである．だが，英米での断然説をとる研究においては，ラムジーとならんでウィトゲンシュタインについてかなり詳しく論じるのが普通である．なかでもケインズが『一般理論』で重視した慣行，規則，規範に従う経済行動論とウィトゲンシュタインの後期哲学との共通性が中心論点となっていたのであった．

浅野はシャックル的原理主義者に転じたのか　浅野の後期ケインズ論は，『一般理論』あるいは QJE の「雇用の一般理論」の解釈に基づくもので，不確実性の下での経済の不安定性を強調する立場のようである．それはシャックルの「ニヒリズム」として特徴づけられるような慢性的な不安定性，不均衡状態を強調するかのような議論にも見える．浅野は，以前から，このような立場であったのだろうか．たとえば，彼の『一般理論』の解説書『ケインズ一般理論入門』(1976 年) や『ケインズ『一般理論』形成史』(1987 年) では，不確実性，期待，確信などの概念を重視しつつも，不安定性をひたすら強調する論調ではなかったのではないか．

先行研究の評価をめぐるいくつかの疑問　浅野は，わが国におけるそれまでのケインズ研究には見られないほど，先行研究に眼を通して議論を展開しているようである．それは，すでに見たシャックルをはじめとして，カラベリ，オダネル，フィツギボンズ，スキデルスキー，デーヴィス，ベイトマンなどの所説への言及からもうかがえる．だが，先行研究のサーヴェイの点でいささか疑問に思える点も目につく．ケインズの合理主義に対する態度は，連続説のカラベリ，オダネルでも評価が分かれるところである．

また，「ネオ・プラトン主義」を中心概念に，ケインズの思想的転換を解こうとするが，この語を以ってケインズの思想的立場に一貫性を特徴づけるフィツギボンズの独創的な解釈に対する批判的検討がないのは，いかがなものであろうか．さらに言えば，フィツギボンズは，ケインズの思想を前近代的なものと位置づけるというこれもまた独自の解釈を見せている．これにたいして，浅野は，むしろ経済社会の変化を受けたケインズのニュー・リベラリズムを，彼の根底にある政治思想と位置づけている．ケインズの政治的立場について，双方が，真逆の立ち位置にあるのだ．浅野は，ケインズへの E. バークの影響の評価とあわせて，このことをどう考えるのであろうか．

さらに，浅野はベイトマンを再三引用して，自説の展開を図っているようである．だが，そのベイトマンによるケインズ「期待」概念の位置づけが，前期から後期にかけて，再三変わった点への言及が見られない．ベイトマンは，ケインズの経済学研究における「期待」概念の変遷をとりわけ重視しているが，その論拠が今ひとつ説得的ではない．ベイトマンが『一般理論』への道行きを，

二転三転するジグザグな過程として描いている点への，浅野の立ちいった批判が見られないのは，いったいどういうわけであろうか．

浅野の研究の整合性についての疑問 浅野は，ケインズの哲学，考え方の転換を強調するが，つまるところ，実際の論述で重視しているのは，変容する経済社会へのケインズの考え方，対処の仕方である．これを，なかでも，ケインズの株式市場への対応，分析を通じた社会認識——大衆社会の出現という——の深化に求めている．そうして，その転換点を1933年秋のミカエルマス学期の講義の中に見出す．

こうした浅野の主張に対して，ここで指摘しなければならないのは，かかる彼の新たな見解と先行研究の労作『ケインズ『一般理論』形成史』(1987年)での学説の発展過程の把握との整合性である．つまり，以前の研究で強調されていた『一般理論』の確立過程と新たな研究での転換の時期との食い違いが生じている点である．転換をもたらした要因とその画期をいつとするかについての齟齬をどう解釈したらよいのであろうか．

浅野は，旧著の第4章第5節「1934年春の草稿——新体系の事実上の完成」の表題のもとで次のように述べていた．「ケインズの思考は，1933年に入って，とくにその秋以降，それまでときとして見せていた足踏み状態から完全に抜け出して急速な転回を示したが，1934年に入るとその勢いはいっそうのはずみを増し，同年中頃までには新理論の骨組みとそれを支える三つの支柱——分析用具——が**完全に出揃い**，その後はそれぞれの細部の精密な仕上げを待つだけという地点にまで到達したようである」（浅野 1987: 142-3，太字は筆者）．

さらに，次のようにも述べていた．

「(ケインズは) 1934年春までに彼の新理論体系の三つの構成部分——消費関数論，流動性選好利子論，および資本の限界効率——をいずれも**ほぼ完成**させていたのである」（同 150-1，太字は筆者）．

こうした論述から明らかなように，浅野は，慎重な物言いを好み，「事実上の完成」あるいは「完全に出揃い」といいつつ「ようである」とか，さらには「ほぼ完成させていた」とかの，断定を避けた婉曲的な表現を用いてはいる．しかしながら，1934年を，とりわけその年の春を，「新体系の事実上の完成」の段階と見ていたことは明らかである．つまり，1933年の「秋以降」足踏み

状態から脱して「急速な転回」を示し,「1934年に入るとその勢いは一層のはずみを増し」,「(1934年の)中頃までには新理論の骨組み」「それを支える三つの支柱」が「完全に出揃い……」といった状況に至ったと述べていると解釈できるのである.

こうした浅野の『ケインズ『一般理論』形成史』での解釈は,今まで見てきた『ケインズの経済思考革命』(2005年)での1933年秋のミカエルマス学期を,ケインズの「新人間観」「成立」,さらには「ケインズ革命」の「完成」の時期とする見解と異なるのではないだろうか.

(5) 評価しうる「不確実性」概念と「期待」概念の重視

最後に,あらためて浅野の優れたケインズ理解を評価しなければならない.それは『ケインズ『一般理論』形成史』で明らかなように,彼は1933年の第一草稿の解釈において「期待」と「不確実性」概念をケインズの理論体系のなかに正当に位置づけて,その意義を強調していた点である.

「(草稿の注目すべき第三の点は)すべての変数が慎重に期待値で表示されているということである.これは,現実の世界が伝統的経済学の想定する世界と異なり,不確実性に支配されていることを考慮したものであるが,同時に,現実の雇用量と産出量とが何よりも起業家の将来の期待に依存して決定されるということを強調したものである」(浅野 1987: 124).

浅野のかかるケインズ評価は揺るぎないもので,2005年の著作でも次のように論じていた.

「『一般理論』のこれまでの彼の著作にもない大きな特徴の一つは,将来の不確実性の強調である.たとえば,彼は,そこで使用する数量的諸概念をすべて現実値でなく期待値で表現しているが,それは,実際に市場で行動している人々が期待値をもとに行動している,と考えるからである.それだけではない.彼はこの市場で行動している人々にとって将来の予測はまったく不可能である,と考える.かつては,彼も,将来が不確実であることを承認しながら,なお,誤った知性主義的人間観を基に,個人の将来予測の合理性と正当性を主張していた.しかし,いまや,彼は,スキデルスキーのいう『蓋然性の薄明かり』から『不確実性の暗闇』(スキデルスキー 2001: 75)への思考転換を遂げ,諸個人

にとって将来は不明であることをはっきり承認した上で，そうした状況下での諸個人の行動を説明するようになったのである」（浅野 2005: 157）．

浅野が「不確実性」をケインズ『一般理論』の理論体系の核心とする理解は，妥当なものとして評価しうるのである．

最後に一言．浅野の瑕疵を取り立てて指摘するつもりではないが，下線部の一文は，不正確である．「スキデルスキーのいう」は「フィツギボンズのいう」が正しい．また，フィツギボンズは，『蓋然性の薄明かり』から『不確実性の暗闇』へのケインズ世界観の転換は第一次世界大戦が契機であったと論じているのである（Fitzgibbons 1988: 24, 72）．

4. 平井俊顕の「哲学者ケインズ」論

ここでは平井俊顕の『ケインズとケンブリッジ的世界』（2007 年）とその後に刊行された『ヴェルサイユ体制対ケインズ』（2022 年）の関連する箇所をとりあげる．

前者は，「市場社会観と経済学」を副題とし，その帯紙には「多様で華麗なケインズの世界　ケンブリッジから生まれた市場社会観　『ブルームズベリー・グループの創造的自己主張』」と書かれてあった．ここでは，とくに，そのうちの第 11 章「『確率論』と『若き日の信条』」を主たる検討の対象にする．

後者は，「説得の活動／ニュー・リベラリズム／新たな経済学」を副題としている．帯紙をみると，次のように記してあった．「ケインズがヴェルサイユ体制に対しどのように対峙したのか．政策立案者，政治経済評論家，説得活動家，ジャーナリストとして展開した広範囲にわたる活動を，一次資料を丁寧に読み解きながら考察」．

ここでは，「広範囲にわたる活動」について論じた同書のうち，第 6 章「『ニュー・リベラリズム』の展開」のなかの「補論：哲学者ケインズ」にもっぱら焦点を当てる．

（1）　平井のケインズ『確率論』への疑問

「『確率論』の課題は何か　本来，論及すべきであるのは確率とは何かである．

だが，平井による「『確率論』は確率論的世界での認識論的・論理的探求を目指したものである」の一文を詮索すると，本来究明すべき確率とは何かという問いに先駆けて，「確率論的世界」がすでに暗黙のうちに想定されているかのようにも読める．そこにおいて，「確率論的世界での」「確率」*の「認識論的・論理的探求」が目指されることになるというふうに．

ケインズの蓋然性論の目的は，従来の確実性を論証する決定論的な論理学とは異なる，確からしさの程度を合理的に論証する非決定論的な蓋然性の論理学の構築にある．ところが，平井の言うように「『確率論』は確率論的世界での認識論的・論理的探求を目指したものである」とすると，どうもケインズが本来の課題とした肝心の論点が曖昧にされてしまう懸念が生じてくる．

第Ⅰ部，第Ⅱ部，そして第Ⅲ部の関係をどう考えるのか 『ヴェルサイユ体制対ケインズ』第6章「補論：哲学者ケインズ」で，平井は『確率論』第Ⅲ部の位置について次のように述べている．「第Ⅰ部，第Ⅱ部で展開された確率論は，第Ⅲ部『帰納とアナロジー』に直結されている．そして『帰納法』の問題は，ケインズ的に定義づけられた『確率』にはめ込まれたうえで，第Ⅲ部の主題になっており，『帰納法』の正当化が論じられている」（平井2022: 262）．

ここで平井は，第Ⅲ部が第Ⅰ部と第Ⅱ部に「直結され」，そうして第Ⅲ部では「『帰納法』の正当化が論じられ」，その問題は，「ケインズ的に定義づけられた『確率』にはめ込まれたうえで」そこでの主題になっているという認識を示している．

こうした主張に対して，まず問題としなければならないのは，第Ⅰ部と第Ⅱ部をそれぞれ，どう評価し，関連づけ，位置づけるかである．とくに肝心なのは，第Ⅱ部の評価，その位置づけである．ケインズ自身の第Ⅱ部「序章」での論述からすると，平井のような解釈は，甚だ疑問に思える．また，平井は，第Ⅱ部と第Ⅲ部とは「直結されている」というが，そうではなく，むしろ，形式的・公理的な論述に特徴づけられる第Ⅱ部と第Ⅲ部との際立った違いに注目すべきなのではなかろうか．

---

* 筆者は，ケインズの場合，「確率」を「蓋然性」と訳しているが，ここでは，平井の論述に関しては，当人の訳語「確率」をそのまま用いている．

われわれとしては，第II部を評価し位置づけるに当たっては，ケインズが，蓋然性の数学的扱いにかなり慎重であった点を鑑みる必要があろう．その彼が，第II部で，かなりのスペースを割いて加法や乗法，必然的定理，蓋然的推理の基本定理，確率の測定と近似，逆確率などに長々と紙面を費やしたのはどうも解せないのである．

　第II部の位置をどう評価するのか　平井は，彼自身が監修した『危機の中で〈ケインズ〉から学ぶ』（作品社，2011年）で，『確率論』について論じ，その「研究に大きな影響を与えた人物」としてムーア，ラッセル，それにジョンソンの三名であること，刊行書としてはムーアの『倫理学原理』とホワイトヘッドとラッセルの『プリンキピア・マテマティカ』を指摘している（平井 2011: 270）．このうえで，なかでも『プリンキピア・マテマティカ』の影響は，「『確率論』第II部「基本定理」に明らかである」と論じている．そこには，また，ジョンソンとの「意見交換の成果が『確率論』には大きく取り入れられている」と指摘している（同 270）．しかしながら，平井のこのような論じ方からすると，第II部が『確率論』の核心であるかのように評価しているとの印象をうける．こうした評価に対してケインズ自身は，第II部の扱いに困惑していたように思える．

　ケインズは，第II部の「序章」において，先行する研究者であったジョンソンの強い影響下で執筆した論述に独創性を見出せず，また，その内容が彼の蓋然性論の全体と適合的でないと考えているかのような態度を書き綴っているように読める．それゆえ平井のように，なにか第II部が『確率論』の中心的な内容であるかのように説明するのはどうであろうか．平井は，ジョンソンとの「意見交換の成果が『確率論』には大きく取り入れられている」（同 270）と書いていた．だが，ここでは，より正確には『確率論』第II部では，とすべきであったろう．

（2）　ケインズはラムジーの批判を受け入れたのか

　ケインズのラムジー論　平井は，『ヴェルサイユ体制対ケインズ』第6章で，ケインズによるラムジーの論評を「短いコメントであるが，重くて深い問題である」と評価したうえで，次のように述べている．

「ケインズはラムゼーの確率論に同意している．彼は形式論理の流れに属する自身の確率論に批判的になっている，と判断できるであろう」（平井 2022: 266）．

「重くて深い」かどうかは，さしあたりおくとしても，ケインズが「ラムゼーの確率論に同意している」とまで言い切ってよいものか，はなはだ疑問である．また，ケインズが，「自身の確率論」を「形式論理学の流れに属する」ものと考えていたというのもどうであろうか．『確率論』は，第Ⅱ部にうかがえるような形式論理学の強い影響が残されている．だが，全体としてはそれへの批判がうかがえる矛盾した内容となっていると解釈すべきではないか．

平井自身，ケインズのラムジー論評からの引用文を「これまでのところ，私はラムゼーに譲る．彼は正しい，と思う（So far I yield to Ramsey —I think he is right）」と訳している（同 266; *CW* X 1972: 339; 邦訳 1980: 448，傍点は訳者）．

実は，平井が訳した部分に続く原文があり，それを邦訳では次のように訳していた．

「けれども，『合理的な』信念の度合と信念一般とを区別しようとした点では，彼はいまだ完全には成功しなかったと思う．たんにそれが有益な知的習慣だというだけでは，帰納法の原理の根柢にまで達するものではないのである」（*CW* X 1972: 239; 邦訳 1980: 448）．

「けれども」で始まるこの文章は，ラムジーが形式論理学（formal logic）と人間の論理学（human logic）とを区別し，後者を提唱するところまでは，ラムジーが正しい，この点は「譲る」としつつも，ラムジーの主張を全面的に受け入れるとまでは述べてはいない，と解釈できる文面である．ケインズ自身は，『蓋然性論』で，蓋然性論に帰納法を位置づける必要性を理解してはいたものの，帰納法それ自体を十分深めきれない点を課題として残していたと考えていたようである．

「哲学者ケインズ」論の混乱　平井は，ケインズのラムジーへの論評を，「哲学者ケインズ」は変わったのか否かの問題へと拡張している．それは，いうまでもなく，前期の『蓋然性論』のケインズとラムジー論評以降の後期のケインズという設定である．ところが，彼はラムジーとの関係では，「ケインズはラムゼーの確率論に同意している」ものの「ケインズがラムゼーの哲学に移った

ということを意味するものではない」と矛盾するかのような主張を行っている．「ケインズは主観的確率論やプラグマティズムに同意していないからである」というのがその理由である（平井 2022: 266）．そうであるならば，ここでの議論で平井が考える「哲学」とはなんであろうか．また，なにをもって「哲学者」というのであろうか．平井の主張したようにケインズがラムジーの蓋然性論批判を受け入れたのであれば，これ自体哲学的立場のひとつの転換と言えるのではないか．平井はこれを「（ケインズが）自身の『確率論』に批判的になっている」と解釈しつつも，哲学上の立場の変化としては認めようとはしないのである．

　平井は，この一方で「『ニュー・リベラリズム』の展開—ケインズの新しい社会哲学」の論題で，「ニュー・リベラリズム」について考察し，さらに「社会哲学者ケインズと哲学者ケインズの相違を明らかにする」と述べている（同 233-4）．繰り返しになるが，ここでいう「社会哲学」「社会哲学者」とは，それぞれ，どのような考えであるのか，また，どのような立場であるのか，そうして，それらは「哲学」「哲学者」とどう違うのか．その概念の使い分けが，必ずしも明らかではない．

　平井は，さらに，「哲学者ケインズ」が変わらなかった証拠として，『若き日の信条』では，「徐々に合理主義から離れ，現実の曖昧さ，したがって慣習を重視するという考えに移っていった」のであり，また，「現実」としては，「ケインズがその後，新しい哲学を開発するに至らなかった」ことを指摘している（平井 2022: 266-7）．繰り返しになるが，ケインズの合理主義に対するスタンスについては諸説あり，「連続説」に立脚するカラベリとオダネルとの間でも解釈の食い違いの見られる問題であった．

　平井の問題提起が妥当であるとした場合でも，ケインズの合理主義から離れ，慣習を重視する立場への移行は，ケインズの哲学，信条の変化と無関係であったのか．彼の「哲学」上の変化を裏づける一つの証拠であると言えなくもないのではないか．

　もっとも，『若き日の信条』での回想を，そのまま文字どおり信用してよいのかどうか，また，平井のように解釈してよいものか，吟味してみなければならないであろう．

(3) ケインズの哲学の転換とウィトゲンシュタイン

「哲学者ケインズと経済学者ケインズ」 これまで検討してきた平井の論考は，『ヴェルサイユ体制対ケインズ』の第6章「『ニュー・リベラリズム』の展開」の「補論：哲学者ケインズ」であった．実は，この論考は，以前に彼が執筆した著作『ケインズとケンブリッジ的世界』のなかの「『確率論』と『若き日の信条』」を基にしたものであった（平井 2022: 288）．

その最終節に「哲学者ケインズと経済学者ケインズをめぐって」がある．ここで平井は，まず次のように論じ始めていた．

「1920年代後半のケンブリッジは，ラムゼーからの批判を大きな契機として，ウィトゲンシュタインが『前期』から『後期』に変身するという哲学上の大きな変化を経験した．この場にケインズ自身，その場に居合わせ，相互の議論を通じ深く関わっていたという事実が存する」（平井 2007: 200）．

ここには，いくつか検討すべき問題点を見いだすことができる．

第一に，時代を「1920年代後半」に限定して論じているが，ウィトゲンシュタインがケンブリッジに戻ったのは1929年12月であり，本格的な学究生活に戻ったのは1930年以降のことであると考えるべきである．

第二に，したがって，ウィトゲンシュタインの後期は，1920年代の後半に始まったのではない．また，「ラムゼーからの批判を大きな契機」としてウィトゲンシュタインの「変身」を説明するのは妥当ではない．

第三に，ケインズが「その場に居合わせ，相互の議論を通じ深く関わっていたという事実が存する」とは必ずしも断定できない．この問題については，デーヴィス，ベイトマンのところですでにやや詳しく論じたところであった．だが，われわれは，ケインズとウィトゲンシュタインとの知的交流に関する研究の批判的検討によって，平井が主張するような「事実が存在する」とは断定できないと考えている．

平井による研究史の整理 平井は続けて「哲学者ケインズにも前期と後期が識別されるという見解が発表されている」と主張する．そうして，（注)24で「ラムゼーの批判を受け入れ，『確率論』を棄て，それに代わる哲学を『共同体的プラグマティズム』として構想したという見解」として次のように記している．「Davis (1995)，伊藤 (1999) は，これが『一般理論』の根底をなす『哲

学』である，と主張している」（平井 2007: 200, 205）．ここでの「共同体的プラグマティズム」はそもそも伊藤が主張する考えであった．それにしてもデーヴィスまでもが伊藤と同様の主張をしていたと言うのであれば，伊藤に先駆けてデーヴィスがこの説を説いていたことになる．こうした平井の解説は，意外な結果を招きかねない．欧米の先行研究への立ち入った言及なく書きあげられた伊藤の『ケインズの哲学』は，1999年に刊行されていた．これに対してデーヴィスの研究は1995年である．これでは，伊藤の仕事は，デーヴィスの研究を無視した作法に反する研究ということになり，そのオリジナリティが疑われることにもなりかねない．

他方で平井は「『確率論』で展開された哲学は，『一般理論』に至るまで貫徹しているという見解が存する」として，オダネルとカラベリの名をあげている．確かに両者とも，ラムジーの批判によって，考えを変えることはなかったと主張している（同200）．しかしながら，平井は，二人が，連続説の提唱者であるものの，ケインズの『確率論』の，またそこでのケインズの哲学，哲学と経済学との関連についての解釈では，基本的な点で相違があることが無視されている．

（4）　ケインズは『確率論』の哲学を放棄したか？

『確率論』の哲学を放棄したとするの平井の論拠　平井は論争を概観したあと次のような立場を表明している．

① 「ケインズは『確率論』の根底を流れる基本的な哲学（とりわけ第Ⅰ部から第Ⅲ部）を放棄した．その点に関し，ラムゼーの批判は大きな意味をもった」．

② 「だが翻ってケインズに『確率論』に代わる哲学を考案しようとした形跡は認められない」．

③ 「ケインズの変化は，第一次世界大戦時の出来事によってもたらされた可能性の方が高い」．

④ 「『確率論』の後，ケインズが哲学的にどのように変わったのかを，彼の経済学の著作に探す作業にどれほどの意味があるのかに関し，わたしはいささか懐疑的である」．

⑤「哲学的に変わったにせよ，変わらなかったにせよ，そのことが『経済学者ケインズ』に大きな影響を与えたとは思えない」．

⑥「むしろ彼の社会哲学の側面の方が，経済学者ケインズを考えるうえでは重要である」（平井 2007: 200-1）．

平井の所説への疑問　この論述には，同意できない点，あるいは甚だ疑問に思う点，さらなる考察が必要と思われる点が見出される．

まず①の点である．平井は，『ケインズとケンブリッジ的世界』第 11 章「『確率論』と『若い日の信条』」では，全 4 節のうち第 1 節と第 2 節で，それぞれ「『確率論』のスタンス」「『確率論』の後――ラムゼーによる批判の影響」の論題で，確率論を扱っている．だが，そこでの論述には，『確率論』の「第 I 部から第 III 部」を「放棄した」との論拠は見いだせない．しかしながら，平井は，突然のごとくに，「第 I 部から第 III 部」の「基本的な哲学」を「放棄した」と断定するのである．なるほど，平井によって自著の第 11 章第 1 節で，『確率論』の紹介がなされている．それは，わが国の研究においては珍しく，内容に踏み込んだものである．「はじめに」に相当する部分から「1. 確率の定義」「2. 確率は客観的か，主観的か」，「3. 対象領域」「4. 帰納法正当化の論法」の順に内容が紹介されている．なかでも最後の「帰納法正当化の論法」は興味深い解説になっている．しかしながら，かかる平井の『確率論』の解釈のなかに第 III 部までを放棄したとする論述箇所は，どこにも見当たらないのである．

②での問題についても，平井は，『確率論』が「哲学」の書であったが，これに代わる「哲学」をケインズが後年に考案したかどうか不明で，また，その形跡を見出せないという．だが，ここでの「哲学」とは何であろうか．また，平井は，これに代わる哲学と言うが，一体どのような哲学を想定してかかる問題を指摘しているのであろうか．平井は，英米を中心とするケインズの哲学，あるいは経済学と哲学との関係にかかわる数多の研究を無視してかくのごとく主張するのであろうか．

③では，「ケインズの変化」をもたらしたものは，「第一次世界大戦時」の「出来事」の「可能性の方が高い」と書いている．「出来事」とは何であろうか．また，この「出来事」は，一体どのような「変化」をケインズにもたらしたと

いうのであろうか．例えば，ミニはフロイト理論の影響を重視していた．また，フィツギボンズとスキデルスキーは第一次世界大戦を基本要因として，ケインズに全体的な社会，人間観の転換があったことを論じていた．

④，⑤で，平井は『確率論』の後，ケインズの哲学的立場がどのように変わったのか，変わらなかったのかのいずれにせよ，それをその後の経済学的著作に探す作業の意味に懐疑的で，また，「そのことが『経済学者ケインズ』に大きな影響を与えたとは思えない」と述べている．これは連続説の問題意識，課題設定，得られた結論の否定となってしまうであろう．

最後に，⑥でケインズの「社会哲学」に言及し，その側面の方が，経済学者ケインズを考えるうえでは重要であると思われる，としている．だが，「社会哲学」も「哲学」である．また，ケインズの認識論，存在論的立場，スタンスと切り離し，「社会哲学」をただ論じうるのであろうか．この点についても甚だ疑問に思えるのである．

これらに関連して，平井は「『哲学者ケインズ』と『経済学者ケインズ』をめぐって」の末尾で次のように締めくくっている．

「『確率論』と『一般理論』の関係をみようとするとき，『確率論』の後，哲学畑での仕事が行われていないという問題がある．資料的にみて，社会哲学次元からケインズの経済学を論じることは可能であるが，哲学的・論理学的次元で論じるのは，相当の無理があるという点である」（同204）．

平井は，かくのごとく，ケインズの経済学を哲学・論理学的次元で論じるのは，「相当の無理がある」と述べている．果たしてそうであろうか．ケインズは，西部が指摘するように，なんらかの認識論，存在論的立場が基礎にあって，『一般理論』を論じているのであって，われわれが『一般理論』の哲学的基礎が奈辺にあるのかを考察できないことはないはずである．

「ケインズ『ティンバーゲン批判』解釈」　⑤での平井の主張に対して，いま少し慎重に検討してみる必要があるだろう．なぜなら平井自身，ケインズの「ティンバーゲン批判」（1939年）の解釈で，そこでケインズが展開した「『経済学は論理学の一分野』という主張」には「『確率論』のスタンスが濃厚に看取される」とか，この「主張の背景には，こうした『確率論』で展開されている見解が存在するものと思われる」と述べているからである．ここで平井の言

う『確率論』でのケインズの「見解」とは,「『数学的利用』としての頻度説を批判し,『レクシスの方法』を重視するスタンス」であるとも言える立場であった(同202-3).

こうして平井自身が,ティンバーゲン批判を取り上げ,そこに『確率論』の「スタンスが濃厚に看取される」とか「この主張の背景には」『確率論』で「展開されている見解が存在する」と書くこと自体が,『確率論』が後年のケインズの思考と研究方法に引き続き強い影響を及ぼし続けていることの証左ではないだろうか.

平井はケインズによるティンバーゲン批判に,何を読み取ったのであろうか.平井は次の「二点が強調されていた」と言う.この評価は間違っていない.①「経済学は『モラル・サイエンス』である,②「経済学は『論理学の一分野』である」(同201-2).

(5)「2つの対照的可能性」という『一般理論』解釈

最後に『ヴェルサイユ体制対ケインズ』に戻ろう.平井は,「『不確実性』は合理的信条の枠外に位置している」と論じる(平井 2022: 267).この主張は,ケインズ解釈としては正しいであろうか.そもそも,「合理的信条の枠外」とはどういうことであろうか.

平井はまた,「『一般理論』の核心を『不確実性』**にのみ求める**」(太字は筆者)解釈は「『2つの対照的な可能性』を具有するものという重要な視点を欠いている」と批判している(同267).

どうも平井は「2つの対照的な可能性」の「具有」を「不確実性」に代わるものと考えているように思えるのである.

それでは,この「2つの対照的な可能性」とは何であろうか.平井の指摘によれば,それは第10章第4節『一般理論』で論じられている「市場経済のヴィジョン」のことであり,平井の考える「『一般理論』の顕著な特徴」のことであった(同459-60).

また,ここで平井が言う「ヴィジョン」とは何であろうか.彼によれば,それは「次のように要約できる」.すなわち,「市場経済は,『不完全雇用均衡』の状態に留まるという意味で,安定的である.だが,ある制約条件を超えると,

市場経済は不安定になり混乱に陥る危険性がある．すなわち，『一般理論』の顕著な特徴は，市場経済が2つの対照的な可能性——一方では安定性，確実性，単純性，他方で不安定性，不確実性，複雑性——をもつものとしてとらえられている，という点である」（同 459-60）．

こうした平井の論述方法には，まずもって，いささかの戸惑いを感じざるをえない．

『一般理論』の「核心」を「不確実性」とすべきではないと言うのであれば，それに代わるタームを指摘すべきではないか．ところが平井の言う「核心」なるものは，特有の概念に関するものではなく，「『一般理論』の顕著な特徴」のことであった．

この平井が言う「2つの対照的な可能性」というものも，どうであろうか．三つの対立概念による二分法による整理をもって，「市場経済のヴィジョン」を説明しているからである．①安定性－不安定性，②確実性－不確実性，③単純性－複雑性，である．

これらのうち，①③は，市場経済の特徴づけに関わる概念といえるであろう．だが，②は市場経済に限定されず，人々の社会的行為において有用な概念である．したがって，対象の特徴づけに関わる①③と，そうではない②とでは，全く異なる範疇のカテゴリーである．②は市場経済の特徴づけとは関係のない概念であろう．さらに，③についてみれば，そこでの「単純性」を平井は，どのようなものであるのか，「複雑性」との対比で説明できていない．そもそも「市場経済」の「単純性」とはあまり聞いたことのない話である．また，「単純性」と「複雑性」をもって「市場経済のヴィジョン」というのもどうであろうか．

5. 小畑二郎の「不確実性の倫理」による「甦る，ケインズ」[*]論

ここでは『ケインズの思想——不確実性の倫理と貨幣・資本政策』（2007 年）での哲学に関わる議論を取り上げる．かかる小畑二郎の著作の独自性は，副題

---

[*] 著書の帯に記された言葉からとった．

にあろう．「不確実性の倫理と貨幣・資本政策」とは，あまり目にしたことのないテーマである．

まず，本書の全体的構成を見ることにしよう．第一部は「新古典派経済学の原点」の題目のもと全3章構成で「マーシャル経済学の基礎」について，また第二部は「ケインズ経済学における革新」と題される全6章構成で，『平和の経済的帰結』から『一般理論』までのケインズの経済学の発展過程を彼の著作を中心にして説明し，「ケインズ革命の新しい地平」，あるいは「ケインズ革命を越えて」とかの名のもとで，「不確実性の倫理と貨幣・資本政策への道」を中心に論じている．注目したいのは，小畑が「補論」を用意している点である．そこでは「ケインズ初期の倫理学的研究の再評価」の表題のもとで，ムーア，および彼の「倫理学原理」とケインズとの関係，「ケインズの『確率論』」，「ケインズ倫理学の歴史的地平」について論じている．ケインズの哲学と経済学を主題とする本書の課題から以下では，もっぱら，この「補論」での興味深い論点をとりあげることになる．

この「補論」の課題を小畑は次のように述べている．①「若き日のケインズの哲学的探求の足跡を明らかにする」こと，②「『確率論』（1921年）によって切り開かれた哲学的・倫理学的な地平について論ずる」こと，③「ケインズの哲学，倫理学におけるケインズの達成を踏まえるならば，ケインズ経済学をこれまでとは違った主題の下に理解する可能性が開かれることについて述べられる」．そうして，小畑は，次のような文章で結んでいる．

「スミス，J.S. ミル，およびマーシャルと同じように，ケインズも，十分に反省された倫理的基盤の上に経済学の革新を成しとげようとした一人であったことが明らかにされる．そして経済学の根本的な革新，すなわちパラダイム転換の根本には，このような倫理的基盤の反省と再生とが不可欠であったこと，また今なお不可欠であり続けていることが主張される」（小畑 2007: 269）．

(1) 「ケインズの思想」についての批判的コメント

小畑の確率論の評価　彼は次のように論評している．「ケインズ『確率論』の論理学的な主張は，かなり明確なもの」であったが，「『確率論』全体の叙述は，残念ながら，必ずしもこのように一貫したものではなかった」．「その一つ

の原因は，様相論理やその後の論理的発展を参照することができなかったことによるのではなかろうか」．また，ケインズは，「主としてラッセルの『数学原理』に「依拠した」が，それは「古典論理の最も完成に近い体系化」とも評価される研究であり「確率（蓋然性）の議論を研究の対象としていなかった」し，「後期ウィトゲンシュタインによる探求をも参照することができなかった」のであった（小畑 2007: 334）．

不確実性を『一般理論』の核心と評価する　小畑は，『一般理論』の核心が「不確実性」にあると論じている一人である．彼は，クーン（T.S. Kuhn），ラカトシュ（I. Lakatos）の科学論にならい，ケインズの「基本的な考え方」「中心的な主題」とは，「不確実性の貨幣的経済理論」とでも名づけられよう，と次のように論じている．

「ケインズによれば，以上のような貨幣および富の研究は，『不確実性』の問題と真正面から向き合うことによって，初めて可能となる．『不確実性』に関する洞察なしには，真の貨幣的理論を研究することはできない．また，『不確実性に対する人間行動に関する考察は，貨幣的理論を不可欠の部分とする政治経済学にまで発展させることによって，初めて政策的な展望を得ることができる．以上のように，ケインズ経済学の『中心的な主題』は『不確実性と貨幣的理論』の研究ということに要約されるのであった」（同 207）．

『蓋然性論』は「不確実性の論理学」という理解　「不確実性」をケインズの学理の核心と見る小畑の解釈では，まず，ケインズ『蓋然性論』は，蓋然性の論理学ではなく，「不確実性の論理学」ということになる．彼は次のように主張している．

「以上のように，ケインズは，確実で決定論的なこれまでの論理学とは区別される**不確実性の論理学**を研究することをこの本の課題とした」（同 332，太字は筆者）．

だが，小畑はこれを次のように言い換えている．

「ケインズが研究の対象とするのは，……われわれが直接知ることができる命題（知識）と，その命題を前提として議論を通じて獲得される命題（知識）との**蓋然的な関係**である」（同）．

ここでは，「蓋然性の関係」が「研究の課題」であると明確に述べているの

である．いったいどちらなのであろうか．

　小畑は，ケインズ『蓋然性論』をトゥールミン（S. Toulmin）の所説をもとに「不確実性」の論理学として解釈することで『一般理論』との連続性を読み込もうとしているようにも見える（同 234, 329）．他方では，トゥールミンの研究をうけて，ケインズ『蓋然性論』をケインズの倫理学，また，その発展の方向性としてウィトゲンシュタインとその後継者であるとするトゥールミンおよびウリグト（G. Wright）へとつなげようとしている（小畑の「補論」第 3 章参照）．

　ケインズ理論体系での「**期待**」を重視せず「不確実性」が行為主体を取り巻く状況のありようであるとすれば「期待」は，「不確実性」下での行為主体の行為の決断に関わる概念であり，ケインズ『一般理論』体系の最重要な基礎概念である．だが，小畑は，「不確実性」については重視するものの「期待」については冷淡な扱いである．巻末の索引での扱いは貧弱で少なく，本文での論述でも重視されていない．「序」や本文に当たってみると「期待」概念は，小畑によって次のような文脈で用いられているにすぎない．

　「われわれ個々人の存在は，将来にわたって確実な功利計算ができるようなものではなく，そのままでは絶えず不安と驚愕，不信と気まぐれな**期待**によって翻弄されるような不確実なものでしかない．そのような人間存在の不確実性を前提とする経済学は，……」（同 iv，太字は筆者）．

　「『一般理論』では，資本量や**期待**については与えられたものとされており，考察の主要な対象にはされていなかった」（同 262，太字は筆者）．

　ここで「気まぐれな期待」とか「期待については与えられたもの」とかの表現は，『一般理論』の期待論とは異質なものである．

　より問題であるのは，このように「期待」をとらえる小畑は，どうも『一般理論』での期待概念とこれの関連する概念の重要性を把握しかねている点である．つまり，『一般理論』においては，「期待」をはじめとして「不確実性」，それに「確信」という心理的要因の三概念がセットとなって，ケインズの経済学理論体系の基礎となっている点を理解することが肝要なのではないだろうか．

(2) ケインズによるラムジーの批判をどう解釈するか

小畑は，以下のようにケインズによるラムジー追悼文を解釈している．

①「ケインズは，この一連の文章の前半でラムゼーの見解を肯定し，後半で批判している」(同312)．

②「肯定しているのは，ラムゼーが『命題間の客観的関係』にかかわらせるのではなく，われわれの『確信*の度合い』にもっぱらかかわらせて，確率の概念を理解しているところである」(同)．

③「後半で批判している」というのは，「ラムゼーがたんなる『確信一般』と『合理的確信』とを区別しようとしたが，それには成功しなかった」という点である．

このように論を運ぶ小畑であるが，ラムジー追悼論文を書いたケインズは，結局，どのような考えに至ったのか．彼は次のように結んでいる．

「たんなる『確信一般』ならば，それは『われわれの知覚や記憶に類似した装置』にすぎないが，『合理的確信』というからにはそれ以上のものが求められる．そのためには，『形式論理学』や『記述心理学』を超えた『人間的論理学』の整序が要請される．ここまでくれば，ケインズのいう<u>『命題間の客観的関係』に基づく確率論が展開されるものとケインズは期待していたにちがいない</u>」(同312, 下線は筆者)．

これでは，小畑の解釈は矛盾してしまう．ケインズはラムジーの批判を受けて確率の客観説を放棄し主観説に転換したというのが，はじめに小畑が提示したケインズ追悼文の解釈であったはずだからである．それが，「『命題間の客観的関係』に基づく確率論が展開されるものとケインズは期待していたにちがいない」と言ったのでは，まったく話が違ってくる．

ケインズのラムジー批判をどうとらえたらよいか ケインズは，ラムジーを「形式論理学」とは別の「人間的論理学」を構想する点で評価する．そもそも

---

* 大野の訳文，小畑の文章でもともに「確信」と訳している原語はbeliefである．マーシャルからケインズに至るケンブリッジの学徒の文献に見いだすことができる「確信(confidence)」と区別するために，この語はむしろ「信念」と訳すべきであると考える(*CW* X 1972: 339; 邦訳 1980: 448)．手元の国語辞書では，「確信」とは，固く信じて疑わないこと／確かであること＝確実性といった意味とされている．また，「信念」とは，正しいと信じる自分の考え，宗教を信じる気持ち，とかの意味であるとされている．

ケインズは，形式論理学が「首尾一貫した思考の規則以外のもの」を除外しているのに満足できない．形式論理学を超えた論理学の拡張を考えていたからである．すなわち，彼によれば，従来の論理学が対象とする「首尾一貫した思考の規則」以外にも，「われわれには，知覚や，記憶や，またおそらく他の方法によって供給される材料を処理し，それによって真理に到達しあるいはこれに接近するための，ある『有益な知的習慣』があるのであって，こうした習慣の分析も論理学なのである」(*CW* X 1972: 338-9; 邦訳 1980: 447-8)．

この一方で，ケインズはラムジーの問題の処理には同意しない．ラムジーの言うように，「有益な習慣というのみでは」重大な課題を抱えたまま止まっていることになる．それでは「帰納法の根底にまで達するゆえんではない」と考えるのである．つまり，帰納法を蓋然性論によって方法論的に掘り下げることによって「人間的な論理学」の構築を目指すべきであると考えるからである．帰納法が抱えてきて未だ解決できない問題——それによって規則性，傾向性，あるいは法則性をどう発見し，それらを根拠づけることができるのか——を蓋然性論によって打開できないのか．ラムジーの方向性では，蓋然性論は，個人的な主観に基づく"賭け"の方法として限られた知的世界に閉じ込められてしまうのではないか．

(3) 『一般理論』へのウィトゲンシュタインの影響

ウィトゲンシュタインの影響？ 小畑は，ケインズのように「命題間の推論関係の確からしさを問題とするためには，言語表現に関して研究しなければならない」と論点を展開する．そうして，「後期ウィトゲンシュタインの『言語ゲーム論』が再検討されなければならない」と言う．ケインズの蓋然性論と，その刊行後およそ 10 から 20 年後にみられる「後期ウィトゲンシュタイン」の哲学思想との関係を論点とするこの議論に，これはわれわれには，いささか唐突な印象を抱かざるを得ないのである．

ともあれ小畑は，次のように論を運ぶ．

① 「ある社会では，ある特定の言語体系が共有されており，人々はその言語体系を駆使して議論するのであるから，議論の確からしさは，言語の使用法に関連するのかもしれない．したがって，この点に関しては，後期ウィトゲンシ

ュタインの『言語ゲーム』論が再検討されなければならない[(9)]*」(小畑2007: 313, 下線は筆者).

小畑はこのように論じた後, いきなり次のように続けている.

②「ケインズは, 後年, ウィトゲンシュタインとの親密な交友関係によって, このような点について, 次第に強く意識するようになった. そしてそのような影響は,『一般理論』の中に見出されると, いわれている[(10)]**」(下線は筆者).

引用した文章の①, ②は, それぞれ, 「かもしれない」「いわれている」で結ばれている. ケインズがウィトゲンシュタインから影響を受けたと論じるには, これでは十分な論証になるまい.

また, 小畑は, 注(10)で「『言語ゲーム論』からの影響については, 伊藤1999……を参照」とある. ここで「参照」したとしている文献は伊藤邦武『ケインズの哲学』(岩波書店, 1999年)である. 小畑が事実上依拠している伊藤のこの文献についての批判的検討からすれば, 伊藤を論拠とするのでは, いささか危うい, と言わざるを得ない.

「後期ウィトゲンシュタインによる探求」とは　かくして小畑が1930年代におけるケインズへのウィトゲンシュタインの影響を重視していることは明らかである. だが, 彼はこの問題で, 「(ケインズは) **後期ウィトゲンシュタインによる探求**をも参照することができなかった」と論じている (同334, 太字は筆者). ここで, 小畑の指摘する「後期ウィトゲンシュタインによる探求」が具体的に何を意味するのか不明である. だが, 「参照することができなかった」と言うのであるから, ウィトゲンシュタインの影響はひとまず無視しうると論じているに等しいのではないか.

また, 小畑のいう「後期ウィトゲンシュタインによる探求」をウィトゲンシ

---

*　ここで「注(9)」は次のとおりである.「ケインズの構想した確率論(蓋然性論)に近い考え方を『言語ゲーム』として位置づける試みの一つは, 前掲, Davis, 1994, Chap.5, pp.120-147の中に見られる. また, 本書第6章第5節をも参照」. なお, 小畑はここで「本書第6章第5節をも参照」としているが, 小畑の著作でそれは「投資誘因」の項であり, 参照すべき箇所を誤記しているようである.

**　なお「注(10)」は, 次のような注記である.「ケインズの後期ウィトゲンシュタインの『言語ゲーム論』からの影響については, 伊藤1999, pp.97, 106-108を参照」(小畑2007: 313).

ュタインの哲学と理解し，後期ウィトゲンシュタインの「最も完成度の高い成果が『哲学探究』」（鬼界 2020: 482）であったとしてこの問題を考えてみよう．

手元にある鬼界による後期ウィトゲンシュタインの思想の転換についての研究によれば，『青色本』（1933-34 年）『茶色本』（1934-35 年）があるが，『哲学探究』（冒頭から 189 節の第一段落まで）の執筆は，1936 年 11 月から 1937 年 5 月までのノルウェー滞在中とされている．先行する二研究は完成された厳密なテキストではなく，またそれらは「『哲学探究』の思想的世界とは決定的に違うもの」で「ウィトゲンシュタインが『哲学探究』に到達するには，なお大きなブレイクスルーが必要であった」と論じている（同 482-3）．

ケインズの『一般理論』の形成過程とウィトゲンシュタインの後期哲学の歩みは，一見するとパラレルではあるが，先行する 1933 年から 1935 年にかけた二作品は，実際には講義ノート程度のもので，『哲学探究』は未完であった．そうして，これらウィトゲンシュタインの研究が刊行されたのは第二次大戦後のことである．

この問題の補足として，さらに，ウィトゲンシュタインに関する小畑の記述で，奇異に感じる部分を指摘しておこう．それは彼の「序」での次のような記述である．

「ケインズは，その研究活動の早い時期には，ムーア倫理学からの強い影響をうけて，ラッセルやウィトゲンシュタインなどとともに，倫理学や，その基礎となる哲学や論理学の根本的な革新をめざしていた」（小畑 2007: ii）．

ここでウィトゲンシュタインの名があるが，ラッセルらとともに，倫理学，哲学，論理学の「根本的な革新をめざしていた」とまで言い得るのかは，入手しうる三人の伝記，研究履歴を一読した限りでは，疑問である．

(4) 連続説と断絶説についての小畑の立場

「不確実性の問題の探求」を「中心的な主題」とした？　小畑は，「初期の確率論研究と後期の政治経済学研究との間」には「研究の中心的な主題に関して，重要な関連性が認められる」との立場である．そうして，「そのような主題論的な関連性を理解することなしに，後期の政治経済研究の意味についても，十分に理解することができない」と主張する（小畑 2007: 344）．

小畑はこの「初期と後期の研究に共通の『中心的な主題』を端的に表現するならば，それは『不確実性の問題の探求』ということになろう」と主張している．そうして，小畑は，「このような主題の一貫性を重視するかぎり，われわれは，むしろ連続説を支持する」と主張するのである（同）．

かくして，小畑の理解によれば，ケインズにとっては，『蓋然性論』も後期の政治経済学研究もその「中心的な主題」に「不確実性の問題」があったというのである．これが「連続説」を支持する小畑の根拠である．たとえば，小畑は，次のように論じる．

「（『一般理論』第12章は）『確率論』から出発した不確実性に関するケインズ自身の考え方が，経済学に本格的に応用された章でもあった」（同163）．

ここでの『蓋然性論』の中心的主題が蓋然性ではなく「不確実性にあった」との主張は，おそらく，いままで論じられなかった新説の提唱である．果たして，そう言えるであろうか．初期の『蓋然性論』は，その題名のとおり「蓋然性」についての研究が主題であり，不確実性についての研究にあったのではない．それゆえにケインズの研究主題を不確実性として一貫性があったというのはどうであろうか．

連続説-断絶説の論争という評価への疑義　それでは，小畑は，率直に「連続説」を支持しているというのかといえば，そうでもないようである．彼は注記で次のように述べている．

「われわれは，『連続説』について，全面的に賛同しているわけではない．そもそも初期と後期のケインズの研究に『断絶』があったのか，それとも『連続』が認められるのか，という『ケインズ問題』は，かつての『スミス問題』と同じく，あまり有益な問題提起とはいえない．ケインズの研究の中には，何回かの転換があったが，それにもかかわらずその**中心的主題には一貫性が認められる**，というのが本書の解釈である」（同345，太字は筆者）．

かくの如く，小畑は，研究の「**中心的主題には一貫性が認められる**」ことを論拠に，連続説に与するというのである．これでは，「連続説」は，研究の中心的主題の一貫性の有無を求める立場となってしまう．連続説と断絶説は，普通には，方法論的，あるいは思想的，哲学的に研究の軌跡が一貫しているかいないかを問うことである．小畑はこれを研究の中心的主題に求めようとするの

である．小畑の一貫性の設定とこの問題の英語圏研究者の設定とに，ギャップが生じているのが明らかである．

(5) 不確実性への関心から貨幣と金融問題に取り組んだのか

まず不確実性の問題を重視したとの解釈 小畑によれば，ケインズにとって，「貨幣と金融の問題がどうして経済学の中心問題となるのかというと，それは『不確実性』の問題と密接な関連を持っていたからであった」．だが，彼が「不確実性の問題」と「密接な連関をもっていたから」ケインズは，「貨幣と金融の問題」を「経済学の中心問題」としたと論ずるのは，果たして妥当であろうか（小畑 2007: 344-5）．

ケインズは，マーシャルのバックアップとピグーの資金的支援をうけて，キングズ・カレッジの講師に抜擢され，1909 年 1 月に，貨幣，信用論の講義を始めている．インド省での勤務経験を生かして彼が最初に刊行した書物の題名は，『インドの通貨と金融』（1913 年）であり，インドの通貨・金融問題の専門家と目された彼は，1913 年 9 月には，「インドの通貨と金融に関する王立委員会」の委員になっている．第一次世界大戦時，彼は戦時の国際金融問題に従事し，高度な専門性を発揮した．その有能さは知れ渡り，ヴェルサイユ平和条約の締結交渉にも随行した．だが，連合国代表団の戦債，対独賠償政策案を支持できず，辞任した．帰国後，彼は，急遽『平和の経済的帰結』を刊行し，賠償，国際金融問題で，連合国戦債処理，厳しい対独賠償政策に反対した．この後，1920 年代は，対独賠償，ヨーロッパの復興，通貨・金融の安定化などの問題に積極的に関わる．この一方で，国内通貨，金融問題にも深く関わり 1923 年には『貨幣改革論』を，さらに金本位制復帰問題では 1925 年には『チャーチル氏の経済的帰結』を刊行している．この間，ロバートソンと通貨・金融問題の研究に携わり，また 1930 年の『貨幣論』に結実する研究に着手している．さらに，1929 年世界恐慌を契機としてケインズの活動はさらに多忙を極める．

こうした多様なケインズの知的，実務的な活動を見ると，彼はまず現実の通貨・経済問題への具体的な対応策を模索し，その解明のために新たな理論と方法を案出しようとしてきたのであって，小畑が言うように，まず「不確実性の問題」があり，それと密接な関係があるから「貨幣と金融の問題」にアプロー

チしたのではないことは明白である．

さらに，『蓋然性論』に戻ると，彼はまずそこでは「不確実性」ではなく「蓋然性」の考察を研究課題としたのである．

「信用」概念を敷衍してのケインズ解釈　小畑は問題を敷衍して次のように議論を広げる．これも判然としない議論であるが見てみよう．

小畑は言う．「そしてそのような問題を考える場合に依拠すべき中心的な概念もまた確率論と共通の『信用』という概念であった」．さらに小畑によれば，この「『信用』は，人々の何らかの『信念』もしくは『確信』によって支えられると同時に，人々の間の『信頼』もしくは『信仰』の基礎となる」のであった（同 345）．

小畑は，さらに，「ケインズの倫理的な基盤」も「『信用』という概念を中心に理解することができる．これは，ケインズがムーア倫理学から得た『信条』と，確率論研究から得た『確信』とによって支えられていた」からであると論じる（同 345-6）．

かくして小畑は次のように述べる．

「『不確実性』の中で，われわれは，『蓋然性の薄明かり』だけを頼りに一歩一歩進んで行かざるをえない．そのような中で『蓋然的な信念』，すなわち『信用』こそが人間の行動を導くもっとも重要な指針とされるのである[26]」（同 346）．

こう述べて小畑はわざわざ「注(26)」で，次のように念を押している．

「『効用（utility）』という概念がマーシャルの倫理基盤と経済学の基盤の両方を理解する中心概念であったのとちょうど同じように，『信用（belief, trust）』という概念は，ケインズの倫理基盤と経済学の基盤を理解する中心概念であった」（同 346）．

こうした小畑の論述にはいささか戸惑いを覚える．まず，「確率論と共通の『信用』という概念」という言い回し，「確率論研究から得た『確信』」という理解の仕方は，疑問に思える．また，「『蓋然的な信念』，すなわち『信用』」と考えるのであれば，「蓋然的な信念」と「信用」とは同義語であると主張していることになる．

小畑の著作の索引を見ると，なるほど，「信念」も「信用」もともに同じ

belief, trust の英語が当てられ，区別されていない．「信用」についてみれば，これでは「銀行信用」「信用恐慌」と言った言葉に用いられる「信用 credit」との区別もおぼつかなくなる．さらに「蓋然的確信 probable belief」なる語も登場し，普通は「確信」と訳される confidence が見当たらない（同 301-2）．かくして，小畑にあっては，「信念」「信用」「確信」の区別が曖昧になっているのである．

　ともあれ，こうした小畑の「中心的な主題」についての説明を読むと，ケインズは，まず「不確実性」という気がかりな概念があり，そこから「貨幣と金融の問題」に取り掛かることになったというわけである．経済政治的事象の中で究明すべき中心課題が「貨幣と金融の問題」というのではなく，「『不確実性』の問題と密接な関連を持っていたから」「貨幣と金融の問題」に取り組んだということになり，後先が転倒した議論になっているように思えるのである．

第3編　ケインズ経済学と期待，不確実性

第3編では，期待，不確実性に焦点をあて，『一般理論』体系の革命的特徴を論じる．期待はもともと，マーシャル，ピグー，ラヴィントンらによって重視された概念で，ケンブリッジの経済学の心理的アプローチを特徴づけてきた．ケインズはこの概念を彫琢し，単なる経済変動の心理的要因の位置から引き上げ，『一般理論』の諸体系のなかでの基礎的，核心的概念としての役割を与えたのである．そうして期待をその最も基礎をなす中心的概念として定置させ，この上に有効需要，資本の限界効率と投資理論，流動性選好理論などの諸概念を組み立て，新たな全体的な理論体系を構築したのであった．

　第7章，第8章では，期待が『貨幣改革論』『貨幣論』や『一般理論』草稿での再検討をへて，『一般理論』で概念的確立をみるまでの過程を詳細に検討する．なお，第8章の補章として，期待概念について先駆的に論じた西部邁，間宮陽介の所説を取り上げる．

　第9章では，不確実性概念がケインズの経済理論の発展過程でどのように扱われてきたのかをたどる．そうして，期待概念とともにこの概念を根底にして『一般理論』体系の革命性が確固としたものになると論じられている．

第7章
初期研究から「『一般理論』草稿」までの「期待」論

はじめに

　ケインズ，早くから「不確実性」「期待」に強い関心　スキデルスキーは次のように論じている．
　「……．経済学に関する彼の主たる関心は，彼の蓋然性に関する仕事からあふれ出たものあった．……彼は，**不確実な状況下における合理的な行動**に関する彼の理論の実例を示すものであるとして，金融市場の行動様式に興味を引きつけられた．彼は1908年に父に宛てて書いた．──『私は，朝ベッドに横になりながら何時間もの間，証券取引所の会員たちによる蓋然性の哲学 (philosophy of probability) に関する論文を読んでいます．これまでのところ最も正当な論述は［ロンドン取引所に属さない］場外取引店の主人によるものです』．
　彼が1910年に書いたところによると，投資家というのは，『すでに明らかなように，彼が自分の投資によって現実に長期にわたって受け取る純所得ではなく，彼の**期待**（expectations）によって影響されるのである．その期待は，しばしば流行や広告や，または純粋に**非合理的**（irrational）な楽観と悲観の波に基づいている．同様にリスク（risk）という言葉も，各種の投資が，**期待**が対象とする期間内に生じる現実の**リスク**の平均値ではなく，それが賢明なものであるにせよ愚かなものであるにせよ，投資家によって推測された**リスク**のことを意味している．純利子率をできる限り高めたいという彼の欲望は，危険率をできる限り低めたいという通常なら相矛盾する欲望によって軽減されるであろう．しかし，損失に対する恐れと高い利子率に対する欲望とが対立する場面で

的確な妥協点を見出すために適用可能な数学的法則は存在しない……なぜなら，我々が問題としなければならないリスクは主観的なリスク（subjective risk）であるからだ……その大きさは，きわめて多くを，投資家が容易に入手することができる投資に関する，適切な情報の量に依存している．**無知な投資家にとっては危険性の高い投資であっても，情報通の専門家にとっては例外的に完全な投資であるかもしれない**．事実，リスクの大きさは，どの投資家であっても実際には，彼が実行を検討中の投資の背景と見通しに関する，彼の**無知**の程度に依存している．しかしそれはまた，投資家がそれについて既知である限りにおいて客観的リスク（objective risk）——例えば失政や不安定な行政によって生じるリスクや気候の**不確実性**（uncertainty）によって生じるリスク——にも依存するであろう』」（*CW* XV 1971: 46-7; Skidelsky 1983: 208; 邦訳 1992: 344-5，一部改訳，太字は筆者）．

もっともこの引用文からすると，この時期のケインズが，リスクと不確実性とを概念的に明確に区別して用いていたとは思えないことが明らかではあったが，スキデルスキーが次のように言い添えているのは，妥当な解釈であったと言えよう．

「［ハッチソンが説くように］ケインズは早くも 1910 年には，『期待，無知および不確実性（伝統的な……理論の『確実性の』モデルから完全に除外されているものばかりである）』が投資の決定において果たす役割を指摘していた」（*ibid*., 208; 同 345）．

日常言語としての「期待」　日常語でもある「期待（expectation）」は，もともとはケインズの創り出した概念ではなく，ケンブリッジ学派の景気変動論に特有の概念であった．この期待を『一般理論』という理論体系の独自の基礎概念として位置づけたのがケインズであった．彼にとって，それは，短期・長期，事前・事後という時間概念の導入に必須な概念であり，生産量，雇用量，投資，利子率などの決定に関わる概念であり，景気変動を解き明かすうえでの欠くべからざる概念なのであった．とはいえ，期待は日常語としても用いられており，文脈的にみて，経済概念としての期待と日常使いでの期待は混同されやすい言葉であったことは避けられなかったであろう．

expectation の邦訳語について　鬼頭仁三郎は，expectation を『貨幣と利

子の動態』（1942 年）では予想と訳していた．彼の没後に刊行された概説書（1953 年）でも予想のままであった．この数年前に刊行されたヒックスの『価値と資本』（1951 年）でも予想と訳されていたのであった．この邦訳が受け継がれているのか，最近刊行されたケインズ全集第 29 巻（邦訳 2019 年）でもそうである．そこでは，原書索引（*CW* XXIX 1979: 319）に記載されている expectation は，邦訳の索引——全集原文に即した忠実な訳文ではなく訳者が独自に編集した——では「予想（expectation）」となっている（邦訳索引 28 頁）．そうして，本文中の訳でも各所で期待ではなく予想と訳されているのである．加えて，バックハウスとベイトマンによる *Capitalist Revolutionary: John Maynard Keynes*（2011）の翻訳本『資本主義の革命家ケインズ』（2014 年）も例外ではない．そこでは［凡例］で以下の事情からわざわざ期待を予想と訳出したと断っている．

　「Expect および Expectation は，経済学で一般に『期待』と訳されてきたが，原語の意味と『期待』という日本語の日常的な意味にずれがあると思われるため，経済学の専門家ではない読者の理解を優先し，本書では『予想』と訳出した」（邦訳 2014: 8）．

　「予想」を和英辞典で調べてみたところ，forecast, prediction, anticipation などとならんで expectation がでてくる．最初の方ではない．英語辞典によっては，expectation は，単なる予想というよりは，裏付けのある蓋然性の高い予見といったニュアンスで用いられる，と説明している．

　他方で，国語辞典で，期待，予想を調べてみると，それぞれの説明には明らかな違いがある．まず期待である．この語は，「何らかのことが実現するであろうと望みつつ，また当てにして待つこと」，「将来のよい結果を心待ちにすること」，「あてにして心待ちにすること」，といった意味があると書かれている．これに対して予想は，「前もって結果を思いえがくこと，またその内容」，「将来どうなるか，前もって見当をつけること，その見当をつけた内容」，「物事の成り行きや結果について前もって見当をつけること，またその内容」となっている．

　期待概念は，ケインズの有効需要論の礎石ともいえる概念であることは第 1 編第 3 章「有効需要の原理」で，期待する売上額に雇用量が依存し，また，有

効需要を決定する総需要関数と総供給関数が期待値をもとにしていることから明白である．ケインズは，さらに，第2編「定義と基礎概念」の第4章「単位の選定」の冒頭で，「経済分析において期待の演ずる役割」は，これについて「なんらかの解決を見出さないかぎり，私は考えを述べることができなかった」「三つの複雑な問題」の一つであったとも述べているのである（*CW* VII 1973: 37；邦訳 1995: 37）．それゆえに原語の expectation を「期待」と訳さず，「予想」と訳しては，ケインズが『一般理論』体系における独自の経済用語として「期待」に託した思いが無視されることになろう*．

---

* われわれは，J. イートウェルと M. ミルゲイトのつぎのような論評があったのを知っているが，こうした立場を支持しない．

彼らは編著（Eatwell and Milgate (eds) 1983；邦訳 1989）の序文で「不確実性と期待」について論じつつも，「経済学の固有の主題」は体系的な動きを明らかにすることにあり，それらを経済分析のツールとすることについては疑問視する立場のようである．彼らによれば，不確実性と期待は観察できない要因であるために，経済体系や経済分析で果たす役割は必ずしも明らかではないのである．

「不確実性と期待に与えられた役割が多様であるために，失業の理論をめぐる論争に多くの混乱がもちこまれた．将来の出来事に関する不確実性は疑うべくもない事実であり，経済がたどると思われる経路に関する期待はたしかに経済上の意思決定に影響を及ぼす．しかし，これらの本質的に観察できない要因が経済分析の形成においてどのような役割を果たすべきかは，直ちに明らかだとはいえない」（*ibid*., 12；邦訳 15，一部改訳）．

彼らは，これらの概念を体系的諸力ではなく，一時的，あるいは非体系的なものと特徴づける．

「不確実性と期待は，長期状態を決定するのに働く持続的かつ体系的諸力とは異なって，『一時的』あるいは非体系的効果というカテゴリーにとどまるであろう」（*ibid*., 12；同 15）．

それゆえに，不確実性と期待は，彼らにとっては，「基本的因果関係を特定する」（*ibid*., 12；同 15，一部改訳）要因とは見なし得ないのである．

観察できない対象は科学的な経済学の研究対象とはなり得ないとの素朴な実証主義がその方法論の基礎となっているのであろう．

彼らは次のようにも論じている．

「なるほど不確実性は疑うべくもない事実かもしれない．しかし，市場経済は不確実な世界で体系的に機能しており，経済学の固有の主題はこうした体系的な動きである」（*ibid*., 14；同 17）．

「不確実性と期待とに訴えることでもたらされる混乱は，投資の分析の場合にとくにはっきりしている．投資決意が将来についての評価によってなんらかの形で影響を被ることは間違いないが，この将来についての評価が体系的なパターンに従うと仮定する理由はない」（*ibid*., 14；同 17）．

1.『貨幣改革論』から『貨幣論』前までの「期待」

(1)『貨幣改革論』と「期待」

ケインズは『貨幣改革論』(1923年)の「序文」で次のように論じ始める.

「われわれは,貯蓄を民間の投資者にゆだねる.そして,彼らが貯蓄を主に貨幣への請求権に投資するように奨励する.また,われわれは,生産活動を企業家の責任にゆだねる.そして,企業家は,貨幣の形で自らが受け取ると**期待する**(expects)利潤によって主として影響を受ける.社会の現存組織が急激に変わることを好まぬ人たちは,この仕組みが人間性に合致するものであり,大きな長所を持っているものと信じている.だからもし,安定的尺度と考えている貨幣があてにならぬものとすれば,この仕組みはうまく動かない.失業,労働者の不安定な生活,**期待**(expectation)の幻滅,貯蓄の突然の喪失,個人・投資家・悪徳利得者たちの行き過ぎた儲けなど——これらはすべて,おおむね,価値基準の不安定から生じるのである」(*CW* IV 1971: xiv;邦訳 1978: ix,一部改訳,太字は筆者).

デフレーション,インフレーション,それらについての政策評価,通貨価値の安定と平価・為替管理の問題,英米協調による国際的な通貨管理の問題など,直面する実際的な政策課題の考察と政策提言で知られる同書では,「慣行」(*ibid.*, 38;同 39),「習慣」(*ibid.*, 40;同 41),「確信(confidence)」(*ibid.*, 42;同 43)とともに「期待」という心理的な日常語が経済用語として用いられていた.

ここで引用した文章は,『一般理論』で体系化される貨幣的経済論の方法の萌芽と,そこでの基軸となる概念である「期待」についての言及が見られる点で重要である.貨幣数量説的なアプローチからの貨幣価値の安定化が中心的な政策課題として設定されてはいるものの,論議の対象とする経済活動なるものは,貨幣経済そのものであり,企業家に委ねられる生産活動は実物ではなく,また貨幣の形でどれだけの利潤が得られるかについての期待こそが経済機構の動因であると論じているのである.

「期待」なる用語は,このほかに次のような文脈でも用いられている.
第 1 章の「企業家階級」のところでは次のような一文が見出される.

「(ストックの価格上昇期には) 事業はたいへん容易となる．資金の借入が可能な人なら誰でも，別に何もしなくても，格別に運が悪いというのでなければ利益を得られるに違いない．この利益が続くと，次々に同種の**期待**が生ずる．銀行からの借入が，正常な水準を超えて行われる．市場で物価がいっそう高騰するという**期待**があれば，騰貴を見越して商品のストックは当然保持されるであろうし，当面は，高騰**期待**が存在するだけで，生産のための投機的購入を行うので，高騰を生ずるのに十分であろう」(*ibid*., 18: 同 18-9，太字は筆者)．

また，期待が蓋然性，確信と並び用いられている次のような一文もある．

「貨幣利子率に影響を与えるのは，価格の一定の上昇という事実なのではなく，種々可能な価格の変動によりもたらされる物価上昇の**期待**と，貨幣賃金率に影響を与えるそれらについて推し量られた**蓋然性**（probability）なのである．また，通貨が完全には崩壊してはいない国々においては，短期金利の年率10％以上の上昇，あるいは1％以下の下落を引き起こす物価のさらなる上下変動にあっては十分な全般的**確信**（general confidence）は存在しない」(*ibid*., 20; 同 22，改訳，太字は筆者，傍点は邦訳書による)．

ここで期待と並び蓋然性，確信の語が揃い踏みしている様子がうかがえる．

さらに期待の用例をあげよう．

「根拠が正しくとも誤っていても，企業家たちが物価下落の**期待**をもてば生産過程は抑制される．また，物価上昇の**期待**をもてば過度に刺激される」(*ibid*., 30; 同 31，太字は筆者)．

「一般物価水準の変動の**期待**が生産過程に影響を与える，という事実は……」(*ibid*., 30; 同 33，太字は筆者)

「貨幣価値の変動が起こると**期待**すれば，それによって自らの利益を増大させるような仕方で，前もって行動を変えることができる」(*ibid*., 31; 同 33，太字は筆者)．

これ以上の引用は煩瑣になるためここでは控えるが，『貨幣改革論』では，ほかにも多くの箇所で期待概念を見出すことができるのである．

同書では，さらに「貯蓄と投資活動に対する社会心理（social psychology）」というように心理学的用語も見いだすことができる．

「戦争の影響と戦中・戦後の貨幣政策の影響は，投資階級の所有資産の実質

第7章　初期研究から「『一般理論』草稿」までの「期待」論　　271

価値の大部分を奪い去った．……大陸諸国全体にわたり，社債，抵当証券，ないしは銀行預金に投下されたかぎり，中産階級の戦前の貯蓄は，大部分あるいは完全に消失してしまった．この経験が，貯蓄と投資活動に対する社会心理を修正した点は疑えない．最も確実だと思えたことが，最も不確実であることが示されたのである．支出もせず，また『投機』もせず，『家族のために適切な積立』をした人々，安全性に対して讃歌を歌い，最も正しく識者の教えを守り，賢人の禁令を守った人びと，実際，運を天にまかせるようなことをしなかった人びとが，最も重い天罰をこうむったのである」（ibid., 16; 同 16-7）．興味深いのはここで「最も確実だと思えたことが，最も不確実であることが示された……」との訳文があるが，ここでの確実，不確実の原語は certainty, uncertainty ではないものの，実際には事態の不確実性をいわんとしていたことは明らかである．

　ケインズは，本書に先立って刊行された『平和の経済的帰結』のなかで，フロイトの精神分析学について言及していた点についてはすでに触れた．かくのごとく，ケインズの思い描く経済世界においては，「心理（学）」「精神分析学」といった言葉とともに，期待，確信といった心理的用語が頻繁に使用されていることが確認できるのである．

(2)　「通貨政策と失業」での「確信」，「期待」，「不確実性」

　1923 年 8 月 11 日の『ネーション・アンド・アシニーアム』に同月 8 日の自由党夏季学校での講演をまとめた「通貨政策と失業」（1923 年 8 月）と題する論稿を寄せている（CW XIX 1981: 113-8; 邦訳 1998: 118-23）．ドスタレールはこれを「のちに『一般理論』で発展させられることになる幾つかの直観を凝縮したかたちで含んでいた」注目すべき論文として評価する（ドスタレール 2008: 422）．ケインズは失業を社会主義者が理解するように「現存の社会の経済組織」の「機能障害の兆候」としてとらえ，失業の原因について論じていた．

　そこでは確信（confidence）の語を頻繁に用い，不確実性という用語は直接用いてはいないものの，関連する語と表現によって，その喪失が失業の主な原因の一つであるとする論陣を張っていたのである（ibid., 115, 117; 同 120-2）．そこでは「期待（expectation）」も失業に影響を与える価格変動の要因として

触れられていたことを指摘しておこう（*ibid.*, 114; 同 119）．

　ベイトマン所説をあらためて批判する　すでに言及したようにベイトマンの主張の要点は次のようであった．ケインズは初期の経済学的著作で期待と不確実性を手掛かりにした景気理論をもとに経済変動を説いていた．だが，彼は 1920 年代になるとその主張を引っ込め，1930 年代に入ってもしばらくその理論的立場を変えなかった．1933 年頃，『一般理論』の執筆中に初期の考えに戻った．ベイトマンは，こう論じているのである．

　だが，こうしたベイトマンの主張にはかなり無理があるように思われる．初期の経済学的著作というが何をもって期待，不確実性の経済学を見て取ることができるというのであろうか．具体的な証拠が示されていない．例えば，ケインズの初期の代表作に『インドの通貨と金融』（1913 年）がある．だが，この研究は，当時のインドの通貨，金融問題を分析し，インドに本位制度を推奨する内容であった．期待，不確実性を基礎概念にして経済問題を説いた著作であるとは言えない．

　また，1920 年代にその立場を放棄したというが，そうであろうか．それはいつのことであろうか．そもそも，そうした立場に立脚していなかったケインズが，どうしてそれを放棄できるのであろうか．

　『貨幣改革論』を例にとると，この著作の内容は，はなから期待，不確実性を基軸的な概念にした著作ではないことはすでに論じた．それは，戦後経済の再建，デフレ政策，金本位制復帰問題などを中心課題にした論文である．それらは『マンチェスター・ガーディアン』の関連出版物に掲載された論稿をもとにしている．時論的な性格の色濃い著作である．

　最初の 2 章は，貨幣の価値，購買力の変動が経済社会にどのような影響をもたらすのか．つまるところ，通貨の不安定化が社会の諸階級に及ぼす影響を分析している．第 3 章は，この基礎となる通貨，外国為替理論の検討に当てられている．そうして，第 4，5 章は貨幣制度の改革を英米などで進めるための具体的問題が取り上げられ，採用されるべき政策が説かれる．

　こうしてみると，『貨幣改革論』をベイトマン的問題意識で位置づけるのは妥当な評価ではない．彼のように初期から 1920 年代にかけてのケインズの研究を，期待，不確実性，あるいは確信の諸概念と彼独自の問題意識に立った基

第7章　初期研究から「『一般理論』草稿」までの「期待」論　　273

準で整理しようとするのが土台無理なのである．

2. 『貨幣論』での「期待」

基本方程式での「期待」　第3編第10章「貨幣価値に関する基本方程式」で期待（expectation）は次のような文脈で用いられている．『貨幣論』（1930年）の訳者が expectation を期待と的確に訳している例外的な文章である点で注目したい．

「もし新投資財の価値額が経常貯蓄の量よりも小さいならば，企業家たちは，全体としてちょうどその差額に等しいだけの損失を蒙っているに違いない……．これらの損失は，経常産出物の販売から**期待**（expectations）しているだけの現金を受けとることができないことを表しているのであって，それらは資金の埋め合わせを必要とし，そして**期待**（expected）現金受取額のうち受け取ることのできなかった現金は，何らかの方法で埋め合わせざるをえない」（*CW* V 1971: 131; 邦訳 1979: 149，一部改訳，太字は筆者）．

他方で，この第3編の「基本方程式」では，anticipate／anticipations「予想する」「予想」（*ibid*., 139, 144; 同 158, 164），prospective income「見込所得」（*ibid*., 139; 同 158），forecast「予測」（*ibid*., 143; 同 163），anticipated profit／loss「予想利潤」「予想損失」（*ibid*., 143; 同 163），forecasting「予測」（*ibid*., 144; 同 164）などといった用語が散見される．これらの用語と expectation「期待」がどう使い分けられているのか，必ずしも判然としないのである．

「産業的流通と金融的流通」での「期待」　読み進めると第4編「物価水準の動態」でも期待を見いだすことができる．ただしここで expectation は，訳書では期待としてではなく予想と訳されている．これを期待に直した文章は次の通りである．

「長期では，証券の価格はもっぱら消費財の価格から派生したものである．それは証券が直接的または間接的に生み出す流動的消費財の総額の価値に関する**期待**（expectation）に依存するものであって，その価値額をこの**期待**（expectation）の**危険**（risk）と**不確実性**（uncertainty）とを考慮して修正し，そしてこれに，それぞれ該当する期間の資金の現行利子率に対応する〔すなわ

ちその利子年収額での〕元本回収必要年数を掛けた〔いいかえれば利子率の逆数を掛けた〕ものである．そしてこれらの証券によって代表されている財貨が再生産できるものである場合には，この資本財によって生み出される消費財の予想価格（anticipated value）は，問題となっている資本財の生産費によっても影響されることになるのであって，それは，この生産費が，そのような財貨の将来の供給に影響を与えるからである」(*ibid.*, 228; 同263-4, 一部改訳, 太字は筆者)．

「期待（expectation）」は邦訳文ではもともと予想と訳されていたことを指摘した．ところが，邦訳文では，anticipated も同様に予想と訳されていた．これでは，expectation も anticipated も，明確に区別がなされていなかったことになる．なお，この引用文のある原文の同じ頁には，二度 inaccurate forecasting の語が用いられ，「誤った予測」と，また prospective over-investment が「将来の過剰投資」と，それぞれ訳されていた（*ibid.*, 228; 同263）．

第4編第18章および第19章での「期待」　邦訳によると第18章「投資要因に基づく変化」では further rise of prices is expected が「それ以上の上昇が予想されている」(*ibid.*, 259; 同296), inaccurate forecasting は「不正確な予測」(*ibid.*, 260; 同298) と訳されていた．

また，第19章「信用循環のいくつかの局面」においても no reason to expect any reason「増加を予想すべき理由がない」(*ibid.*, 269; 同308) と訳されていた．さらに第20章では「信用循環の純粋理論に関する演習」では，perfect forecasting「完全な予見」, anticipated higher price「高い予想価格」, correct forecasting「正確な予見」(*ibid.*, 283; 同323), mistaken expectation about the prolonged continuance of rising prices「物価騰貴が長く続くという誤った予想」(*ibid.*, 289; 同331) などの邦訳例が見出される．

くどいようではあるが，かかる邦訳について改めて注意を促したいのは，expectation, expected の語は，『貨幣論』の邦訳では，いずれも期待とは訳されていない点である．

このようにしてみれば，わが国のケインズ研究においては，この時期，ケインズの代表的な著作である『貨幣論』の邦訳にあたって，expectation は必ずしも期待と限定して訳されていなかったことがわかる．

他方で,『貨幣論』でもベイトマンがいうように期待概念が全く影を潜めたというわけではない．とはいえ類似の用語もみられ，ケインズによっては，これらと区別された独自の概念として「期待」が理論体系の核心に位置づけられてはいなかったのである．

3.『一般理論』の執筆過程と「期待」

ここでは『一般理論』体系の成立過程で期待概念がどのように位置づけられ，どの段階で第2編「定義と基礎概念」の第5章「産出量と雇用を決定するものとしての期待」として，理論体系の基礎をなすに至ったのかを概観しよう．そこで，まずは草稿段階での期待概念の彫琢過程を，それがケインズ『一般理論』体系を構成し特徴づける他の概念とどのように結びつけられ，体系の基礎をなす重要な概念として定置されるのかを明らかにしたい．

(1) 1932年イースター学期における「期待」

第2日目（5月4日）の講義　『ケインズの講義』の講義ノートでは，この日のケインズの講義について「ケインズの自明の理 (Keynes's truism)」である「$Q+E=I+F$」は簡明ではあるが，その表記方法 (notation) にはいくつかの混乱があった，と記している．この式は，固定費を含む利潤（もしくは準レント）Q と主要費用（もしくは可変費用）E から構成される所得の価値は算出高の価値，すなわち投資支出 I と消費支出 F に等しいというものであった．この際，ケインズは E' として，「企業家が実際の産出高の販売から受取ると**期待**する (*expect* to receive) 粗収入（ないしは売上高の貨幣価値）」の表記も用いていた．しかしながら，このノートのなか，およびこれに続く議論において，とりわけ構成要素に分解された分析が試みられ「期待が議論された」ときに，いくつかの曖昧さ (ambiguities) が明らかになった，というのである (*CW* V 1971: 30; 邦訳 1979: 34, 改訳, 欧文イタリックは原著, 傍点, 太字は筆者).

この文章に続いて産出高, 期待粗収入の増加分の関係や期待粗収入の増加分から消費支出の増加分と期待粗収入の増加分を差し引いた場合のプラス, マイナス, その相関関係の説明があったと記されている.

とくに注目すべきは『ケインズの講義』の編者による注記 7 である．それは，この日のケインズの講義には四つの困難があったとして，それらがどのようなものであるかについて言及し，その問題性を論じているのであった．

ここで四つの困難とは**期待**（expected）収入と実際の収入との違い，粗収入を所得と理解した場合企業家の**期待レント**（expected quasi-rents）を含まなければならなくなるという問題，さらには産出高 O と期待粗収入 E' が同じでない場合，価格と数量との明確な区別の必要性，であった（ibid., 31; 邦訳 47, 注 7, 太字は筆者）．

なお，この注 7 では，expected なる原語は訳者によってなぜか予想と訳されている．本稿では，それらを期待にかえている点を断っておこう．

概念，理論の厳格さ，曖昧さの問題　第 2 日目での，こうした概念や定式の不一致，齟齬，曖昧さに関する議論に関連して，ケインズは前日の最初の講義で，自らの理論体系の構築にあたり，使用する用語，概念，さらには理論経済学の方法に関して，かなり突っ込んだ議論を試みていた．それは「スコラ主義批判」とか「曖昧さの哲学」とかの小見出しで論じなければならない問題で，方法論，あるいは哲学上の問題が絡んでいたのであった（ibid., 35; 同 32）．

(2)　1932 年ミカエルマス学期における「期待」

ミカエルマス学期の講義は，10 月 10 日から 11 月 28 日まで全 8 回行われた．この学期で期待がどのように扱われたのかを跡づけてみよう．

第 1 回目の講義（10 月 10 日）　ここでケインズは「貨幣的経済の機能」を論じた新著に着手したことを明らかにした（Rymes (ed.) 1989: 47; 邦訳 1993: 53）．それは，物々交換と貨幣経済という二類型とは異なる彼独自の「貨幣的経済論」である．彼は，さっそく「貨幣的経済の特徴」の小見出しの下で次のように述べている．これまでの貨幣的経済論では，貨幣は，交換を媒介する「中立的」で，便利な手段と考えられていた．だが，貨幣は動機と意思決定に影響を及ぼし，短期と長期における貨幣政策が，予想（prognostication）にとってきわめて重要となるのである（ibid., 47; 同 53）．ケインズによれば，マーシャルの経済学は「物々交換」ないし「中立貨幣」の経済学であった．ピグーの場合も本質的には「『中立』経済」を扱っていた（ibid., 47-8; 同 54）．

ケインズはこの後，短期供給価格（曲線）を手始めに，マーシャルやピグー，場合によってはハイエクに言及しつつ，既存の巨視的経済理論体系の全般について経済学的タームを用いつつ批判的に概観している．細かい議論の展開はここでは追わず先に進もう．

第2回目の講義（10月17日）での「期待」 期待概念を辿るわれわれにとって第2回目講義では，企業家の産出高，費用，そして利潤について論じた以下の講義記録に注目したい．

「現行の産出高 O によって，ケインズは資本損耗を控除した後の純産出高を意味している．この純産出高は，ある貨幣価値ないしはある売上高 E' をもっているが，それは，企業家の粗収入および社会の所得〔生産要素の稼得〕から構成されている．売上高から，企業家は以下の生産費を支払わなければならない．

1. 可変的生産費ないしは主要生産費．これらは産出高を減少させることにより回避が可能である．短期においては現行の生産量に依存している．

2. 産出高のあるなしにかかわらずかかる固定費．すなわちこれは，産出量とは無関係に固定されている『契約的な』費用である．

3. 企業家にとっての誘引．費用を超える売上高の最小超過額がそれであり，それにたいする**期待**（expectation）により，企業家は同一規模の産出高をもたらす新しい工場を建設するであろう」(*ibid.*, 56; 同 61, 太字は筆者)．

第4回目の講義（10月31日）での「期待」 第3回目は，関連する記述がないので第4回目の講義記録に目を移すと，そこでは利子と利子率，及びその決定に関わるケインズの講義内容が残されている．それは，ターシスとブライスのノートによるものである．それらは，それぞれ，次のような記録である．

「流動性選好は時間選好を表現したものではない．むしろそれは〔資本の生産性に関する**期待**を含む〕**期待**（expectations）を表現したものである」．「$A(M)$ は公衆の選好を集約したものであり，曲線で表すことができる．もし A が変化しないとすれば，$p=A(M)$ が直ちに成立する〔利子率と貨幣量は逆方向に変化する〕．しかしその曲線は，貨幣量の増加が将来の貨幣価値にかんする〔好ましくない〕**期待**（expectation）と関連していて，公衆が資産価格の上昇と債券価格の下落を予想するときは，右上がりになるかもしれない」(*ibid.*,

68;同73,太字は筆者).

　第5回目の講義（11月7日）での「期待」　ここでは利子率と資産価格の関係，利子率と**予想準レント**（prospective quasi-rent）の関係などが論題となっていたようである．なぜか expectation ではなく，prospective がかわりに用いられている（*ibid.*, 70, 71; 同75, 76, 太字は筆者）．どうやら expectation は，未だ用語として定着していないようでもあった．

　第6回目の講義（11月14日）での「期待」　prospective の用例は束の間であった．第6回目では expectation に戻されている．この日の講義では，貨幣経済と中立経済，および長期と短期の問題が扱われたのであった．そのうちの「貨幣経済のパラメーター」と題する箇所で，再度，「**期待**（expectation）」が復活する（*ibid.*, 76, 77; 同80, 81, 太字は筆者）．

　第7回目の講義（11月21日）での「期待」　ここでは，「準レントについての**期待**」「実質所得についての**期待**」（*ibid.*, 78; 同82, 太字は筆者），あるいは「資本資産の産出高は準レントに対する**期待**を減少させるかもしれない」（*ibid.*, 79; 同83）といった文言が見られるのである．この「貨幣経済のパラメーター」についての覚書がケインズ全集第13巻に収録されているが，『ケインズの講義』の編者は，注記50でケインズがここで貨幣経済のパラメーターと呼ぶものは，貨幣量と流動性選好の状態，準レントに対する**期待**，それに時間選好において表現されている将来に対する広汎な態度であると解説している（*ibid.*, 80; 同95, 太字は筆者）．

　ここから，1932年のミカエルマス講義の後半にいたって，「期待」は重要な概念としてケインズの経済理論体系に組み込まれ始めたといえそうである．

　ケインズの貨幣的経済論の論考について　『シュピートホフ記念論文集』（1933年）へのケインズの寄稿論文「生産の貨幣的理論（A Monetary Theory of Production）」（*CW* XIII 1973: 408-11）は，1932年のミカエルマス学期の講義中に執筆された論稿と考えられる．マーシャル，ピグーの古典派理論の拠って立つ貨幣の中立性と実物経済と貨幣経済の二分法への批判を初めて論じたものであった．

　ケインズは，ここの「生産の貨幣的理論」で「貨幣の中立性」と「実物交換経済」というべき経済に対比して「貨幣的経済」を次のように特徴づけるので

ある.

「これに対して，私が必要とする理論は，貨幣がそれ自身の役割を果たして人々の動機と意志決定に影響を与えるような経済，つまり貨幣が状況中での作用要因の一つであるような経済，したがって，長期においても短期においても，最初の状態と最後の状態との間での貨幣の振る舞いに関する知識なしには，諸事象の成り行きを予測し得ないような経済を取り扱うものである．そして，これこそ，われわれが貨幣経済というときに意味しなければならない経済である」(ibid., 408-9; 浅野 1987: 98-9，訳は筆者).

この論稿を重要視する浅野は，なかでもケインズが次のように論じている箇所に注目する．

「実質賃金経済学の仮定的諸結論を貨幣的経済学の現実の世界に適用することは比較的容易なことだという考えは誤りである．むしろこの適用はきわめて困難であり，貨幣的経済学の発展した理論の助けを借りることなしにはおそらく不可能ですらある」(ibid., 410; 同 99，訳は浅野).

また，ケインズによれば，二つの経済学の相違点の考察を深めることは，彼の構想する理論体系の構築に当たって最も重要なことであった．

「実物交換経済と私が求める貨幣的経済学との間の相違点は，利子率についての議論，および産出量と支出量との間の関係についての議論に来たとき，もっとも顕著であり，かつおそらくもっとも重要である」(ibid., 410; 同 99，訳は浅野).

浅野は，この論文を「決定的に重要な彼の思索の急速な進歩」を「はっきりと示している」と評価している（同 100).

「いまやケインズは，ようやく，貨幣供給量の変化が人々の諸動機や諸決意への影響を通じて産出量水準に直接的な影響を及ぼしうるということ，つまり貨幣の非中立性を宣言するまでに至ったのである」（同 101).

(3) 1933年ミカエルマス講義での「期待」概念
① 1933年第1目次の草稿「6 これまでの議論の要約」

モグリッジが「雇用の貨幣理論第1編」(1933年第1目次草稿) 第6章のタイプ印刷の断片と推定する文章である．

ここでケインズは，①一方で資本設備と資源に対する支配権を貨幣の形で所有する多数の企業もしくは企業家と，他方で，雇用を求める多数の労働者とからなる社会組織を想定し，②産出物の会計期間なる概念を導入し，この会計期間の末における販売高がその期間内に発生する可変資本を上回ると見込まれるとき，企業は労働者を雇用するとする．

そうして，企業の生産する財は消費用か投資用として，①「企業の消費財の販売売上高**期待**（expectation）は，消費財の**予想生産**（prospective production）と公衆の**予想消費**（prospective consumption）に関する見通し次第である」，②「投資家の販売売上高**期待**（expectation）はわれわれがまだ分析していない諸要因に依存する」として，次のように論じる．

「集計的雇用量は，おおまかに言って，全体としての産出量の販売売上高がその可変費用を超過すると期待される（expected）額に依存する．もっとも，細かいことを言えば，集計的期待（expectation）準地代の企業間への配分の在り様が雇用量に影響する事実を見逃してはならない．……

これで，雇用量は支出額**期待**（expectations）に依存し，後者は投資と消費の見込み（prospective）量に依存するというのと同じであることを示した．

かくして雇用量は，雇用（N），予想（prospective）準地代（Q），予想（prospective）可変費用（E），予想（prospective）投資（I）と予想（prospective）消費（C）を次のように結びつける同次方程式群によって決定される．

$N = f_1(Q)$

$E = f_2(N)$

$C = f_3(D)$

$D = E+Q = I+C$」

（*CW* XXIX 1979: 63-5; 邦訳 2019: 85-6，一部改訳，太字は筆者）

この文章では，期待（expectation）とともに予想（prospective）が再び用いられている点に注意を促したい．この語は1932年のミカエルマス学期の第5回目講義でも使われていたのであった．なお邦訳では原語のexpectationを予想，prospectiveを見込みとそれぞれ訳しているが，ここでは期待と予想にかえている．

②「1933 年第 2 目次草稿「資本についての章」のタイプ刷り断片」(*ibid.*, 73-6; 同 95-7)

「会計期間」概念と「期待」 ケインズは，1933 年第 2 目次草稿「資本についての章」の断片「7 資本に関連する諸定義と諸着想」で「会計期間の概念」について論じている．

彼は，はじめに企業家が行わなければならない二種類の予測（forecast）と二種類の生産期間があると論じる．ここでまず，二種類の予測とは，ひとつは，資本設備を設置するために貨幣を支払う間に行う予測である，その期間は，設置しようとする生産設備見込み需要に等しい．

今一つは，すでに所有している資本設備を稼働させるためにどれだけの可変資本を支払うかを決定する際の予測（forecast）である．これは，どれだけ多くの雇用を提供し，どれだけ多くの産出量を目指すかを決めるときの予測（forecast）である（*ibid.*, 73-4; 同 95）．

他方で，「生産期間」について，ケインズは，その語が通常の表現として明確ではないが，一般的には，長いほうの期間に適用されてきた．だが，彼としてはその短いほうを意味する生産期間に「会計期間」という語を充てることが便利であると考える（*ibid.*, 74; 同 96）．

ここでケインズは，つぎのように期待（expectation）概念を登場させている．「**会計期間が重要であるのは，労働を雇用する意思決定がどれもこの期間を覆う期待（expectations）に依存する事実があるからである**．もっとも，これらの**期待**（expectation）のなかには，長いほうの期間を覆う**期待**（expectations）に依存するものもある．たとえば，鋼鉄レール製造における労働雇用の決定は，そのとき製造業者が抱く出荷時の鋼鉄レールの**期待**（expects）価格に依存するが，この**期待**（expectation）は，順番に，鋼鉄レールの出荷時からそれが使用されて磨耗するまでの期間内に何が起こるかに関する他の誰かの（あるいは，たぶん製造業者自身の）**期待**（expectation）に依存するであろう」（*ibid.*, 74-5; 同 96, 太字は筆者．なお，邦訳では expectation(s)，expects は予測と訳されているが期待に直している）．

この「会計期間」概念は，『一般理論』第 5 章の「短期期待」と「長期期待」概念のなかに発展解消されたと考えられる．

「1933年最終版第2章の草稿」『ケインズの講義』の第1部「序章」でライムズは，1933年ミカエルマス講義第2回目（1933年10月23日）の講義は「ケインズが『一般理論』で大概は放棄した分類である共同経済，中立経済および企業家経済（ないしは貨幣-賃金経済）への言及に満ちている」と解説している（Rymes 1989: 22; 邦訳 1993: 20-1, 一部改訳）．

ここで見る『ケインズ全集』第29巻所収の「目次草稿1933年最終版第2章の草稿」は「2 共同経済と企業家経済の区別」と題された三類型（type）把握による経済システムの比較検討によって，ケインズは古典派経済学の起源，その理論とケインズが展開しようとしているより一般化された理論，すなわち貨幣的経済との本質的な相違を明らかにしようとしたものである（CW XXIX 1979: 76-87; 邦訳 2019: 98-108）．

ここで三類型とは「実質賃金あるいは共同経済」，「中立的企業家経済」，「貨幣賃金あるいは企業家経済」と呼ぶ類型である（ibid., 78; 同 99）．これら三類型を提示したうえで，当然のこととして，われわれが今日生活しているのは三つめの経済であることを明らかにする．その経済をもってまわったいい方で特徴づければ次のような社会であるということになる．

「企業家経済における生産の法則は次のように述べることができる．産出物の販売から**期待される**（expected）貨幣売上額が，その生産に取り掛からなければ回避できる貨幣費用にすくなくとも等しくない限り，その生産が着手されることはない」（ibid., 78; 同 100, 一部改訳，太字は筆者．なお，expected の部分は邦訳では「予想される」と訳されているが「期待される」にかえた）．

「期待」を用いた「有効需要」概念の説明　ケインズは，このあと，「共同経済」と「企業家経済」の二類型を用いつつ，「有効需要」概念と有効需要の変動が雇用量を決定する支配的要因であると論じるのである．

「有効需要は，可変費用を上回る**期待**（expected）売上額を基準に定義することができよう．この**期待超過額**が変動し，それがある正常値を下回ると有効需要が不足し，それを上回ると有効需要が過剰になる．共同経済あるいは中立経済では，売上額が可変費用を決まった額だけ超過するので有効需要は変動できないのである．それゆえにこの場合には，雇用量の決定の諸要因を考察する際に有効需要を無視できるのである．しかし，企業家経済では，有効需要の変

動が雇用量決定の支配的要因となりうるのである」(*ibid.*, 80; 同 101-2, 一部改訳．ここで expected は邦訳では「予想」と訳されているが「期待」にかえた)．

「草稿」でケインズは，さらに「共同経済」と「企業家経済」の区別は，カール・マルクスの創意に満ちた所見と関係があるとの議論を展開し，マルクスの $C-M-C'$ と $M-C-M'$ の範式を例示する．そうして，現実の世界における生産の性質は，$C-M-C'$, すなわち別の商品を入手するために，ある商品を貨幣と交換することはない．それは実業での行動ではない．そこでは $M-C-M'$, つまり，いっそう多くの貨幣を入手するために貨幣を入手するのである．

このように述べたあとで，ケインズはこのことは以下の理由から重要であるとして，セイ法則に立った古典派理論とケインズの理論との相違を強調する．

「古典派理論は，企業家が生産過程に着手するのは，自分の取り分となると**期待**する (expects) 生産物で測った価値量に依存すると想定する．すなわち，彼自身に帰属する生産物が多くなるとの**期待** (expectation) によってのみより多く雇用するのである．

しかし，企業家経済での事業に関する計算の性質について言えば，企業家は，生産物の数量ではなく彼の取り分となる貨幣量の多いさに関心を持つのである．彼らは，産出量を増やすことで貨幣利潤を増やせると**期待** (expects) するのであれば，たとえその利潤が以前よりも少ない生産量を表すとしても産出量を増やすであろう」(*ibid.*, 82; 同 104, 一部改訳, 太字は筆者．expectation, expects は邦訳では予想と訳されているがここでは期待にかえた)．

第4回目 (1933年11月6日) の講義録　1933年ミカエルマス講義の第4回目の講義について『ケインズの講義』編者ライムズは，次のように指摘している．「方法論，哲学，スコラ主義にかんする多くの議論から始まっている」．ライムズは，また，「記録された諸ノートが明らかにしているように，そこでの議論は，**期待**についてのケインズの所見に近づいていっており，その幅広い言及は，ケインズが実際，困難な方法論的問題に取り組んでいることを示している」と評していた (Rymes 1989: 23; 邦訳 1993: 21, 一部改訳, 太字は筆者)．

この講義では，短期期待と長期期待なる概念が提示され，論じられている．これは，期待概念の深化として注目される．まずケインズは，産出量を決定するものが何かを見いだすことが課題であるとしたうえで，次のような議論を行

ったようである．

　まず短期が論点となった．もし企業の資本設備が既に決定されているのであれば，どれだけの雇用が決定されるのか，すなわち可変費用 E ないし稼得に関する決定が問題となる．そうして，**期待売上高**（expectation of sale proceeds），**期待準レント**（expected quasi-rents）Q なる概念を提示する．ここで，①可変費用は企業家が人を雇用する短期的な決定を行うときに要する費用である．②企業家は①の決定を行う際に，売上高について**期待**をいだく．これが期待売上高である．③**期待売上高**から E を控除した額が**期待準レント**である．$E+Q$ は期待売上高 Y に等しい．Q は企業家の現在生産期間に関する**期待**を表してもいる（*ibid.*, 103; 同116-7, 太字は筆者）．

　M. フォールガッターの記録によれば，この日の講義では**長期期待**（long-term expectation）と**短期期待**（short-term expectation）について次のような説明がなされたようである．①「**長期期待**は固定資本，企業の組織等にかんする決定を行なう」．②「**短期期待**は，現行の生産と雇用において企業の設備をいかに集約的に……使用すべきかの決定へと企業を導く．彼らは利潤を最大化するような雇用量にかんする決定を行なう」（*ibid.*, 104; 同118, 太字は筆者）．

　W.S. サラントは「現在産出高の**期待**販売額は次の合計に等しい」と記録している．

「1. 消費に回される商品の**期待**（expected）売上高．2. 現存設備の期待市場価値を上回る最終的な資本設備の期待市場超過額．3. 現存運転資本の**期待**（expected）市場価値を上回る最終的な運転資本の**期待**（expected）市場価値の超過額

$$E+Q = Y \text{（社会の所得）}$$

所得は部分的には**期待**合計（expected sum）で構成される．……」（*ibid.*, 105; 同118-9, 一部改訳, 太字は筆者．なお，expected は邦訳では「予想」と訳されているがここでは「期待」に直した）．

　5回目以降の講義の内容と特徴については，ライムズの要約をもってかえよう．

　第5回目の講義　ノート作成者は，所得の定義をめぐりケインズの非常な苦労があったとしつつ，それが明確なものになりつつあると記録している．そ

こには $Y=E+Q=C+I=D$, $Y=E+Q=C+S$ の式が登場している．支払と所得，もしくは投資と所得を均衡させるのは価格と所得とされ，価格と数量の同時的な決定によって瞬間的に短期均衡が実現されるといったように理解され，その主張は『貨幣論』と『一般理論』との混合物のように見えたようだ (*ibid.*, 23; 同 21)．

　この回の講義内容をやや詳しく見ると，次のようである．貯蓄が論題として取り上げられる．貯蓄は $Y-C$ である．準レントと関連づけて二つの**期待**，すなわち**長期期待**と**短期期待**が論じられている．「事象の因果的描写 (a casual description of events) にとって重要であるのは**期待**である」との記述があり，注目される (*ibid.*, 107; 同 120)．次に支払い (disbursement) の小見出しが続く．期待との関連では，次の記述が注目される．「総支払いについての**期待**が個人の所得，総所得および雇用量を決定するのであって，その逆ではない」．このあと基本方程式の見出しのもとで，「自明の理にすぎない」としつつも，その説明がなされる (*ibid.*, 110; 同 124，太字は筆者)．

　6 回目の講義　ライムズによると，参加者の記録に以下のように述べたと記録されていた．私はここまで諸君に主として，どちらかといえば，内容の希薄な記号，定義，および自明の理を述べてきた．この講義では，私は諸君に，私の意見の本当の内実を提示し，私の結論に突き進むようにしたい (*ibid.*, 24; 同 22)．

　ここでの講義内容は次のようであった．雇用量の増減は準レントの増減と関連している．問題はなにが所得の変化を支配するのか，である (*ibid.*, 111-2; 同 125)．

　ケインズは，自明の $Y=C+I$ を出発点にして，貯蓄性向，期待の状態，および投資の変化を考察したりしているが，講義録から論点をひとつひとつ取り上げると，それらは多岐にわたり収拾がつかない．ここではケインズがのべた「期待」に関連して，各々の記録者がどのようなノートを取っているかに注目して，これらを拾い上げることにする．これによってケインズが期待に込めた想いを理解することにしたい．

　「二つの変数がある．第一に，消費性向ないし支出性向，すなわち Y の任意の値に対応する C の関係がある．それは Y のみならず**期待**等にも依存してい

る．**期待**の状態を所与とすると，そのとき Y ごとに一つの C が対応する．……」（*ibid.*, 112; 同 126，太字は筆者）．

「……例外的なケースを除けば，社会の所得は投資額に依存し，そしてそれゆえに雇用量もそうである．所得を変えるためには，**期待**の状態か投資額を変えればよい」（*ibid.*, 113; 同 127，太字は筆者）．

「もし心理的な貯蓄性向，**期待**の状態および投資が所与であれば，これらの方程式（$Y+C=I$ のこと．筆者）を満たす Y と C の1組の値があるにちがいない．……<u>社会の所得は投資額に依存し</u>，そしてそれゆえ雇用もそうである．所得を変えるためには，**期待**の状態か投資額を変えればよい」（*ibid.*, 113; 同 127，下線は訳書，太字は筆者）．

「**資本資産の価値は，その期待**が上昇するか，それとも利子率が下落する場合にのみ，上昇することができる」（*ibid.*, 114; 同 128，太字は筆者）．

「<u>投資の増加が生じるためには，将来の消費が増大するという**期待**（expectancy）をもつか，それとも低下した利子率をもつかのいずれか，もしくは双方がなければならない</u>」（*ibid.*, 115; 同 129，下線は訳書，太字は筆者）．

「あなたは企業家の**期待**を変えることによってのみ，所得を変えることができる．これが企業家経済システムの仕組みを大体において示すものである」（*ibid.*, 116; 同 130，太字は筆者）．

この後，第7回目の講義（11月27日）では，「何が投資率と利子率を決定するのか」として，「期待」に言及しつつ，さまざまな「投資率の決定因」を論じている（*ibid.*, 117; 同 131）．続く第8回目（12月4日）の講義は期待に関する論述がないため省略する．

かくして，1933年ミカエルマス学期の講義を概観してきた．期待概念はこの学期において，ケインズ理論体系の基礎概念として把握され，体系の核心に位置付けられたといえるであろう．短期期待，長期期待の概念も創り出された．「期待」は，章句の名詞や動詞，修飾語としてだけではなく，期待販売額，期待市場価値といった独自で固有な概念として体系内に定置されたのである．

「期待」を軽視する福岡のケインズ論　福岡正夫の『ケインズ』（1997年）は当時としては，欧米の最新の研究成果を踏まえた研究として評価できるが，ケインズの哲学，思想についての関心とサーヴェイが必ずしも十分でないために，

第7章 初期研究から『『一般理論』草稿」までの「期待」論　　287

　『一般理論』を中心とするケインズの業績についての解釈は，従来の通俗的なケインズ論にとどまっていた．それは不確実性と期待概念をほぼ無視して『一般理論』の解釈に終始しているからである．彼は，一旦は「雇用の一般理論」（1937年）については，次のような適切な評価を下していた．

　「(ケインズの「雇用の一般理論」は)『一般理論』がいかなる点でそれ以前の理論とは異なっているかを再度説明しようと試みたもので，とりわけ彼の意中にある不確実性の概念が非確率的な，計算不可能な性格を持つものであることについて，見事な叙述を与えている」（福岡1997: 192）．

　しかし，福岡が言う実際の『一般理論』のヴィジョン，その「分析的骨組み」，「ケインズ革命」の本質についての論述の段に至ると，こうした評価とはかけ離れた解釈が提示されるのである．

　福岡には，そもそも，ケインズの『蓋然性論』について誤解がある．それは彼がその研究を次のように特徴づけている点に現れている．「確率の論理を演繹的論理の一般化とみなすケインズの立場」「形式論理による演繹」「帰納の論理をも演繹的論のうちに包摂しようとしたケインズの企図」（同121）．

　『蓋然性論』についての不明さがあってか，福岡は，『一般理論』に至る知的活動の過程で，ケインズが哲学的には，蓋然性のもとでの行為論という問題関心から，不確実性のもとでの経済行為論へと転換されたことを十分理解していないのである．この際には，ケインズが期待概念を理論体系の基礎概念として位置づけていた点に留意する必要がある．

　ところが福岡は，ケインズが『一般理論』の執筆過程において，期待についての考察を深め，それが理論体系において根本的な重要性を持っていると考えるに至ったことを看過している．福岡による期待概念の軽視は，彼がexpectationを「期待」と訳さず，どういうわけか，これを予想と一貫して訳している点に見ることができる．

　『ケインズ』のなかで福岡が，1934年のケインズ草稿とされる文章を引用している箇所がそうである．

　「この年の原稿によれば，$F(N) = f_1(N) + f_2(r, E)$，$df_1(N)/dN < 1$ という関係が明示的に定式化されている．ここでNは雇用量，rは利子率，Eは長期予想の状態ないし資本の限界効率，f_1, f_2はそれぞれ賃金単位で測った消費関数

およ び投資関数である」(同 176, 太字は筆者).

この引用文での太字 E の長期予想とある語の原語は long-term expectation で,本来「長期期待」と訳すべきであった.

かかる不確実性と期待概念の軽視は,彼がファンダメンタリストのケインズ理解を,次のように特徴づけている点にあらわれている.

「『一般理論』の本質的な特徴は不確実性下での人間行動の分析にあり,そこでは予想要因が重要な役割を果たすが,IS・LM モデルはその面をなおざりにしているという言明が(とりわけファンダメンタリストと呼ばれる人々のあいだに)見出される」(同 196).

福岡がこの一文を,ファンダメンタリストの IS・LM 分析批判を退ける文脈で用いているのは明らかであろう

(4) 『一般理論』の成立過程についての諸説

スキデルスキー説　彼は *Keynes*(1996)で次のような見方を示している.

「ケインズがいつ有効需要の新しい理論を理解するようになったのかという問題をめぐっては,さまざまな論争が見られた.だが,それが 1932 年と 1933 年の間のある時期であるということでは問題はない.これ以上にその転換点を限定しようとすると,それはどのような論拠を用いるかにかかっている」(Skidelsky 1996: 77; 邦訳 2001: 143, 改訳).

ドスタレール説　彼はケインズが有効需要論をつくり上げた時期について次のように整理している(ドスタレール 2008: 454, 注 41).

クラークとスキデルスキー	1932 年夏
パティンキンとダイマンド(R.W. Dimand)	1933 年中のいつか
ミルゲイト(M. Milgate)	1934 年

これに対してドスタレール自身は,次のような二説を考えているようである.

① 「その理論の輪郭は,1932 年 4 月 25 日と 5 月 2 日の彼の講義に見出される」(同).ここで「その理論の輪郭」と書いている理論とはいうまでもなく「有効需要の理論」のことである.しかしながら,「4 月 25 日と 5 月 2 日の彼の講義」のなにをもって根拠とするのであろうか.

彼は,この一方で次のような見方も示している.

②ケインズは1932年の「秋学期の講義に『生産の貨幣的理論』という題目をあたえた．それに続く冬のあいだに，彼は有効需要の理論をつくり上げた」（同434, 454）．

明らかに，①と②の主張は食い違っている．②の記述を素直に解釈すると，1932年の秋からこれに続く冬，そして翌年の1933年の冬季にかけて，有効需要理論をつくり上げたということになろう．

クラーク説　クラークは，1988年の *The Keynesian Revolution in the Making, 1924-1936* で次のような解釈を提示していた．1932年の秋，ケインズによる現行版マルサス論（1922年）の改訂の際，ケインズによって「有効需要」概念が彫琢されたこと，それはその年の11月以前のことである．この時期にケインズの有効需要論は作り上げられたということができる（Clarke 1988: 266）．クラークはこの経緯をうかがわせる文書について，同書の266頁で詳しく注記している．そうであれば，ドスタレールが，クラークを「1932年夏」説とする根拠は失われる．

クラークは2009年の *Keynes: The Rise, Fall, and Return of the 20th Century's Most Influential Economist*（『ケインズ：最も偉大な経済学者の激動の生涯』〔中央経済社，2017年〕）でも1932年が画期であると，あらためて，次のように指摘している．「彼自身の考えは，1932年までには固まっていた」（邦訳 2017: 195），「1932年におけるケインズの思考の方向転換」（同 207），「ケインズは，1932年の終わりまでには有効需要の理論の本質を掴んでいた」（同 209）．

モグリッジ説　モグリッジによる『全集』版『一般理論』「編集者の序文」（*CW* VII 1973: xv-xviii）を基礎に，彼の『貨幣論』から『一般理論』にいたる過程を考察した論考（Moggridge 1973），および『ケインズ』（1976）を参照して『一般理論』の体系化の過程をたどると次のようである．

1930年9月　　『貨幣論』出版時にすでに不満であった〔『貨幣論』序文15頁，および同月15日付の母への書簡〕

1932年4月　　『貨幣論』日本語版序で，「小著」の出版計画を明らかにする〔『貨幣論』第5巻序文27頁〕（*ibid.*, xvi）

1932年秋　　　ケインズ，講義名を「貨幣の純粋理論」から「生産の貨幣的理論」に変更．この名称は1934年まで続く．講義では，全体

	として産出量の変動が論じられ，また，流動性選好の概念の萌芽もみられた（*ibid.*, xvi）
	「ケインズの思考過程の直観的性質は，経済学者としてのケインズの仕事の中に明瞭に現れている」と考えるモグリッジは，当時の「学生の講義ノートや書簡や原稿から分かるように，ケインズは彼の体系の本質の大部分をすでに 1932 年に直観的に把握していた」（モグリッジ 1979: 32）
1933 年	『貨幣論』と『一般理論』との「中間」にあって，ケインズの思想が辿りつつある方向を示す出版物の刊行〔『繁栄への道』，論文「乗数」など〕（*CW* VII 1973: xvii）
1933 年秋	秋のミカエルマス講義で「流動性選好」が『一般理論』において用いられる形態をとるようになった（*ibid.*, xvii）
1934 年春	資本の限界効率の考えを除き『一般理論』の主要な構成要素の「すべて」が揃った（*ibid.*, xvii）
1934 年夏	「最後の構成要素が出来上がったのは，やっと 1934 年の夏」（*ibid.*, xvii）
	「資本の限界効率」概念のことである
1934 年秋	ケインズは今や「雇用の一般理論」と題する校正刷りを用いて講義を行っていた（*ibid.*, xvii）

　こうしたモグリッジの執筆過程の整理によれば，『一般理論』の諸概念が出揃い，それらの理論的体系化がなされた時期を，1934 年の夏と考えていたのかもしれない．この年の秋，ケインズは出版に向け書き上げた原稿を出版社に送り始める．しかしながら，この時点で最終稿が完成したわけではなかった．この後，R.F. カーン，J. ロビンソン，R.F. ハロッド，D.H. ロバートソン，および R.G. ホートレーらとのあいだで原稿のやりとりがあった．この後「出版までにはさらに 1 年間の激しい議論と書き直しが必要であった」（*ibid.*, xvii）．

　1936 年 2 月，『一般理論』は刊行される．ケインズが，彼らの批判を受けて，どう考察を深め，また原稿をどのように書き直したのかという，まことに厄介な問題が残されている．

第8章
『一般理論』での「期待」論

はじめに

P. クラークは，次のように論じている．

「延々と続いた草稿の改定を通じて，『一般理論』は人の心理のみならず**不確実性**も含む，より主観的な概念で満たされて一層進んだ次元をもつようになっていた．その過程にいて，<u>ケインズは……4半世紀前に確率の研究において最初に浮上したアイデアに回帰していた</u>．もちろん，彼はまた『貨幣論』からいくつかの主題を拾い上げ，**期待の役割についての見方を改善していた**．ジェームス・ミードより以前には誰もいないが，多くの初期ケインジアンたちは，**期待を所与とし，その次に経済体系に対する明確な結果を説明することに何ら矛盾を認めなかった**」(クラーク 2017: 218，下線，太字は筆者).

クラークは，かくして『蓋然性論』と『一般理論』との結びつきや，後者が「不確実性」を含む「主観的概念」に満たされるようになっていったこと，そして「期待」について見方を改善していたことを強調しているのであった．

ケインズにとって，期待こそが，経済活動の不確実性，不安定性を特徴づける決定的な要因であった．これによってケインズは，経済活動における人間の理性と合理性の限界を説いたともいいうるのである．それは，自然科学主義的，実証主義的アプローチの否定であり，主流派経済学が前提とするホモ・エコノミクス，合理的経済人とは異なる経済的行為理論を基礎にした経済学の構築であった．

1. 『一般理論』第3章から第11章以前までの「期待」

われわれは，この論点について『一般理論』の内容にそって確認することにしよう．ただし，第11，12章については，長いのでそれぞれ別稿として取り上げることにしたい．

第3章「有効需要の原理」での「期待」 ケインズは第1編「序論」第3章「有効需要の原理」の注記で次のように記している．

「自分の生産規模について実際上決意しなければならない企業者は，もちろん，一定の産出量の売上収益がどれだけになるかについて，単一の疑いのない**期待**を抱くのではなく，**蓋然性**と**不確実性**（probability and definiteness）の程度を異にするいくつかの仮設的な**期待**を抱いている．したがって，企業者が決意をする場合には，一束の漠然とした多様な可能性が現実に彼の**期待**の状態を構成しているが，私が企業の売上収益の**期待**というときには，それが**確実性**をもって抱かれた際に，上述の多様な可能性がもたらすのと同じ行動がもたらすような売上収益の**期待**を意味するのである」（CW VII 1973: 24; 邦訳 1995: 26, 一部改訳，太字は筆者）．

ケインズはまた，期待概念について立ち入った説明を行う前に，期待概念を用いて，「総供給関数」「総需要関数」，それらの関係について，次のように論じている．

「いま N 人を雇用することから生ずる産出物の総供給価格を Z とすれば，Z と N との関係は $Z=\Phi(N)$ と書かれ，それを**総供給関数**（aggregate supply function）と呼ぶことができる．同じように，企業者が N 人の雇用から受け取ることができると**期待**する売上収益を D とすれば，D と N との間の関係は $D=f(N)$ と書かれ，それを**総需要関数**（aggregate demand function）と呼ぶことができる」*（ibid., 25; 同 26, 一部改訳，太字は筆者）．

---

  * 宅和は，「N 人の雇用による産出物の集計供給価格を Z，その雇用によって企業者が受け取ると期待する収入（集計需要価格）を D とし，それぞれ，集計供給関数：$Z=\Phi(N)$，集計需要関数：$D=f(N)$」と書きつつも「くどいようだが，Z, D はいずれも期待値である」と断っている．さらに「細かくいえば」として，川口の指摘（川口 1977）を踏ま

ケインズによれば，生産物の総供給価格とは，ある雇用量のもとで企業者が得られると「**期待**する売上収益」(*ibid*., 24; 同25，一部改訳，太字は筆者) のことである．そうして「総需要関数と総供給関数と交叉する点における D の値を有̇効̇需̇要̇ (effective demand) と呼ぶ」とすれば——この交点で雇用量が与えられる——この点こそ「企業者の**期待**利潤が最大となる」点である (*ibid*., 25; 同26，一部改訳，太字は筆者)．

ケインズは「有効需要」については，第6章「所得，貯蓄および所得の定義」でも，次のようにも説明している．

「有̇効̇需̇要̇とは，企業者たちが雇い入れようと決意する当期の雇用量から，彼らが他の生産要素に対して支払う所得をも含めて，受け取ることを**期待**する総所得（または収益）にほかならない．総需要関数は，いろいろな仮定的な雇用量を，それらが生み出す産出量から得られると**期待**される売上収入に関係づけるものである．そして有効需要は総需要関数上の一点であって，供給側の条件と結びついて，それが企業者の**期待**利潤額を最大にする雇用水準に対応しているために有効となっているのである」(*ibid*., 55; 同55-6，一部改訳，太字は筆者)．

第4章「単位選定」での「期待」 ケインズは『一般理論』第4章「単位の選定」で「この書物を書くに当たって私の進路を著しく妨げた三つの複雑な問題」の一つとして「経済分析において**期待**の演ずる役割」をあげていた．彼にとって，期待は，『一般理論』体系の必須で，もっとも基本的な概念なのであった．彼は，それを取り上げる意義について次のようにいう．

「それらの問題をここで論ずるのはただ，私自身の特別な研究の必要にとって適切と思われる仕方では，まだどこにおいても，それが取り扱われたことがなかったからである」(*ibid*., 37; 同37，太字は筆者)．

それは，ケインズが「(この問題について) なんらかの解決を見出さないかぎり，私はうまく考えを述べることができなかったのである」と書かざるを得ないほどの難問であった．

第5章「産出量と雇用量を決定するものとしての期待」 ケインズは冒頭部

て，両者の期待の主体が同一であるという特異さがあると述べている (宅和2005: 31)．

分で次のように論じている．

「すべての生産は，究極的に消費者を満足させることを目的としている．しかし，生産者が（消費者を念頭において）生産費を払うときと，最終消費者が産出物を購入するときとの間には，通常時間的なずれ——時にはかなり大きな時間的ずれ——がある．そこで企業者（この言葉の中に生産者と投資者の両方を含める）は，長い期間の経過ののちに，消費者に対して（直接または間接に）供給することができるようになったとき，消費者がどれだけ支払う用意があるかについて，できるかぎり最善の**期待**を形成しなければならない．そして企業者が時間のかかる仕方で生産しなければならない以上，このような期待によって導かれる以外に方法はないのである」（*ibid.*, 46; 同 47，太字は筆者）．

「短期期待」と「長期期待」については論理的な「時間」をどのように考えていたのかが気になる．短期期待の場合，期待を抱き経済的行為により結果を得るまでには時間がかかっている．結果を評価し新たな行為に移るまでにはさらに時間を要する．こうした問題はケインズの期待論ではどう処理されているのであろうか．

第6章「所得，貯蓄および投資の定義」での「期待」　ここでは企業者の所得との関連で期待について言及している．

「企業者の所得は，当該期間内に販売された彼の完成産出物の価値が彼の主要費用を超過する額と定義することができる．いいかえれば，企業者の所得は，彼の生産規模に依存しながら，彼が最大化しようと努力する量，すなわち，通常の意味における彼の粗利潤に等しいと考えられる．——これは**常識と一致**する．したがって，社会の他の人々の所得は企業者の要素費用に等しいから，総所得は $A-U$ に等しい」（*ibid.*, 53-4; 同 54，太字は筆者）．

「このように定義された所得は完全に曖昧さをもたない量である．そればかりでない．企業者がどれくらいの雇用を他の生産要素に提供するかを決めるにあたって最大化しようと努めるものは，この所得量が他の生産要素への支出を超過する額がいかほどになるのかという**期待**であるから，それは雇用に対して原因としてはたらく重要な量である」（*ibid.*, 54; 邦訳［間宮］2008: 75，太字は筆者）．

「**常識と一致する** (agrees with common sense)」というのは日常言語的世界

で経済理論を構築しようとするケインズらしさが表れている．より実際的で，リアルな経済理論体系を打ち立てようとするケインズなのである．それは期待という人間の心理的な世界の日常語を，理論経済学に独自のしかも必須の概念に鍛造して用い，企業家の日々の経済活動を理論体系のなかに生き生きと取り込もうとするのである．彼の経済体系が，スコラ学的な，いわば無味乾燥な，隔絶した，合理主義的な知的空間のなかで構築された構造物ではなく，生きた経済の実際と現実を反映させた学際的基礎と広がりのうえに築きあげられた見通しのよい体系として輝き，屹立するのも，期待概念の『一般理論』体系への導入によって可能になったというべきであろうか．

看過あるいは無視される「期待」概念　有効需要の集計的数値が期待値であることを説明せずに，議論を進める文献が目につく．例えば，ケインズ生誕100年の数年後に刊行されたケインズ関係者による『ケインズ主義の再検討』(1986年) に収録されている青木正紀「総需要・総供給分析：再論」では，「総需要関数と総供給関数による……産出量決定メカニズム」と書かれてあるように，それぞれの関数が期待値であることに言及していない（青木 1986: 160）．

そもそも，この450頁にも及ぶ『ケインズ主義の再検討』では期待という概念は見当たらないのである．やや立ち入ってみると，早坂忠の総括的な論考である第1章「ケインズにおける思想と理論・政策」，平井俊顕の『貨幣論』から『一般理論』への「転換」を説いた第8章「ケインズの理論的変遷過程」においても期待は重要な概念として扱われてはいない．後者では，『貨幣論』から『一般理論』への「転換」を，「質的転換をもたらした貨幣のパラメーター」として説明しようとしているが，本文はもちろんのこと，「1933年から『一般理論』にいたる過程の概略」と題する「付録」でのケインズ「草稿」「校正刷り」の説明でも，期待概念への言及は一切見られないのである（平井 1986: 232-5）．

期待とその値の曖昧さ　もっとも，この問題ではケインズにも責任があろう．彼の論述に一貫性が見られない点があるからである．例えば，『一般理論』第20章「雇用関数」では，「総供給関数」と書かれ，期待の文字はない（*CW* VII 1973: 280; 邦訳 1995: 279）．

それにしても，同一であるか別々の主体であるかにかかわらず，おのおの企

業者が産出物の個別の供給価格と需要価格の期待値をどのように抱くのか，これもまた，おおいなる謎である．

さらにいえば，この期待値は，集計値として期待総供給価格とか期待総需要価格とか言う以上，個別の企業者の抱く数値にとどまるものではないであろう．そうであれば，それをどのように集計して，総供給価格と総需要価格を産出するのであろうか．ミクロのレベルの話なのか，マクロのレベルの話なのか．ケインズは，所与の条件のもとでの「雇用量」について，「（それは）個々の企業や産業の場合にも経済全体の場合にも，企業者が〔その雇用量に〕対応した産出量から受け取る**期待**する売上収入の大きさに依存する」と述べている箇所がある（ibid., 24; 同 25, 一部改訳，太字は筆者）．

「個々の企業」「産業」「経済全体」という区別が見られるものの，難解な論述で解釈に惑わざるを得ない．ケインズは，個別の産業部門を想定しているのか，それとも部門間を，はたまた社会全体を想定しているのか．「産業組織論」的にいえば，小企業体制を念頭においているのか，それとも大企業体制なのか，あるいは両者の混在する体制なのか．彼の論述からは判然としないのである．

ともあれ，すでに見たように，ケインズは，『一般理論』の第4章「単位選定」で，議論を進めるうえで最も障害となり，そのためになんらかの解決を図るまで，自分自身の考えを適切に論証することができなかった三つの複雑な問題があったとして，その一つに，「経済分析での**期待**の演ずる役割」を挙げている．繰り返すまでもなく，彼にとって期待は，『一般理論』体系の必須で，もっとも基本的な概念なのであった．

ケインズは，投資誘因の核心である資本の限界効率も「収益の**期待値**と資本資産の当期の供給価格とを用いて定義される」と記している（ibid., 136; 同 134, 太字は筆者）．

『一般理論』の核心に期待概念が位置づけられているのではあるが，彼は必ずしも期待値と事後的な確定された数値とを明確に区別して用いてはいない．ケインズが用いている数字は，実際値と期待値との2種類の数字となるのであろうか．川口弘は，期待値と実際値という2種類の集計値が『一般理論』のなかに混在していると指摘している（川口 1977: 117）．

2. 『一般理論』の核心としての第 11, 12 章

人々は『一般理論』の核心をどこに見いだしてきたか．たとえば，ハンセン (A.H. Hansen) は，第 1 篇第 3 章「有効需要」，パティンキン（D. Patinkin）は，第 5 篇第 19 章「貨幣賃金の変動」にあるとするのに対して，シャックル (G.L.S. Shackle) は，第 4 篇第 12 章「長期期待の状態」を『一般理論』の核心とする．ケインズ自身はどう考えていたのであろうか．『一般理論』と 1937 年の *QJE* のケインズ論文を同一の理論的世界にあるものと位置づけることができるのか，という難問は残されているとしても，われわれは第 12 章にケインズの新たな理論体系の精髄があると考える．

ここで扱う第 11 章と第 12 章については，方法論上の相違がみられ，そこには異なる世界観が併存しているようにも思える．すなわち，第 11 章は，合理主義的，客観主義的アプローチに立った世界であり，これらの方法に基づく資本の限界効率の論述である．これに対して第 12 章は，主観主義的，非合理主義的世界であり，これらに基づく長期期待論の論述であるとも解釈できるのではないか．ケインズの核心を第 12 章に見いだすとすれば，ケインズは，『一般理論』で，主流派経済学の解釈とは異なる方法と世界観からの経済学を構想したことになるのであろうか．

(1) 第 11 章「資本の限界効率」について
①資本の限界効率についての説明

吉川洋は「資本の限界効率」とは「要するに投資の『期待利潤率』のことである」と述べている．そして，「ここでわざわざ『期待』というのは，銀行利息などと違い，企業にとって投資の生み出す収益は不確実であり，あくまで事前に期待したものであることを強調するためである」と解説している（吉川 1995: 150）．

宅和公志は第 11 章を次のように評価している（宅和 2005: 176）．

「資本の限界効率そして資本資産の予想収益に関する期待の考察は，『経済理論を現実に引き戻す』ことにその目的があった．……不確実な現実の中での期

待形成は私たちの日常そのものであり，経済理論はみずからをその中におくほかない」．「消費性向（乗数理論）と流動性選好という果実だけを『啄む』かのごとき研究は肝心なところを見落してきたものといわなければならない．その意味において資本の限界効率の章は重い」．

予想収益，資本資産の供給価格 ケインズはこの章の冒頭で唐突にも次のように論じ始める．

「人（a man）が投資物件または資産を購入するとき，その資産の存続期間を通じて，それから生じる産出物を販売して，その産出物を得るために当期の費用を差し引いた後に，彼は**獲得できると期待**（expects to obtain）する予想収益の系列に対する権利を買っているのである．この年収益（annuities）の系列 $Q_1, Q_2, \ldots, Q_n$ を便宜上投資物件の予想収益（prospective yield）と呼ぶことにする」（*CW* VII 1973: 135; 邦訳 1995: 133，一部改訳，太字は筆者）．

この一文は，投資物件または資本資産を購入して，なんらかの産出物を生産し，販売する人を想定している．そうして，この結果，得られると「期待」される「予想収益」を問題にしているのである．これは明らかに資本資産の生産者ではなく，その需要者を述べているのであり，したがって，その人が資本資産をある「需要価格」で購入することが想定されているのである．

間宮陽介はこの「予想収益（prospective yield）」を「期待収益」と訳しているが，expect と区別して，塩野谷訳をとった．予想収益は，あくまで期待されているのであり，期待値であることを確認したい（間宮 2008: 185）．

宅和公志は，資本の限界効率の解説にあたって「定義と意味」について論じ，ここでの「資本資産」は「実物資産」を意味する，と念を押している．さらに，次のようにも述べている．

「かりに企業者が金融資産を買ったとすれば，そのときの彼は企業者（投資家）ではなく，金利生活者または証券投資家（貯蓄者，第 12 章では『投機家』）として行動したことになる」（宅和 2005: 141-2）．

ケインズは予想収益について述べたあと，「資本資産」の「供給価格」なる概念の説明に移る．

「投資物件の予想収益に相対し比較されるものとして資本資産の供給価格（supply price）がある」（*CW* VII 1973: 135; 邦訳 1995: 133，一部改訳）．

この供給価格をケインズは次のように論じている.

「これは同種の資産を市場において現実に購入するさいの市場価格を意味するのではなく，製造業者にその資産の<u>付加的1単位を新しく生産させるのにちょうど十分な価格</u>，予想収益を新しく生産させるような価格であり，ときおり置き換え費用（replacement cost）とも呼ばれる」（ibid., 135; 同 133，間宮 2008: 185，一部改訳，下線は筆者）.

この「供給価格」[*]について宅和は，「市場で実際に購入される価格ではないと断っている」（宅和 2005: 142）．それは，市場で売られている中古の資産ではなく，あくまで新規に生産される実物資産でなければならないと言うのである．

また，間宮は，下線部を「製造業者」に「**新たにもう1単位余分に生産してもいいと思わせる価格**」と訳している．英語原文のかなりの意訳ではあるが，ここでの製造業者の心理を言い当ててはいる（間宮 2008: 185，太字は筆者）.

「期待」尽くしの「限界効率」論　第11章を読み込むと，「期待」概念がケインズの「限界効率」論のキー概念となっていることがわかる．「期待」概念に焦点を当てて読むと，利子率で資本還元して済ませてきた荒い浅薄な解釈の反省を迫られ，第11章の印象が一変する.

「私は，資本の限界効率とは，資本資産から存続期間を通じて得られると**期待される収益**によって与えられる年収益系列の現在値を，その供給価格にちょうど等しくさせる割引率に相当するものであると定義する」（CW Ⅶ 1973: 135; 邦訳 1995: 133，一部改訳，太字は筆者）.

ケインズは，また，次のようにも述べている.

「読者は，資本の限界効率がここで収益の**期待値**（expectation of yield）と資本資産の当期の供給価格（current supply price）とを用いて定義されていることに注意すべきである」（ibid., 136; 同 134，太字は筆者）.

「資本の限界効率の意味と重要性に関する最も重要な混乱は，それが資本の

---

[*]　この「供給価格」について浅野栄一は次のように書いている．「ここで供給価格とは，……製造企業にその付加的1単位をあらたに注文し生産させたとき，製造企業が極大利潤を獲得するように限界費用にちょうど等しく決めた価格である，時として置き換え費用とも呼ばれているものである」（浅野 1976: 90）．この説明文で，「極大利潤」や「限界費用」の語が用いられているが，ケインズが実際に第11章の本文で用いているわけではない.

予・想・収益 (prospective yield) に依存するものであって，資本の今季の収益に依存するものではないということを理解しないために生じたものである」(ibid., 141; 同 139).

資本資産の「供給価格」と「需要価格」 ケインズは，資本資産の「供給価格」と「需要価格」という二つの概念を用いて説明している．だが，多くの場合，「供給価格」のみか，あるいは二つを区別せずに説明しているのが実際である*．

ケインズが明示的に「需要価格」について論じるのは，「供給価格」についての説明を終え「投資額は投資需要表の上で資本一般の限界効率が市場利子率に等しくなる点まで推し進められるであろう」と述べたあとのことである．

「当期の現実の投資額は，現行利子率を超える限界効率をもついかなる種類の資本資産ももはや存在しない点まで推し進められることは明らかである．いいかえれば，投資額は投資需要表の上で資本一般の限界効率が市場利子率に等しくなる点まで推し進められるであろう」(ibid., 136-7; 同 134).

「上述と同じことを，次のようにも言い表すことができる．いま Qr を r 時点における 1 資産からの予・想・収・益・とし，dr を現行利子率による r 年後の 1 ポンドの現在価値とすれば，$\Sigma Qrdr$ はその投資の需要価格（demand price）である．そして投資は $\Sigma Qrdr$ が以上で定義された投資の供給価格（supply price）に等しくなる点まで続けられるであろう．他方，もし $\Sigma Qrdr$ が供給価格を下回るなら，その資産への投資は起こらないであろう」(ibid., 137; 同 135).

限界効率に関わる経済行為を改めて確認すると，宅和が指摘しているが，登場人物は二人であり，それぞれが現在値と期待値に基づいて行為するということになろう（宅和 2005: 143-4）．たとえば A という企業家が，期待する予想収益を得ようと「供給価格」を設定して新規の資本資産を生産し，他方で，B という企業家が，A が生産するその資産をある金額（これが「需要価格」にな

---

* 宇沢弘文の場合,「需要価格」について言及せず，独自に次のように「供給価格」を定式化している．
　「いま供給価格を P とするとき，資本の限界効率 m は，割引現在価値が供給価格 P に等しくなるような割引率 r によって定義される．すなわち，
$$P = Q_1/(1+r) + \cdots\cdots + Q_t/(1+r)^t + \cdots\cdots + Q_n/(1+r)^n$$
をみたすような割引率 r が資本の限界効率 m である」（宇沢 2008: 195).

る）で購入し，なんらかの生産を行おうとする．この際Bが得られると期待する予想収益をもたらす資本資産の価格が「需要価格」というのであろう．

現在値と期待値　ここで注意しなければならないのは，予想収益を期待し，資本資産を新たに供給する企業者と，この新たな資本資産の購入による予想収益を期待した別の財の生産に従事する企業者とが，それぞれ想定されているということである．ここで資本資産の供給価格と（これは現在値の世界にある）需要価格（これは確定できない期待値の世界にある）とが，それぞれの企業者によって期待され，両者の様々な思惑と判断が交錯する中で，投資，生産活動が行われていくということなのであろう．

これを宅和は，水産会社と造船会社を登場させ，単純化のため資本資産の存続期間を1年としたうえで，次のように説明している．水産会社は，貨幣額に換算した漁獲量——それは確定し得ない期待値であるが——を得ようとして，漁船の新規購入を考える．他方で，漁船を生産する造船会社は，新規に生産しても良いと期待する供給価格でもって——これは現在値である——生産にあたる．この事例で「資本の限界効率」とは，水産会社が予想する漁獲量の額を，「造船会社が新たに生産してもよいと考える漁船1隻の経常（当期の）供給価格で割った値，すなわち年割引率のようなものだということになる．あるいは，予想利潤率といったほうがわかりやすいかもしれない」（同143）．

定性的世界と定量的世界の合一　本来数量化になじまない「期待」という心理的要素を「期待値」という風に数量化し，さらには，これと「供給価格」という現在値との間での数量的関係として扱い，「資本の限界効率」という概念でもって，定性的世界と定量的とを合一させるという想像を超えた，思い切った芸当をやってのけたというべきなのだろうか．

予想収益の資本化　ケインズは，「限界効用」概念を，はなから利子率による予想収益の「資本化（capitalising）」によって説明しているのではない．ケインズは，利子率を想定し導入している．だが，それについては，未だ本格的には論じられていないことを意識して，論述が進められている点に注意が必要であろう．それゆえに，利子率が既知のものとして与えられているかのように初めから利子率による資本還元をもって限界効率を説明する試みは避けなければならない．

諸要因の期待の変化が限界効率に与える影響　ケインズは資本の限界効率に影響を及ぼす経済的諸要因にかかわる期待の変化を重視している．
①予想生産費の変化についての期待の変化

賃金単位の変化によって生じるのか，あるいは発明や新技術から生じるのかを問わず，それらが限界効率に影響を及ぼす．
②貨幣価値変動の期待の変化

貨幣価値低下（物価の上昇）の期待は，投資と雇用を刺激し，資本の限界効率表，すなわち投資需要表を高める．他方で，貨幣価値上昇（物価の下落）の期待は，抑圧的で資本の限界効率を低下させる．
③物価上昇の期待は，資本ストックの限界効率を高める．ただし，利子率が上昇する限り，限界効率への効果はそれだけ相殺される．利子率が物価上昇の期待と同一歩調で上昇すれば，なんらの促進的な効果は生じない．
④将来における利子率低落の期待は諸資本の限界効率を低下させる効果をもつ．なぜなら，今日の一部において，より低い収益で満足する設備からの産出物と競争しなければならないからである．だがこれは大きな抑制的な効果を持たない．(*CW* VII 1973: 141-3; 邦訳 1995: 139-41)

ここでは，あくまで経済的要因について論じていたが，期待の変化をもたらす要因は経済的な要因に限らなかった．不確実性のもとで期待は決して安定的ではなかった．

将来の期待が現在に影響を及ぼす　ケインズは，将来の期待が現在に影響を及ぼすのは利子率よりも限界効率であるとしてこれを重視した．

「資本の限界効率表は根本的な重要性をもっている．なぜなら，将来の期待が現在に影響を及ぼすのは，利子率を通ずるよりもはるかに大きく，この要因を通じてであるからである．資本の限界効率をもっぱら資本設備の当期の収益を基準として誤って考えることが許されるのは，現在に影響を及ぼす将来の変化が何ひとつ存在しない静態的状態のときのみであり，それは今日と明日との間の理論的な連関を切断するという結果をもたらすことになるのである」(*ibid*., 145; 同 143-4，一部改訳)．

ここで期待とその変化は，資本の限界効率に影響を及ぼすと論じられている．だが，期待がその通り実現されるかどうかは，不確実なのである．

②資本の限界効率論の論証方法について

　ケインズの論証法の飛躍　まず，ケインズの論証方法を見よう．個別の資本から総資本へと論証ぬきに論理を瞬間的に移動させている問題である．この点では，ケインズとG.F.ショーヴとが交わした書簡が興味深い．ショーヴは，1936年4月15日付書簡で，「貴方は，『古典派』分析を個々の企業や産業に応用することに対しては，好意的すぎると思います」と書き送ってきた．ショーヴのこの指摘に対して，ケインズは，4月21日，「古典派分析の産業や企業への応用に関する貴方のご指摘はたぶん正しい」と返答していた．ここからケインズには経済分析に当たって，その分析対象に個別企業レベルと個別産業という括りがあることを承知していたことがうかがわれるのである（*CW* XIV 1973: 1, 2; 邦訳 2016: 4, 6）．

　ケインズは最初，資本の限界効率を，個別の企業レベルの問題であるとしていたように思える．それは彼が，最初に投資活動を行うのは 'a manufacture'（*CW* VII 1973: 135; 邦訳 1995: 133）〔「一人の製造業者」〕を想定し，'the marginal efficiency of capital of that type'〔「その類型の資本の限界効率」（*ibid*., 135; 同133）〕と，単数扱いをしていることから明らかである．それが，いつのまにか 'the marginal efficiencies of particular types of capital-assets'〔「特定の類型ごとの資本資産の限界効率」（*ibid*., 135, 同133）〕と複数扱いになり，最終的には，'We can then aggregate these schedules for all the different types of capital, so as to provide a schedule relating the rate of aggregate investment to the corresponding marginal efficiency of capital in general which that rate of investment will establish.'〔「次にすべての異なった類型の資本についてのこれらの表を総括し，総投資額とその投資額によって決定される資本一般の限界効率との関係を示す一つの表をつくることができる．」（*ibid*., 136; 同134）〕と資本一般に拡張される．個別資本から産業部門別，全産業へと限界効率が拡張されてゆき，全産業の平均的な資本の限界効率が得られるかのようである．実際には，これはどのようにしたら可能となるのであろうか．

　ケインズの考えによれば，期待は社会的に隔絶した経済主体の単独の行為によって形成されるのではなく，諸主体の社会的相互行為のなかで共同主観とし

て形成されるはずである．ところが，ケインズはまず個別レベルでの期待を論じ，いつの間にかこれを社会的集合行為レベルの期待に無媒介的に拡張しているように見える．期待と将来への確信によって影響される各期の期待収益は，個別の類型で，あるいはさまざまな類型で，そうして資本一般で，どのようにして得られるのであろうか．

それに，期待収益は，極めて主観的なものであって，行為主体によっては数量化しようがなく，ましてや他者にとっては計り知れないものであるはずだ．これを，どのようにして，だれが社会的に集計しうるというのであろうか．

われわれは，すでに，価値学説の論争で，基数的効用か序数的効用か，効用の可則性論をめぐる論争を経験した．この論争は結局，棚上げにされた．資本の限界効率という主観的な期待値——それはまた瞬時に変動する——を，どのように認識しうるというのであろうか．ケインズは，第13章の利子率について論じた箇所で，利子率と同様に，一方「資本の限界効率は，"最善"の意見によってではなく，群集心理にもとづく市場評価によって決まる」とも論じている（*ibid*., 170; 同 168）．

彼は，資本の限界効率が，諸個人の合理的行為によってではなく，むしろ非合理的要因によって決まるというのであろうか．

(2) 第12章「長期期待の状態」

興味深いルンデの論評　ルンデ（J. Runde）は第12章について，次のように評しているのがはなはだ興味深い．

「ケインズは，第12章がより哲学志向であり『一般理論』の他の部分とは異なる抽象レベルで話が進められていることを認めてはいるが，これがなぜ，どういう仕方でそうなのかについてはときどきほのめかしているだけである」．

ルンデは，このうえで，ケインズが「あちこちの余談の中で繰り返される話題は，第12章の主題はどうも形式的分析にはなじまないのではないかというものである．形式的分析になじまないとみなされることは，**経済理論にとって最も忌み嫌うべきこと**であり，したがってこの考えは『ケインズ的方法論』批判を展開する上での格好の口実となる論点であるように思われる」（Runde 1997: 228; 邦訳 2005: 685，太字は訳書）．

そうしてルンデ自身は次のように論じているのである．

「『一般理論』第12章は，科学についての実証主義的概念（positivistic conception of science）に頼らず，またそれを反映してもおらず，それと関連して事象の予測を強調してもいない経済分析の方法（mode of economic analysis）の一例である．それが非主流の方法論に関する文献の中でその地位を確保できたのは，おそらくこの特徴のおかげと思われる」（ibid., 240; 同 698，改訳した）．

「長期期待の状態」とは ケインズが第12章を「長期期待」論とかの表題で論じ始めるのではなく，その「状態」という表現を用いているのはなぜであろうか．

ケインズは，冒頭で，第12章の課題は，予想収益を決めるいくつかの要因（some of the factors）を詳細に検討することであると述べている．わざわざ「いくつかの（some）」と限定し，検討が必要と思われる諸要因を一通り対象としなかったのもなぜであろうか．

予想収益の期待に関わる諸要因 ともあれ，ケインズは，まずもって企業者が予想収益に関する期待の基礎として考慮すべきものを以下の二つに区分する．

①多かれ少なかれ確実とわかっていると想定できる現存の事実，

②確信をもって予測しうるにすぎない将来の出来事．

ケインズによれば，①に属するするものには，さまざまな類型の資本資産，および資本資産一般の現存ストック，効率的な生産のために資本の助力を相対的に多く必要とする（つまり資本集約的な部門ということか）財貨に対する消費者の需要の強さ，を指摘している．

また，②としては，資本資産のストックの種類と数量，将来の消費者の嗜好の変化，投資物の有効期間の有効需要の強さ，およびその期間中に起こりうる貨幣で測った賃金単位の変動，を指摘する＊．

＊　藤原新は「長期」の場合，「企業者が予想収益を決定する際の期待」形成の「推論の構造」を論じ，「長期期待」の形成過程をケインズ『蓋然性論』の「論証法」をもって説明するという斬新的な説明を試みている．だが，ケインズの『蓋然性論』での論証は，あくまで命題間の客観的，合理的な推論を経た「論証（argument）」と理解すべきであって，それはケインズが「長期期待」論の形成論で採っている方法と同じものではないのではなかろうか．ケインズは「長期期待」の形成にあたっては，さまざまな「心理的要因」「慣行」「美人投票」「アニマルス・スピリッツ」などによる説明を試みており，必ず

「心理的期待の状態」＝「長期期待の状態」　このように論じた後ケインズは，②諸要因についての「心理的期待の状態を一括して長期期待の状態（state of long-term expectation）と呼ぶことができよう」と言うのである（CW VII 1973: 147-8; 邦訳 1995: 145，一部改訳）．

興味深いことに宅和は，この「長期期待」と「短期期待」との違い——すでにケインズによって第5章で論じられていたが——について次のように説明している．

「第5章で，企業者の期待を，産出物の価格に関する期待（短期期待）と予想収益に関する期待（長期期待）に分けたケインズは，前者の意思決定は『生産者としての企業者』が，後者のそれは『投資家としての企業者』が行うものと考えていた」（宅和 2005: 162）．

宅和は，さらに，これへの注記で「再度銘記したい」として，次のように書き添えている．

「「投資家（investor）」「投資（investment: 投資物）」の語がもっぱら実物投資を視野においた言葉であり，旧資産の購入とか金融資産間の選択行為ではないということである．ただし，『プロの投資家（professional investor）』というときの『投資家』は，『投機家（speculator）』と同じ意味に用いられている（p.154）」（同，注 19）．

長期期待論と不確実性　それではケインズは，一定程度の時間の経過を想定する経済活動にかかわる長期期待論を，どのように論じているのか．

ケインズは次のように論じ始める．

「われわれは期待を形成する（forming our expectations）さいに，きわめて不確実な（very uncertain）事柄に大きなウェイトを与えることは馬鹿げたことであろう．したがって，われわれがいくぶんでも確信（confident）をもつ事実によってかなりの程度導かれることが合理的（reasonable）である．たとえ，曖昧で乏しいわれわれの知識しかない他の事実に比べて，われわれの確信する事実が問題にとって決定的に適切な関係をもたないにしてもそうである」（CW VII 1973: 148; 邦訳 1995: 146，一部改訳）．

しも「合理的推論」のみによって形成されるとは述べていない（藤原 1992: 139-41）．

なお，ここでの注記でケインズは「私の『蓋然性論』第 6 章「推論の重み」を参照」すべしとして，以下の文章を添えている．

「私は『きわめて不確実 (very uncertain) ということを，『蓋然性のきわめて小さい』(very improbable) ということと同じ意味で用いてはいない」(*ibid.*, 148; 同 146)．

彼は，まず，経済活動をはじめる際の決意の基礎となる期待は，必ずしももっとも蓋然性の高い予測にのみ依存するわけではない．それは確信の状態に左右される．その状態は，彼が，つねに，綿密かつ熱心な注意を払っている事柄である．だが，経済学者はそれを注意深く分析せずに大雑把に議論することで満足してきた．だが，確信の状態は，資本の限界効率表とともに投資額に影響をもつ要因であり，重要なのである (*ibid.*, 148-9; 同 146-7)．

しかしながら，ケインズにとっては，期待収益を予測するにあたり依拠する知識は，極度にあやふやであるのは明らかで，それは確信の状態を揺るがしかねないのであった．

投資市場の発達と投資活動の変容 ケインズは，次に，論点を資本主義の変容に移す．彼によれば，企業が本人や仲間，友人によって所有されていた時代には，投資は，血気盛んな行動にかられた人間によって担われていた．だが現在，経営と所有の分離，組織された投資市場 (investment markets) の発達をみる．これにともないときには投資は促進され，またときには経済体系の不安定性を高める．株式取引所での投資物件の再評価は旧物件の所有権の移転を容易にさせる．また，今期の投資額に決定的な影響を及ぼす．なぜなら，現存企業の買収が可能になり，新規投資はこれと比較され，また，創業者利得を得るというメリットも期待できるようになる．投資収益が実物投資による予想収益と比較され，投資率に決定的な影響を及ぼすようになる．かくして，ある種の投資物件は，専門的企業者の真正な期待によるよりも，株式市場で取引する人たちの株式価格に現れる平均的な期待によって支配されるようになるのである (*ibid.*, 150-1; 同 148-9)．

投資物件の再評価と慣行 そうして，ケインズは，こうした経済の変容が期待に及ぼす影響についての議論を進め，それでは，投資物件の再評価はどのように行われるかと問う．そうして，ケインズは，まずは慣行 (convention) に

もとづき対処する．人々はひとまず，現在の状況が無限に継続すると想定するのであろうと説くのである．

しかし，われわれは本当にそう信じ込んでいることを意味しない．それは実際にはあり得ない．ありとあらゆる種類の事柄が市場評価に入り込んでくるからである．慣行は一瞬にして破られる事態が生じうる．慣行自体，極めて根拠薄弱であるから，不安定なものなのだ．

「流動性」と「固定化」の二面性　とはいえ，ケインズは，連続性と安定性に期待をかける．

「われわれが慣行の維持を頼りにすることができるかぎり，上述の（＝保険数学的期待値に基づくような）慣行的な計算方法は，われわれの事業の著しい程度の連続性と安定性と両立するであろう」（*ibid*., 152; 同 150）．

組織化された投資市場のもとで，慣行を頼りとすることができるならば，彼の投資の価値に影響を及ぼすものは唯一近い将来における情報の変化のみである．投資家は慣行に破綻がないことを信頼し，不安に明けくれる心配なく，投資は短期が連続し，かなり「安全」なものとなる．社会全体としては「固定している」投資は，個人にとっては流動的なものになる（*ibid*., 153; 同 151）．

このようにしてケインズは，一旦は，「われわれの主要な投資市場は，おおよそこのような手続に基づいて発達してきたものであると私は信じている」と書いてみせる．しかし，どうも慣行の安定性について確信が持てないのであろうか．結局は，次のように，「十分な投資を確保するというわれわれの現在の難問のかなりの部分をつくり出しているものは，慣行の頼りなさである」とその要因について語り始める（*ibid*., 153; 同 150-1）．

慣行の不安定性を高める要因　ケインズはこの慣行の頼りなさ（precariousness）を強めている要因を次のように列挙する．

①投資物件を評価するにあたって必要な知識を持たない単なる資本所有者の持株比率が上昇していること．

②投資物件の利益の変動は，ときとして，市場に過大な変動を及ぼす傾向があること．

③慣行的な評価が多くの無知な個人の群集心理によって構築されていること．またそれは，期待収益にとってはどうでもよい要因によって生み出された突然

の意見の相違によって，激しく変動すること（*ibid.*, 153-4; 同 151-2）．

④「専門的な玄人筋（expert professionals）」（*ibid.*, 154; 同 152）の投資行動もあてにならない．優れた長期期待を形成しうると考えられている彼らも実際には，評価の慣行的基礎を，「一般投資家（average private investor）」よりわずかばかり先んじて予測しうるにすぎない．彼らが関心を抱くのは，3カ月先，1年先に群集心理の圧力のもとで，市場が投資物件をどう評価するかである（*ibid.*, 154-6; 同 152-3）．

玄人筋の投資行動論の展開　ケインズは，慣行の不安定性について論じる中で，その第四の要因として，玄人筋の投資行動論を展開し始める．彼は，この際，玄人筋の投資家と投機家（professional investor and speculator）という表現を用いている．投資家と投機家とは同一の，あるいは別の人格なのであろうか．この問題とともに，よく知られている彼の「美人コンテスト」が，玄人筋の投資活動の説明という文脈の中で論じられている点についても留意する必要があろう．

ケインズは論じる．玄人筋は，群集心理がもっとも影響を受け易い情報や気配の差し迫った変化に否応なく関心を抱き，他人を出し抜き，群集心理の裏をかこうとする．彼らは，長い歳月にわたる投資の期待収益よりも，むしろ数カ月先の慣行的評価の基礎を推し量る虚々実々のゲームにのめり込んでいる（*ibid.*, 154-6; 同 152-4）．

彼らは，長期間にわたる投資の予想収益を予測するよりも，2，3カ月先の慣行的評価の基礎を予測しようとする虚々実々の戦い，を演じているというのがケインズの認識なのであった．

「美人コンテスト」[*]**という巧みな比喩**　美人コンテストの文章は，その冒頭

---

[*]　この美人コンテストの説明にあたってケインズは，美人投票では，玄人筋を投票者に喩えていたのであるが，岩井克人はどうしたことか失業者を想定して議論を進めている（岩井 2011: 91）．彼によれば，そこでは，平均的な人が美人と考える人を選ぶという「無限の連鎖の結果として美人が選ばれる」が，それは「実体的根拠のない自己循環論法によって根拠づけられるものである」（同 91-2）．さらに彼は，ケインズの美人投票論の解釈を拡張して次のように主張している．それは「ケインズ経済学の全体構造のミニチュアにつながる」（同 93）．「西洋形而上学のみごとな批判」であり，「形而上学的な記号論の転倒」とか「近代主観論批判」である（同 94-5）．ケインズの美人投票論をかくのご

部分が次の一文で始まっていることが看過されてきた．

「比喩を少し変えていえば，玄人筋の行う投資は，投票者が100枚の写真の中から最も容貌の美しい6人を選び，その選択が……」（ibid., 156; 同 154）つまり，玄人筋の行う投資行動の比喩に美人投票が用いられている．ただ単に，株式市場での投資家あるいは投機家の投資行動を特徴づける比喩として用いられているのではないということである．ケインズの論述に即した読解に忠実たらんとするのであれば，このうえで，彼のいわんとすることを解釈しなければならないであろう．そこでは，参加者は，知力をつくして平均的意見とみなすものを予測しようとする．

長期期待と長期投資の「困難性」「実行不可能性」 彼はここで「ゲーム・プレイヤー（game-prayers）」（ibid., 156; 同 154）「玄人筋の投資ゲーム（game of professional investment）」（ibid., 157; 同 155）「賭博本能（gambling instinct）」（ibid., 157; 同 155）などの言葉を用いて，当時の「投資市場（investment market）」（ibid., 156; 同 154）の不安定性，困難性を活写している．以下の文章がここでの論述を特徴づけている．

「真の長期期待を基礎とする投資は今日ではきわめて困難であって，ほとんど実行不可能となっている．それを企てる人はたしかに，群集がいかに行動するかを群集よりもよりよく推測しようと試みる人に比べて，はるかに骨の折れる日々を送り，はるかに大きな危険を冒さなければならず，同等の知力をもってするなら，彼はいっそう悲惨な間違いを犯すことになろう．社会的に有益な投資政策が最も大きい利潤を生む投資政策と一致するという明白な証拠は，経験からは得られない．仲間を出し抜くよりも，時間の圧力と将来についてのわれわれの無知の圧力を打破する方がいっそう多くの知力を必要とする．その上，人生はあまり長いものではない．──人間本性は早急な結論を欲している．手っ取り早い金儲けには特別の楽しみがあり，遠い将来の利得は，普通の人はこれをきわめて高い率で割り引くものである．玄人筋の投資のゲームは，賭博本能をまったく欠いている人にとっては耐え難いほど退屈なものであり，辛いものであるが，他方，そのような本能を持っている人は，この性向に対して相応

とく言いうるのかは疑問としなければならない．

の料金を払わなければならない．……」(*ibid.*, 157; 同 155, 一部改訳, 下線は筆者).

ここで述べられている「危険」「悲惨な間違い」「時間の圧力」「無知の圧力」などの言葉も，長期投資市場での投資活動の困難さを物語っていよう．われわれはここで先の文章の含意をかみしめることにしよう．

「真の長期期待を基礎とする投資は今日ではきわめて困難であって，ほとんど実行不能となっている」．

「時間の圧力と将来についてのわれわれの無知の圧力を打破する方がいっそう多くの知力を必要とする」．

「人生はあまり長いものではない――人間本性は早急な結論を欲している」．

経済の不安定性要因としての投機　このあと，ケインズは投機 (speculation) と企業 (enterprise) という概念の対比によって，経済の不安定要因としての投機について詳論する．彼によれば，投機とは市場心理を予測する活動のことである．他方，企業とは，資産の全耐用期間にわたる期待収益を予測する活動である．この区別の上に立って，ケインズは，投機がいつも企業よりは優勢であるというのは全く事実に反しているが，しかし，市場の組織化が進むにつれて，投機が優勢になる危険性が高まっていると憂える．それは，世界最大の投資市場のひとつであるニューヨークでの投機の影響力の拡大が強まっていることからも明らかであった．そうしてケインズは，次のように警告を発する．投機家が企業活動の堅実な流れに浮かぶ泡沫であれば無害であるかもしれない．だが，企業が投機の渦巻きに翻弄される泡沫になってしまったのでは事態は重大である．一国の資本の発展がカジノでの賭け事の副産物になってしまったのでは，なにもかもが始末に負えなくなってしまう (*ibid.*, 158-9; 同 156-7).

投機への対策　ケインズは，このようにウォール街での投機の跳梁に強い懸念を表明し，次のような対応策もありうると述べる．ひとつは，ウォール街での投機の企業活動に対する優位を緩和させるためには，政府がすべての取引に対して相当額の移転税を課すこと．あるいは，一旦購入した物件を結婚のように，死亡その他の重大な原因があるのでない限り，途中で解消（売却）できないようにすることである．

彼は，前者についてはさしあたり考えられる最善なのかもしれない，後者に

ついては，当節の害悪を矯正するのに有効な策ではないかとまま結論づけたくなる，と言い添える．それは，こうした策が，ひとつのジレンマに逢着するからであるという．すなわち，資本市場の流動性（liquidity of investment markets）を低下させ，新投資を阻害しかねないという問題である（*ibid.*, 158-61; 同 156-9）．

　　その他の不安定性要因としての血気　ケインズは，さらに不安定性要因について論じる．投機による不安定性とは別に人間性の特質にもとづく不安定性があるというのだ．よく知られる血気（animal spirits）のことである．彼は次のように論じている．われわれの積極的な活動の大部分は，経済的なものであれ，なんであれ，数学的期待値のごときに依存するよりは，むしろ自ずと湧きあがる楽観に左右されるという事実に起因している．行為の決意のおそらく大部分は，ひとえに血気と呼ばれる，活動に駆り立てる人間本来の衝動の結果として行われる．それは数量化された利得に数量化された確率を掛けた加重平均の結果として行われるのではない（*ibid.*, 161-2; 邦訳［間宮］2008: 223-4）．

　そうして，ケインズは次のように続けている．

　「企業活動が将来利得の正確な計算にもとづくものでないのは，南極探検の場合と大差はない．こうして，もし血気が萎え，人間本来の楽観が衰えしぼんで，数学的期待値に頼るほかわれわれに途がないとしたら，企業活動は，色あせ，やがて死滅してしまうであろう」（*ibid.*, 162; 同 224）．

　こうしてみると，ケインズの投資論，期待論，さらには彼が再構築しようとする経済学体系は，行動心理学とか経済心理学とかのアプローチによって考究されなければならないことになる．彼自身，次のように結論づけている．

　「われわれが将来の投資動向を予想する場合には，投資を左右するのはもっぱら人々の理屈を超えた活動なのだと心得て，彼らの神経過敏やヒステリー，さらには胃の具合や天候に対する反応のようなものまで考慮しなくてはならない」（*ibid.*, 162; 同 225）．

　　安定性要因への言及　とはいえ，ケインズは次のように安定性について言及するのも忘れてはいない．

　「われわれはこのことから，すべてが不合理な心理の波に依存すると結論してはならない．反対に，長期期待の状態はしばしば着実であって，そうでない

場合でさえ，他の諸要因がそれを埋め合わせるような効果を及ぼしている」(*ibid.*, 162; 邦訳［塩野谷］160).

この一文をもって，ケインズは，必ずしも，シャックルの説くようなニヒリズムに落ちいってはいない証拠になるのかもしれない．ただ，長期期待が安定性を損ねかねない，あるいは損ねた場合でも，「他の諸要因がそれを埋め合わせるような効果を及ぼしている」とするが，肝心の「他の諸要因」については，具体的な論及がなされていないのである．

貨幣経済は安定的か不安定的か　それではケインズは貨幣経済の特質として安定性と不安定性のどちらの特徴を重んじ，問題と考えていたのか．この節の最後は，次の文章で終わっている．ここからわれわれはケインズが論じる長期期待の状態から何を読み取ることができるであろうか．

「将来を左右する人間の決意は，それが個人的なものにせよ政治的なものにせよ経済的なものにせよ，厳密な数学的期待値に依存することはできず——なぜなら，そのような計算を行うための基礎が存在しないからである——車輪を回転させるものはわれわれの生まれながらの活動への衝動であって，<u>われわれの合理的な自己（rational selves）は，可能な場合には計算をしながらも，しばしばわれわれの動機として気まぐれや感情や偶然に頼りながら，できるかぎり最善の選択を行っているのである</u>」*（*ibid.*, 162-3; 同 161, 下線は筆者）．

ケインズは，ここで問題を，計算可能な確率を用いることのできない，予期できない不確実性のもとでの社会的行為論からとらえ，不確実な状況のもとにあって，気まぐれ，感情，偶然に頼りながらも，合理的な自己は，できる限り最善の選択を行っている，と論じている．人々の行為については，その「すべてが不合理な心理の波に依存すると結論してはならない」というケインズの立場からすれば当然の主張でもあった．かくして，ケインズは，長期期待の状態との関連での，貨幣経済の安定性，不安定性の問題については，明確な判断を避けていたというべきであろうか．

---

*　なお，下線部について間宮は次のように訳している．
　「われわれの理性的自己は選択肢間でできるだけうまく選択を行い，可能な場合，計算を行うが，しかしそれも，その動機をたずねてみると，気まぐれ，感情，あるいは偶然に行き当たるのがしばしばだということ，これである」（間宮 2008: 225-6）．

3. 第13章以降の「期待」論

(1) 第15章「流動性への心理的および営業的誘因」での「期待」

この章の課題についてケインズは冒頭で次のように書いている．

「ここでは，第13章で予備的に導入した流動性選好の諸動機の分析をいっそう詳細に分析しなければならない」(*CW* VII 1973: 194; 邦訳 1995: 192)．期待といい動機といい利子理論における心理的要因を強調していることが分かる．

ケインズは，取引動機・予備的動機にもとづく貨幣需要と投機的動機にもとづく貨幣需要を区分する．

ケインズはここで「投機的動機」を「他の動機よりもいっそう詳細な吟味を必要とする」(*ibid.*, 196; 同 194) と考えていた．

「正常な状態においては，取引動機と予備的動機とを満たすのに必要な貨幣額は，主として経済体系の一般的活動と貨幣所得水準との結果である」．これに対して「貨幣管理」が「経済体系に影響をもつことになるのは，投機的動機への作用を通じてである」(*ibid.*, 196-7; 同 194)．

そうして，「経験の示すところによれば，投機的動機を満たすための総貨幣需要は，通常，利子率の漸次的な変化に対して連続的な反応を示す」のである (*ibid.*, 197; 同 195)．

さらに，この「投機的動機」を理解するうえで重要なのは，その動機にもとづく貨幣需要は，①利子率の変化と②将来の「**期待**の変化による利子率の変化」によって影響を受けるという点である．

「取引動機を取り扱うに当たっては，投機的動機を満たすために利用できる貨幣供給量の変化による利子率の変化」と「主として流動性関数そのものに影響する**期待**の変化による利子率の変化とを区別することが重要である」(*ibid.*, 197; 同 195，太字は筆者)．

公開市場操作は，この二つの経路を通じて利子率に影響すると言うのである．

そうして，つぎのような定式が示される．

「いま取引動機および予備的動機を満たすために保有される現金の量を M_1 とし，投機的動機を満たすために保有される量を M_2 としよう．現金のこれら

二つの区分に対応して，われわれは次の二つの流動性関数 L_1 および L_2 をもつ．L_1 は主として所得水準に依存し，他方 L_2 は主として現行利子率と**期待**の状態との間の関係に依存する．かくして

$$M = M_1 + M_2 = L_1(Y) + L_2(r)」\ (ibid., 199;\ 同197，太字は筆者)$$

ケインズはこの後，M の変化の Y および r に対する関係，貨幣所得速度，M_2 と r との関係について論じたうえで，次のような議論を始める．

「かくして，利子率が高度に心理的な現象であることは明らかである」(ibid., 202; 同 200)．

こう述べてケインズは，長期金利に関わる貨幣政策の成否について議論し始める．一方では，「世論に対して試験的な性質のものであるとか，容易に変更される可能性をもつとかという感じを与える貨幣政策は，長期利子率を大幅に引き下げる目的に失敗するであろう」とし，「他方，同じ政策でも，もしそれが合理的であり，実行可能であり，公共の利益にかない，強い確信に根ざし，つぶれそうにない当局によって推進されるという理由で世論に訴えるなら，おそらく容易に成功するであろう」と説いている（ibid., 203; 同 201）．

かくして，こうした文脈の中でケインズは，期待と利子率について次のように論じているのである．

「利子率は高度に心理的な現象であるよりもむしろ高度に**慣行**的な現象であるといった方が，おそらくはるかに正確であるかもしれない．なぜなら，その現実の値は，その値がどうなると**期待**されるかについての一般的な見解によって著しく支配されるからである．どのような水準の利子率であっても，長続きしそうだと十分な**確信**をもって認められるものは長続きするであろう．もちろん，その利子率は，変動する社会においてはさまざまな種類の理由のために，**期待**される正常水準をめぐる変動にさらされるであろう」(ibid., 203; 同 201, 太字は筆者)．

この利子率に関する一文では，期待とともに慣行，確信なる語が用いられ，利子率がこれらの諸概念との関連性のなかで説明されている．

シャックルによって提示された論点　ケインズの利子論で避けることのできない論点がシャックルによって提示されている．彼によれば利子論は貨幣経済の難問である．

「貨幣経済における利子率は難問である。これが**虚無主義**[(1)]という最終的立場に導いたのである。それは『クオータリー・ジャーナル・オブ・エコノミクス』でのケインズ自身の論文と、これと同時期の彼の解釈者である H. タウンゼンドによる『エコノミック・ジャーナル』の論文で明確にされた。

利子率は将来に対する期待に依存する。それは期待にもとづき主観的で、心理的で、不確定な (indefinite) ものである。そして、経済システムの他のものも同様である。

経済システムの安定性は、それが持続する場合、慣習にもとづいている。慣習とは、経済システムを安定的であると信じる**暗黙の一般的な合意 (agreement)**[(2)]であるといってよい。

しかしながら、この安定性は、ひとたび疑念が持たれる (once doubted) と、崩壊する。そうして、それは地滑りが停止するまで滝のように崩落を続けるのである。

そうした状況は、ケインズ経済学にとって**最終的な局面**[(3)]であろう。とはいえ、**ケインズは、かかる疑念が発現しないよう (the suspension of doubt) に、何ができるかを政府に提示していたのである**[(4)]」* (Shackle 1967: 247; ロジャーズ 2004: 317、一部改訳、太字、下線は筆者)。

(2) 第18章「雇用の一般理論再説」での「期待」

この章は表題からして「一般理論の要約」(CW VII 1973: 249; 邦訳 1995: 247) を行っていることは明らかである。この点を確認したうえで、われわれ

---

* このシャックルの文章は、C. ロジャーズ (Rogers 1989) が引用している。この訳文は、その邦訳（ロジャーズ 2004）から採ったものである。引用した訳文にはいくつか誤解と誤訳が散見された。本稿では以下の注で問題箇所を指摘し、本文の訳を改めた。

注(1) 原語は nihilism である。邦訳はこれを「懐疑主義」と訳している。

注(2) 原文は the tacit general agreement である。邦訳はこれを「一般的な戦略協定」と訳している。おそらく、まずは tacit を tactics と読み間違え、さらにこの tactics (戦術) を strategic (戦略) と誤解したのであろう。

注(3) 邦訳では「最後の言葉」と訳している。原文は last phase である。この phase を phrase と誤読したためであろう。

注(4) この文章は邦訳では「しかしケインズは政府がどのようにして疑念の停止状態を引き延ばすのかを明らかにした」となっている。

がこの章で注目するのは，ケインズが経済体系の安定性について論じている箇所である．ケインズは次のように説く．

「われわれの生活している経済体系は，産出量および雇用に関して激しい変動にさらされているけれども，甚だしく不安定ではないということが，その著しい特徴である」(*ibid.*, 249; 同 247-8).

こう断定したかと思うと，この後，不安定ではないという理解を否定するかのような論述を続けて，やや戸惑わされるのである．

「もちろん，経済体系が回復に向かうのか完全な崩壊に向かうのか明確な傾向を示すことなく，かなりの期間にわたって慢性的な正常以下の活動状態にとどまることもありうるように見える．そればかりでなく，現実が示すところによれば，完全雇用あるいは完全雇用に近い状態でさえ，稀にしか起こらず，長続きしないものである」(*ibid.*, 249-50; 同 248).

こう述べたあと，ケインズは，経済が安定的か不安定的か，慢性的な状態の継続か否か，景気変動が自生的に回復安定化するか，といった問題についての考えを綴っているようである．

「変動は最初活発に始まることがあるが，著しく極端なものに進まないうちに衰えてしまうように見え，絶望的でもなく満足なものでもない中間的な状態がわれわれの正常な状態である．規則的な局面をもつ景気循環に関する理論がこれまで根拠としてきたものは，変動が極端なものに進む前に減衰してしまい，ついには逆転する傾向をもつという事実である．同じことは物価についても妥当し，物価は始発的な攪乱原因に反応した後，しばらくの間，適度の安定を保つ水準を見出すようである」(*ibid.*, 250; 同 248).

ケインズは明らかに不安定性に与した極論を説いてはいない．「極端なものに進まないうちに」「極端なものに進む前に」といった言い回しを繰り返し，経済は「中間的な状態」が「正常な状態」であるとか「しばらくの間，適度の安定を保つ」とかの見方を示しているのである．

ケインズにすれば，こうした評価の問題は，あくまで「経験的事実」であって「論理的必然性をもって起こるものではない」のであり「現代世界の環境と心理的性向がこのような結果を生み出す性質をもっているに違いないと想像せざるをない」と述べている (*ibid.*, 250; 同 248).

このうえで，ケインズは，以下のような考察の有益な筋道を考えていると述べ，みずからの思考の経験的検証のような方法を提案する．すなわち，まず，どのような仮説的な心理的傾向が安定的な体系に導くのかを考え，次に，現代の人間の本性に関するわれわれの一般的知識を基礎にして，これらの性向をわれわれの生活している世界に無理なく帰せしめることができるかを考えるのだという（ibid., 250; 同 248）．なにやら面倒臭いケインズの論述は，相当込み入り，晦渋である．要するに，ケインズは，「安定化の条件」を四つ指摘し，これらについて考察を加えるという論法をとっている．この説明を省略し，ケインズの結論じみた論述を確認すると，現実の経済変動の顕著な特徴は，次のようである．

　「われわれは雇用と物価の上下両方向へのきわめて深刻な極端な変動を避けながら，完全雇用よりはかなり低く，それ以下に低落すれば生活を危険に陥れるような最低雇用よりはかなり高い，中間的な状態をめぐって振動しているというものである」（ibid., 254; 同 252）．ケインズは，こう書きながらも，これを「必然の法則によって確立されると結論してはならない．上述の諸条件が妨げられることなしに成立しているのは，現在あるいは過去の世界に関する観察事実であって，変更することのできない必然的原理ではない」（ibid., 254; 同 252）．

（3）　第 6 編第 22 章「景気循環に関する覚書」での「期待」

　ケインズは『一般理論』で，経済の均衡条件を考察しようとしたのであって，景気循環論を論じたのではないといった議論があるが，この問題に立ち入ることは避け，「覚書」であることを考慮しつつ，ここでの期待についての言及をたどろう．

　「資本の限界効率は，資本財の現在における多寡および資本財の現行の生産費に依存するだけでなく，資本財の将来の収益に関する現在の**期待**にも依存している．したがって，耐久資産の場合には，将来に関する**期待**が，有利と考えられる新投資の規模を決定するに当たって支配的な役割を演ずることは当然であり，合理的である．しかし，すでに見たように，このような**期待**の基礎はきわめてあやふやなものである．変わりやすく，当てにならない根拠に基づいているために，**期待**は急速かつ激甚な変化にさらされている」（*CW* VII 1973:

315; 邦訳 1995: 315，太字は筆者）．

　ケインズはここで期待を現在の期待と将来の期待に二区分し，新規投資にあたっては将来の期待が支配的な役割を果たすと述べている．ケインズによれば，将来の期待は，きわめて根拠のない，あやふやなものに基づいているため，「急速かつ激甚な変化にさらされている」というのである．引用文からは期待は貨幣経済の不安定性と関連させて論じられている印象をうける．これは，論題が景気循環論であることから当然のことかもしれない．この点はケインズが，「好況の後段階」について論じた箇所でもうかがえる．ここでは楽観的な過度の期待が無知と不確実性のもとで「資本の限界効率の崩壊」と「流動性選好の急激な増大」が引き起こされる点が明らかにされている．それは同時に，投資「慣行」の崩壊過程を描いたものとして読むことができよう．

　「好況の後段階は，資本財の将来収益に関する楽観的な**期待**によって特徴づけられており，その**期待**は資本財の過剰化傾向も，その生産費の上昇も，おそらくはまた利子率の上昇も相殺するほど強力なものである．過度に楽観的な，思惑買いの進んだ市場において幻滅が起こる場合，それが急激なしかも破局的な勢いで起こることは，組織化された投資市場の特徴である．<u>そこでは，買い手は自分の買っているものについてまったく**無知**であるし，投機家は資本資産の将来収益の合理的な推定よりもむしろ市場人気の次の変化を予測することに夢中になっている</u>*．その上，資本の限界効率の崩壊にともなう狼狽と将来についての**不確実性**は，当然に流動性選好の急激な増大を促す——そのために利子率の上昇が起こる．このように，資本の限界効率の崩壊が利子率の上昇と結びつく傾向があるという事実は，投資の低下を著しく深刻なものにすることがある．しかし，それにもかかわらず，事態の核心は資本の限界効率の崩壊の中に見出されなければならない」（*ibid*., 315-6; 同 316，太字，下線は筆者）．

　＊　この引用文で興味深いのは，ケインズがわざわざ下線部への注記で，第 12 章で明らかにしたように」と断りつつ次のように「慣行」について言及している点である．
　　「個人投資家は新投資に対してみずから直接に責任を負うものではないが，それにかかわらず直接の責任を負うはずの企業者は，たとえ彼ら自身がよりよく事態に通じていたとしても，市場の考えに従うことが金融的に有利であるし，またしばしば不可避であることを発見するだろう」（*CW* VII 1973: 316; 邦訳 1995: 316）．

4. 『一般理論』刊行後の「期待」についてのケインズの言及

G.F. ショーヴへの書簡　すでに言及したように，ケインズは 1936 年 4 月 21 日ショーヴ宛書簡で次のように書き送っている．

「あなたは課題について厳密な解決ができないとの困難があっても，それを問題解決の妨げと感じる必要はありません．古典派分析の誤りの一部は，問題の厳格な解釈を求めようとするまさにその点にあるのではないでしょうか．期待と一時的な経験の影響を扱うや否や，問題の性質上，形式的な厳密性の領域の外に身を置くことになるのです」(*CW* XIV 1973: 2; 邦訳 2016: 6, 改訳).

ここでのケインズの期待についての言及から，ケインズ『一般理論』体系での期待概念の扱いが，古典派のそれとは異なり彼独自のものであり，したがってまた，体系におけるその位置も特有なものであることを意識した論述であることを読み取ることができよう．ケインズは，古典派が前提とする期待理論は，確定的で一定な状態を想定した特殊な状況のみにあてはまる理論である．これに対して，自らの理論こそがむしろ期待の一般理論というべきものであると主張していると読むこともできよう．ケインズは柔軟な実際的アプローチを重んじていた．精密さ，厳格さにこだわりすぎては，理論の創造的な発展は阻害されてしまうという考えに立っていたのであろう．

1936 年秋フィッシャー記念論文集掲載「流動性選好再論」　ケインズによる「期待」の独自性への言及としてはさらに同年秋の論考をあげることも有益であろう．

その論考というのは，もともとは，1936 年初秋にロシアを訪問した帰りにストックホルムに立ち寄り，大学で講演した「流動性選好再考」がもとになり，後日 A. フィッシャー記念論文集に掲載されたものであった (*ibid*., 100; 同 130-1).

そのなかでケインズは，正統派利子理論と自身のケインズ利子理論との相違について論じ，期待との関係で次のように論じていたのであった．

「正統派利子理論が必要としているのは，(1)確定的かつ一定の**期待**状態が存在していること，および(2)完全雇用状態が存在していること，である．これら

の制限は，それがある状態にしか妥当しない特殊な理論であることを意味している」(*ibid.*, 106; 同 137, 太字は筆者)．

1938 年 7 月 16 日付ハロッド宛書簡 ケインズは L. ロビンズの経済学を自然科学と同一視する考え方であるとして，これに批判的な書簡をハロッドに送っている．そのなかでケインズは，経済学が対象とする社会の動きを考察するためには，人間の動機の複雑な性質について理解する必要があると，次のように論じていた．

「私は，経済学がモラル・サイエンスである点を力説したいのです．わたしはかつて，経済学が内観と価値判断を取り扱うと述べたことがあるが，これに，**動機**と**期待**と心理学的**不確実性**を取り扱うと付け加えるべきであったでしょう．人々は対象を不変で同質的なものとみなすことのないよう常に注意しなければなりません」(*ibid.*, 300; 同：362, 改訳, 太字は筆者)．

タウンゼンド，ティンバーゲンとのやりとり 1938–39 年のケインズとタウンゼンド，ティンバーゲンとのやりとりでも，期待が核心的概念であることがうかがえる．

まずタウンゼンドである．ケインズはタウンゼンド宛書簡（1938 年 7 月 27 日付）では，タウンゼンドによる G.S.L. シャックルの 1938 年の *Expectations, Investment and Income,* Oxford University Press.（『期待，投資，および所得』）の書評に触れていた．これに対して，タウンゼンドは，11 月 25 日付のケインズ宛書簡で，時間概念の導入にあたり，期待概念*を用いての期待経済分析（expectational economic analysis）というべきアプローチの重要性を訴えていた（*CW* XXIX 1979: 289–93; 邦訳 2019: 351–6）．

なお，このタウンゼンドの書簡では，ケインズの『蓋然性論』とそこでの蓋然性の非数量的性質についての言及がなされていた点でも注目すべき文書であった．次章で言及するように，この書簡を受けてケインズは，"ビュリダンの驢馬"が登場する 12 月 7 日の書簡を認めたのである．

また，ケインズは，「ティンバーゲン教授の方法」（『エコノミック・ジャーナル』1939 年 9 月号）で，たいへん興味深い注記を書き込んでいる．すなわち，

---

* このタウンゼンドの書簡の邦訳では expect はほぼ「予想」と訳されている．

彼は，本文中の「……投資は費用に対する利潤率と貸出利子率との差に支配されるとする理論……」への注で，次のように書き添えているのである．

「私は『**期待**利潤率（the *expected* rate of profit）』と言うべきであった．しかし，私が見出しうる限り，経済学者がティンバーゲン教授に提供した投資理論には期待が占める余地は存在しない」（*CW* XIV 1973: 311-2; 邦訳 2016: 376, 377, 一部改訳，イタリックはケインズ，太字は筆者）．

うっかりミスしたケインズは，印刷された論文を読み，「期待利潤率」とすべきであったことに気づいたのであろうか．いずれにしても，ケインズは，期待のあるなしにこだわっていたのである．

1939年フランス語版の「序」 ケインズは，1939年「フランス語版への序」のなかでも次のように記している．

「一般に，産出量および雇用の現実の水準は，生産能力や既存の所得水準に依存するものではなく，生産に関する現在の決意に依存するものであって，この決意はさらに投資に関する現在の決意と現在および将来の消費に関する現在の**期待**とに依存する．さらに，われわれが消費性向および貯蓄性向（私の命名による）――すなわち，一定の所得をどのように処分するかについての個々人の心理的性向を社会全体についてまとめたもの――を知ることができれば，与えられた新投資水準のもとでの利潤均衡点において，所得の水準したがって産出量および雇用の水準がどれだけであるかを計算することができる」（*CW* VII 1973: xxxiii; 邦訳 1995: xxvii-xxviii）．

これを予備知識なく文章を読んだ初学者は，ケインズをまさに心理学的なアプローチにたつ経済学者と評価するであろう．

5. ヒックスと「期待」概念

ヒックスの論評 『一般理論』執筆後に各方面から論評が寄せられるなかで，とくに重要であったのは，ヒックスのそれであった（*CW* XIV 1973: 79-81, 181）．この論稿が後のケインズ経済学の展開を基礎づけるもっとも有力な枠組みを提供することになるとは，誰が予想したであろうか．この論評をチェースは次のように論じている．1937年の『エコノメトリカ』の論文「ケインズ氏と『古

典派』」で、ヒックスは、「分析上の論理的困難を手ぎわよく解決した。彼は、そこで、一般化された体系上で利子率と産出量の水準を同時に解くために、今日では珍しくない IS-LM のメカニズムを提示した。ヒックスの解答は内部整合性に関する論理的問題を解決した。ところが、ケインズが、不確実性、『アニマル・スピリッツ』等々の非合理的要素を含んだ、生きて動いている経済 (on going economy) について過程分析をおこなったのに対し、ヒックスによる解決は、表面的には体系を確定させる二本の『線』のもとに、ケインズのこの過程分析を葬り去るという犠牲を払っている」(Chase 1983; 邦訳 1986: 195).

『一般理論』が、ケインズ自身の意図とは別に、歴史的、社会的文脈のなかで読み込まれ、解釈されることを物語っている。

ヒックス『価値と資本』での期待論　ヒックスは、ケインズの「期待」概念を、自らの経済学体系のひとつの重要概念として初めて本格的に論じたと評価されている。なるほど、彼は、静学体系の動学化をめざして、ケインズの『一般理論』刊行後のおよそ 3 年後に『価値と資本』(1939 年) を著し、期待概念を基軸概念に位置づけ、動学理論の構築を試みた。

彼は、『価値と資本』の第 14 章「所得」で、expectation について論じている。それらをいくつか引用しよう (Hicks 1939: 177; 邦訳 1965: 257、太字は筆者)。

「所得は主観的概念であって、問題の個人の特定の**予想**に依存するということは依然として真である」。

「異なった諸個人の**予想**が調和的であるべき理由はない」。

「経済体系における不均衡の主な原因の一つは、もろもろの**予想**と計画とに調和が欠けていることである」。

期待の「用例」はかくの如きである。ここで「**予想**」と訳されている語の原語が expectation である。ヒックスのこの邦訳では、一部の例外を除いて expectation の原語は、「**予想**」と訳されている。邦訳の引用にあたっては、この訳で表記する。とはいえ、邦語で予想という語の英単語は、普通 forecast である。意外にも、ヒックスはこの語と expectation とを、意識して使い分けている様子はない。なお、杉本栄一は、予想と訳さず、注意深く厳密に「期待」と訳している (杉本 1981 [1950] (下): 133-6)。

ヒックス動学化のキー概念としての「期待」　この概念が活きてくるのは、

第4部の「動学体系の運行（The working of the dynamic system）」の第16章「価格と生産計画」である．かれは，すでに静学的状況における企業行動を期待（expect）するもろもろの「標準命題（standard propositions）」なるものを考察していた．そうして，彼の動学化の方法的立場は，「これらの標準命題は，次のように想定すれば直ちに動学の言葉に翻訳される（directly translated into dynamic terms）であろう」という表明に示されていた．

「すなわち，ある一つの将来期日である一つの生産物の**予想価格**（expected price）——たとえば，今から t 週間後に始まる週で成立を**予想される**（expected）商品Xの価格——が，少しく上昇するものと想定すること，これである」（Hicks 1939: 203; 邦訳 1965; 296，太字は筆者）．

ヒックスの考えでは，この問題を立ち入って考察するには，「現在の情勢が人々の**予想**（expectations）に及ぼす効果」を考慮することである（*ibid.*, 204; 同297, 太字は筆者）．

価格予想に影響を与える三つの要因　ヒックスは「**価格予想**（price expectation）が受ける影響には，三種のものを分類することができるように思われる」として，次のように指摘する．

第一に，「全く経済に無縁なものであって，天候・政治上のニュース・人々の健康状態・彼らの『心理』のごときがこれである」．

第二に，「経済的ではあるが，なお実際の価格の動きと密接に結びついていないものである．それは，一方の極端には，たんなる市場の迷信から，他方の極端には，需要または供給の将来の動きに関係のあるニュース（たとえば，収穫高予報）までを含むであろう」．

そして，「第三のものは価格の実際の経験，過去の経験と現在の経験から成り立っている．最も多くのことが言えるのは，この最後のものについてである」（*ibid.*, 204; 同297-8）．

すでに指摘したことではあるが，ここでもちいられている邦訳の「**予想**」は，本来は「**期待**」と訳すべき経済概念であった．

「独立的変化」を捨象するヒックス　彼は三分類のうち，第一と第二の影響から生まれる**価格予想**の変化を「**独立的変化**（autonomous changes）として取り扱われなければならない」というのである．この「**独立的変化**」は，難解で

分かりにくい概念だ．要するに，それらは彼の考える経済的世界に馴染まないもので，それらの影響を理論構築のうえでは，無視せざるをえないというのであろう．ヒックスは次のように論じている．

「われわれの研究にとっては，はじめの二種類の影響のどちらから生まれる**価格予想**の変化も，これを**独立的変化**(オートノマス)として取り扱われなければならない．現在の経済情勢はおよそこれらの筋道に沿うて神秘的かつ間接的に作用するであろう．けれどもそれについてはどうしようもないのである．**価格予想**は独立的諸原因によって影響され易いということを決して忘れてはならないが，その他の点では，それらをそのままにしておくより他はない」(*ibid*., 204; 同 298，太字は筆者)．

ヒックスは，L. ロビンズの一般均衡論を前提に，非経済的要因や価格メカニズムに影響を及ぼさないと考える経済的原因を捨象した経済的空間を想定して，その動学体系の理論化をめざしたのであろう．このような彼の方法論的立場からは，第一と第二のものは，価格予想に影響を与える外的ショックとか夾雑物としてしか考えられなかったにちがいない．その経済内的論理からすれば，ケインズの説く不確実性論は，経済学には馴染まない異質な世界を想定した経済世界の提唱であったに違いない．それは経済学体系の動学化を急ぐヒックスにとっては扱い難いものであり，したがってそれらを「独立的変化(オートノマス)」として扱い，期待の価格への影響を考察するにあたっては，その対象外として処理せざるをえなかったのである．

それゆえに，ヒックスからすれば「それについてはどうしようもないのである」ということになり，「決して忘れてはならないが」「そのままにしておくより他はない」のであった．他方で，第三のような「実際の価格が価格予想に及ぼす効果は，立ち入った分析が可能である」ということになるのは必定であった．

杉本もヒックスの方法について鋭く批判し，次のように論じている．

その弾力性値がすでに確定されているとすれば，経済上のあらゆる問題は非常に簡単なものになってしまう．確定されたことによって，将来と現在との乗り換えは，理論上は全く単純になり，そもそも時間を問題とする意味が失われる．期待の弾力性を問題とする主要点は，その弾力性の値が確定されないとこ

ろの一定の限界の内部において種々の値を取りうるということにある．ところがヒックスにあってはそれは，特定の確定的大きさをもつものとして導入されている．これでは，将来は完全に確定的に顕在化され，したがって，形式上動態であると言っても，実は静態的均衡状態と全く異ならない内容をもつことになる．こう論じて杉本は次のように言い放っている．

「ヒックスにおいては，動態論が静的均衡理論の上に打ち立てられることになる」(杉本 1981 [1950] (下)：134-6)．

優れた解釈の披瀝である．

シャックルによるヒックス批判　こうしたヒックスの不確実性と切り離した，後年の新古典派的な期待の原型とも評価しうるアプローチを評価するうえでは，シャックルの批判的立場が有益であろう．彼は『IS-LM の謎』の著者ヤング (W. Young) とのインタビューでヒックスの経済学について次のように語っていた．

「私はいまだに，この『解説』において，サー・ジョンが核心点を認識しているとは思えないのである．すなわち，ケインズの経済社会概念の根源的部分は，不確実な期待であり，不確実な期待は，均衡の概念と全く両立できないものであり，矛盾するものである」(ヤング 1994: 131-2)．

なお，ここで『解説』というのは，『エコノミカ』1949 年 5 月号に掲載されたハロッド『動態経済学序説』(Harrod, R. 1948. *Toward a Dynamic Economics*. London: Macmillan) の書評論文 ('Mr. Harrod's Dynamic Theory'. 1949. *Economica*. 16: 106–21) のことである．(ヤング 1994: 233-4)．

補章　西部, 間宮の「期待」論

　わが国においては, ケインズ生誕100年を前後する時期に, 西部邁と間宮陽介によって,「期待」を中心にした示唆に富む重要な論点が先駆的に論じられていた. ここでは両者の所説のうち興味深い論点を紹介しつつ, 必要に応じてコメントを加えてみたい.

1. 西部邁の期待論

(1) 西部の時間論と期待論

「期待」と「科学的分析」を断念したケインズ　西部は「ケインズが短期分析に自己限定したのは当座の緊急の失業問題を解決するためという実際的要請による」といわれてきたが「彼の論理的分析枠組からは長期分析はでてこないのである」と主張する (西部 1983: 108).

「未来への期待とその変化は, あきらかに, 経済の体系を動学化する契機である. しかし期待という要素は, それ自身の将来の姿が未知であるからこそ, 期待なのである」(同).

だが, そこには「危険」が潜んでいる.「こうした危険に直面した人間が, なおも未来へつきすすむべく, 期待を形成するのである. それは, けっして主知的に解明し切ることのできない, 主意の発動である. 動学的分析を拒む動学的要素, それが期待というものであろう」(同 108-9).

西部はそうして次のように断定的に論ずる.

「ここで確認しておきたいのは, 不断の可変性によって特徴づけられる人間社会を"科学的"に分析することをケインズが断念しているということである」(同 109).

　もっとも, この場合,「科学」をどうとるかである. ケインズは「道徳科学」の正嫡であると任じているが, この場合の「科学」とは異なる概念なので

あろうか．ともあれ西部によれば「彼は，現在もしくは短期におけるいくぶん確かな現象についてのみ，疑似科学的の分析をほどこしうるにすぎないと考えていたに相違ない」のであった（同109）．西部は「相違ない」と簡単にいうが，そもそも「擬似科学的」とは何であるのか，くわしく説明すべきであった．

ケインズは，「長期の問題に関する歴史的展望は，モデルの諸前提にたいする散文的解釈として，また遠い将来あるいは過去のヴィジョンにたいする文明論的論評として表すほかないと考えていた」（同110）．

西部はこう断定したかと思いきや，次のようにもいいかえている点に留意しよう．

「彼がはっきりとそう考えていたかどうかは別として，彼の著作は全体としてそのように読まれるべきものと思われる」（同110）．

「パンドーラーの筐」となった「期待」 西部はケインズの時間について，経済学の純粋理論で想定されるような論理的時間ではない，という．「しかし，彼の時間はJ.ロビンソンのいうような意味での歴史的時間」「暦の上での時間」でもない．「彼の時間は，人間の主意的な行為の過程で記憶され予期される主観的の時間だといった方が適切である．そして彼の歴史もまた，そのような主観的な時間軸の上で構成される主観的な物語にほかならないのではないだろうか．このように考えてはじめて，時間意識が生的理性となり，そして生的理性が歴史的理性になるということがわかる」（同110-1）．

だが，当のケインズは「社会科学上の認識にとっておそらく決定的に重要なこうした論点を明示的に説明せずに，それを期待という一語によってくくってしまったのである」（同111）．

ケインズのかかる対応について西部は次のように考えている．「たぶん彼には，自分の歴史意識，生意識そして歴史意識が時代精神にかなっているという自負があった」からであろうと（同111）．

しかしながら，この自負が裏目に出たのである．ケインズに特有な時間論にもとづく期待概念は，彼が考えたようには理解されなかったのである．

「彼以後の経済学にとって，期待という動学的概念はパンドーラーの筐となってしまった．つまりそこから客観主義的のモデルによって表現されるような偽りの動学的分析が横行しはじめ，期待概念の"希望"ともいうべき主観的因

子は最後まで筐の中に残された」(同111).

　かくして,西部は第三章「学問」論の最後で次のように結んでいる.

　「帰納,解釈,文章そして時間などにおよぶケインズの学問論はむなしく忘れ去られようとしているわけである」(同111).

経済学に行為論をもちこんだケインズ　西部は『一般理論』の骨子を「一言でいえば」として次のように論じる.

　「経済学のなかに行為論的な要素をもちこんだことだといえよう.ここで行為論というのは,"人間は主観的に構成された意味を担って不確実な未来に向けて行為するものだ"という点を強調する考え方である」(同156).

　「(ケインズは)"人間は効用関数を最大にするように行動するものだ"というようないささか機械論的な色彩の方が濃厚な」「ベンサム的思想に汚染されている」「古典派」の考え方に「我慢ならなかったのである」(同156).

「見晴らしの変化」にこだわる西部　西部はかくのごとく論じ,『一般理論』「序文」の次のようなくだりを自ら訳したうえで引用する.

　「貨幣経済とは,本質的に,**将来にかんする見晴らしの変化**が雇用の量に……影響を与えることのできるような経済である.しかし,将来にかんする**見晴らしの変化**から影響をこうむっている現在の経済行動を分析するためのわれわれの方法は,需要と供給の相互作用〔という考え方〕に頼っているのであり,その点でわれわれの基本的な価値理論と結びついている」(同156,太字は筆者).

　そうして西部はこれを「敷衍すると」として,次のように論じている.

　「『将来にたいする 変わりゆく見晴らし （チェンジング・ヴューズ）』に依存しているという意味で,経済行動は主観的かつ不確実であるのだが,そういう状況にあってはじめて,貨幣を使用したり保蔵したりすることの独得の意味が生まれるということである.貨幣は単なる交換の便宜的手段なのではなく,不確実性にみちた未来にむかって人間が行為する際の不可欠の媒体である」(同156-7).

　こうした論述を経て,西部は「貨幣経済をこのような観点から眺めるならば,市場のなかに多少とも不均衡が洞察されて当然である」という.ここで西部は「多少」というが,これにとどまらない深刻な貨幣経済の「地獄めいた不均衡」(同157)が説かれるのである.

　ところで,ここで西部が「将来にかんする**見晴らしの変化**」と訳している原

文は，それぞれ，changing ideas about the future, changing views about the future となっており，表現に相違がある（*CW* VII 1973: xxvii-xxviii）．

これらを邦訳では同じ表現とみなし，次のように訳している．塩野谷訳「将来に対する**予想**」（邦訳1995: xvii，太字は筆者），間宮訳「将来についての**見解**」（間宮2008: xv-xvi，太字は筆者），山形訳「将来についての**見方**」「**将来見通し**」（山形2012: 44，太字は筆者）．

これらを西部は「見晴らし」と訳しているのである．だが，手元の国語辞典にあたると「見晴らし」とは「あたりを広く見渡すこと，また，その景色」とかの意味である．この言葉に西部の強い思い込みが込められているのであろうが，意訳しすぎである．

貨幣経済の地獄めいた不均衡　ともかく，西部は，こうした解釈を手掛かりとしてケインズの「眼前には**膨大な失業と遊休資源**という**地獄めいた不均衡**がひろがっていたのであり」と描写しはじめる．そうして，ケインズは「その不均衡を説明するために，人間の行為論的本性がクローズ・アップされたのであろう」と考えるのである（西部1983: 157-8，太字は筆者）．

こうした地獄絵に等しいイメージで貨幣経済を特徴づけたうえで，西部は次のように論断するのである．

「ケインズは力点を大きく移動させて，それら（「不均衡」のこと＝筆者）が，**経済世界の中心部において永続的に存在する**のだとみなそうとしたのである．つまり，未来への期待と過去からの慣性を担って行為する個人や集団は，内的にも外的にも，**絶えざる不均衡，不調和，不協和**のなかにおかれていると彼は考えた」（同158，太字は筆者）．

かくのごとく，「地獄めいた」とか，それが「永続的に存在する」，あるいは「絶えざる」とかの修辞を用いて，貨幣経済の不均衡をひたすら強調するのである．この時期の西部は，かつての「万年恐慌論」や「資本主義の全般的危機論」を引きずっていたのだろうか．

(2)　西部の経済学と期待論

刮目すべき西部の「期待」論　西部は次のように論じている．

「ケインズ経済学の精髄は，客観的な法則の宇宙を構築することをもって自

らを自然科学に擬そうとしていた経済学の正統的潮流にたいして，期待という主観的の要素をぶつけたところにある」(西部 1983: 168-9)．ここで「ぶつけた」との表現が面白い．

「経済学の総本山ケムブリッジにおいていわば主観主義の革命を起こしたということ，そしてその革命が，単に経済学という学術的領域にとどまらず，彼の多方面にわたる活動のすべてと共鳴しあうものであるということとにおいて，ケインズはやはり屹立している」(同 169)．

このように期待を評価し，位置づけた研究は類例がないのではないか．

「期待要素」を『確率論』にさかのぼる 期待を「ケインズ経済学の精髄」とも評価する西部は，ケインズ『確率論』——筆者のいう『蓋然性論』——に解釈を拡張しようとする．

「期待要素に対する彼の配慮が『確率論』あたりに源を発していることはもっと注目されてよい」(同 169)．

西部は次のようにも指摘している．

「長期期待を極めて不安定なものにする不確実なことがらにかんする期待は，通常の確率論でいうところの確からしさの問題とは別次元にあるのだと彼が考えていることは，ケインズの期待理論を解釈する場合，なによりも大事である」(同 169)．

こう指摘したうえで不確実性について妥当にも次のように主張している．

「彼が未来は不確実だというときには，何が起こるかよく分からないという意味での不確実性，つまり人間の無知にもとづく不確実性である．形式的に記述することが困難で数量的に表現することの不可能な不確実性，ケインズが問題にしたのはそれである」(同 169)．

「期待」—「経済学に尽きせぬ自己不安の種」 西部はケインズ期待論を最大限に評価したはずである．だが，『ケインズ』の第 5 章「経済学」での西部のケインズの期待概念についての評価はいささか厳しすぎるのではないか．彼は，ケインズが期待について，「雑然として解説を施しているにすぎない」と酷評しているのである．

「経済学にとって期待要素は依然として未知のものである．ケインズはその未知のものの恐ろしさだけを指摘するにとどまっていた．その解明のためには，

間違いなく，心理学や社会学や政治学やを動員しなければなるまい．そうした仕事をするには，ケインズはあまりに経済学者でありすぎた．『一般理論』を支える最大の礎石が期待要素であるにもかかわらず，彼はそれに雑然として解説をほどこしているにすぎない」(同179).

とはいえ，西部のケインズ論の独自性，その真骨頂は，かくのごとく酷評すると同時に『一般理論』の特筆すべき貢献と評価する点に見出せるのである．

「経済学的の思考からみれば，期待要素は礎石であるどころか，爆薬にもひとしい．つまりそれは非経済学の世界へ大きく開口している．『一般理論』の特筆すべき貢献は，経済学の閉鎖圏に期待という名の裂け目を見出したこと，かくして経済学に尽きせぬ自己不安の種をまいたことだと私は思う」(同179).

西部は『一般理論』の特筆すべき貢献は，経済学の閉鎖圏に期待という名の裂け目を見出したこと，かくして経済学に尽きせぬ自己不安の種をまいたことだと私は思う」(同179)と逆説的ともおもえる評価を下してこの項を終えている．こうした論評は彼ならではの示唆に富んだ意味深い洞察であるといえるのではなかろうか．

西部を褒める一方で，貶すというわけではないのだが，ここで意外なことを指摘しなければならない．それは，西部が，ケインズの経済学における期待という「心理学的要因」をかくのごとく重視しながらも，フロイトと精神分析学のケインズへの影響について，等閑に付している点である．もっとも，これには1980年代の初頭に英米圏でケインズとフロイトとの関係について論じた研究は少なく，目に入らなかったという事情があったかもしれない．しかしながら，ケインズの『平和の経済的帰結』(1919年)，『貨幣論』(1930年)といったケインズの代表的著作にフロイトの精神分析への言及がある．該博な西部がこうした論及を知らなかったわけではないだろう．それだけに彼のフロイト派やこれを下敷きにして台頭しつつあったラカン，独自に脱構築を目指すデリダらのポストモダンの動向への無頓着さが気にかかるところである．

2. 間宮陽介の期待論

(1) ケインズ経済社会論の基礎論としての期待

ケインズ経済体系の二重の側面としての期待　間宮は次のように論じる．

「知識論がモラル・サイエンス全体の基礎論だとすれば，期待論はケインズ経済社会論の基礎論に相当している．人間が存在論的に無知だという認識は彼の経済社会論の底流を流れており，このために，彼は期待という人間活動の要素に従来の経済学に比べると破格とも思えるほどの位置を与えるのである」(間宮 2014［1983］: 163)．

間宮は，かくのごとく，期待をケインズの経済学体系の根底に位置づけているのである．

「この期待要素はケインズの経済体系では二重の側面，微視的側面と巨視的側面とでも呼べる二つの側面，をもっている」．

期待は一方では「経済主体の意思決定と深い関わりをもっている」．他方でそれは「ケインズ経済体系の究極の骨格を与え」，それに「通常の市場理論とは著しく異なった特徴を与えるのである」．また，期待の「タイプに応じて企業家，投資家，消費者（労働者）という三つの階級が識別される」（同 163）．「期待という要素はケインズの三階級の識別基準」（同 163-4）なのである．ここで間宮は，期待を「三階級の識別基準」であると独自に主張している点に，とくに，留意したい．

入手した知識の質と量にかかっている「期待」　間宮はこのあとケインズの蓋然性論に関連させて期待について論じる．

「（ケインズは）期待＝推論の中身には立ち入らず，かえってそれを所与としている．したがって形成された期待の良し悪しは，彼の期待論においては，ひとえに手許にある知識（期待や推論の前提となる証拠）の質と量にかかっているのである．質，すなわち証拠の，形成された期待にとっての有利・不利のバランスは，形成された期待の蓋然性（『確率論』での『確率』）を決定し，証拠の絶対量は形成された期待についての確信（コンフィデンス）の度合（『確率論』での『論証のウエイト』）を決定する」（同 165）．

以上のような間宮のケインズ蓋然性論と期待の解釈は，至極妥当なもので，当時としては評価されるべき内容であった．

経済主体の意思決定に影響を及ぼす「確信」 確信への論及は，間宮の面目躍如たるものがある．彼によれば，確率と確信はともに経済主体の意思決定に影響を及ぼすが，ケインズはとりわけ後者を重視した．「たとえば高率の投資収益が高い確率で見込まれても，この投資収益を予想するさいの知識が絶対的に乏しければ予想の**確度**は低いはずで，したがって企業はこの投資を躊躇するに違いない」．彼の主張によれば，「確信の状態（states of confidence）は資本の限界効率表に多大なる影響を及ぼし，そのことを通じて経済問題に関係してくるのである」（同 165, 太字は筆者）．

間宮はここで，「予想の知識が乏しければ」→「予想の**確度**は低い」と論じているが，正確には予想が起こりうる確からしさ，つまり蓋然性の予想にかかわる「証拠の重さ」が低く，不確実性の程度が高い，というべきであろう．

「あやふや」な「期待」と「不安定な経済」「万華鏡的世界」 間宮は話題を転換し，次のように論じ始める．「ケインズの目にする経済」，それは「きわめて不確実な経済，期待を形成するさいの基礎となる知識があやふやで頼りない経済」である．彼はこういっている．

「数年後の投資収益を支配する要因についてのわれわれの知識はふつうきわめてわずかであり，それはしばしば無視しうる程度のものである」（*CW* VII 1973: 149）．

「このような状態のもとでは，確信に満ちた期待を形成することは**ほとんど絶望的だということになるであろう**」（間宮 2014: 165, 太字は筆者）．こう述べた間宮は続けて次のように論じる．

「じっさい彼は，J. ロビンソンや G.L.S. シャックルらの"ファンダメンタリスト"がケインズ理論の決定版であると目する論文（*QJE* 論文のこと＝筆者）の中で，経済社会の不確実性の意義を際立たせて論じ，期待がいかにあやふやで頼りないものであるかということを**激しい口調で論じている**．

こうして，ケインズの論旨を一貫させると，経済社会はおおむねシャックルの描くような，一事が動揺すれば万事が根こそぎ揺らいでしまう万華鏡の世界となってしまうであろう」（同 165-6, 太字は筆者）．

ここでケインズが「激しい口調で論じている」とあるが，そうであろうか．

また，不安定な経済社会をシャックルにならって万華鏡に喩えることは適切であろうか．万華鏡を実際に操作した際に「一事が動揺すれば万事が根こそぎ揺らいでしまう」といった視覚的印象を受けるとは思えない．人が万華鏡をのぞき，動かした場合に出現した鏡像は以前とは異なるものの，均整的で均衡的な視覚的世界が出現するに違いない．したがって，万華鏡をもって経済社会の不安定性を特徴づけるのは妥当なレトリックの方法とは言えないのではなかろうか．

さらに『一般理論』と QJE「雇用の一般理論」の中心的論点を比較した場合，QJE の当該論文が『一般理論』の核心的な内容を再論したものであるとの解釈に立って論文を評価することに，疑問を呈する向きもある．この種の議論で代表的なものは，『貨幣論』，『一般理論』，QJE「雇用の一般理論」の発展段階を画すべきであるというものである．この議論によっては，「雇用の一般理論」は『一般理論』の第二版といった位置づけになり，そこでは不確実性が一層強調されているとの評価になる．

(2) 間宮の類型論──ケインズの「三つの期待」「三つの階級」論

本来の企業家の姿を問うたケインズ期待論　間宮は次に「企業家のほんらいのあり方」とか"真正"な期待」とかの視角から議論の展開を試みている．

「彼は期待をそれじたいとして論じるよりは，むしろ（長期）期待を論じることによって**企業家のほんらいあるべき姿**を問題にしていたのだと思う」（間宮 2014: 168）．だが「企業家はもはや彼の願うような形では期待を形成していない，**彼らは投機家と化してしまっているのだ**，というのがケインズの現状認識であった」（同 168，太字は筆者）．

間宮の理解では，「知性主義者ケインズ」にしてみれば長期期待が「理想とする"真正"な期待であるが，現実には真正なさざる別種の期待が企業家を領導している」（同 168）のであった．

そうして間宮は次のように論じるのである．

第一に，ケインズの考える期待の「タイプ」が「三階級の識別基準である」．
第二に，ケインズは，期待それ自体として論じるよりは，むしろ長期期待を

論じることによって「企業家」の「ほんらいあるべき姿」を問題にしていたのである．

　第三に，しかしながら，「企業家」は，ケインズの「願うような形では期待を形成していない」のであって，「企業家」は「投機家と化してしまっている」というのが彼の「現状認識であった」（同 168）．

　かかる間宮の期待解釈がケインズの理解として妥当であるかを考えてみなければならない．

　三つの期待と三つの階級論への疑問　間宮は論じる．「三つの期待は三つの階級を生み，これらの階級はさらに彼らの活動の場である」三つの「市場のタイプを識別し特徴づける」（同 164）．

　この理解では，ざっくばらんにいえば，「期待」が「階級」を生み出し，それらが「市場」を特徴づけるという，転倒したかのような議論になってしまっている．こうした理解でよいのであろうか．

　間宮がいうには，この市場では，貨幣が独自の役割を果たす．

　「三つの市場を有機的に連結し，そうすることによって経済をひとつの経済社会として成り立たせているもの，それが貨幣である」（同 164）．

　「ケインズの三つの階級，すなわち企業家，投資家，労働者（消費者）という三階級も，表面的にみる限りではべつだんどうということもない経済階級である．……だがこれらを不確実性に対処するときの行動様式，期待の類型の相違によって区分するとき，すなわち企業家は長期期待によって，投資家（投機家，金利生活者）は機会や状況に敏なる機会主義的期待によって，そして労働者（消費者）は慣習的期待によって階級を特徴づけ識別するとき，この階級区分はケインズの経済体系の根幹に関わってくるのである」（同 170）．

　かかる間宮の説明は独自な解釈で際立っているといえるが，すでに言及した問題に加えて，いくつか重要な論点が生じる．

　第一に，それがはたしてケインズの論じようとした議論であるのか，という問題である．間宮は，はじめは「三階級」を「企業家，投資家，労働者（消費者）」としていたはずである．ところが，この直後の文書では，「投資家」を括弧内で「投機家」と「金利生活者」とに二区分して把握している．つまり，「投資家」＝「投機家」＝「金利生活者」と解釈をかえているのである．はたして，

こうしたケインズの解釈は妥当であろうか．「長期期待」が論述される第5章，それに第12章を中心に投資誘因について論じていたところで，ケインズはこのような「投資家」論を説いていたのであろうか．

そこでケインズの記述にあたると，「生産者」と区別された「投資家」を考えていたことをうかがわせる記述がある．『一般理論』の第2篇「定義と基礎概念」第5章「産出量と雇用を決定するものとしての期待」の冒頭部分に次のように書かれてある．

「企業者（この言葉の中に生産者と投資者の両方を含める）」'the entrepreneur (including both the producer and the investor in this description)'（CW VII 1973: 46; 邦訳 1995: 47）．

これについて宅和は次のよう論じている．第5章でケインズによって「『企業者』として一括されていた『生産者』と『投資家』が」耐久財について論述するところで「明瞭に分割されたこと」，これによる「『投資家』の強調」は，いったい何を意味するのか．

宅和は次のように考える．

「投資家」とは，「生産者と区別されるところの『企業者』，すなわち，これまでは企業者の語に埋もれていた『投資家』である．投資家とは，投資決定にかかわるものとしての企業者であり，資本設備の購入を決める意思決定者としての企業者である」（宅和 2005: 69）．

この問題で宅和は次のように念を入れている．「『投資家』の語を素朴に解して，生産者としての企業者に資金を貸しつける者，金利生活者，あるいは普通の資金運用者（貯蓄主体）と混同してはならない」（同 69）．

こう解釈することで，宅和は明確に間宮のような単純な「投資家」解釈を否定しているのである．

さらに，間宮の三つの期待，三つの階級という図式的な理解も問題である．宅和は第4篇「投資誘因」第12章「長期期待の状態」の解釈にあたって期待の主体について念を入れ，「生産者としての企業者」と「投資家としての企業者」の区別する必要を論じている．

「（『一般理論』第5章でケインズが）企業者の期待を，産出物の価格に関する期待（短期期待）と予想収益に関する期待（長期期待）に分けたケインズは，

前者の意思決定は『生産者としての企業者』が，後者のそれは『投資家としての企業者』が行うものと考えていた」（同 162）．

注目すべきは，この注記で宅和が，ここでの投資家（investor）の語は「もっぱら実物投資を視野においた言葉であり，旧資産の購入とか金融資産間の選択行為」を行うものではない，と記している点である．さらに，これに付け加えて次のように注意を喚起している．

「（ケインズが）『プロの投資家（professional investor）』*というときの『投資家』は，『投機家（speculator）』と同じ意味に用いられている（p.154）」（同 162）．

この問題では滝川芳夫も同様の指摘を行い，「短期期待」と「長期期待」における「企業者の二面性」に注意を促している．すなわち，「短期の意思決定を行う『生産者としての企業者』」と「長期の意思決定を行う『投資者』としての企業者」である．この上で，まず「短期期待」は，「生産者としての企業者が，いくらの売上金額（需要額）があるかについて行う予想のこと」であるとしている．また「長期期待は，新品機械の購入（投資）にかかわる予想です．つまり，投資者としての企業者が，新品機械を購入するときに，新品機械から生じる将来収益の系列について行う予想のこと」である（滝川 2010: 182）．

かくして宅和，滝川ともケインズに忠実に解釈し，間宮のような「投資家」＝「投機家」＝「金利生活者」との理解を否定しているのである．

「企業家」の「投機家」への「変貌」 第二に，間宮のケインズ理解では，三階級区分の企業家は「長期的期待」をもたずに「機会主義的に行動し目先の利益しか考えない投機家に変貌してしまっている」．間宮からすれば，ケインズは，「企業家が目先の利益にとらわれずに長期的な期待をもって事に対処してくれたなら，いまこの時代の慢性的な不況はなかったかもしれない，あるいは何らかの手立てによって企業家を長期期待の状態に導いてやれば，この不況も早晩収束することであろう」（間宮 2014: 171）との思いがあったのである．

だが「企業家」は「投機家」に変貌を遂げ，経済に組み込まれてしまうと，新たな困難を生み出しかねない．

---

* これを塩野谷訳では，「玄人筋の投資家」と訳している（邦訳 1995: 152）．

「このような投機家（もとは「企業家」であった＝筆者）が経済の中にみずからの場所を占め，**経済に構造化されてしまっているからには，彼らを長期期待の状態に導こうとするとかえって事態を悪化させる惧れがある**」（同171，太字は筆者）．

加えて，間宮によれば，「この投資市場はというと，それがつねに流動的な状態にあるのでなければ……企業の投資を促し経済を発展に導くというそれ本来の役割をはたさなくなってしまう．ケインズの現状認識はこのようなものであった」（同171）．

期待こそが投資市場のカジノ化，浮動性，不安定化の根底に横たわる要因であるというわけである．間宮は，かく論じた後さらに，「この投資家あるいは金利生活者は，ケインズのみるところではやはり，経済を不安定な状態に陥れ経済を停滞に至らしめるところの張本人である．ここから彼はこの『無機能な』投資家階級（投資家あるいは金利生活者＝筆者）の安楽死を切に願う事になる」（同171）．

「企業家」はどこに行ったのか　議論がやや錯綜してきた．ここで改めて整理するとこうである．間宮は，まずケインズは，①「企業家」，②「投資家（投機家，金利生活者）」，③「労働者（消費者）」という「三階級」論に立っているとする．これらを所有面から捉えると，①は「実物資本の所有者」，②は「金融資産の所有者」，③は「労働の所有者」である．また，それらを「期待」と「行動様式」で捉えると①は「長期期待」，②は「投機的な期待」，③は「慣習的期待」によって特徴づけられる．このうえで間宮は，経済社会が変容するなかで，①の「企業家」は，「投資家（投機家，金利生活者）」に変容したと論ずる．それというのも，「いまの企業家はおおむね機会主義的に行動し目先の利益しか考えない投機家に変貌し」，「このような投機家が経済の中にみずからの場所を占め，経済に構造化されてしまっている」（同171）と論じる．

間宮によれば，「不確実性という無知の暗闇の中を長期的な展望をもった期待に導かれてつき進んでいく企業家」が「ケインズの理想とする企業家像」（同170）であったはずだ．「企業家」が「投資家（投機家，金利生活者）」へと「変貌」したのであれば，「企業家」はどこに行ったのか．「企業家」が「機会主義的な」「投機家，金利生活者」に「変貌」したというのであれば，ケイン

ズの「三階級」把握は一体どうなるのであろうか．

「投機家」性悪説？　「企業家」は「投機家」に変貌したと論じる間宮は，この「投機家」について，次のように特徴づけている．

「この**投資家**あるいは**金利生活者**は，やはり経済を不安定な状態に陥れ経済を停滞に至らしめるところの張本人である」（同171，太字は筆者）．

機会主義を否定的に評価してしまった間宮は，少々，言い過ぎであることに気づいたのであろうか．次のように急に論調を転じる．

「だが，機会主義的な期待形成，機会主義的な行動は経済にとってそれほどまでに無機能なのであろうか．浮動し変動する経済状況の本質を素早く察知し，その事を通じて所定の目的の達成を図る，このような有意義な側面をもっているのではないか．じつをいうと，機会主義は，一面ではこのような機能を果たしている．機会主義のこの側面はむしろ長期期待，少なくとも私のいう意味での長期期待のもつべき一面である」（同171）．

間宮は，一旦は投資家，あるいは金利生活者の投機主義は，「慢性的な不況の要因」「経済を不安定な状態に陥れ経済を停滞に至らしめる張本人」（同171）としていたはずである．だが，彼は，この評価を一転させ，「有意義な側面をもっている」として肯定的に評価するという真逆の結論を導いているのである．

大衆社会化と素人投資家の登場　ケインズが第12章で論ずる当時の資本市場の実態に即してみると，間宮が読み解くように，ケインズが「三階級区分」と「三つの期待」論にもとづいて実際に資本市場の分析を試みたか，疑問を持たざるを得ない．

ケインズは，米国の大衆社会化，株式市場への大衆の参加という新たな現実を直視し，市場や参加者の投資行動の変化に注目した．株式所有構造の変化（所有と経営の分離，群小株主の登場など），投資行動と価格形成のメカニズムの変化などに強い関心をいだいた．そうして素人投資家，群をなす大衆の投資心理，集団的な投資行動の特性，専門投資家の態様などを論述の対象にした．

ケインズは，訪米中に次のような実情を観察したのであろう．

「社会の総資本投資の株式のうち，経営に参加せず，特定の事業の現在および将来の事情についての**特別の知識**をもたない人々によって所有されている部

分が次第に増加した結果，それを所有している**人々**やそれを買おうと考えている**人々**が行う投資物件の評価の中には，実情にそくした知識の要素が著しく少なくなっている」(*CW* VII 1973: 153-4; 邦訳 1995: 152，一部改訳，太字は筆者)．

「**多数の無知な個人の群集心理**の産物としてつくり上げられた慣習的な評価は，激しい変動にさらされがちである．なぜなら慣習的評価に固執するだけの強い確信の根拠がないからである」(*ibid*., 154; 同 152，一部改訳，太字は筆者)．

「**普通の素人投資家**よりも優れた判断と知識をもつ専門の玄人筋の間の競争は，孤立した**無知な個人**の気まぐれを修正すると考えられてきたかもしれない」(*ibid*., 154; 同 152, 太字は筆者)．

「……，ある種の投資物件は，専門的企業家の真正な期待によるよりもむしろ，株式取引所で**取引する人たち**の，株式価格に現れる**平均的な期待**によって支配されるのである」(*ibid*., 151; 同 149，太字は筆者)．そして美人投票についてのよく知られた相互主観的な選択行為が描写されている．

ここでのケインズは件の「三階級」「三つの期待」アプローチにこだわってはいない．「人々」「多数の無知な人々」「群衆（心理）」「普通の投資家」と「玄人筋」そして「無知な個人」などの日常語で括られた投資にかかわる行為主体の投資活動が，証券市場分析の主たる関心の的になっているのである．

第9章
ケインズの「不確実性」論について

はじめに

　杉本栄一は，ケインズ『一般理論』体系の核心的概念として不確実性の重要性を次のように指摘している．

　「ケインズにおいては，期待の問題が，不確実性及び不確定性の問題と密接に結びついて導入されている．将来的事件は不確実です．したがって実践者がその将来的事件について描く表象の内容は不確実です」（杉本 1981 [1950]（下）：136）．

　われわれも本書の終わりに不確実性を論じることで，一応のまとめにかえよう．

　「蓋然性」論から「不確実性」論への主題の転換　これまでの考察に基づき「不確実性」論をめぐる議論の焦点を説明した上で，ケインズにおいて「蓋然性」から「不確実性」へと考察の焦点が転換されたことをあらためて確認したい．それは，ケインズにおいて，第一次世界大戦を契機にして，初期の「蓋然性」をめぐる問題関心から「不確実性」へと行為論での主題の転換があったと言うものである．

　『蓋然性論』は，ケインズが15年有余の年月をかけて，第一次世界大戦という中断を挟み，ながらく推敲を重ねてきた研究を取りまとめたものである．この著作について，近年に至りようやく本格的に取り組まれてきたが，そこで説かれた蓋然性論，基礎となった方法論，認識論については定まった評価は得られていない．さらに，1930年以降にケインズがその哲学，認識論，倫理思想を転換したのか否かをめぐる論争の決着もつけられたとは言えない．

連続説は,『蓋然性論』から『一般理論』にかけた認識論,倫理思想の連続性,あるいは一貫性を読み取るのに対して,断絶説は,ウィトゲンシュタインやラムジー,あるいはフロイトの影響を認めて,初期の哲学,認識論,倫理思想からの転換があったことを主張する.

これに対して,フィツギボンズ,スキデルスキーは,連続か断絶かで争点となった問題や二分法的枠組みにはかかわらず,ケインズの哲学,思想の流れを読み解こうとするアプローチである.両者とも,第一次世界大戦を契機にして,ケインズに世界観,人生観の転換があったとの認識では共通している.

われわれは,かかるアプローチに注目し,世界観,人生論の転換とともに,ケインズは行為論の主題を蓋然性から不確実性へと転換を図ったと考える.そうして,『一般理論』では,期待とともに不確実性がそこでの経済行為論を基礎づける概念として重要な役割を果たすことになったと主張するのである.

『若き日の信条』でのケインズの回想の読解は,意外に難しいが,彼がムーアの「宗教」を受け入れ,「道徳」を退けたとの論述は,そのまま,受け入れてよいであろう.

ケインズは確かにムーアの「道徳」を受け入れ難かったに違いない.ムーアは『倫理学原理』で,不確実な状況下での行為論として,人が,人生の究極の目的を実現しようとしても,蓋然性に基づいたその正当化がはかれないのであれば,伝統と慣行に頼らざるを得ないと説いたのであった.

不確実性に満ちた世界にあっても人は合理的精神を発揮し,行動しうるし,行動すべきである.こう考えるケインズにとっては,個人の選択の自由の信条,ケンブリッジ合理主義の精神から,ムーアの主張は受け入れ難かったのである.そこで彼は,ムーアの道徳論,行為論をより根源的に批判するために,倫理学と蓋然性論の研究に立ち向かったのであった.

ケインズはムーアの直観主義や有機論的アプローチを受け継ぎ,また,当初はラッセル,ホワイトヘッドらの公理的,記号論的な論理学の影響を受けながらも,彼はまずはムーアの頻度理論に立った蓋然性論の批判に向かったのである.

蓋然性論から不確実性論へ 軽減できない不確実性と確実性とは両極端に位置する.このあいだの領域が蓋然性/不確実性の領域である.知的エリートと

しての若き日のケインズは，やや楽観的な，自由主義的個人主義の立場から，人生を謳歌していた．彼の行為論もこの立場からの問題関心に強く影響を受けていた．彼は，手始めに「蓋然性」の研究に着手し，不確実な世界での蓋然性，つまり将来起こりうることの予測を問題としていたのである．

われわれの見立ては，その彼がやがては，不確実性こそが世界を特徴づける概念であり，それによる行為論の究明こそが，彼の生きる時代が要請するものであったと考えるようになったというものである．こうした蓋然性から不確実性への問題関心の転換は，フィッギボンズ（1988年）が「蓋然性の薄明かりの闇夜への転変」として画期づけ，これをうけてスキデルスキー（1983年，1992年）が説いていた視角なのであった．

1. 『一般理論』以前の文献に見る「不確実性」論

『貨幣改革論』での「期待」，「不確実性」　スキデルスキーは，『ケインズ』（Skidelsky 1996; 邦訳 2001）でこの問題について次のように論じている．

「『貨幣改革論』は，貨幣的なショックが，物価の将来の動向に関する不確実性ゆえに経済活動に影響を及ぼす可能性のあることを認めている．数量説論者は，貨幣量と物価との間の正比例性に攪乱を生じさせるのは物価水準の予期しない変化だけである，と主張する傾向を持っていた．これに対して，ケインズは，もっと現実に即して，たとえ物価の上昇や下落が期待されたとしても，その動きの程度に関する**不確実性**＊が経済活動に影響を及ぼすこともありうる，と主張した．ケインズは，**不確実性**のもつ中心的な重要性をすでに認識していた」（*ibid.*, 57; 邦訳 107-8，一部改訳，下線，太字は筆者）．

『自由放任の終焉』での「不確実性」への言及　ケインズの「不確実性」への言及としては1926年にレナード／ヴァージニア・ウルフ夫妻のホガーズ・プレスから刊行された『自由放任の終焉』のなかの一文が知られている．それは1924年11月6日のオックスフォード大学シドニー・ボール財団年次総会での「自由放任の終焉」と題した講演，および1926年6月のベルリン大学での

＊　邦訳者はこの「不確実性（uncertainty）」を「確実性」と訳していた．

同様の講演がもとになっていた．そこでケインズは，次のように論じていた．
　「現代における最大の経済的諸悪の多くは，危険（リスク）・不確実・無知から生じた果実である．それ故に，境遇または能力に恵まれた特定の個人が，不確実および無知に乗じて利益を収めることができるのであり，またそれ故に，同じ理由で大企業がしばしば一種の宝くじと化し，富のはなはだしい不平等が起こるのであり，それらの同じ要因が労働者層の失業，または，妥当な事業活動期待の挫折，能率および生産の減退などの原因となっている」（CW IX 1972: 291; 邦訳［救仁郷］1969: 294）．
　ケインズは，この「治療法」として，中央機関による通貨・信用の計画的統制，企業情報の全面的な収集と開示，貯蓄と投資の管理の必要性を強調していたのであった．

2．『一般理論』の中心概念としての「不確実性」

　ケインズのリスク論　ケインズは『一般理論』第 11 章で「リスク」について論じている．率直に言って，「限界効率」の概念を読み取ることに精一杯で，なぜここで論じているのか，しばらく分からず，読み飛ばしていた．
　だが，今に至って，まず，気づいたことは，ここでケインズがリスクと不確実性とを区別して論じている点である．ナイト同様に，ケインズもこれら二つの概念の違いを認識していたのである．
　また，ケインズは，本文では蓋然性なる概念に言及していない点も気になった．彼は，本文の最後に近い箇所で，ただ注記で触れているのみである．第 11 章で「蓋然性」についても論じてもよかったように思ったが，第 12 章が控えていることを考え見送ったとも考えられないこともない．
　それに，「不確実性」が実際に言及されていないとしても，「期待」概念とともにこの概念が念頭に置かれ，論述が進められていることがわかる．「不確実性」が表には現れてはいないが，隠然たる概念として本文の論述の基調となっていることは，のちに指摘するような「限界効率」に影響を与える諸要因について論じた箇所からも見てとることができる．
　こうした点を理解した上で，ケインズが指摘しているリスクについて確認し

ておこう．

　ケインズは次のようにリスクを区別した．①企業家リスク，あるいは借り手のリスクである．企業家は期待収益を実際に実現できるのかどうかが問題となる．②貸し手のリスクである．これは，借り手の債務不履行や担保能力の不足によるものである．③貨幣価値の変化による貨幣による貸付が実物資産に比してより危険なものになるという場合である（*CW* VII 1973: 144-5; 邦訳 1995: 142-3）．

　リスク・プレミアム　ケインズは 1938 年 12 月 7 日付ヒュー・タウンゼンド宛書簡で次のように書いている．

　「私は，厳密に言えばリスク・プレミアムを確率に結びつけ，流動性プレミアムを拙著『蓋然性論』で『重み』と呼んだものに結びつけたいと思います．本質的な区別は次のとおりです．リスク・プレミアムは平均すると期末の収益増加によって報いられると**期待***します．他方の流動性プレミアムはそのように報いられると**期待**されることすらありません．それは，期末において有形の所得が増加すると**期待**されることに対する支払いではなく，その期間中に安心感と自信が増すことに対する支払いなのです」（*CW* XXIX 1979: 293-4: 邦訳 2019: 356-7，一部改訳，太字は筆者）．

　資本の限界効率と不確実性　不確実性は資本の限界効率論によって黙示されている主題であった．この点に関して宅和が，ケインズ「資本の限界効率」を「正確に捉えるポイント」として次のように論じている．

　「予想収益，現在から将来に広がる時間，社会的な取引関係のいずれを取り上げても，まったく不確かな事柄であって手に負えそうもない．しかしここで，問題を不確実性に集約して，それがいかに計測しうるかと問うたり，その概念を定義したりするのは，それほど重要なことではない．……肝心なことは，不確実な現実の中で行われている実物投資＝資本資産の購入に思いをはせること，すなわち現実世界に身をおいて不確実性を『知る』ことである．それを知れば足りる．眼前に広がる闇のような不確かさは私たちの日常そのものであり，それをまるごと受容することに始まり，かつそれに終わる．売上高と収益（利

---

　*　邦訳では expected，あるいは expectation が「予想」と訳されている．

潤）額を予想しながら，資本設備と雇用の規模をどうするかと思案し，取引先との受け取り・支払いや資金繰りを心配している人々の日常は，企業の大小を問わず，それ自体が不確実な世界であり，人々は身をもってそれを知っている．経済学者の任務は，不確実性の計測や定義にあるのではなく，日常としての不確実性を知り，それを己の問題として思索することでしかない．それを文字どおり実践したのが『一般理論』だといっても的外れではないように思う．……」（宅和 2005: 144）．

経済的行為主体である企業家は，不確実性の状況下で，予想収益についての期待に確信を抱き，経済的行為を決断するのである．

長期期待論と不確実性　ケインズによれば，経済活動をはじめる際の決意の基礎となる期待は，必ずしももっとも蓋然性の高い予測にのみ依存するわけではない．それは確信の状態に左右される．その状態は，彼が，つねに，綿密かつ熱心な注意を払っている事柄である．だが，経済学者はそれを注意深く分析せずに大雑把に議論することで満足してきた．だが，確信の状態は，資本の限界効率表とともに投資額に影響をもつ要因であり，重要なのである（*CW* VII 1973: 148-9; 邦訳 1995: 146-7）．

しかし，ケインズによれば，収益の予想とその確信の状態の根拠をなす知識たるものの基礎は「極端に当てにならない」ものなのである（*ibid.*, 149; 同 147）．したがって，事業経営に当たって人々はつねに数学的期待値に頼るわけにはいかず，予測も，確信も不安定な状態，不確実性のもとに置かれている．ケインズは，こうした知識の欠如と無知のもとで行動せざるを得ない点について次のように論じている．

「顕著な事実は，われわれが予想収益を推定する際に依拠しなければならない知識の基礎が極端に当てにならないということである．投資物件の数年後における収益を規定する要因について，われわれの**知識**は通常きわめて乏しく，しばしば無視しうるほどである．率直に言えば，われわれはある鉄道，銅山，繊維工場，特許薬品ののれん，大西洋定期船，ロンドン市の建物などの 10 年後における収益を推定するに当たって，われわれの**知識**の基礎がほとんどないか，時にはまったく無であることを認めなければならない．5 年後についてさえそうである．事実，このような推定をしようと真面目に試みる人々はいつも

非常に少なく，市場を支配するのはこういう人々の行動ではない」(*ibid.*, 149-50; 同 147-8，太字は筆者).

第13章「利子率の一般理論」での不確実性 ケインズによれば，資本の限界効率表は貸付資金が新投資のために需要される際の条件を支配するものであるが，利子率は資金が当期に供給される条件を支配する．

人々が所得のうちどれだけ消費するか決定したあと，将来に対する支配力をいかなる形態で所有するのか，つまり，それを即時的，流動的な支配力の形態で保有するのか，それとも即時支配力を手放す用意があるのかの問題が残る．

彼が貨幣の形態で保有することを選択する流動性選好説に立てば，利子率は流動性を手放すことに対する報酬，あるいは貨幣所有者が貨幣を手放すことを欲しない度合を表す尺度である．

ここで $M = L(r)$ である．

(M：貨幣量，L：流動性選好関数，r：利子率)

このあと，ケインズは，「富を保有する手段としての貨幣に対して流動性選好が存在するために欠くことのできない必要条件がある」として次のように述べている．

「この必要条件は，利子率の存在に関する**不確実性**，すなわち将来の各時点に成立するさまざまな満期についての利子率の複合体に関する**不確実性**の存在である」(*ibid.*, 168; 同 166，太字は筆者).

「欠くことのできない必要条件」としているのは「**不確実性の存在**」であった．ケインズは，この短い一文で不確実性の語を繰り返して二度にわたりイタリックで表記し強調している．不確実性が利子理論にとっての不可欠な，その前提となる概念であることが分かる．このあとケインズは，債券 (debt) 価格や利子率の値，将来の利子率の**不確実性**について論じ，さらには損失の危険との関連で保険数学的期待値についてその計算可能性について疑問を投げかけていた (*ibid.*, 168-9, 同 166-7，太字は筆者). さらに，不確実性と利子率，債券価格の形成に関しての興味深い論述が続き，組織化された市場では「利子率の将来についての**不確実性**の存在から流動性選好が生ずる」と説いていた (*ibid.*, 169; 同 167，太字は筆者).

ここではまた限界効率と同じように群集心理の役割が重視されている．

「群集心理によって決まる利子率の将来に関する**期待**もまた流動性選好に対して影響を及ぼすのである」(ibid., 170; 同 168, 太字は筆者).

さらに『貨幣論』での「強気筋」「弱気筋」論が再把握される．そして，債券価格は「弱気筋」の売りと「強気筋」の買いと均衡する点で決定される．

こうした流れで，流動性選好の三つの種類（取引動機，予備的動機，投機的動機）が説かれる．貨幣の流動性，利子率を心理的要因である動機をもって説明しているのである．不確実性に関しては，さらに次のように述べている．

「貨幣量の著しい増加が将来に関する**不確実性**を大いに高め」「経済体系の安定性と，貨幣量の変化に対する経済体制の感応性とが，**不確実**な事柄についての意見の多様性に著しく依存しているということは興味深い」(ibid., 172; 同 170, 太字は筆者).

ともかくケインズは，不確実性，期待の概念を駆使しつつ「われわれはいまや初めて貨幣を因果関連の中に取り入れることができた」というのである (ibid., 173; 同 171).

3. モグリッジの『一般理論』と「不確実性」

モグリッジは，『一般理論』について，「ここで少し先を急いで最終的な完成物を見ておくことがおそらくより有益であろう」として次のように書いている．

「才気と優雅の閃きにもかかわらず，『一般理論』そのものは，ケインズの経済学に対する貢献の中でおそらく最も分かりにくく書かれている．ある程度，これは伝統的な分析の方式から『逃れようとする長い闘い』（『ケインズ全集第 7 巻，序 23 ページ』）の反映でもあり，とくに『貨幣論』における経験以後，定義の問題にかんする彼のたえざる苦悩の反映である．またそれはケインズが採用した分析形式の反映である．ケインズは彼の直観的な着想を『貨幣論』の継起的な枠組み——それは不均衡状態を取り扱うのに非常に適していた——の中で検討してみた後，その分析方法に含まれている異なった長さの時間を扱うさいの定義上の問題が彼の全般的な目的から注意をそらしてしまうことを知った．彼は 1935 年 6 月，J.R. ヒックスに次のように書いている．

『今度の私の書物では，物事を奥深く追求することはわざと避けています．

私の目的は，ある基本的な見解をできるだけ強く徹底的に主張することであって，それ以上のものではありません』．

　かくして彼は比較静学分析の方法を採用した．それは不均衡状態を描写するには基本的にあまり適していなかったけれども，専門家でない人々に彼の主張を理解させるためにはきわめて有用であった．このような困難に加えて，明快な見解から厄介な複雑さを隠しておこうとする『ケンブリッジ流の教授法』にかんする通常の問題があったり，講義の中へ社会哲学者や預言者としてのケインズがたえず入り込んできたり，実際には一方的な因果関係は存在しないのに，議論を一度に1段階ずつ進めることによってあたかもそれが存在するかのように見せてしまうケインズのまさにマーシャル的な習性があったりした．それにもかかわらず，彼がその384ページの書物の中にどんなに多くの内容をつめ込むことができたかを考えるとき，驚嘆を禁じえないのである」(モグリッジ 1979: 112-3)．

　モグリッジが，「最終的な完成物を見ておくこと」が「有益であろう」とした文章をここで長々と引用した．ケインズ全集の編者であり，後に『経済学者ケインズ (Maynard Keynes: An economist's biography, 1992)』を著すケインズ経済学研究の泰斗による『一般理論』の評価に関わる文章である．ここで彼は，いくつか重要な点を論じていること——たとえば「比較静学分析の方法」の採用，「ケンブリッジ流の教授法」，「社会哲学者や預言者としてのケインズ」，「因果関係」の扱いで受け継いでいる「マーシャル的な習性」——の指摘は，興味深い論点となる．だが，ここでわれわれが注目しているのは，モグリッジが，「その書物を全体としてみるとき……ケインズが過去の慣習や教義から訣別した点」として「不確実性」を中心に「(ケインズの理論の) 構成要素」を指摘していることである (同113)．それらを簡略に引用すると次のようである．

(1) 『一般理論』は，「主として価格よりも産出量に焦点をおいた」．

(2) 「『貨幣論』では**不確実性**は余談として述べられていたにすぎなかったが，『一般理論』では**中心にすえられた**」(モグリッジはこう述べて『ケインズ全集』に収録されている QJE「雇用の一般理論」からのよく知られた文章を引用している)．

(3) 「時間の中を推移する**不確実性**の世界においては，貨幣は特有の役割を

演ずる」．

(4) 「**不確実性の世界**が与えられているとき，経済主体が日々の行動において受け入れる『慣習』の中には，ある種の価格が含まれている」．「その結果，短期においては，価格は相対的に硬直的になり，短期的な攪乱に対する経済体系の反応は，産出高や雇用量の変化を含むものとなる」．

(5) 「**不確実性の世界**における貨幣の中心的な役割が与えられているとき，貨幣数量の変化は，実物経済に影響を与える．貨幣は中立的でないし，実物経済の単なるヴェールなのではない」．

(6) 『一般理論』のなかでは，彼に先行する経済学者たちの通常の仮定，すなわち経済体系は自動的に完全雇用に向かってのみ動いていくという仮定は誤りであり，経済体系は完全雇用に達しない状態で安定する可能性があると論じた．ケインズは，伝統的な完全雇用理論を一つの特殊なケースとする一般的な理論を提示した．

(7) 『一般理論』は，伝統的な相対価格理論と貨幣理論との統合を示している．そこでは「個別の供給および需要の動きを総体としての貨幣の動きと結びつけた」．「古い伝統の理論家たちは，**不確実性**，したがって貨幣のたんなる取引機能以外に貨幣に対する資産的需要を無視したために，ケインズによって提起された問題の核心を無視あるいは回避してきたということが，説得力をもって指摘されている」（同 113-7，太字は筆者）．

引用文からわかるように，「不確実性」「不確実性の世界」が頻出している．モグリッジは，この後さらに「ケインズ体系は，産出物の生産，投資および貨幣保有の決定が**不確実**な将来に関する期待に依存しているというものであるが」（同 118，太字は筆者）として「ケインズ体系」の「基本的構成要素」を四つあげている（同 118-21）．これらへの言及は紙幅の都合上，見送らざるを得ないが，ここで強調すべきは，モグリッジによって，『一般理論』の新たな「ケインズ体系」では「不確実性」が「中心にすえられた」点がひたすら強調されていることが理解できよう．

4. 「雇用の一般理論」とその後のケインズ

「雇用の一般理論」をどう位置づけるか　ヒックスの「ケインズ氏の雇用理論」(1936年6月)，「ケインズ氏と『古典派』」(1937年4月) が発表されるなかケインズは QJE「雇用の一般理論」で，「不確実性」に力点を置いた自らの考えを改めて論じることになる．それは，ヒックスの IS–LM シェーマへの反論を企図したものなのか，または，カーンが言うように，早くもケインズは新たな考えを打ち出した刊行物の出版を考えていたのかが重要な論点となろう．

E.A.G. ロビンソンのケインズ回想　ケンブリッジ・サーカスの一員として重要な役割を果たし，不完全競争論，独占の問題で業績を残したロビンソンは，ケインズの研究スタイル，学業について興味深い回想を残している．彼は，モグリッジが編集したケント大学「第1回ケインズセミナー」(1972年) の記録集『ケインズ：その人物と業績』(1974年) で，次のようなコメントを残している．

「最後に申し上げたいことがございます．メイナードは，われわれに，自ら質問し，自ら考えるようにと教えました．問題を通して自らの筋道を求めようとするときは，妥協することなく問題に取り組みなさい，繰り返し問いかけよと教えました．説教壇の牧師のように，人々がメイナードの聖典から文書を引用して教訓を垂れようとするなら――たいていの場合，何か全く見当違いなことを言っているのですが――彼はそれをひどく嫌ったであろうと確信しております．……．確かにメイナードは，『一般理論』を経済学における最後の仕事とは考えませんでした．彼の知的な発展は，『一般理論』で簡単にとどまることはなかったでありましょう．彼はいかにして次々に考え続けるかをわれわれに教えたのです．そうして，もし彼がここにいたのでしたら，皆さんにこう話したものと考えるのです．

「『一般理論』を忘れなさい．それは，経済学の一つの発展段階であって，その最後の言葉ではありません．先に進みなさい．自ら考えなさい．自ら考えるのでなければ経済学者として自分の仕事をしていないことになります」(Moggridge (ed.) 1974: 101, ヤング 1994: 287-8, 一部改訳)．

第9章 ケインズの「不確実性」論について　　353

ロビンソンはかくの如く，ケインズが自説に固執せず，修正する意図があったと回想しているのである．

IS-LM の謎　この問題で W. ヤングは，「IS-LM の謎」として次のような考えを表している．カーンは，後年，そのケインズ論で，「『一般理論』の解釈に関わり，*QJE*「雇用の一般理論」をもとにして IS-LM アプローチに対して攻撃を行っている．彼は，IS-LM とそれに関連する図形と数式が登場し始めた頃，これに「ケインズが抗議しなかった」のを遺憾とした．いうまでもなく IS-LM シェーマは，大方の評価ではヒックスに帰されるケインズ『一般理論』の理解の仕方であった．

だが，ヤングによれば，当時，ヒックスはいうに及ばず，ハロッド，ミードの『一般理論』の解釈に，ケインズが気づいていたと考えるなら，彼の1937年 *QJE* 論文は，彼らに向けられたものであったとも考えられる，と言うのである．ヤングの見立ては次のようである．

ケインズは，当時のヴァイナー，ロバートソン，レオンチェフらの批評に対してだけでなく，「ハロッド，ヒックス，ミードが順次提示した IS-LM アプローチに対して回答するために，*QJE* の論文を利用したということは，大いにありうべきことである」（ヤング 1994: 30-1）．

ヤングはこう問いかけて，このあと，IS-LM の由来，それがヒックスひとりの創造的なアイデアなのかについて『一般理論』の基本的特徴とそれをめぐる当時の論争をたどり，考察してゆくことになる．この過程の詳細な論述の検討は，ここでの課題ではないため省かざるを得ないが，およそ次のようなことが主張されている．

「IS-LM アプローチは，なによりも，ハロッド‐ミードが，ケインズ『一般理論』を典型的に表現するものであると考えた方程式体系の発見の産物である．ハロッド‐ミードの方程式体系を基礎として，次にヒックスの決定的な発見，すなわち，この方程式体系の図形による表現方法の発見に至るのである．それはヒックスが，今日有名なケインズ『一般理論』の「一解釈案」において，方程式アプローチと図形アプローチを統合したものである」（同 270-1）．

こうした事情を果たして当時のケインズは了解していたのであろうか．ヤングは，この点にはこたえず，「雇用の一般理論」は，「全体としての IS-LM ア

プローチに，そして，ハロッド，ヒックスおよびミードそれぞれのIS-LM的解釈に対するケインズの熟慮の上の反応であった，というのが私の見解である」と言うのである（同284）．

ヤングはこれに続けて次のような独自のIS-LMアプローチ理解を見せている．

「手短に言えば，ケインズは，IS-LMを完全に受け入れた――ヒックスその他が，ケインズはそう考えたと思うように――のではないし，ロビンソン，カーンおよびポスト・ケインズ派が考えたように完全にそれを否定したのでもなかった．むしろケインズは，愛憎半ばする気持ちを持っていたが，むしろ私が考えるように不可知論者であった」．

ケインズが「不可知論者」であったか否かの問題はここでは措くとして，ヤングによれば，ケインズは，『一般理論』の「単純な原理」と「基本的アイデア」を理解させるために，ヒックスやカルドアなど一般均衡グループや他の人々によってなされた様々な『一般理論』解釈をはっきりと拒絶しなかった」ということになる（同284）．つまり，ヤングは，ケインズのQJE論文は，IS-LMアプローチ批判を主題としてはいなかったと主張しているのである．

"ビュリダンの驢馬"を回避するには　ルンデ（Runde）は，ケインズの方法論について論じた論考（「ケインズの方法」（1997））で，第12章についての検討を終えた後，ケインズの方法について次のように結論づけている．

「ヒュー・タウンゼンド宛のケインズの書簡は，投資の意思決定理論に関するケインズの考えは，1930年代の終わりごろでも，かれが第12章で述べていたこととほとんど同じであることを示している」（ルンデ2005: 684）．

ここでヒュー・タウンゼンド宛書簡のケインズの一文とは次のような内容であった．

「一般的にいって，意思決定の際に，われわれにはたくさんの選択肢がある．これらについて最終的結果から得られる便宜の総額を各々順に並べるという意味での，あるものの選択が他のものよりも明白に合理的な選択であるわけではない．"ビュリダンの驢馬"*の立場に立つことを回避するため，われわれは，

＊　邦訳の訳注30で次のような注記がある．「同質同量の二つのまぐさの中間に置かれたロバは，どちらかをとるべきか決定できずに餓死するという話．フランスの哲学者J. ビュリダンがいったこととして有名」（ルンデ2005: 357）．

結果を評価するには合理的とはいえない，習慣（habit），本能，嗜好，願望，意思などの別の種類の動機にどうしても頼ることになるのである」（CW XXIX 1979: 294；邦訳 2019: 357，一部改訳）．

ここでケインズが言わんとすることは，不確実性のもとでの次のような判断の必要性ではなかろうか．つまり，不確実性に満ちた状況では，目前にある多様な選択肢のもたらすメリットを秤量して最大の結果をもたらすものを選択することはできないことが普通である．この場合，さしせまった選択を逡巡して時間を浪費することよりも，本能や嗜好などの直観的な気分，感情にもとづく行為選択の判断を尊重しつつ，不確実ななかで関連する情報を可能な限り収集しこれからその蓋然性を推論するという合理的判断の努力をはらったうえで，ある選択を行わざるを得ないという，なんとも難しい選択をせまられている．

以上が，QJE の「雇用の一般理論」でケインズが「いかにすれば，そのような環境のもと（＝「不確実性のもとで」＝筆者注）で，合理的な経済的人間としての面子を保つような行動ができるのだろうか」（CW XIV 1973: 114；邦訳 2016: 145）と問いかけた問題への回答であろうか．

5．シャックル「ケインズの万華鏡的理論」

シャックルは不確実性に力点を置いた「雇用の一般理論」をケインズ理論の核心として把握すべきであると論じた．大方のケインズ研究者たちは，その主張に破壊的で虚無的なスタンスを見て取ったのであろうか．シャックルの主張を，伝統的な経済学の合理的行為論と科学主義的な世界観を否定する主張であると受け止めたのである（Shackle 1974: 58-9）．

彼は，あらためて *Keynesian Kaleidics*（1974）で次のように論じている．

「ケインズが考えていたことは，別のところで私が，あえて歴史の経済過程についての Kaleidics 的説明と呼ぶ一つの見地である．この万華鏡的理論によって，期待についての以下の見地を意味しようとしたものである．すなわち，必要性，あるいは野心によって駆り立てられる『行動の原動力』である期待は，常に，極めて貧弱なデータときわめて変わりやすい「新奇な情報」の流れによる，期待に反するまったく思いがけない事象によって，時間の経過とともに，

ちょうど万華鏡の模様がちょっと触れただけで瞬時に変化するごとくに，ひととき，あるいは瞬時のうちに，完全なる変容を遂げるのである」(Shackle 1974: 42)．

同書の中で「万華鏡」が心に浮かぶまでに『貨幣論』を研究の対象にしてすでに30年経っていたと振り返っている．だが，シャックルは，その言葉がケインズによって『貨幣論』のなかで用いられていたのに長らく気づかなかった．『貨幣論』第1巻の81頁の文章のなかで「万華鏡」という言葉が用いられているのを知ったのは「驚いたことに」，その後10年を経た1972年9月20日のことであったという (ibid., 76)．確かにケインズは，そこで次のように論じていた．

「……通貨の膨張は，相対価格に対して，宇宙の中での地球の移行がその表面にある物体の相対的位置に及ぼすのと同様な仕方で影響すると論ずることは許されない．万華鏡を動かすことによって生ずる内部の色ガラスの破片への影響ということの方が，貨幣的変化の価格水準に対する影響を言い表わすには優れた比喩だとさえ言えるのである (The effect of moving a <u>kaleidoscope</u> on the coloured pieces of glass within is almost a better metaphor for the influence of monetary changes)．……」(CW V 1971: 81; 邦訳 1979: 92-3, 下線は筆者)．

シャックルは，「雇用の一般理論」(1937年)を『一般理論』(1936年)の第二版と位置づけていたといえるのであろうか．彼は冒頭の引用文に続けて，万華鏡のメタファーを用いて，次のように強調しているのである．

「以上のことは，本質的に QJE「雇用の一般理論」から引用した文章と『一般理論』の第12章のなかに見出す意味なのである．これとの関係で**不確実性**は，二つのことを意味する．それらは相互に依存している．すなわち，断片的ではっきりしない錯覚を起こさせる基礎，そして突然の，説明のつかない，変容する解釈と意味の広がり，データとその解釈は相互にほとんど区別し難く，誤解はにわかに避け難いものとなるのである．さらには，人々の信念とそれにもとづく意図は，誤った判断によるものであっても，ある個人にとっては，選択すべき道を決めるうえで，考慮に入れなければならない．そこでは，解釈のために与えられたものと，相互に影響しあっている諸個人として何を解釈したらよいのかを区別する方法は，存在しないのである．**不確実性**はまさに万華鏡

的要因なのである（Uncertainty is the kaleidic factor）」（ibid., 42，太字は筆者）．

6．「不確実性」を強調する晩年のカーン

「不確実性」＝「ケインズ経済学の核心的概念」　カーンは，1978年にイタリアのルイジ・ボッコーニ大学でケインズの『一般理論』に関する連続講義を行った．その際，講義に引き続いてイタリアの経済学者との討論が開催された．後日，カーンは，講義の原稿に手を入れ，討論の模様を取りまとめたうえで，コメントをつけて The Making of Keyens's General Theory と題する書物を刊行した．この際に，ケインズの正統的な解釈を提示したつもりのカーンにとって「驚きを表明せざるを得ない」事態が生じた．それは，カーンの講義に関する少なからぬイタリアの学者のコメントにおいて「現実の世界における危険と不確実性の圧倒的な重要性に対してなんらの言及もなされなかったこと」であった（Kahn 1984: 241; 邦訳 1987: 353）．

　彼によれば，それは，「『蓋然性論』の著者であるケインズの思考を支配していた」革新的なアイデアであった．彼は「確信的期待の仮説（the assumption of confident expectation）は，現代のいわゆるネオ・ケインジアン経済学からケインジアンと呼ばれる権利の多くを奪っている」と危機感を募らせ，自著ですでにその重要性を言及していたケインズの「雇用の一般理論」に注目するように求めた．そうして「ケインズの投資誘因に関する取り扱いが理解しがたい──そして改善の余地を残している──理由は，彼が──大部分の経済学者と異なり──不確実な将来を扱っているためである」との見方を示した（ibid., 241; 同 353-4，太字は筆者）．

　かかるカーンの対応は，いかに彼が，不確実性を，ケインズの経済学体系の核心的概念であると考えていたのかが分かるというものである．彼は周知の如く乗数理論の開発者であり，ケンブリッジ・サーカスのメンバーとして，『一般理論』の助産役を果たし，さらには，その執筆過程では，ケインズの助手的役割をも果たした人物であった．イタリアでの講義の年，彼は齢70を超えていた．著作の刊行時には80歳に達せんとしていた．彼が逝去したのは，およそこの5年後のことである．カーンの老境にあっても衰えぬ学究への情熱は範

とすべきであった．そのカーンにとってみれば，ケインズ『一般理論』の中心的な概念，その革新的理論に対する無知，ぞんざいな扱いは，ケインズ『一般理論』を捻じ曲げ，俗流化するものとして，耐え難かったにちがいないのである．

7. オダネルのケインズ「不確実性」論

オダネルによる不確実性の三分類 オダネルは不確実性を次の三つの種類に分類している．
①少ない重さの不確実性（low weight uncertainty）
②軽減不可能な不確実性（irreducible uncertainty）
③順位づけ不可能な不確実性（unrankable uncertainty）

オダネルによれば，第一の「少ない重さの不確実性」は，『一般理論』第12章で導入された 'very uncertain' がそれである．ケインズは，それを 'very improbable' と同じ意味では用いてはいない，と述べている．なお，邦訳では前者を「極めて不確実」，後者を「蓋然性の極めて小さい」と訳している（O'Donnell (ed.) 1991: 29; *CW* VII 1973: 148; 邦訳 1995: 146）．

オダネルに言わせれば，この「極めて不確実」とは「少ない重さ」の状態，すなわち，適切な関連情報が質量ともに極端に少なくそれらを根拠にして何事かを主張し得ないことを意味している．長期期待がかかる事態のなかで形成されることになる（O'Donnell (ed.) 1991: 30）．

第二の「軽減不可能な不確実性」とは，*QJE* に掲載された「雇用の一般理論」のなかの一文で提示されたものである．もっともその存在は不明瞭な形ではあったが『一般理論』で気づかれていた不確実性の種差である．

「私がその言葉を使っている意味は，ヨーロッパでの戦争の見込みは不確実である，あるいは20年先の銅の価格や利子率，あるいは新発明の陳腐化，1970年の社会体制における私的富保有者の地位，等々は不確実であるという意味である」（*CW* XIV 1973: 113-4; 邦訳 2016: 145）．

オダネルは，この不確実性を未知の蓋然性の教義であると解釈する．
「われわれは単に知らないというのは，蓋然性の知識を持っていないという

意味である．行為主体は十分な論理的洞察にかけるために蓋然性-関係を理解できないのである」(O'Donnell (ed.) 1991: 30-1)．

第三の「順位づけ不可能な不確実性」は，1938年のH. タウンゼンド宛の書簡に書き記した文章において「ビュリダンの驢馬」の喩えで提示された不確実性である (*CW* XXIX 1979: 289; 邦訳 2019: 357)．オダネルによれば，ケインズが，強い合理性論のなかでの避けられない行為に関して，完全なる基数的，あるいは序数的な順位をつけることが不可能である事態に注意を向けるように論じている箇所である．こうしたなかでの意思決定にあたっては，他の要素の存在を考慮せざるを得ないというのである．

こうしたオダネルによる不確実性についての立ち入った解釈について，デヴィッドソンは次のような厳しい批判を加えている．オダネルが主張するような不確実性が多重性格的で，多層的であるとの解釈は受け入れられない．また，彼は，不確実性を三つに分類するが，むしろこれらは不確実性という単一の概念の三つの側面と理解すべきである (O'Donnell (ed.) 1991: 66-7)．

オダネルによる「不確実性」の種類　彼は，不確実性は，無知から生じるのであるが，無知の対象は異なり三つの不確実性の種類 (type) を区別することが有益であると説いている．それらは無知，あるいは知識にかかわる a, h, q に関連するものである (*ibid*., 77-8)．すでに言及したが，ケインズの『蓋然性論』では，a：論証の結論，h：論証の前提，q：蓋然性-関係の存在を主張するような命題＝「第二次命題」，をそれぞれ表している (*CW* VIII 1973: 11, 121: 邦訳 2010: 12, 128)．

これら三つの種類をオダネルは次のように説明している．

① a が真か虚であるのかわからないために a について不確実か無知である場合．
② われわれが真や虚偽であることを疑っているからではなく，論証に関するすべての情報の限定された部分しか持ち得ないために，データ h に対して不確実あるいは無知でありうる．
③ われわれが蓋然性-関係 q について，それが何であるかをただ知らないために，無知か不確実かでありうる．

なお，この説明に当たって，オダネルは次のような「三つの種類の不確実

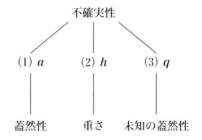

性」の図を示している．

軽減不可能な不確実性　そうしてオダネルは，自著での期待と不確実性に関する論述のなかで問題を次のように要約している．

「蓋然性ではなく期待が『一般理論』の中心概念なのである．**不確実性下の行為に関するケインズのアプローチは，期待に基づいており，純粋な蓋然性，ないし非蓋然性に基づいたものではないのである．彼は，蓋然性が得られればそれを受け入れ，そうでない場合は，軽減不可能な不確実性を受け入れた．** また，蓋然性が得られる場合でも，それを数値的に把握できる保証はほとんどなかったのである．行為者は計算が可能である場合は，それを行うのであるが，そうではない場合には，他の戦略に頼らざるを得ないのである」(O'Donnell 1989: 265, 太字は筆者)．

「**不確実性**」**は均衡要因でもある**　彼は，不確実性と期待，そうして情報の失敗を強調している点が『一般理論』の本質的で革命的な理論的貢献であるとするシャックルの解釈をひとまず評価して，1967年のシャックルの著作から文章を引用している．

「不確実性がケインズの失業理論のまさに根本なのである」(Shackle 1967: 112)．

「失業の理論は必然的で，避けることのできない無秩序の理論なのである．かかる無秩序は，不確実な期待の根本的な無秩序というべきものである」(*ibid.*, 133)．

もっともオダネルは，シャックルが『一般理論』の解釈で不確実性と無知を強調するのは，一方的で，危険であると批判している．彼の解釈では，シャックルのいうように，確かに不確実性は『一般理論』の一つの根本的な要因では

あるが，他方では，有効需要と経済システムの因果的運動において有効需要を均衡させる役割の根本的な要因でもある．オダネルからすれば，ケインズの哲学において不確実性は，実際に因果的秩序の理論と一致し，それと対立するものではない．

こう論じて，オダネルは，ケインズの『一般理論』，1937年の *QJE* の「雇用の一般理論」さらにはタウンゼンドへの書簡に言及している．つづけて，パティンキン／レイス編の研究（邦訳『ケインズ，ケムブリッジおよび『一般理論』』1979年）を引いて，オーリンがその回想で，1936年秋にストックホルムを訪れたケインズが「将来についての不確実性」を『一般理論』の他のいかなる側面よりも画期的なものであると強調していた点を指摘している（O'Donnell 1989: 245）．

［補論］不確実性をめぐる論点

ケインズとは異なるピグーの不確実性論　ピグーは，「不確実性負担」と「期待」の測定可能性論で知られている．彼は『厚生経済学』で，将来の出来事が完全に予見されない現実の世界においては，投資は，資源を不確実性（uncertainty）のもとにさらすことになるとして，「不確実性-負担（uncertainty-bearing）」なる概念を提唱し，それを生産者が負担する独立の生産要素として考慮すべきであると提唱した（Pigou 1912: 95-103; 邦訳 2012: 123-31; Pigou 1952 [1920]: 771-81; 邦訳 1954: 345-60）．

他方で，ピグーは，投資に伴う不確実性は，当該投資に関わる期待収益の一定の確率分布——彼はこれを「予想収益表」と呼んだ——のなかに示すことが出来ると考えた．ピグーによる期待収益の確率についての議論は，いずれも正規の確率が明確にわかっているものと想定されていた．したがって，そこでは，期待収益の確率分布は数学的に算定することができるようになっていた．

かくして，ピグーの世界では，不確実性は，蓋然的なものではあっても，所与の確率分布のなかにとらえられるため，数学的期待値は計算可能なものとして処理された．ケインズが古典派経済学とその哲学，倫理的要素であるベンサム主義を批判するのもこの不確実性の計測可能性の問題と無関係ではなかった．

ベンサム主義者は，事実や期待を保険数学的な計測可能なものであると仮定していたのである（CW VII 1973: 212-3）．

こうしたピグーの不確実性論とケインズの軽減不可能な不確実性論とは根本的に異なるものであった．

ローとミューラーによる不確実性の分類　不確実性を分類する試みがなされてきたが，そのひとつとしてアンドリュー・ローとミューラーの研究（Lo and Mueller, 2010）が注目される．そこでは「不確実性」を6段階の hierarchy のなかに位置づけ分類している．

「レベル1」：「完全な確実性（Complete Certainty）」．物理学で言えばニュートン的世界．

「レベル2」：「不確実性のないリスク（Risk without Certainty）」．ナイトの言うリスクに相当する．ランダムな事象があったとしてもその分布は既知で，統計的推定は不要である．

「レベル3」：「完全に軽減可能な不確実性（Fully Reducible Uncertainty）」．ランダムな事象の分布は既知ではないが古典的な頻度主義的統計学的推定によって把握することができる．そのために十分なデータがあれば，レベル2に限りなく近づくことができる．

「レベル4」：「部分的に軽減可能な不確実性（Partially Reducible Uncertainty）」．この段階で物理学と社会科学との分離が始まる（物理学は基本的にここまで来ることはない．その点でむしろ生物学の方が経済学に近くなる．もはや分布は古典的統計学的推定では把握することができず，いくらデータを集めてもレベル2に近づくことはできない．むしろ，主観的なベイズ確率的な推定が有効となる．いわばインチキをするかどうか分からず，ルールの頻繁に変わるカジノ場にいるようなものである．また，単一モデルで捉えることが正しいか，という「モデルの不確実性（Model Uncertainty）」もでてくる．

「レベル5」：「軽減不可能な不確実性（Irreducible Uncertainty）」．言い換えれば完全な無知の状態．ローは，こうした状態は例外的なものとしている．それというのも，神学論争は別にして，定量化が全く不可能な事象など存在しないと考えるからである．知識の進歩にともないレベル5でなくなる場合もあり得る．

「レベル6」：「禅的な不確実性（Zen Uncertainty）」．ここでは，不確実性を理解しようとする試みは全て幻想に過ぎず，「一切皆空」．

酒井泰弘の「蓋然性と不確実性」論　酒井は，「ケインズ体系の蓋然性と不確実性」を「図表化」し，「ヨコにやや膨れた同心円」で説明している（酒井 2015: 14）．これを酒井は，「ケインズの『四重の楕円構造』」とも呼んでいる．

そこでは，①まず「蓋然性」を示す一つの同心円内で，中心部分に「数値確率」，その外側に「数値化不能」，さらにその外側に「相互比較不能」の領域が示されている．②そうして，①の「蓋然性」を示す同心円外周に「不確実性」が配置されている．これによって，酒井の解釈では，「蓋然性」は，「数値確率」，「数値化不能」，および「相互比較不能」の三つのカテゴリーによって整理されることになる（同 15）．

この酒井の図表化による説明からはいくつかの疑問が湧いてくる．

まず，ケインズの「蓋然性」と「不確実性」が，なにゆえに「ヨコにやや膨れた同心円」で表示されるのか分からない．したがって，この図表で「不確実性」が「蓋然性」の外周部に位置しているのかは判然としない．さらに，数値化可能な蓋然性とそれが不可能な蓋然性とを区別するのは理解できるが，この外周部に「相互比較不能」が位置するのはわからない．「数値化不能」な蓋然性でも，数値ではない要素による「相互比較可能」な蓋然性の系列がありえよう．そうであれば，「相互比較の可能な蓋然性」と「相互比較の不可能な蓋然性」という区分方法をとりうるのではないだろうか．

参考文献

ケインズ全集

CW II. 1971. *The Economic Consequence of Peace*. London: Macmillan.〔早坂忠訳『平和の経済的帰結』東洋経済出版社, 1977年〕

CW IV. 1971. *A Tract on Monetary Reform*. London: Macmillan.〔中内恒夫訳『貨幣改革論』東洋経済新報社, 1978年〕

CW V. 1971. *A Treatise of Money* I : *The Pure Theory of Money*. London: Macmillan.〔小泉明・長澤惟恭訳『貨幣論 I 貨幣の純粋理論』東洋経済新報社, 1979年〕

CW VI. 1971. *A Treatise on Money 2* : *The Applied Theory of Money*. London: Macmillan.〔長澤惟恭訳『貨幣論 II 貨幣の応用理論』東洋経済新報社, 1980年〕

CW VII. 1973. *The General Theory of Employment, Interest and Money*. London: Macmillan.〔塩野谷祐一訳『雇用・利子および貨幣の一般理論』東洋経済出版社, 1995年／間宮陽介訳『雇用, 利子および貨幣の一般理論』岩波書店, 2008年／山形浩生訳『雇用, 利子, お金の一般理論』講談社学術文庫 2012年〕

CW VIII. 1973. *A Treatise on Probability*. London: Macmillan.〔佐藤隆三訳『確率論』東洋経済新報社, 2010年〕

CW IX. 1972. *Essays in Persuasion*. London: Macmillan.〔宮崎義一訳『説得論集』東洋経済出版社, 1981年／救仁郷繁訳『説得評論集』1969年, ペリカン社〕

CW X. 1972. *Essays in Biography*. London: Macmillan.〔大野忠男訳『人物評伝』東洋経済新報社, 1980年〕

CW XIII. 1973. *The General Theory and After: Pt.1, Preparation*. London: Macmillan.

CW XIV. 1973. *The General Theory and After: Pt.II, Defence and Development*. London: Macmillan.〔清水啓典・柿原和夫・細谷圭訳『一般理論とその後：第II部　弁護と発展』東洋経済新報社, 2016年〕

CW XV. 1971. *Activitites 1906-14* : *India and Cambridge*. London: Macmillan.〔三木谷良一・山上宏人訳『インドとケンブリッジ：1906〜14年の諸活動』東洋経済新報社, 2010年〕

CW XIX. 1981. *Activities 1922-9* : *The Return to Gold and Industrial Policy*.〔西村閑也訳『金本位制復帰と産業政策──1922-29年の諸活動』東洋経済新報社, 1998年〕

CW XXIX. 1979. *The General Theory and After: A Supplement to Vols XIII and XIV*. London: Macmillan.〔柿原和夫訳『一般理論とその後：第13巻および第14巻への補遺』東洋経済新報社, 2019年〕

英語文献

Backhouse, R.E. and B.W. Bateman. 2011. *Capitalist Revolutionary: John Maynard Keynes.* Cambridge: Harvard University Press.〔西沢保監訳・栗林寛幸訳『資本主義の革命家 ケインズ』作品社，2014 年〕

Bateman, B.W. 1996. *Keynes's Uncertain Revolution*, Ann Arbor: The University of Michigan Press.

―――. 2003. 'The End of Keynes and Philosophy?' in J. Runde and S. Mizuhara (eds) *The Philosophy of Keynes's Economics: Probability, uncertainty and convention.* London: Routledge.

Bateman B.W. and J.B. Davis (eds) 1991. *Keynes and Philosophy: Essays on the Origins of Keynes's Thought.* Aldershot: Edward Elgar.

Bell, Quentin. 1968. *Bloomsbury.* London: Weidenfeld and Nicolson.〔山淵敬子訳『ブルームズベリー・グループ』みすず書房，1972 年〕

Bloor, D. 1983. *Wittgenstein, A Social Theory of Knowledge.* London: The Macmillan Press Ltd.〔戸田山和久訳『ウィトゲンシュタイン：知識の社会理論』勁草書房，1988 年〕

Braithwaite, R.B. 1975. 'Keynes as a philosopher' in M. Keynes (ed.) *Essays on John Maynard Keynes.* Cambridge: Cambridge University Press.〔青柳晃一訳「哲学者としてのケインズ」，佐伯彰一・早坂忠訳『ケインズ――人・学問・活動』東洋経済新報社，1978 年所収〕

Carabelli, Anna M. 1988. *On Keynes's Method,* London: Macmillan.

―――. 1995. 'Uncertainty and Measurement in Keynes：probability and organicness.' in Dow S.C. and J.V. Hillard (eds) *Keynes, Knowledge and Certainty.* Edward Elgar.

―――. 2003. 'Keynes as a branch of probable logic.' in J. Runde and S. Mizuhara (eds) *The Philosophy of Keynes's Economics: Probability, Uncertainty and Convention.* Routledge: London.

Chase, R.X. 1983. 'The Development Contemporary Mainstream Macroeconomics: Vision, Ideology and Theory.' In A.S. Eichner (ed.) *Why Economics is not Yet a Science.* London: Routledge.〔百々和監訳『なぜ経済学は科学ではないのか』日本経済評論社，1986 年所収〕

Clarke, Peter. 1988. *The Keynesian Revolution in the Making, 1924-1936.* Oxford: Oxford University Press.

―――. 2009. *Keynes: The Rise, Fall and Return of the Twentieth Century's Most Influential Economist.* London: Bloomsbury.〔関谷喜三郎・石橋春男訳『ケインズ：最も偉大な経済学者の激動の生涯』中央経済社，2017 年〕

Coates, J. 1996. *The Claims of Common Sense: Moore, Wittgenstein, Keynes and the Social Science.* Cambridge: Cambridge University Press.

―――. 1997. 'Keynes, Vague Concepts and Fuzzy Logic.' in G.C. Hartcourt and P.A. Riach (eds) *A 'Second Edition' of The General Theory.* London: Routledge.〔小

山庄三訳「ケインズ,あいまいな概念,およびファジー論理」,ハーコート＝リーアック編『一般理論―第2版』多賀出版,2005年所収〕

Coddington, A. 1982. 'Deficient Foresight : A Troublesome Theme in Keynesian Economics'. *American Economic Review*. 72: 480–7.

Davis, J.B. 1994. *Keynes's Philosophical Development*. Cambridge: Cambridge University Press.

―――. 1997. 'J.M. Keynes on History and Convention.' in G.C. Harcourt and P.A. Riach (eds) *A 'second edition' of The general theory*. London: Routledge.〔小山庄三訳「歴史と慣行についてのJ.M. ケインズの見解」,ハーコート＝リーアック編『一般理論―第2版』多賀出版,2005年所収〕

―――. 2003. 'The relationship between Keynes's early and later philosophical thinking.' in J. Runde and S. Mizuhara (eds) *The Philosophy of Keynes's Economics: Probability, Uncertainty and Convention*. Routledge: London.

Dostaler, Gillies. 2007. *Keynes and his Battles*. Cheltenham: Edward Elgar.〔鍋島直樹・小峰敦監訳『ケインズの闘い――哲学・政治・経済学・芸術』藤原書店,2008年〕

Eatwell, J. and M. Milgate (eds) 1983. *Keynes' Economics and the Theory of Value and Distribution*. London: Duckworth.〔石橋太郎他訳『ケインズの経済学と価値・分配の理論』日本経済評論社,1989年〕

Fitzgibbons, A. 1988. *Keynes's Vision: A New Political Economy*. Oxford: Clarendon press.

―――. 1991. 'The Significance of Keynes's Idealism.' in B.W. Bateman and J.B. Davis. *Keynes and Philosophy: Essays on the Origin of Keynes's Thought*. Aldershot: Edward Elgar.

―――. 1992. 'The Political Economy of New Keynesian Fundamentalism.' in B. Gerrard and J. Hillard. *The Philosophy and Economics of J.M. Keynes*. Aldershot: Edward Elgar.

―――. 1995. 'Keynes Policy Model.' in S. Dow and J. Hillard (eds) *Keynes, Knowledge and Uncertainty*. Aldershot: Edward Elgar.

Gathorne-Hardy, Robert. 1974. *Ottoline at Garsington: Memoirs of Lady Ottoline Morrell, 1915-1918*. London: Faber & Faber.

Gerrard, B. 1992. 'From A Treatise on Probability to the General Theory: Continuity or Change in Keynes's Thought? in W.J. Gerrard and J.V. Hillard (eds) *The Philosophy and Economics of J.M. Keynes,* Aldershot: Edward Elgar.

Gerrard, B. and J. Hillard (eds) 1992. *The Philosophy and Economics of J.M. Keynes,* Aldershot: Edward Elgar.

Gillies, D.A. 2000. *Philosophical Theories of Probability*, London: Routledge.〔中山智香子訳『確率の哲学理論』日本経済評論社,2004年〕

Harcourt, G.C. and P.A. Riach (eds) 1997. *A 'Second Edition' of The General Theory*. London: Routledge.〔小山庄三訳『一般理論―第2版』多賀出版,2005年〕

Harris, S.E. 1947. *The New Economics: Keynes's Influence on Theory and Policy.* New York: Alfred A. Knopf.〔日本銀行調査局訳『新しい経済学——理論と政策に対するケインズの影響』(3分冊) 東洋経済新報社, 1949-50年〕

Harrod, R.F. 1951. *The Life of John Maynard Keynes.* London: Macmillan.〔塩野谷九十九訳『ケインズ伝』東洋経済新報社, 1967年〕

Hession, C.H. 1984. *John Maynard Keynes: A Personal Biography of the Man Who Revolutionized Capitalism and the Way We Live.* London: Collier Macmillan Publishers.

Hicks, J.R. 1946 [1939]. *Value and Capital. An Inquiry into Some Fundamental Principles of Economic Theory.* Oxford: Clarendon Press.〔安井琢磨・熊谷尚夫訳『価値と資本』岩波書店, 1965 [1951] 年〕

Hill, P. and R. Keynes (eds) 1989. *Lydia and Maynard: The Letters of John Maynard Keynes and Lydia Lopokova.* New York: Charles Scribner's Sons.

Holroid, M. 1971. *Lytton Strachey and the Bloomsbury Group: His Work, their Influence.* Harmondsworth, Middlesex: Penguin.

Kahn, R. 1984. *The Making of Keynes's General Theory.* Cambridge: Cambridge University Press.〔浅野栄一・地主重美訳『ケインズ『一般理論』の形成』岩波書店, 1987年〕

Lawson, T. 1985. 'Uncertainty and Economic Analysis.' *Economic Journal* 95: 909-27.

Leavis, F.R. 1949. 'Keynes and Lawrence and Cambridge.' *Scrutiny.* 16-3.〔岩崎宗治訳「ケインズとロレンスとケンブリッジ」,『D.H. ロレンス論』八潮出版, 1981年所収〕

Leijonhufvud, A. 1968. *On Keynesian Economics and the Economics of Keynes. A Study in Monetary Theory.* Oxford: Oxford University Press.〔根岸隆監訳・日本銀行ケインズ研究会訳『ケインジアンの経済学とケインズの経済学』東洋経済新報社, 1978年〕

Lo, Andrew and M.T. Mueller. 2010. 'Warning: Physics Envy May Be Hazardous Your Health !'.

Mackrell, J. 2008. *Bloomsbury Ballerina: Lydia Lopokova, Imperial Dancer and Mrs John Maynard Keynes.* London: Weidenfeld & Nicolson.

Malcom, N. 1986. *Nothing is Hidden: Wittgenstein's Criticism of his Early Thought.* Basil Blackwell.〔黒崎宏訳『なにも隠されてはいない——ウィトゲンシュタインの自己批判』産業図書, 1991年〕

Marion, M. 2005. 'Sraffa and Wittgenstein: Physicalism and Constructivism,' *Review of Political Economy* 17(3) : 37-62.

McGuiness, B. and von Wright, G.H. (eds) 1995. *Ludwig Wittgenstein: Cambridge Letters: Correspondence with Russell, Keynes, Moore, Ramsey and Sraffa.* Oxford: Blackwell.

Meltzer, A.H. 1988. *Keynes's Monetary Theory: A different Interpretation.*〔金子邦彦・秋葉弘哉訳『ケインズ貨幣経済論：マネタリストの異なる解釈』同文舘出版, 1997年〕

Mini, P.V. 1994. *John Maynard Keynes: A Study in the Psychology of Original Work.* London: Macmillan.

Misak, S. 2016. *Cambridge Pragmatism: From Peirce and James to Ramsey and Wittgenstein.* Oxford: Oxford University Press.

Moggridge, Donald E. 1973. 'From the Treatise to the General Theory: an exercise in chronology.' *History of Political Economy* 5(1): 72-88.

―――. ed. 1974. *Keynes: Aspects of the Man and His Work. The first Keynes Seminar held at the University of Kent at Canterbury 1972.* London: Macmillan.

―――. 1976. *Keynes.* London; Macmillan.〔塩野谷祐一訳『ケインズ』東洋経済新報社，1979年〕

―――. 1992. *Maynard Keynes: An Economist's Biography.* London: Routledge.

Moore, G.E. 1903. *Principia Ethica.* Cambridge: Cambridge University Press.〔深谷昭三訳『倫理学原理』三和書房，1973年〕

Minsky, H. 1975. *John Maynard Keynes.* New York: Columbia University Press.〔堀内昭義訳『ケインズ理論とは何か』岩波書店，1988年〕

O'Donnell, R.M. 1989. *Keynes: Philosophy, Economics and Politics: The Philosophical Foundations of Keynes's Thought and their Influence on his Economics and Politics.* London: Macmillan.

―――. 1990. 'An Overview of Probability, Expectations, Uncertainty and Rationality in Keynes's Conceptual Framework.' *Review of Political Economy* 2: 253-66.

―――. ed. 1991. *Keynes as Philosopher-Economist: The Ninth Keynes Seminar held at the University of Kent at C*anterbury. London: Macmillan.

―――. 2003. 'The thick and thin of Controversy.' in J. Runde and S. Mizuhara (eds) *The Philosophy of Keynes's Economics: Probability, Uncertainty and Convention.* London: Routledge.

Patinkin, D. and J.C. Leith (eds) 1977. *Keynes, Cambridge and the General Theory.* London: Macmillan.〔保坂直達・菊本義治共訳『ケインズ，ケンブリッジおよび『一般理論』――「一般理論」の形成をめぐる論議と検討の過程』マグロウヒル好学社，1979年〕

Pigou, A.C. 1912. *Wealth and Welfare.* London: Macmillan.〔本郷亮訳『富と厚生』名古屋大学出版会，2012年〕

―――. 1920. *The Economics of Welfare.* London: Macmillan.〔気賀健三他訳『厚生経済学』東洋経済新報社，1966年〕

Rogers, C. 1989. *Money, Interest and Capital: A Study in the Foundations of Monetary Theory.* Cambridge University Press.〔貨幣的経済理論研究会訳『貨幣，利子および資本：貨幣的経済理論入門』日本経済評論社，2004年〕

―――. 1997. 'The General Theory: Existence of a monetary long-period unemployment equilibrium.' in G.C. Harcourt, and P.A. Riach (eds) *A 'Second Edition' of The General Theory.* London: Routledge.〔小山庄三訳「『一般理論』における貨幣の長期不完全雇用均衡の存在」，G.C. ハーコート・P.A. リーアック編『一般理論―第

2版』多賀出版，2005年所収〕

Runde, J.H. 1997. 'Keynsian Methodology' in G.C. Harcourt and P.A. Riach (eds) 1997. *A 'Second Editon' of the General Theory*. London: Routledge.〔小山庄三訳『ケインズの方法』，G.C. ハーコート・P.A. リーアック編『一般理論—第2版』多賀出版，2005年所収〕

Russell, B. 1978. *The Autobiography of Bertrand Russell*. Vol. 1. London: Allen & Unwin.

Rymes, T.K. (ed.) 1989. *Keynes's Lectures, 1932-35*:*Notes of a Representative Student*. London: Macmillan.〔T.K. ライムズ（平井俊顕訳）『ケインズの講義：代表的学生ノート1932-35』東洋経済新報社，1993年〕

Schumpeter, J.A. 1946. *American Economic Review* 36, 495-518.〔日本銀行調査局編『新しい経済学』第1巻，東洋経済新報社，1949年所収〕

Shackle, G.S.L. 1961. 'Present Theory Concerning the Nature and Role of Interest.' in *Economic Journal*.

―――. 1967. *The Years of High Theory: Invention and Tradition in Economic Thought 1926-1939*. Cambridge: Cambridge University Press.

―――. 1974. *Keynesian Kaleidics*. Edinburgh: Edinburgh University Press.

Skidelsky, R. 1983. *John Maynard Keynes*, Vol. I；*Hopes and Betrayed, 1883-1920*. London: Macmillan.〔古谷隆訳『ジョン・メイナード・ケインズ　裏切られた期待 1883-1920年』2分冊，東洋経済新報社，1987, 1992年〕

―――. 1992. *John Maynard Keynes,* Vol. II：*The Economist as Saviour*, *1920-1937*. London: Macmillan.

―――. 1996. *Keynes*. Oxford: Oxford University Press.〔浅野栄一訳『ケインズ』岩波書店，2001年〕

Winslow, E.G. 1986. 'Keynes and Freud: Psychoanalysis and Keynes's account of the "animal spirits of capitalism," *Social Research* 53(4)：549-78.

Wittgenstein, L. 1975. *Philosophical Remarks*, Chicago: Chicago University Press.〔奥雅博訳『哲学的考察』（全集第2巻），大修館書店，1978年〕

―――. 2009. *Philosophical Investigations*, Revised 4th edition by P.M.S. Hacker and Joachim Schulte. Wiley-Blackwell.〔鬼界彰夫訳『哲学探究』講談社，2020年〕

von Wright, G.H. (ed.) 1974. *Ludwig Wittgenstein. Letters to Russell, Keynes and Moore*, Oxford: Basil Blackwell.

Young, W. 1987. *Interpreting Mr Keynes: The IS-LM Enigma.* Oxford: Basil Blackwell.〔富田洋三・中島守善訳『ISI-LM の謎　ケインズ経済学の解明』多賀出版，1994年〕

Zytaruck, D.L. and J.T. Boulton (eds) 1981. *The Letters of D.H. Lawrence,* Vol. II, June 1913-October 1916. Cambridge: Cambridge University Press.〔吉村宏一・今泉晴子・霧島慶邦他訳『D.H. ロレンス書簡集 VI』松柏社，2011年〕

邦語文献

青木正紀「総需要・総供給分析：再論」，早坂忠編『ケインズ主義の再検討』多賀出版，

1986 年所収．
浅野栄一『ケインズ一般理論入門』有斐閣新書，1976 年．
───『ケインズ『一般理論』形成史』日本評論社，1987 年
───『ケインズの経済思考革命』勁草書房，2005 年．
伊藤邦武『ケインズの哲学』岩波書店，1999 年．
岩井克人「討論　現代資本主義をどうとらえるか」，ケインズ学会編／平井俊顕監修『危機の中で〈ケインズ〉から学ぶ』作品社，2011 年所収．
宇沢弘文『ケインズ『一般理論』を読む』岩波現代文庫，2008 年．
小畑二郎『ケインズの思想──不確実性の倫理と貨幣・資本政策』慶應義塾大学出版会，2007 年．
川口弘『ケインズ一般理論の基礎』有斐閣，1971 年［1974 年改訂版，1977 年新版］．
鬼頭仁三郎『貨幣と利子の動態』岩波書店，1942 年．
───『ケインズ経済学解説』現代教養文庫，1953 年．
酒井泰弘「ケインズとナイト──蓋然性と不確実性を中心に」，滋賀大学ディスカッションペーパー No. J-36，2013 年 4 月．
佐藤隆三「『確率論』とケインズ経済学の方法」，小泉明・宮沢健一編『ケインズ一般理論研究 3』筑摩書房，1970 年．
塩沢由典「『確率論』からみたケインズ」，『別冊経済セミナー　ケインズ生誕 100 年』1983 年．
塩野谷祐一「ケインズの道徳哲学──『若き日の信条』の研究」，『季刊現代経済』52 号，1983 年．
杉本栄一『近代経済学の解明』岩波文庫，1981［1950］（下）．
滝川芳夫『図でやさしく読み解くケインズ『貨幣改革論』『貨幣論』『一般理論』』泉文堂，2010 年．
宅和公志『ケインズ一般理論・論考』日本評論社，2005 年．
竹内啓「ケインズの確率論」，『季刊現代経済』52 号，1983 年所収．
新飯田宏・伊東光晴編『現代経済学──その現状と展望』日本評論社，1980 年．
西部邁『ケインズ』岩波書店，1983 年．
野家啓一編『ウィトゲンシュタインの知 88』新書館，1999 年．
早坂忠編『ケインズ主義の再検討』多賀出版，1986 年．
菱山泉「ケインズにおける不確定性の論理」，『思想』第 4 号，1967 年．
平井俊顕「ケインズの理論的変遷過程──『貨幣論』から草稿「貨幣経済のパラメーターまで」，早坂忠編『ケインズ主義の再検討』多賀書店，1986 年所収．
───『ケインズ研究──『貨幣論』から『一般理論』へ』東京大学出版会，1987 年．
───『ケインズとケンブリッジ的世界──市場社会観と経済学』ミネルヴァ書房，2007 年．
───『ヴェルサイユ体制対ケインズ──説得の活動／ニュー・リベラリズム／新たな経済学』上智大学出版会，2022 年．
平井俊顕監修・ケインズ学会編『危機の中で〈ケインズ〉から学ぶ──資本主義とヴィジョンの再生を目指して』作品社，2011 年．

福岡正夫『ケインズ』東洋経済新報社，1997年．
藤原新「ケインズ『蓋然性論』からみた『一般理論』」，『立教経済学研究』第45巻第4号，1992年．
古田徹也『はじめてのウィトゲンシュタイン』NHKブックス，2020年．
間宮陽介「モラル・サイエンスとしての経済学」，『季刊現代経済』52号，1983年．
─────『モラル・サイエンスとしての経済学』ミネルヴァ書房，2014年．
水原総平コーディネイト／訳「［リレー連載］ケインズの哲学と経済学」，『経済セミナー』1998年8月〜2000年5月［不定期掲載］．
宮崎義一「J.M.ケインズ問題」，新飯田宏・伊東光晴編『現代経済学──その現状と展望』日本評論社，1980年．
宮崎義一訳「若き日の信条」，宮崎義一・伊東光晴編『世界の名著57巻 ケインズ・ハロッド』中央公論社，1971年所収．
宮崎義一・伊東光晴『コンメンタール ケインズ／一般理論 第3版』日本評論社，1987［1961］年．
守永直幹「ケインズ『確率論』におけるホワイトヘッドの不在」，『プロセス思想』第21号，2021年．
吉川洋『ケインズ──時代と経済学』ちくま新書，1995年．
米倉茂『落日の肖像──ケインズ』イプシロン出版企画，2006年．

『季刊現代経済 臨時増刊』日本経済新聞社，1983年．
『別冊経済セミナー ケインズ生誕百年』日本評論社，1983年．

あとがき

　知的遍歴を顧みるに，現代米国経済の研究を志していた筆者が最初に手がけたのが『1946年雇用法』の成立事情であった．同法は，「完全雇用」の実現を連邦国家の責務とすることをうたった「完全雇用法案」を原型とする．議会での審議過程で，そこでの「完全」雇用の文言が削除され成立したのであった．
　この研究では，ケインズの経済政策思想が米国でどう受容され，また，この過程で米国に独自のケインズ的な経済政策思想がどのような影響を及ぼしたのか，また，法案をめぐり議会内外の諸勢力がどう対応したのか，上下両院の審議過程や公聴会などでどのような政策論争が展開されたのか，などが考察されていた．
　この後，同様の問題を国際経済政策面から見るために，自然に1944年に締結された「ブレトンウッズ協定」の連邦議会での批准や互恵通商協定といった通商政策を研究対象として取り上げた．この場合も，協定や通商法案をめぐる政策対立を，広く社会的文脈で捉えつつ，連邦議会での法案の審議過程を詳細に検討し，戦後国際通貨・通商秩序の形成をめぐる米国内の政策論争の特徴を明らかにしようと試みたのであった．
　しかし，筆者の職場が「国際関係学科」であったことから，そこでの職務との関係から，筆者の研究は，米国の対外経済政策を中心とする第二次世界大戦後の経済秩序，米国の経済外交の問題へと向かっていった．そうして，国際経済論と国際金融論の授業科目を担当しつつ，研究面では，英米金融協定，中東石油政策，トルーマン・ドクトリンとギリシア・トルコ援助政策などがテーマとなっていった．これらの研究は，しだいに「冷戦」の起源論としての性格をもち始めていた．研究広がり深化するなかで，毎年のように米国国立公文書館やミズーリ州インディペンデンスのトルーマン大統領図書館などを訪れ，関連資料収集に当たった．一連の研究は，やがて『冷戦の起源とアメリカの覇権』(1993年)としてまとめられ刊行された．帝国（主義）論，覇権（安定）理論，

相互依存性論などが議論されているなかで，S. ストレンジに近い問題意識や方法論に立っているのに気づいたのもこのころである．

　海外研修の機会を得ると，ニューヨーク州ビンガムトンにある E. ウォーラーステインが主宰する研究所に紛れ込んだ．彼の該博，浩瀚な『近代世界システム』，これに続くいくつかの資本主義システム論に関する著作には学ぶことが多かった．だが，彼の第二次世界大戦後の世界システムや米国の覇権論については，いくつかの疑問を感じていた．そこで，戦後国際通貨・金融秩序の変容，崩壊過程の一事象として，ニクソンの国際通貨政策を事例にとりあげることにした．この研究は，しばらくして『日米通貨外交の比較分析：ニクソン・ショックからスミソニアン合意まで』（1999年）として刊行された．これらの研究によって，幸いにも筆者は，第二次世界大戦後の国際通貨体制の成立と崩壊過程の研究を手がける結果となっていた．こうした事情もあって，上川・矢後編『国際金融史』（2007年）では，第4章「ブレトンウッズ体制」の執筆を担当したのだった．

　教育と研究に従事するなか，しばらくして筆者は講義で新たに「国際関係概論」を担当することを余儀なくされた．このため，講義用に『現代世界認識の方法――国際関係概論の基礎』（2008年）を用意した．しかしながら，同書は近代啓蒙思想から「ポスト・モダン」，J.S. ミル，マーシャル，メンガーらの経済学方法論から H. モーゲンソー，R.O. コヘイン，K.N. ウォルツらの国際政治理論，ソシュールの言語理論からフロイトの精神分析学までといった広い領域を，あれこれ紹介する，認識論に焦点を置いた，かなり衒学的な入門書となってしまった．受講者の大変な不評をかったのは言うまでもない．

　定年が近づくなかで，やり残し感のあった1944年のブレトンウッズ協定の成立過程の研究に着手した．大学の研究休暇を利用して，ワシントンのIMF本部，ロンドンのキューにある国立公文書館，ハーバード大学ベイカー図書館，ホワイト文書を収めたプリンストン大学の図書館などを訪れ，資料収集に当たった．執筆にはさほど時間がかからず，『IMFと世界銀行の誕生』（2014年）を書き上げた．この研究の過程でケインズに深く関わることになり，彼についての知見を深めることができた．「国際清算同盟案」，ホワイト案をめぐる1943年秋の英米交渉，1944年夏のブレトンウッズ国際会議，その後の相互援助協

定の交渉，1945 年の英米金融協定交渉，さらにはサバンナでのブレトンウッズ機構の設立会議というように，ケインズの活動ぶりを一次史料で読み解くことができたのである．当然のこととして，この際にスキデルキー，モグリッジ等のケインズ研究にも接しえたのであった．

ところが，刊行後半月も経たないうちに体調の悪化に見舞われた．500 頁にもなる「大著」を書き上げる過程での無理がたたったのか，心臓を痛める羽目になったのである．だが，それもステントの施術ですみ，間もなく職場に復帰できた．体調の回復もめざましく，上川孝夫，新岡智両氏の研究会の参加者達と上川孝夫・紺井博則編著『複合危機』(2017 年) を刊行することができたのは幸いであった．同書では，1929 年からの大恐慌期の章を担当することになったが，マルクス派やその他の恐慌論をサーベイする過程で，ケンブリッジ学派の景気理論とケインズ『一般理論』の「景気循環論」を詳しく検討することができた．今回筆者が上梓した本書『ケインズの哲学と『一般理論』』を執筆する気になったのは，これがきっかけである．

本書について簡略に触れておこう．そこでは，ケインズの哲学と『一般理論』の関連について論じている．ここで結論じみた見解を述べれば，ケインズが 1938 年 7 月にハロッドに宛てた 2 通の書簡に記していた経済学の方法的特徴についての指摘を再確認することが，ケインズ解釈でもっとも重要なことである．

「経済学は本質的にモラル・サイエンスの一つであり，自然科学の一つではありません．すなわち，経済学は内省と価値判断とを駆使するのです」(7 月 6 日付書簡，*CW* XIV 1973: 邦訳 2016)．

「私は，経済学はモラル・サイエンスの一つである点をおおいに強調しておきたいのです．私は先に経済学は内省と価値を取り扱うと申しました．経済学は動機，期待，そして心理的不確実性を取り扱うと付け加えておけばよかったでしょう」(*ibid*., 300; 362)．

つまり，モラル・サイエンスとしての経済学の提唱である．ケインズの人生における思索活動を評価するうえで興味深いのは，このハロッド宛書簡の書かれた 1838 年夏は，彼が自らの知的遍歴を回想した『若き日の信条』の執筆の時期にあたる点である．ケインズがこれをティルトンで開かれたメモワール・

クラブで読み上げたのは9月のことである．彼は，前年に心臓を患い深刻な病状に陥った．だが，療養の効果もあって，このころは最悪期を脱し，徐々に日常生活に復帰し始めたところであった．ハロッド宛書簡は，死地を彷徨ったケインズが，自らの半生を省みるなかで書かれた経済学方法論に言及した文書として，ひときわ重要な文書であるといえる．

ケインズやケインズ経済学に関するあまたの書籍が残されている．だが，ケインズの思索活動と『一般理論』に関するものはさほど多くない．彼の哲学と経済学についての研究はほとんど注目されず，むしろ看過されてきたといったほうが適切であるかもしれない．本書は，この領域に光を当て，研究史の空白を埋め，研究の到達点を確認することにつとめた．

本書では，ケインズの若き日から『蓋然性論』，そして『一般理論』までの思索活動を，彼の経済学研究の発展過程に沿って，期待，蓋然性，不確実性などいくつかの基礎概念に焦点をあて跡づけてみた．

そこでの中心的な課題に一つは，連続説と断続説の吟味であった．ところが，かかる論争の前提となる『若き日の信条』については，連続説のカラベリは，その対象とした時期は，1903-06年ごろと理解すべきで，その意味で若き日を描いたものではないと主張した．オダネルも，錯誤，曖昧さ，首尾一貫性の欠如，不正確さなどを酷評していた．だがそこには若き日から1938年までの知的，精神的な活動が描かれている．われわれは，この回想記を注意深く読み解き，ケインズ像の理解に生かすべきであろう．

継続説，断絶説の論争での焦点の一つは，ケインズはラムジー，ウィトゲンシュタイン，それにフロイトの影響を受けたか否かの問題である．だが，論者間で食い違いが生じ，一致した見解に至っていない．連続説に立つカラベリ，オダネルは，当然のこととして，かかる影響があったことを認めていない．しかしながら，連続説，断絶説の対立をこえて，ケインズの知的履歴を評価すると，彼の合理主義，直観主義，反ベンサム主義，反自然科学主義，そしてモラル・サイエンスとしての経済学についての知的スタンスは，一貫しているように思える．

他方で，こうした論争のなかで注目されるのは，フィツギボンズ，スキデルスキーが，第一次世界大戦を契機に，ケインズに人間観，社会観，あるいは世

界観に劇的な転換があったことを認め,「蓋然性の薄明かりから闇夜への転変」として捉え,『蓋然性論』から『一般理論』の不確実性論への重点の移動を説いていた点である.

また,連続説を頑強にとなえているかに見えるオダネルも,その主張を仔細にみると,「強い合理性」と「弱い合理性」の概念を用い,『蓋然性論』と『一般理論』との連続性を論じていることが解る.われわれも,連続か断絶かという単純な二分法にとらわれることはないであろう.

本書の第3編では,『一般理論』の基礎的な中心的な概念として「期待」と「不確実性」に焦点をあてている.そうして,それらが『一般理論』の理論体系に組み込まれ,これによって『一般理論』も体系的に確立される過程が説かれている.期待と不確実性は,ケインズによって,初期から経済分析のキー概念であることが意識されていた.これらが,次第に概念的に彫琢され,『一般理論』体系の基礎概念,中核的概念となるのである.これらの概念を抜きにしては,『一般理論』の精髄を語ることはできない.

今日,人口に膾炙する不確実性,それに期待と確信といった認知的,心理的要因をケインズは重視したのである.マーシャル,ピグーを徹底して批判し,自ら構築した経済学体系の正統性をうたいあげたケインズであった.だが,その後のバスタードケインジアンの隆盛のなかで,ケインズの経済学は亜流となった感があった.もしケインズが,いまに生きたなら,期待,不確実性を中心にすえたあらたな『一般理論』の論述に着手したであろうか.

「1946年雇用法」の研究から本格的な研究・教育活動に入り,本書のケインズ研究書の刊行によって研究活動に一つの区切りをつけることができた筆者は,ケインズで始まりケインズで終わる,この楽しい知的活動の歩みに,充実感とささやかな満足感を感じている次第である.

2025年4月1日

牧 野 　 裕

索引

[ア行]

IS-LMの謎　326, 353
IS-LM分析　288, 322–3, 352
浅野栄一　227–40
アポスルズ　33–4
『一般理論』
　　成立過程についての諸説　288–90
　　第3章での期待　292–3
　　第4章での期待　293
　　第5章での期待　293–4
　　第6章での期待　294
　　第11章「資本の限界効率」での期待　297–302
　　第12章「長期期待の状態」での期待　304–13
　　第15章での期待　314–6
　　第18章での期待　316–8
　　第22章での期待　318–9
　　フランス語版「序」　322
伊藤邦武　206–27
　　『一般理論』の哲学　206–8
　　共同体プラグマティズム　221–2
　　ケインズとウィトゲンシュタイン　209–11, 225–7
　　ケインズの「ゲシュタルト的変換」　224–5
　　「生の形式」論　216–24
　　『若き日の信条』論　207–9
ウィトゲンシュタイン (Wittgenstein, L.)　14, 132, 135, 138–9, 149–52, 159–60, 177, 178–9, 180–8, 186–8, 211, 216–21, 225–7, 236, 245, 252–3, 255–7
ウルバン (Urban, F.M.)　149, 229
ウルフ (Wolf, L.)　33–5, 160
オダネル (O'Donnell, R.M.)　228

ウィトゲンシュタイン論　149–50, 152
カラベリ批判　146–7
強い合理性と弱い合理性　142–4, 149
ベイトマン批判　170–1
ラムジー論　147–9
『若き日の信条』解釈　44
小畑二郎　250–61

[カ行]

カーン (Kahn, R.F.)　357–8
蓋然性
　　蓋然性から不確実性への主題の転換　343–4
　　蓋然性－関係　64–5, 66–7, 88
　　蓋然性の研究史　79–90
　　蓋然性の度合　64
　　蓋然性の頻度論批判　77–8
　　蓋然性の論証の重み　67–9, 85–6
　　蓋然性の論理学　61–2
　　『蓋然性論』索引の詩文の謎　55–6
　　『蓋然性論』の構成　51–5, 87–8
　　合理的信念、その度合　63–4, 66–9, 82–3
　　測定可能性の限定，数値的方法批判　69
　　第一次命題／第二次命題　65
　　直観主義の蓋然性論　65
期待
　　『一般理論』の執筆過程での期待論　275–88
　　『貨幣改革論』での期待　269–71
　　『貨幣論』での期待　273–5
　　期待の邦訳語　266–8
　　初期ケインズの期待と不確実性　265–6
　　『通貨政策と失業』での期待　271–3
ガーネット (Garnett, D.)　9–11, 32
　　ロレンスの書簡の改竄　21–5
カラベリ (Carabelli, A.M.)　132–9

「意見の論理学」 136-8
『蓋然性論』の特徴 134-5
帰納と類比の執筆過程 72-3
スキデルスキーの批判 197-8
ラムジー，ウィトゲンシュタインとの関係 138-9
『若き日の信条』論 44
カルナップ（Carnap, R.） 49, 88, 135
決定的な論証（conclusive argument） 61-2
決定的でない論証（非決定的論証）（non-conclusive argument） 61, 165
帰納法 73-7, 82, 85
帰納と類比 72-3
帰納的相関 73
ギリース（Gillies, D.A.） 66-7
『クォータリー・ジャーナル・オブ・エコノミックス』 297, 352-5
グラント（Duncan Grant） 22-3, 27, 32
ケインズ（Keynes, J.M.）
　G.F. ショーブへの書簡 303, 320
　性的冒険 18
　セクシュアリティ 26-31, 202
　ダーウィン論 155-6
　タウンゼンド書簡 69, 321, 354
　直観主義 26, 155-8, 180
　ティンバーゲン批判 321-2
　ニュートン論 157
　ハロッド宛書簡 154, 321
　フィッシャー記念論文 320-1
　ブライス宛書簡 156, 180
　フロイト論 156
軽減不可能な不確実性 199, 361, 358
「雇用の一般理論」 232-4, 237, 352-4, 356, 358
クラーク（Clarke, P.） 289, 291
コーツ（Coates, J.） 177-86
　曖昧さの哲学 177-81
　ウィトゲンシュタインの影響 180-5
　スコラ主義批判 179-80
コディントン（Coddington, A.） 131

[サ行]

酒井泰弘 49, 363
佐藤隆三 49

塩沢由典 86-90
シャックル（Shackle, G.L.S.） 125-6, 131, 235, 297, 315-6, 321, 326, 355-7
純粋帰納 73-5
証明可能な確実性（demonstrative certainty） 61
ジョンソン（Johnson, W.E.） 53, 58, 150-1
水力学的ケインズ経済学 131
スキデルスキー（Skidelsky, R.） 13, 15, 32-3, 35-9
　『蓋然性論』と『一般理論』 199
　ケインズの数値的方法 70
　ケインズの世界観の転換 200-1, 239-40
　ケインズの若き日 35-9
　カラベリ批判 197-9
　セクシュアルなメリーゴーランド 26-9
　連続説と断絶説 196-7
杉本栄一 323, 325, 341
ストレイチー（Strachey, L.） 27-8, 30-1, 33, 191, 202
全称的論証と帰納的相関 73

[タ行]

タウンゼンド（Townshend, H.） 69, 321, 354
滝川芳夫 338
宅和公志 297-9, 300-1, 306, 337-8
竹内啓 80-1
ダーウィン（Darwin, C.R.） 66, 77, 155-6
タウンゼンド（Townshend, H.） 69, 321
直観主義 65-6, 155-8
ティンバーゲン（Tinbergen, J.） 162-3, 248-9, 321-2
デーヴィス（Davis, J.B.） 152-60
　ウィトゲンシュタインの影響 159-60
　相互依存的個人の判断 153-4
　断絶説 152-3
　直観の放棄と慣行への回帰 154, 155-8
　ラムジーの影響 158-9
デヴィッドソン（Davidson, J.E.H.） 359
ドスタレール（Dostaler, G.） 186-8, 288-9

[ナ行]

ナイト（Knight, F.H.） 48

索引　　381

西部邁　81–5, 91–117
　『一般理論』の経済哲学　104–6
　解釈学と経済学再建　112–3
　『確率論』　81–5
　株式市場の変容と慣行　109–12
　期待論　327–32
　ケインズの二面作戦　102–4
　大衆社会と長期期待の不安定化　110–2
　不確実性，確信，慣行　106–10
日常言語　62–3, 266
ニュートン（Newton, I.）　66, 157
ネオ・プラトン主義　66, 190, 232, 237

[ハ行]

バーク（Burk, E.）　151, 188–9, 196
ハロッド（Harrod, R.F.）　43, 72, 154, 326
　ケインズ蓋然性論　56–8
ピグー（Pigou, A.C.）　169–70, 361
非決定的な論証　61–2
菱山泉　79
ヒックス（Hicks, J.R.）　322–6, 349, 352–3
平井俊顕　49, 240–50, 295,
ヒューム（Hume, D.）　56, 63, 74–7, 151, 192
ビュリダンの驢馬　321, 354
フィツギボンズ（Fitzgibbons, A.）　188–96
　イデア論　189–90
　「蓋然性の薄明かりの闇夜への転変」　39, 188–9, 192–3
　シャックル批判　205–6
　ネオ・プラトン主義　194
　ローソン批判　194–5
不確実性
　『一般理論』以前の不確実性　344–5
　『一般理論』の中心概念　345–9
　オデルの不確実性論　358–61
　「雇用の一般理論」の不確実性論　352
　「資本の限界効率」と不確実性　346–7
　「長期期待」と不確実性　347–8
　西部邁の不確実性論　106–7
　モグリッジの不確実性論　349–51
　「利子率の一般理論」での不確実性　348–9
福岡正夫　286–8

藤原新　49, 305
プラトン主義，プラトン的世界　66, 172, 190–1, 196
ブルームズベリー・グループ　9, 28, 30–2, 163, 230
ブレイスウェイト（Btaithwaite, R.B.）　36–7, 60, 72 , 135, 191, 211
フロイト（Freud, S.）　35, 39, 66, 151, 160–4
ベイトマン（Bateman, B.W.）　168–77, 230, 236–7
　オデルの批判　170–2
　「三つの神話」批判　168–7
　ラムジーを評価，ウィトゲンシュタインを黙殺　172–4
『平和の経済的帰結』　51, 164, 332
ベンサム（主義）　11, 13–4, 71–2, 151, 189
ホワイトヘッド（Whitehead, A.N.）　49, 58

[マ行]

マーシャル（Marshall, A.）　50, 251, 259
間宮陽介　117–28
　ケインズの確率論　85–6
　ケインズの期待論　333–41
　ケインズの「二項」性の世界　120–4
　シャックルのカレイドスコープ論　124–7
　モラル・サイエンス　117–8
　「三つの市場」「三つの期待」「三つの階級」論　121–2, 335–40
ミニ（Mini, V.）　160–8
　オデル批判　163
　ケインズとフロイト　160–2
　『蓋然性論』の巻末の詩文　167–8
　『蓋然性論』の評価　164–7
　第一次世界大戦，フロイトの影響　163–4
宮﨑義一　79–80, 202–6
ミル（Mill, J.S.）　73, 76–7, 251
ムーア（Moore, G.E.）　15, 18–20, 33, 35, 36, 63, 66, 185, 197, 199
メモアール・クラブ　9
モグリッジ（Moggridge, D.E.）　17, 43–4
　『一般理論』の成立過程　289–90
　ケインズの性遍歴　29–30
　ケインズ文書の整理　40–1

直観の役割　157-8
守永直幹　49
モラル・サイエンス　117-8, 321
モレル（Morrell, Lady Ottoline Violet Anne）　10-1, 16, 29, 32, 35

[ヤ行]

ヤング（Young, W.）　326, 353-4
吉川洋　297, 313

[ラ行]

ライプニッツ（Leibniz, G.）　61, 74, 150-1, 192
ラッセル（Russell, B.）　9, 16-7, 29, 32-3, 36, 49, 57-8, 63, 135, 139, 179, 197, 252
ラムジー（Ramsey, F.P.）　58-9, 132, 138, 147-50, 158-9, 172-3, 211, 235-6, 242-6, 254-5
リーヴィス（Leavis, F.R.）　38-9
リスク・プレミアム　344-5
ルンデ（Runde, J.H.）　304-5
レヴィ=ストロース（Lévi-Strauss, Claude）　118, 125
ロー（Lo, A.）　361-2
ローソン（Lawson, T.）　194-5
ロビンソン（Robinson, E.A.G.）　352-3
ロビンソン（Robinson, J.V.）　131, 290
ロレンス, D.H.（Lawrence, D.H.）　9, 10-1, 14, 16-9, 21, 23-4, 29, 32, 38-9
ロレンスの書簡　21-5

著者紹介

牧野　裕（まきの　ひろし）

津田塾大学名誉教授．1947年川崎生まれ．著書に『冷戦の起源とアメリカの覇権』御茶の水書房，1993年，『日米通貨外交の比較分析』御茶の水書房，1999年，『現代世界認識の方法』日本経済評論社，2008年，『IMFと世界銀行の誕生』日本経済評論社，2014年などがある．

ケインズの哲学と『一般理論』

2025年4月29日　第1刷発行

著　者　　牧　野　　裕
発行者　　柿　﨑　　均
発行所　　株式会社 日本経済評論社
〒101-0062 東京都千代田区神田駿河台1-7-7
電話 03-5577-7286　FAX 03-5577-2803
E-mail：info8188@nikkeihyo.co.jp
http://www.nikkeihyo.co.jp

装幀・渡辺美知子　　　　　　精文堂印刷／誠製本

落丁本・乱丁本はお取替いたします．　Printed in Japan
定価はカバーに表示してあります．

Ⓒ MAKINO Hiroshi 2025
ISBN978-4-8188-2682-3　C3033

・本書の複製権・翻訳権・上映権・譲渡権・公衆送信権（送信可能化権を含む）は，㈱日本経済評論社が著作権者からの委託を受けて管理しています．

・JCOPY 〈(一社)出版者著作権管理機構　委託出版物〉
本書の無断複製は著作権法上での例外を除き禁じられています．複製される場合は，そのつど事前に，(一社)出版者著作権管理機構（電話 03-5244-5088, FAX 03-5244-5089, e-mail: info@jcopy.or.jp）の許諾を得てください．